Greven
Kritische Theorie und historische Politik

Kieler Beiträge zur Politik
und Sozialwissenschaft

Herausgegeben von
Wilfried Röhrich und
Carsten Schlüter-Knauer

Band 8

Michael Th. Greven

Kritische Theorie und historische Politik

Theoriegeschichtliche Beiträge zur gegenwärtigen Gesellschaft

Leske + Budrich, Opladen 1994

ISBN:3-8100-1147-9

Satz: Leske + Budrich
Druck und Verarbeitung: Druck Partner Rübelmann, Hemsbach
Printed in Germany

Inhaltsverzeichnis

Anhang

1. Kritische Theorie, historische Politik und Politikwissenschaft

Zum akademischen Status Kritischer Theorie

Obwohl „Kritische Theorie“ unter verschiedenen Namen in den meisten Einführungen in die Politikwissenschaft in der weitverbreiteten Trias der sogenannten Richtungen oder theoretisch-methodologischen Ansätze aufgeführt und charakterisiert wird, hat sie in einer sich zunehmend als szientistisches Fach mit praxisbezogener Ausbildungsfunktion verstehenden Politikwissenschaft kaum noch Relevanz und Stellenwert behalten.

Sie gilt als „politische Philosophie“ und teilt deren Schicksal im Fach, nämlich allenfalls Material der „Ideengeschichte“ zu liefern, an dem die Studierenden neben aller fachlichen Ausbildung im engeren Sinne bestenfalls einen zusätzlichen Bildungshorizont entwickeln dürfen und sollen. Eine Kompetenz zur Gegenwartsdiagnose, zur wissenschaftlichen Erfassung und Reflexion der Gesellschaft und ihrer Politik wird ihr nicht zugebilligt. Damit wird nur die Polarisierung zwischen Philosophie und positiver Wissenschaft, wie sie seit Comte und Marx gleichermaßen das 19. Jahrhundert prägte, auch auf die Beschäftigung mit der Politik ausgedehnt, nachdem diese sich nach dem Ende des Nationalsozialismus als eigenes Fach an den deutschen Universitäten etablierte. Zugleich, vor allem über die in den sechziger Jahren massiv einsetzende Rezeption der anglo-amerikanischen Political Science — mit ihrer freilich stets zu beachtenden anderen Vorgeschichte —, wird mit dieser Polarisierung einem international durchgesetzten Standard Folge geleistet und zunehmend praktischen Bedürfnissen eines reformorientierten „aktiven“ Politikverständnisses Rechnung getragen, die heute vor allem in den Policy Sciences akademische und politische Reputation gefunden haben.

Aus der Sicht eines solchen Politikverständnisses ist der Vorwurf schnell formuliert und anscheinend gut begründet, Kritische Theorie habe zur Wissenschaft nicht mehr viel beizutragen. Methodisch setzte sie sich mit ihrer geschichtlich-hermeneutischen Annäherung an die „Wirklichkeit“ dem Verdacht aus, sich nicht operational und intersubjektiv auf die „Realitäten“ einzulassen, auf die es praktisch angeblich ankomme. Als theoretische Kritik vorgetragen steht sie unter dem Verdacht, sich einer Parteinahme gegen den historischen status quo verpflichtet zu wissen, die gegen die Vorstellung einer in „letzten Dingen" zur Neutralität verpflichteten Wissenschaftlichkeit verstoße und darüber hinaus auch noch keine positive Alternative des praktisch Realisierbaren enthielte. Alle drei Einwände beschreiben Kritische Theorie tatsächlich — wenn schon nicht zureichend, so doch in wesentlichen Eigenschaften. Freilich setzt diese Kritik an der Kritischen Theorie die Standards des herrschenden Wissenschaftsbetriebs umstandslos voraus. Zum Kernbestand der Gegenwartskritik Kritischer Theorie gehören aber gerade Einwände gegen die Prämissen dieses Betriebes; der war in seiner anglo-amerikanischen, zunehmend weltweit gleichmacherischen Dominanz im „Positivismusstreit" der sechziger Jahre der eigentliche Antagonist, gegen den sich vor allem Th. W. Adorno (u.a., 1969) am bloßen Beispiel des „Kritischen Rationalismus" abkämpfte. Es ging also vordringlich nicht um die philosophisch-methodologische Auseinandersetzung zwischen zwei Theorien, sondern immer und vor allem um eine Kontroverse über das Verhältnis von Wissenschaft und Philosophie, um deren beider Verhältnis zur „Realität" und um das, was diese „Realität" in der historischen Gegenwart ausmache.

Anders als es bei den Zeitgenossen erscheinen mochte, sieht man mit heutigem Abstand vor allem zwei Dinge besser: wie sehr in dieser Kontroverse aneinander vorbeigeredet wurde, weil sich die Gegenposition zur Kritischen Theorie im sicheren Bewußtsein ihrer institutionellen Dominanz auf die grundsätzliche Debatte über den Status quo dieser „Realität" gar nicht mehr einließ, und außerdem, wie sehr die Kritische Theorie ihre Position schon ganz defensiv vortrug. Was eine zeitweise Koinzidenz mit den wissenschafts- und universitätskritischen Bewegungen der späten sechziger Jahre dem damals gegenwärtigen Urteil verbergen konnte, ja was selbst im Blick der damals schon siegreichen Gegner noch zweifelhaft erschien, ist heute evident: eigentlich ging es in einem Nachhutgefecht der oben angedeuteten Wissenschaftsentwicklung um den Versuch, die Position der Kritischen Theorie im pluralistischen Kanon der anerkannten Wissenschaftsphilosophien immerhin noch als eine unter vielen zu legitimieren. Auch wenn die schon angesprochenen Einführungen in die Politikwissenschaft dem heute noch Referenzen entgegenbringen, so erweist sich dies bei näherem Hinsehen als leere Geste, weil der Versuch letztlich scheiterte und scheitern mußte. Denn die Kritische Theorie konnte sich nur unter Inkaufnahme einer schwerwiegenden Aporie dem herrschenden Wissenschaftspluralismus einfügen lassen, weil dessen Grundlage ein von ihrer „philosophischen" Grundlegung her nicht akzeptabler Relativismus oder — was in diesem Fall dasselbe ist — Konstruktivismus eingebaut ist, dem der Anspruch, kritische Erkenntnis der geschichtlichen Welt besitze ein *fundamentum in re* nicht eingepaßt werden kann. Aus der Sicht des heute dominanten Wissenschaftsverständnisses steht eine solche Position prinzipiell unter Fundamentalismusverdacht, denn der szientistische Positivismus — darüber könnte sein Name leicht täuschen — verabschiedet sich ja prinzipiell von der Möglichkeit zu erkennen, was „die Welt im innersten zusammenhält" und macht zum Maßstab der Wahrheit selbstgesetzte Prinzipien. Während die positivistischen Sozialwissenschaften heute darüber hinausgehende Ansprüche als „philosophisch“ ausgrenzen, stehen sie inzwischen selbst in der Universitätsphilosophie angesichts zunehmender Tendenzen von deren immanenter „Verwissenschaftlichung“ durch „linguistic turns“ und Konstruktivismus immer mehr am Rande.

Obwohl sich Kritische Theorie ja nicht zuletzt einer zuendegedachten Tradition der Religions- und damit auch Theologiekritik verdankt, wird sie in den Augen mancher immer mehr in die Position der Theologie oder in deren Nähe gerückt — dabei auch von einigen dort partiell in Anspruch genommen.[1] In der Tat liegt dafür ein Anlaß vor: so wie jegliche Form von Theologie mit der Rede von „Gott“ — die sie bei aller Bemühung um Zeitgemäßheit nicht ganz wird vermeiden können — etwas menschlich Unverfügbares ins Spiel bringt, das in dem status quo der geschichtlichen Welt niemals aufgehen kann und sich damit prinzipiell der Positivität sperrt, so hält auch die Kritische Theorie, mit freilich ganz anderen Denkfiguren, einen prinzipiellen Abstand zu dem, was ist, oder was gemacht werden könnte. Aber weil „Versöhnung“ nach der zuendegeführten Religionskritik in der Kritischen Theorie nur eine Hoffnung auf ganz irdisch bleibende Verwirklichung vom Glück[2] des Einzelnen in einer Gesellschaft, die dies als ihren Zweck ansieht, bedeuten kann, aber eben nicht als etwas jenseits der irdischen Misere oder an deren Ende als gewiß Erwartetes oder Verheißenes religiös gedeutet wird, bleiben die Amalgamierungsversuche von Theologie und Kritischer Theorie prinzipiell „hölzernes Eisen“ — können am Ende dieser oder aber jener nicht gerecht werden.

So reden Kritische Theorie wie Theologie zum Kopfschütteln der Wissenschaften weiter vom „Glück“ oder der „Versöhnung“ und sind damit in ähnlicher Weise dem Betrieb des referenzlosen Wissenschaftsdiskurses nicht einverleibbar — aber sie reden doch von etwas Grundverschiedenem und sind darin auch objektiv in einer anderen Lage, daß Theologie heute noch hinter sich mächtige institutionelle Kräfte weiß, die ihren Status im Wissenschaftsbetrieb bei aller Fremdheit zuverlässig absichern. Während die Theologie damit immer noch, wie stets bisher in ihrer Geschichte, auch ein Fundament in der weltlichen Macht besitzt, gehörte es gerade — wovon im nächsten Beitrag die Rede sein wird — zum geschichtlichen Konstitutionszusammenhang der Kritischen Theorie, daß sie sich bei ihrer Kritik der Gegenwart auf keine reale geschichtliche Macht, noch nicht einmal mehr auf die einer „geschichtlichen Tendenz“ zu stützen weiß. Über sich selbst endgültig ebenso wie über die geschichtliche Situation aufgeklärt, findet sie sich in dem Dilemma wieder, den praktischen Anspruch der Kritik nur theoretisch beglaubigen zu können — und gerade darin die „Eindimensionalität“ einer geschichtlichen Situation noch einmal bestätigen zu müssen.

Was heißt heute Kritische Theorie?

Zu einer Zeit, in der „kritisch“ zum *epitheton ornans* jeglicher öffentlich geäußerter Position geworden ist, in der für alle Wissenschaft eine „kritische Haltung“ zu ihren Tugenden gezählt wird, steht die Tradition Kritischer Theorie[3] in der Gefahr, ihre Identität zu verlieren. Andererseits besteht gerade in Deutschland die Tendenz, die „Frankfurter Schule“ als *pars pro toto*, als *die* Kritische Theorie zu begreifen. An deren geschichtlicher Bedeutung und gegenwärtiger Relevanz wird auch hier kein Zweifel gelassen, wenn gleichwohl die Tradition Kritischer Theorie im 20. Jahrhundert umfassender als eine wissenschaftliche Strömung und philosophische Position aufgefaßt wird, in der die Frankfurter Schule nur einen prominenten Platz einnimmt. „Strömung“ und „Position“ sind nicht gerade präzise Begriffe, aber sie sollen auch nicht zu einer Definition der Kritischen Theorie beitragen, die anzustreben wenig sinnvoll wäre. Aber die Begriffe verweisen auf einen gesellschaftlichen und politischen Entstehungskontext, dem sich Kritische Theorie in den zwanziger Jahren dieses ausgehenden Jahrhunderts verdankt, auf bestimmte Erfahrungen, die subjektiv ähnlich von allen jenen verarbeitet wurden, die auf manchmal recht unterschiedliche Weise dann zu dieser bedeutenden Tradition der Gesellschaftstheorie beigetragen haben. Diese Gemeinsamkeit schließt große Differenzen, auch konkret ausgetragene philosophische Kontroversen, wie etwa die zwischen Th. W. Adorno, E. Bloch und G. Lukács, nicht aus. Sie wird auch in bestimmten Fällen erst spät und nachträglich sichtbar, wie im Falle von A. Gramsci oder A. Sohn-Rethel. Anders als bei einem Verein mit seinen klaren Mitgliedschaftskriterien wird sicherlich auch in diesem oder jenem Falle die Zurechnung oder Zugehörigkeit erhebliche Zweifel aufwerfen; damit mögen sich dann die Historiographen als Verwalter von Besitzständen und Hüter der Tradition herumplagen.

Hier soll versucht werden, den wesentlichen realgesellschaftlichen und gesellschaftstheoretischen Entstehungskontext Kritischer Theorie und die sich daraufhin entwickelnde Position als Gemeinsamkeiten einer philosophischen und gesellschaftstheoretischen Tradition knapp zu skizzieren. Jeder einzelne der ja häufig sehr bedeutenden Köpfe wird durch die *allgemeine* Bestimmung des Gehalts dieser Tradition natürlich nur sehr unzureichend erfaßt und läßt sich mit seinem Werk mehr oder weniger spezifisch dieser Tradition zuordnen. Auch praktisch-politisch unterscheiden sich die Lebenswege, allein schon wegen des altersbedingten unterschiedlichen Biographieverlaufs oder wegen des Zeitpunktes, zu dem die einzelnen einen *eindeutigen* Trennungsstrich zur Sowjetunion und ihrem früh pervertierten Modell der Realisierung einer angeblich „versöhnten“ Gesellschaft ziehen. Eben dieser Trennungsstrich ist aber ein wesentliches Merkmal jeglicher Kritischer Theorie, und gerade dieses hat im Laufe der Geschichte des 20. Jahrhunderts immer wieder dazu beigetragen, ihre Protagonisten zu marginalisieren oder auch in Polemiken gegeneinander zu treiben. Die grundsätzliche Kritik an der bürgerlich-kapitalistischen Gesellschaft mit der Kritik an dem einzigen praktisch realisierten nichtkapitalistischen Gesellschaftsmodell zu verbinden, lief sowohl zu Zeiten des Weltkrieges wie des anschließenden Kalten Krieges auf eine politische Heimatlosigkeit und Entmaterialisierung der Praxis der Kritik hinaus, vor der manche lange zurückschreckten beziehungsweise die einzelne, wie J.P. Sartre zeitweilig oder G. Lukács prinzipiell, „Partei ergreifen“ ließen.

Die Erfahrung des Exils unterscheidet die einen von jenen anderen, die, wie der nur Eingeweihten bekannte H. Maus oder aber der berühmte J.P. Sartre, in der Zeit des europäischen Faschismus in ihrem Lande blieben — und diese wiederum von A. Gramsci, dessen „Exil“ das Gefängnis im eigenen Land war. Ob man wie G. Lukács in der Sowjetunion oder aber, wie die meisten Angehörigen der Frankfurter Schule, in den USA im Exil war, machte einen großen Unterschied. Und natürlich gab es jene, die wie W. Benjamin das rettende Exil nicht mehr erreichten, oder jene, die aus ihm nicht mehr zurückkehrten.

Angesichts der geistigen und politischen Spannweite, die schon die wenigen genannten Namen andeuten, mag der Versuch, den wesentlichen Gehalt der Tradition Kritischer Theorie im 20. Jahrhundert zu bestimmen, riskant erscheinen. Gleichwohl gibt es ein Reservoir an gesellschaftstheoretischer Gemeinsamkeit, das sich aus der besonderen Weise der Verarbeitung der historisch-gesellschaftlichen Realität speist, an dem viele europäische Wissenschaftler zumindest zeitweise oder mit Teilen ihres Werkes teilhaben.

Die Kritische Theorie ist zugleich ein Kind der Krise der bürgerlich-kapitalistischen Gesellschaft wie der Arbeiterbewegung und des offiziellen Marxismus als ihrer praktischen Theorie.

Die Art des Eintretens wie der Ausgang des Ersten Weltkrieges war eine traumatische Erfahrung für viele Angehörige der „ersten Generation“: das Versagen der „internationalen Solidarität“ der II. Internationale, die Brutalität der im Krieg endgültig entfesselten Mächte des Kapitalismus und Imperialismus, dann aber erst recht die doppelte Enttäuschung am Ende dieses Völkermordens, als die Revolutionen im Westen schnell wieder einer Restauration der alten gesellschaftlichen Herrschaftsverhältnisse wichen, während der unter dem Banner der allgemeinen menschlichen Emanzipation und der Befreiung von Arbeitern und Bauern vom Joch des Zarismus begonnene „rote Oktober“ ebenso schnell in die „kommissarische Diktatur“[4] einer Parteiavantgarde verkam — all’ das entzog der praktischen Kritik der Gegenwartsgesellschaft lange für sicher gehaltene Fundamente geschichtsphilosophischer und theoretischer Art. Nicht unbeachtlich sind schon vor dem Ersten Weltkrieg wirksam gewordene Motive und Erfahrungen der Gesellschafts- und Kulturkritik der Jugend- und Lebensreformbewegung[5] und bürgerlich-kritischer philosophischer Strömungen, die sich zunächst in der Lebensphilosophie[6] und später im Existenzialismus[7] entfalten.

Während die zuletzt genannten, durchaus der Realität der bürgerlich-kapitalistischen Welt auf die eine oder andere Weise kritisch gegenüberstehenden philosophischen Richtungen sich als akademische Schulphilosophien etablierten, konstituierte sich die Tradition der Kritischen Theorie über das Festhalten an der marxistischen Theorie als einer Philosophie der Praxis beziehungsweise einer kritischen Theorie der Praxis; also vor allem auch als Kritik der akademischen Philosophie. Das kann man bei dem Cornelius-Schüler Max Horkheimer sehr gut beobachten, der auf seinem Weg von der kritischen Philosophie Kants über Hegel eine zunächst stark von G. Lukács' „Geschichte und Klassenbewußtsein" beeindruckte Rezeption des Werks von Karl Marx pflegt. Diese theoretische Bewegung geht mit einer Radikalisierung der Gesellschaftskritik und einer politischen Auseinandersetzung mit Sozialdemokratie und Kommunismus einher[8], die zu dem Ergebnis einer „materialistischen Sozialphilosophie" und „interdisziplinären Sozialforschung" führt, die für die Konstituierung des Frankfurter Instituts für Sozialforschung Ende der zwanziger Jahre grundlegend wird.[9]

Die Enttäuschung über die Praxis der parteiförmigen Arbeiterbewegungen verbindet sich bei den kapitalismuskritischen Intellektuellen der Zwischenkriegszeit überall mit einer Kritik am zur Parteiideologie gewordenen sozialdemokratischen Marxismus und früher oder später[10] auch am leninistischen Marxismus, die in Gestalt einer Rückkehr zu Hegel und Marx, vor allem dem frühen Marx erfolgt. Diese Rückwendung zu Marx, der durchaus in pluraler Weise rezipiert und aufgenommen wird, charakterisiert die Tradition Kritischer Theorie und gehört zu ihren wesentlichen Elementen.[11]

Dadurch ist auch mitentschieden, daß in der Kritischen Theorie Gesellschaftskritik immer auch Kapitalismuskritik geblieben ist. Was immer, etwa mit der produktiven Aufnahme der Psychoanalyse und Kulturkritik S. Freuds, bei den einzelnen Schulen hinzugekommen sein mag, auf dem Hintergrund dieser produktiven Marxrezeption erscheint die zu kritisierende Gesellschaft in der einen oder anderen Art als historische „kapitalistische" Gesellschaftsformation und diese keineswegs als die endgültige oder natürliche Vergesellschaftungsweise der menschlichen Gattung. Die an vielerlei Symptomen konstatierte „Entfremdung" der Menschen in ihr begreift Kritische Theorie, anders als es in Varianten der „bürgerlichen Kulturkritik" geschieht, durch eben diese historische Form der Organisation der materiellen Reproduktion der Gesellschaft gestiftet und perpetuiert. Dabei besteht keineswegs Einigkeit, wie sich die bestimmte Form der kapitalistischen Produktionsweise seit Marx entwickelt und wie auf diesem Hintergrund zum Beispiel das Verhältnis von Politik und Ökonomie oder Ökonomie und Kultur gesehen werden soll. Gemeinsamer Bestand der Tradition Kritischer Theorie ist aber die Position, daß ohne eine Veränderung der kapitalistischen Produktionsweise die strukturelle Voraussetzung einer grundsätzlichen Verbesserung menschlicher Lebensverhältnisse nicht zu haben sei. Und eben diese Position führt eine materialistische Kritik der Verhältnisse in das Dilemma, mit der Kritikwürdigkeit der Verhältnisse nicht zugleich auch die realgesellschaftlichen Träger oder Akteure einer Praxis der Veränderung benennen und einsichtig machen zu können. Vielmehr konstatiert Kritische Theorie, gerade gewarnt durch die Subjekthypostasierungen der verschiedenen Varianten des Partei-Marxismus, auf der Basis der verschiedensten Untersuchungen gerade auch der subjektiven, sozialpsychologischen und sozialisatorischen Kulturinstitutionen seit den dreißiger Jahren, Ursachen für die Verhinderung einer gesellschaftsverändernden Praxis. Der von einigen erst spät vollzogene „Abschied vom Proletariat" (Gorz, 1980) wird seit den dreißiger Jahren zum zwangsläufigen Ergebnis einer materialistischen Gegenwartsanalyse und einer konsequenten Anwendung des Marxismus auf sich selbst, wie sie Karl Korsch (1972) schon 1923 gefordert und philosophisch praktiziert hatte. „Diese Trennung war durch die ganze historische Epoche determiniert ... Das verborgene Kennzeichen des westlichen Marxismus besteht darin, daß er Resultat einer *Niederlage* ist." (P. Anderson, 1978, 68) Gegenüber dieser in der Analyse der objektiven Verhältnisse der kapitalistischen Gegenwartsgesellschaft begründeten Position erweist sich ironischerweise ein zur offiziellen Staatsdoktrin verkommener „Marxismus-Leninismus" als „platonische Systemphilosophie" und das Festhalten am idealisierten Klassensubjekt des Proletariats als blanker Voluntarismus[12], der bei Gelegenheit immer wieder zur Legitimation der von einer angeblichen bewußten Minderheit ausgeübten „kommissarischen Diktatur" herhalten muß.

Kritische Theorie hat sich direkt oder indirekt auch immer als Kritik des Marxismus-Leninismus und des sowjetischen Herrschaftstypus erwiesen. Dabei hat sich, zum Beispiel in den internen Diskussionen und Briefwechseln des Frankfurter Instituts für Sozialforschung, sehr frühzeitig eine linke Variante der Totalitarismustheorie herausgebildet[13], in der auf marxistischem Hintergrund die strukturelle Gemeinsamkeit eines terroristischen und antiemanzipatorischen „Primats der Politik" in der Sowjetunion und im deutschen Faschismus herausgestellt wurde. H. Marcuse hat nach dem Zweiten Weltkrieg eine kritische Analyse der sowjetischen Herrschaftspraxis am scheinbar immanenten Maßstab eines undogmatisch interpretierten Marx geliefert — und, wie sein Vorwort (1961) zu einer späteren Auflage kurz andeutet, in der Rezeption zu spüren bekommen, daß und wie linke Totalitarismustheorie in Zeiten der Blockkonfrontation und des Wettbewerbs der Gesellschaftssysteme zwischen den Stühlen sitzt. Nicht nur der bereits erwähnte endgültige Niedergang einer revolutionär-antikapitalischen Arbeiterbewegung, sondern auch die seit den zwanziger Jahren sich immer mehr durchsetzende Erkenntnis, daß es angesichts der politischen und gesellschaftlichen Verhältnisse in der Sowjetunion eine realexistierende Alternative zur schlechten Gegenwart im historischen Maßstab derzeit weltweit nicht gibt, hat die Kritische Theorie zur bloßen Theorie verdammt und von jeglicher Praxis der gesellschaftlichen Veränderung isoliert. Materialistisch gesehen kann das Praktischwerden der Theorie seit der Marxschen Kritik an Hegels Entwicklungsphilosophie des absoluten Geistes nur in der „wirklichen Bewegung" aktiver und relevanter gesellschaftlicher Kräfte fundiert sein; wo diese fehlen und sich auch nicht am Horizont begründeter Erwartungen abzeichnen, wird die angebliche Resignation und der Rückzug der Theorie ins vermeintlich Unpolitische zum angemessenen Realismus. „Die Kritische Theorie hatte gute Gründe, als sie sich weigerte, positiv zu werden und statt dessen darauf bestand, das Gemeinte nur indirekt, auf dem Wege der Kritik, zur Sprache zu bringen", schreibt Stefan Breuer (1992, 12). Gerade als aus dem Wiedererstarken antikapitalistischer Intellektuellenkritik im Gefolge der Studentenbewegungen der sechziger Jahre zahlreiche aberwitzige Politisierungsversuche in Form von „proletarischen Parteigründungen" oder Wiederanknüpfungsversuchen an traditionalistische kommunistische Parteien entstanden, erwies sich der Realismus dieser praktischen Resignation als eine zutreffende und in materialistischer Gegenwartsdiagnose begründete Position historischer Politik. Die in den Analysen der Kritischen Theorie aufgewiesenen strukturellen und kulturellen Hindernisse einer revolutionären Systemopposition waren triftig begründet, eine voluntaristische Praxis, die das zu ignorieren versuchte, konnte nur intellektuelle Spielerei bleiben oder mußte im selbstzerstörerischen Terrorismus enden.[14]

Kritische Theorie und historische Politik

Der Kritischen Theorie ist häufig vorgeworfen worden, sie besäße ein „Defizit" an Politik, nicht nur im Sinne einer unpolitischen Position und mangelnden Engagements in den Auseinandersetzungen des Tages, sondern mit Bezug auf den Inhalt und das Erkenntnisinteresse der Theorie selbst sei sie strukturell handlungs- und politikunfähig geworden.

Es stellt sich die Frage, welches Verständnis von Politik dieser Einschätzung zugrundeliegt und die führt wieder zurück auf das Verhältnis oder besser das Unverhältnis von Kritischer Theorie und akademischer Politikwissenschaft.

Natürlich ist in dieser Disziplin unter den heutigen Bedingungen des Theorien- und Methodenpluralismus eine kanonisierte Auffassung von „Politik" nicht zu haben; die gängigen Einführungen für die Studierenden des Faches tragen mehr oder weniger umfangreiche „Definitionen" als Ausweis der Pluralität vor und irgendwo zwischen Max Weber, Carl Schmitt, David Easton und in letzter Zeit auch Hannah Arendt gilt es dann, sich zu entscheiden. Interessantes Indiz für das Mißverhältnis zwischen Kritischer Theorie und dem Studienfach ist schon, daß die Kritische Theorie mit einer ihr spezifischen Definition der Politik in den Katalog nicht aufgenommen zu werden vermag. Eher gesellschaftstheoretische Inhalte müssen neben den früher schon angemerkten methodologischen Eigenschaften der Kritischen Theorie diese Leerstelle übertünchen: historisch-dialektisch sei sie, an gesellschaftlicher Totalität orientiert und auf Emanzipation gerichtet. Daran ist nichts falsch, aber es sagt doch nichts Spezifisches über die Rolle und das Verständnis von Politik in der Kritischen Theorie.

Das läßt sich über deren eben schon skizzierten Entstehungskontext erschließen: entstanden aus dem Krisen- und Verfallszusammenhang der theoretischen

Reflexion einer systemverändernden sozialen und politischen Bewegung hält Kritische Theorie eine Perspektive in der Analyse gegenwärtiger Verhältnisse fest, die ich als „historische Politik“ bezeichnen möchte. Dieser Begriff thematisiert unter zeitlichen Gesichtspunkten die langfristigen Zusammenhänge des herrschaftlichen Struktur- und Institutionengefüges gegenwärtiger Formen der Vergesellschaftung und zwar unter der Fragestellung, wie gesellschaftliche Praxis in diese einzugreifen und sie zu verändern in Lage wäre. Daß diese Frage im 20. Jahrhundert und mit Bezug auf die Zentren des Kapitalismus zu einem negativen Ergebnis führt, spricht weder gegen die Relevanz der Frage, noch der Theorie, die an ihr festhält.

Fundamental ist die praktische und theoretische Differenz gegenüber jenen Theorien, die die „Stabilität“ gegenwärtiger Gesellschaften nicht nur empirisch konstatieren, sondern die in abstrakt-methodologischer und häufig den status quo von Marktwirtschaft und Demokratie ideologisch verklärender Weise davon ausgehen, daß in die Entwicklung und Ausdifferenzierung von „Systemen“ Politik oder andere Formen der bewußten Praxis prinzipiell gar nicht einzugreifen in der Lage seien. Was in diesen Ansätzen realitätsfern aber angeblich auf der Höhe der Wissenschaftstheorie „konstruktivistisch“ konstatiert oder abgeleitet wird, ereignet sich derweil außerhalb der zum *allgemeinen* Fall hypostasierten und nur schlecht abstrahierten Gesellschaften des kapitalistisch-demokratischen Westens erstaunlich häufig und mit weitreichenden Folgen: gesellschaftliche Strukturen und „Systeme“ werden durch politisches Handeln fundamental verändert — nicht unbedingt jeweils zum Besseren. Aber die Behauptung, daß die Menschen ihre Geschichte bewußt gestalten können, schließt weder die Behauptung ein, daß sie es stets tun, noch, daß sie es jeweils zum Besseren richten. Kritische Theorie hält aber den Gedanken an diese *Möglichkeit* fest.

Im Vergleich dazu erscheint der Frage- und Untersuchungshorizont der Politikwissenschaft aktualistisch, auf den gegenwärtigen Betrieb des „politischen Systems“ gerichtet, dessen Historizität ihr nicht mehr in den Blick kommt. Auch hier ist die Perspektive in vielen Fällen durchaus kritisch: gerade in den anwendungsorientierten policy-sciences geht es um die Lösung gesellschaftlicher Probleme in den gegebenen gesellschaftlichen Verhältnissen; nur daß die Gesellschaft in ihrer besonderen historischen Form selbst das Problem sein könnte, das einer Wendung zur Besserung im Wege steht, wird schon mit dem Aufbau der Theorie als bloße Frage ausgeschlossen.

Mit einem Wort von Oskar Negt und Alexander Kluge könnte man auch sagen, die „Maßverhältnisse des Politischen“ (1992) sind in Kritischer Theorie und akademischer Politikwissenschaft grundverschieden ausgelegt. Letzterer kommen die langfristigen Prozesse allenfalls retroperspektiv in den Blick: die Entstehung des modernen Nationalstaates, die Entstehung der repräsentativ-parlamentarischen Demokratie, des Wohlfahrtsstaates — immer erscheint „Geschichte“ als die „Entstehung“ von etwas Gegenwärtigem, das nunmehr als einmal entstandenes „politisches System“, als feststehender Kontext für

Fragen und Lösungen keine Geschichte mehr zu haben scheint. Die akademische Politikwissenschaft steht damit — zumeist ganz implizit und ohne sich dessen bewußt zu sein — ganz im Kontext eines gesellschaftlichen Bewußtseins ohne Transzendenz, eines „eindimensionalen Bewußtseins" (Marcuse, 1967). Sie bleibt, bei aller Kritik und allem reformbereiten Problembewußtsein im Detail, affirmativ gegenüber dem status quo.

Am konsequentesten geht die schon angesprochene Systemtheorie der Gesellschaft dabei vor, indem ihr die historisch ganz konkrete Gestalt politischer Institutionalisierungen zum evolutionär ausdifferenzierten Code transhistorischer Systeme gerinnt: deren aus irgendwelchen Gründen stets binäre Codierung soll im Falle der Politik nach Niklas Luhmann „Regierung / Opposition" sein, was wohl nicht zufällig an die „binäre Codierung" des Politischen durch das Freund / Feind-Schema Carl Schmitts erinnert — nur eben eingehegt in einer scheinabstrakten Weise, in der doch nur die in den wenigen westlich-parlamentarischen Regimen seit den bürgerlichen Revolutionen herrschende konkrete Institutionalisierung der politischen Willensbildung abstrakt verallgemeinert wird. Gibt es folglich ohne diese Konstellation keine Politik? Oder befindet sie sich dann noch in einem evolutionär niedrigeren Stadium der Entwicklung? Und ist die Evolution mit dem Erreichen dieses Schemas ein für alle Mal beendet?

Man kann die Enthistorisierung des status quo in der Politikwissenschaft und in ihrer in der enthistorisierenden Abstraktion am weitesten getriebenen Variante als „konservative Utopie" (s. u., Kapitel 13) lesen, in der die gegebenen gesellschaftlichen Verhältnisse, wie alle utopischen Gesellschaften, einer vermeintlichen posthistoire angehören, in der „Entwicklung" immer nur als Vorgeschichte und Politik immer nur immanent verstanden werden kann.

Mit ihrer Orientierung an Emanzipation erinnert Kritische Theorie an eine Dimension historischer Politik, die über die gegebene Gesellschaft hinausreicht, ja unter dem kritisch-normativen Aspekt sogar hinaus will. Das enthebt sie nicht der Aufgabe, sich der konkret-materialistischen und wirklichkeitswissenschaftlichen Analyse des politischen Betriebs zu widmen, der entscheidend zum gesellschaftlichen status quo und seiner vorläufigen Kontinuität beiträgt.

Nach dem Ende der Geschichtsphilosophie

2. Politische Theorie der Geschichte vorläufig am Ende?

Die Kontinuität der bürgerlichen Gesellschaft, von Hegel erstmals auf ihren philosophischen und systematischen Begriff gebracht, bleibt trotz aller Krisen der kapitalistischen Ökonomie, trotz Bedrohung durch den selbst verschuldeten atomaren Genozid und trotz der wachsenden Isolierung der bürgerlichen Wohlstandsinsel in dem Meer des Massenelends der Dritten Welt ungebrochen.

Die bürgerliche Gesellschaft, als kapitalistische Struktur der Warenproduktion in einem langen Zersetzungsprozeß gegen die zerfallenden feudalen Systeme Mitteleuropas durchgesetzt, hat sich in ihrer philosophischen Ideologie seit der frühen Aufklärung selbst nicht als die Durchsetzung eines bloß partiellen ökonomischen Interesses gegen alte Herrschaft, sondern als einen Schritt in die Richtung grundsätzlicher gattungsgeschichtlicher Emanzipation des Menschen definiert. Die normativen Ansprüche der bürgerlichen Revolution, politisch in der Triade Freiheit-Gleichheit-Brüderlichkeit, philosophisch in den großen Systemen der idealistischen Transzendentalphilosophie ausformuliert, definieren in abstrakter Weise einen normativen Horizont, den auch zweihundert Jahre später keine neue soziale Bewegung zu überschreiten vermochte. Die in der bürgerlichen Aufklärung formulierten Wertmaßstäbe für die gesellschaftliche und gattungsgeschichtliche Emanzipation wurden zur Ideologie nicht aufgrund ihres in wertmäßiger oder erkenntnismäßiger Hinsicht eingeschränkten Charakters, sondern aufgrund ihrer unvollkommenen Realisierung in der bürgerlichen Gesellschaft. Daß diese unvollkommen bleiben mußte (und muß), ist freilich nicht dem politischen und historischen Unvermögen des bürgerlichen Kollektivsubjekts geschuldet, sondern resultiert aus der komplizierten, aber in der „Kritik der politischen Ökonomie" von Marx im wesentlichen entschleierten widersprüchlichen Totalität der kapitalistischen Reproduktion, in der trotz des notwendigen Scheins gesellschaftlicher Allgemeingeltung der aufklärerischen Normen zugleich die immer bloß partielle Verwirklichung entlang von Klassenschranken realisiert wird.

Mit der Aufspaltung der gesellschaftlichen Totalität in „bürgerliche Gesellschaft" und „Staat / zivile Gesellschaft" reflektiert das Hegelsche System diesen Widerspruch zwischen allgemein gattungsgeschichtlichem Emanzipationsanspruch und formationsspezifischer, herrschaftlicher Realisierung. Während in der bürgerlichen Gesellschaft, dem, wie Hegel sagt, „System der Bedürfnisse", die Realisierung der aufklärerischen Wertnormen an das „freie Spiel der Kräfte" kapitalistischer Konkurrenzvergesellschaftung und Warenproduktion verwiesen wird, bleibt die Realisierung allgemein menschlicher, gattungsgeschichtlicher Vernunft realisiert allein für den als „Wirklichkeit der sittlichen Idee" hypostasierten Staat. In der widersprüchlichen Totalität des Hegelschen philosophischen Systems, in der Totalität des Widerspruchs, der sich durch dessen ganze Konstruktion zieht, findet eine politische Theorie der Geschichte und der geschichtlichen Bewegung ihren vorläufigen Abschluß und Höhepunkt, mit der das aufstrebende Bürgertum sich gegenüber den theokratischen Weltbildern des frühen und späten Mittelalters seinen eigenen Herrschaftsanspruch rechtfertigte — diesen in charakteristischer Weise nicht als partiellen Anspruch einer Klasse, sondern als allgemein-menschlichen Gattungsanspruch ausformulierend.

Dieser Endpunkt der bürgerlichen politischen Theorie der Geschichte wird logisch und historisch offenkundig, indem Marx, über die ersten Studien der Linkshegelianer hinausgehend, in der „Kritik der politischen Ökonomie" die Konstitutionsnotwendigkeiten der politischen Theorie der Geschichte des Bürgertums aus den Strukturen der Warenproduktion und des Warentausches herleitet. Aufgedeckt wird dabei unwiderruflich der klassenmäßige, bloß partielle Charakter des bürgerlichen Interesses, das sich historisch als allgemeine Vernunft gerierte, ebenso, wie der aus der Produktion von Waren und ihrem Tausch notwendig erwachsene Schein ihres systemunspezifischen allgemeinen Charakters.

Die materialistisch-dialektisch gewendete Analyse der kapitalistisch-bürgerlichen Gesellschaftsformationen durch Marx muß, eigenen methodologischen Ansprüchen genügend, nunmehr, was Hegel als Inkarnationsgeschichte des „absoluten Geistes" erschien, als geschichts- und gesellschaftsimmanent konstituierte mögliche allgemeine Vernunft interpretieren. Die erkenntnistheoretische Kritik am transzendentalen Idealismus Hegelscher Vernunftphilosophie muß, vom „Kopf auf die Füße gestellt", die Möglichkeit allgemeiner gesellschaftlicher und historischer Vernunft materialistisch an historische Bedingungen knüpfen, die aus der Reproduktion der bürgerlichen Gesellschaft, die aus den konkret-historischen Widersprüchen der von ihr realisierten Totalität selbst hervorgehen können.

Bekanntlich hat Marx diesem Anspruch auf mindestens zwei verschiedene Weisen nachzukommen versucht: in einem geschichtsphilosophischen Argumentationsstrang, insofern noch mehr an seinen Vorgänger Hegel angelehnt, begreift Marx die gattungsgeschichtliche Entwicklung „des Menschen" durch die verschiedenen formationsspezifischen Stadien hindurch als einen umfassenden, wohl aufzuhaltenden, aber niemals rückgängig zu machenden gattungsgeschichtlichen Lern- und Bildungsprozeß, in dem „der Mensch" als kollektives Gattungssubjekt sich vermittels „produktiver Lebenstätigkeit" in der Auseinandersetzung mit der Natur historisch so entwickelt, daß, einmal von geschichtlicher Herrschaft befreit, wie sie in verschiedenen Formationen ihren politisch-institutionellen Ausdruck gefunden hat, eine „allseitige Entfaltung seiner Bedürfnisse und Fähigkeiten" möglich würde.

Neben diesen geschichtsphilosophischen Begründungsstrang tritt das aus der „Kritik der politischen Ökonomie" des Kapitalismus hervorgehende Motiv, nach dem die die „Arbeit" im Kapitalismus repräsentierende Klasse des Proletariats sich würde zum allgemeinen historischen Subjekt der Gattungsgeschichte aufschwingen können. Und zwar einerseits,weil dem Kapitalismus die Logik von Konzentration und Zentralisation als Gesetzmäßigkeit zugrunde liege, nach der schließlich das zunächst nur eine Klasse umfassende Proletariat, das noch anderen Klassen gegenüber steht, durch ständiges Anwachsen die ganze Bevölkerung eines Gesellschaftssystems umfassen würde und, indem zweitens neben diesen quantitativen Effekt der qualitative tritt, nach dem unter Bedingungen der bürgerlichen Warenproduktion allein das Proletariat mit der gattungsgeschichtlich konstitutiven Qualität „produktiver Arbeit" („Lebenstätigkeit") verbunden ist und insofern die gattungsgeschichtliche Entfaltung der Menschheit in sich repräsentiert.

Über die politische Theorie der „Frankfurter Schule", konkreter von Adorno und Horkheimer, kann man nur vor diesem historischen Hintergrund sprechen.

Gemeinhin wird in der Literatur über die „Frankfurter Schule" in den letzten Jahren deren resignative Abkehr von einer politischen Theorie der Praxis bemerkt. Die Tonlage dieser Kritik bleibt — ausgesprochen oder unausgesprochen — vorwurfsvoll: so, als stünde es im Belieben der einzelnen Protagonisten, ihren theoretischen Überlegungen zur Geschichte der bürgerlichen Gesellschaft einen aktivistischen, auf Praxis und Revolution dringenden Anspruch zu geben oder nicht. Dort, wo der Anspruch an politische Theorie an ihre Vermittlung mit Praxis gebunden wird, wird folglich konsequenterweise der „Frankfurter Schule" eine politische Theorie insgesamt bestritten. Sie sei zu bloßer Kulturkritik und Ästhetik verkommen; literarisch bedeutend, aber als bloße Essayistik von aller wirklichen Geschichte getrennt und damit im Wesen dem verwandt, worauf sie doch inhaltlich ihr kritisches Augenmerk vor allem richte: Massenkultur.

Ich möchte in den wenigen Bemerkungen, die hier möglich sind, auf die Mißverständnisse einer solchen Kritik aufmerksam machen. Sie liegen zum einen in einem mangelhaften Verständnis des Begriffs von politischer Theorie der Geschichte, wie er über die bürgerliche Aufklärungsliteratur, Hegel und Marx bis hin zur „Frankfurter Schule" grundlegend war, und sie liegen zum anderen in einem ungenügenden theoretischen Nachvollzug der radikal zu Ende gedachten Konsequenzen einer materialistisch-dialektischen Bewußtseins- oder Erkenntnistheorie, wie sie vor allem von Adorno ausgearbeitet worden ist.

Materialistisch-dialektische Theorie kann, ihren eigenen erkenntnistheoretischen Voraussetzungen entsprechend, ihren Ausgang nur von geschichtlicher Erfahrung nehmen. Bewußtsein — als bewußtes Sein von Subjekten in einer objektiven historischen und gesellschaftlichen Wirklichkeit — enthält gegenüber dieser kein transzendentes Moment. Die je subjektive Konstitution des Bewußtseins in der Erfahrung verhindert aber auch, daß dieses bloße Widerspiegelung oder Abbildung objektiver Wirklichkeit als „Zustand" umfaßt. Dies gerade ist der grundsätzliche Vorwurf gegenüber jeglichem Positivismus, daß er die Inhalte der Erfahrung, das historisch momentane So-Sein aus der Subjekt-Objekt-Dialektik und Geschichtlichkeit herauslöst. Dann wird nicht mehr begriffen, daß das soseiende Faktum so geworden, daß es kritisiert und daß es verändert werden könnte.

Andererseits widerspricht die materialistische Auffassung vom Subjekt einer bloßen Gegenüberstellung von objektiver Wirklichkeit und unabhängigem, tätigen Subjekt, das diese als Repertoire seiner historischen Handlungsmöglichkeiten vorfindet. Das Subjekt selbst, auch das als tätiges Bewußtsein sich begreifende Theoriesubjekt, ist als „Ensemble gesellschaftlicher Verhältnisse" in die objektiven Voraussetzungen und Bedingungen geschichtlicher Wirklichkeit integriert. Es kann sich aus diesem Vermittlungszusammenhang nicht dezisionistisch herauslösen: Als möglicher Schöpfer seiner zukünftigen gesellschaftlichen Wirklichkeit steht der Mensch nicht nur der geschichtlichen Wirklichkeit gegenüber, sondern seine eigenen Möglichkeiten und Fähigkeiten als Subjekt bleiben historisch ans Bestehende gebunden und erwachsen aus diesem. Die Grenzen seiner Handlungsmöglichkeit liegen also nicht nur außerhalb, sondern auch innerhalb seiner Selbst.

Damit ist keinem Determinismus das Wort geredet, denn die Widersprüchlichkeit der geschichtlich entstandenen Totalität der bürgerlichen Gesellschaft entfaltet Kontingenzen für gesellschaftliches Handeln. Sich dieser Kontingenz als objektiver Möglichkeiten bewußt zu werden, ist Möglichkeit und Aufgabe der historisch entfalteten Subjektivität, die gerade darin ihre mögliche Freiheit gegenüber der Geschichte findet. Diese Freiheit ist in ihrer Rückbindung an objektive Möglichkeiten nicht einschränkungs- und bedingungslos, aber sie ist im Vollzug der Erkenntnis ihrer objektiven Möglichkeit auch nicht bloße Einsicht in eine vorgebliche historische Notwendigkeit, der sie sich nur zu unterwerfen hätte.

Die geschichtliche Erfahrung, bei der die „Frankfurter Schule" — wie andere Strömungen des „Westlichen Marxismus" in den zwanziger Jahren — ihren Ausgangspunkt nimmt, geht über den konstitutiven historischen Erfahrungszusammenhang von Marx in seiner Hegelkritik hinaus. Wie dieser die allgemeinen Ansprüche der bürgerlichen aufklärerischen Philosophie als partiellen Herrschaftsanspruch der bürgerlichen Klasse historisch reduziert sah und analysierte, so lebt der nach-marxsche historische Materialismus von der Erfahrung, daß die von Marx vorgestellte Möglichkeit des Proletariats als historisches Kollektivsubjekt, das die allgemeinen gattungsgeschichtlichen Vernunftansprüche in der bürgerlichen Gesellschaft und über diese hinaus zu realisieren in der Lage sei, diesen Anspruch verfehlte. Ohne hier weiter auf die historischen Umstände und diskutierbaren Einschätzungen im einzelnen einzugehen, sei darauf verwiesen, daß das Verkommen des Marxismus in der zweiten Internationale zum bloßen idealistischen Evolutionismus, die politische Niederlage des internationalen Proletariats am Tage des Ausbruchs des 1. Weltkrieges, den es nicht verhindern konnte, sowie die Desillusionierung angesichts des wiederum nur partiellen Herrschaftscharakters der im Namen des Proletariats, aber nicht von diesem errichteten Entwicklungsdiktatur in der Sowjetunion nach 1918 den historischen Erfahrungshintergrund ausmachen, aus dem die Leitidee der Kritischen Theorie erwächst.

Für alle kritischen Marxisten, die sich der leerlaufenden Orthodoxie eines kautskyanischen Marxismus nicht länger beugen wollten, lag spätestens in den zwanziger Jahren dieses Jahrhunderts die Frage offen, wie eine politische Theorie der Geschichte als praktische Theorie zu begründen sein sollte, wenn sich das Proletariat der ihm von Marx und dem orthodoxen Marxismus zugeschriebenen Rolle als historisches Kollektivsubjekt nicht fügt.

Alle wesentlichen Ansätze des „westlichen Marxismus" der zwanziger Jahre reagieren auf diese Problemstellung. Die Nichtkonstituierung des Proletariats als historisches Subjekt wird dabei allerdings verschieden theoretisch verarbeitet. Für diese Verschiedenheit ist zum Teil eine unterschiedliche Einschätzung verantwortlich, ob die Nichtkonstituierung des Proletariats zum revolutionären Subjekt in der bürgerlichen Gesellschaft nur momentan und durch besondere historische Umstände bedingt verhindert sei (wie bei Georg Lukács, Antonio Gramsci und Karl Korsch), oder ob die Möglichkeit zur Konstituierung des Proletariats zum historischen Subjekt, wenn sie denn einmal bestanden hätte, endgültig verpielt sei.

Während die drei genannten Ansätze sich als unterschiedliche Begründungen für die These verstehen lassen, daß nur momentan in der besonderen historischen Situation der bürgerlichen Gesellschaft das Proletariat seine historische Rolle nicht wahrnehme, denkt die „Frankfurter Schule" den „Verlust des historischen Subjekts" in ihren Konsequenzen für eine politische Theorie der Geschichte mit praktischer Absicht spätestens seit Mitte der dreißiger Jahre konsequent zu Ende.

Die erkenntnisleitende Frage lautet: Welche Konsequenzen ergeben sich für eine politische Theorie der Geschichte mit praktischer Absicht, wenn diese Absicht nicht mehr an ein konkretes und soziologisch bestimmbares historisches Subjekt rückgebunden werden kann? Diese Fragestellung ist konsequenter Ausfluß des Festhaltens am materialistisch-dialektischen Konstitutionszusammenhang der Gesellschaftstheorie.

Der praktische Anspruch auf Veränderung kann für eine solche Theorie nur als zumindest möglicher Anspruch eines zumindest möglichen konkret bestimmbaren historischen Subjekts formuliert werden. Wird die Verbindung zwischen einem solchen benennbaren Subjekt und dem Anspruch auf Veränderung preisgegeben, so fällt materialistisch-dialektische Theorie zurück auf den Stand bloßer idealistischer Transzendentalphilosophie. Die Gefahr eines solchen Rückfalls wird am ehesten im „objektiven Idealismus" von Georg Lukács erkennbar, in dem er an der Idee des proletarischen Subjekts und seines möglichen Klassenbewußtseins wider alle historische und empirische Erfahrung festhält. Das Proletariat tritt damit an die Stelle des transzendentalen Erkenntnissubjekts. Die politischen Konsequenzen liegen auf der Hand: der Theoretiker, bzw. die avantgardistische Partei als Inkarnation des transzendentalen Bewußtseins des Proletariats, stehen in dem Dilemma, entweder in „revolutionärem Attentismus" auf die angemessene Bewußtseinsentwicklung des Proletariats zu warten (so die zweite Internationale und Kautsky), oder aber im Vorgriff auf das mögliche Bewußtsein des Proletariats und begründet aus seinem theoretisch zugerechneten transzendentalen Bewußtsein diktatorisch die Geschichte voranzutreiben — in der Hoffnung, daß sich mit der Beseitigung der die Bewußtseinsentwicklung des Proletariats hemmenden Sozialisationsfaktoren der bürgerlichen Gesellschaft schließlich das faktische empirische Bewußtsein des Proletariats nachträglich dem ihm zugerechneten Bewußtsein angleichen werde (so im Groben die Lukács'sche Rechtfertigung des Leninismus).

Gegen die Einnahme der ersten Position sprach für die „Frankfurter Schule" am Ende der zwanziger Jahre nicht nur die von Marx übernommene und weiterhin als gültig betrachtete radikale Kritik der Entfremdung in einer bürgerlichen Gesellschaft, die die einzelnen Subjekte an der Entfaltung ihrer Fähigkeiten und Bedürfnisse mit dehumanisierenden Konsequenzen behinderte, sondern auch das aktuell dringliche Problem des heraufziehenden Faschismus als der konsequentesten Form der Realisierung politischer Herrschaft unter kapitalistisch-bürgerlichen Verhältnissen. Angesichts dieser aktuellen Gefahr erwiese sich jeder Attentismus als menschenverachtender Zynismus; so die Kritik von Marx Horkheimer an der Haltung der Sozialdemokratie in der zweiten Hälfte der Weimarer Republik.

Gegen die Einnahme der zweiten Position sprachen für die Frankfurter einerseits die historischen Erfahrungen mit der Diktatur der bolschewistischen Partei nach der Oktober-Revolution, die beim besten Willen nicht länger als Verwirklichung der humanistischen Ansprüche des revolutionären Marxismus interpretiert werden konnte, und andererseits auch schon die genannten theoretischen und methodologischen Ansprüche einer materialistisch-dialektischen Begründung einer politischen Theorie der Geschichte, deren emanzipatorische Absichten durch die Abtrennung der politischen Praxis einer Avantgarde von den wirklichen Erfahrungen und dem Bewußtsein des empirischen Proletariats fundamental gefährdet waren.

In der ersten Phase der „Frankfurter Schule" nach der Errichtung des Instituts für Sozialforschung unter dem Direktorat von Max Horkheimer stand daher die wissenschaftliche Erforschung der Frage im Vordergrund, warum die Marxschen Prognosen über die Entwicklung des Proletariats im Kapitalismus sich als unzutreffend erwiesen hätten. Die Beantwortung dieser Frage wird konsequent im Institutsprogramm auf zwei Ebenen vorangetrieben.

Einerseits versuchen die Studien von Henrik Grossmann und Friedrich Pollock immanent im Rahmen der marxistischen „Kritik der politischen Ökonomie" jene Faktoren zu erklären, die der von Marx im Rahmen seiner Krisentheorie des Kapitalismus behaupteten Zusammenbruchstendenz entgegenwirken. Wie in anderen Theorien dieser Epoche auch (Hilferding, Luxemburg), stehen dabei Monopolbildung und Staatsintervention im Zentrum des Interesses. Bedeutsamer, weil den Rahmen der marxistischen Orthodoxie in den zwanziger Jahren deutlich verlassend, ist die Einbeziehung der Psychologie, genauer der Psychoanalyse, als theoretisches Erklärungsinstrument für die gegebene historische Wirklichkeit. Der Mensch als das „Ensemble gesellschaftlicher Verhältnisse" wird nicht länger nur im Rahmen der „Kritik der politischen Ökonomie" als „Charaktermaske" und Funktionsträger in der kapitalistischen Warenproduktion aufgefaßt, sondern die durch die bürgerlich-kapitalistische Produktionsweise gesetzten objektiven Sozialisationsbedingungen, wie sie im Kapitel über den Warenfetisch im „Kapital" von Marx bereits angelegt sind, kommen ins Blickfeld.

Gegen ein ökonomistisches Gesellschaftsbild des orthodoxen Marxismus wird von den Frankfurtern nachdrücklich der objektive Charakter der durch die kapitalistische Produktionsweise gesetzten Sozialisationsbedingungen ins Blickfeld gerückt. Die im orthodoxen Marxismus angelegte Metapher von hard-ware (Basis) und soft-ware (Überbau), die häufig mit einem naturalistischen Mißverständnis des Materialismusbegriffes einhergeht, tritt zurück gegenüber einer den objektiv-materiellen Charakter der gesellschaftlichen Beziehungen betonenden Sichtweise. Die durch die kapitalistische Warenproduktion konstituierten gesellschaftlichen Beziehungen und das zu ihnen gehörende notwendig-falsche Bewußtsein (Ideologie) haben danach den gleichen objektiven Charakter, bilden erst insgesamt die gesellschaftliche Totalität, deren materialistisch-dialektische Analyse Ziel der politischen Theorie der Geschichte sein kann.

Dabei entsteht nun allerdings ein fundamentaler Gegensatz zu Marx: Wo diesem seine eigene Theorie und die materialistisch-dialektische Analyse der kapitalistischen Produktionsweise als das mögliche Bewußtsein, als das bewußte Sein des möglichen Subjekts Proletariat erschien und von daher erkenntnislogisch als historisch wahr begründet war, findet die Kritische Theorie der „Frankfurter Schule" außerhalb der Theorie selbst keinen Begründungsanspruch auf historische Wahrheit mehr. Wo die historische Praxis des Proletariats ausbleibt, kann sie auch nicht mehr als Wahrheitsbegründung in der Theorie fungieren. Insofern liegt gerade im konsequenten Festhalten am materialistisch-dialektischen Erkenntnisprogramm die historische Esoterik der Kritischen Theorie begründet.

Dieser Punkt ist angesichts der Vorwürfe über die Abkehr von einer revolutionären Theorie mit praktischer Absicht so wichtig, daß er noch einmal betont wird: Wo der Inhalt der materialistisch-dialektischen Analyse der gegenwärtigen gesellschaftlichen Beziehungen und des Entwicklungsstandes der kapitalistischen Ökonomie das Fehlen eines historischen Subjekts für die Veränderung der Verhältnisse ergibt, ja mehr noch, dessen Konstituierung gerade aus den objektiven Bedingungen als unmöglich erweist, da bleibt Kritischer Theorie in der Tradition materialistisch-dialektischer Analyse gar nichts anderes übrig, als zumindest zeitweise den praktischen Anspruch in der gesellschaftlichen Wirklichkeit als dispensiert anzusehen.

Freilich führt, wie schon angedeutet, die Erkenntnis, daß der Theorie mit praktischer Absicht das historische Subjekt fehlt, in ein erkenntnistheoretisches Dilemma. Die Perspektive Kritischer Theorie, nämlich die Wirklichkeit unter dem Gesichtspunkt ihrer Veränderung zu analysieren, das über den bloß konstatierenden Positivismus hinausgehende praktische Moment der Kritischen Theorie, verliert mit dem gesellschaftlichen Träger seine materialistische Begründung. Das Festhalten an den Ansprüchen Kritischer Theorie erscheint als willkürliche Dezision des Theoretikers, der sich dabei freilich in die Tradition aus Geschichte der Theorie und aus Geschichte vergangener Hoffnungen von historischen Subjekten gestellt sehen kann. Allein die Berufung auf Tradition ergibt erkenntnislogisch keine Begründung, die gegenüber konkurrierenden Ansprüchen allgemeine Geltung beanspruchen kann. Paradoxerweise tritt gerade nach dem Verlust des historischen Subjekts der Arbeiterklasse, für das man theoretisch Partei ergreifen konnte, im Festhalten am praktischen Anspruch politischer Theorie in der Geschichte ein Moment von Parteilichkeit der Wissenschaft auf, bei dem freilich ganz ungewiß bleibt, wessen Partei in der Zukunft mit einer Kritik des Bestehenden ergriffen werden könnte.

Die erste Phase der „Frankfurter Schule", die den Verlust des historischen Subjekts Proletariat in einer Art theoretischer Trauerarbeit zu bewältigen und die — mit „Autorität und Familie" sowie der Herausarbeitung einer Theorie des Staatsinterventionismus — die psychosozialen und politökonomischen Gründe für diesen Verlust zu ermitteln suchte, kann man mit dem programmatischen Aufsatz von Max Horkheimer über die Aufgaben der Kritischen Theorie im Unterschied zur traditionellen Theorie — und damit ist durchaus und vor allem auch der orthodoxe Marxismus gemeint — als beendet ansehen.

Die zweite Phase der „Frankfurter Schule" kulminiert in den in den vierziger Jahren erscheinenden Schriften „Dialektik der Aufklärung", „Minima Moralia", „Zur Kritik der instrumentellen Vernunft" und schließlich in dem Adornoschen Spätwerk der „Negativen Dialektik". Die folgenden Bemerkungen können sich mit dieser zweiten Phase nur ebenso kursorisch befassen, wie mit der ersten. Worum es geht: zu zeigen, daß der angebliche Bruch 1937/38 von den immanenten Voraussetzungen der Kritischen Theorie der „Frankfurter Schule", wie sie sich in den großen Analysen der ersten Phase entwickelt und entfaltet hat, nicht als solcher erscheinen konnte. Der Übergang von der marxistischen „Kritik der politischen Ökonomie" der bürgerlich-kapitalistischen Formation zur eben diese noch einschließenden „Dialektik der Aufklärung“ ergibt sich konsequent als die Realisierung des Versuchs, an den wissenschaftlichen Prämissen materialistisch-dialektischer Analyse der Gattungsgeschichte festzuhalten und den praktischen Anspruch, der aktuell nicht zu realisieren war, wenigstens in der Frage nach den ihn behindernden historisch wirksamen Gesetzmäßigkeiten und Faktoren aufzubewahren.

In der „Dialektik der Aufklärung“ wird die Fetischisierung menschlichen Bewußtseins zur instrumentellen Vernunft, wie sie Marx in seinen Analysen als bewußtseinsmäßigen Reflex der kapitalistischen Warenproduktion in einer Tauschgesellschaft analysiert hatte, als bloßer Sonderfall einer gattungsgeschichtlichen Entwicklung der instrumentellen Vernunft im Prozeß der Unterwerfung der äußeren und inneren Natur des Menschen unter praktische Zwecke demonstriert. Der in Hegelscher Tradition stehenden Marxschen Emphase der Subjektkonstitution durch naturbearbeitende Lebenstätigkeit, durch Arbeit, stellen Adorno und Horkheimer die gattungsgeschichtlichen „Entwicklungskosten“ gegenüber. Die im Prozeß der Bearbeitung der äußeren Natur konstituierte Subjekt-Objekt-Relation ist, was der alltägliche Sprachgebrauch von der „Beherrschung der Natur“ eh schon vermittelt, an Herrschaft gebunden. Insofern sich das subjektive Selbst historisch und individuell nach diesen Prämissen stets nur durch Objektivation und Reflexion der eigenen Subjektivität in der objektiven Außenwelt erkennen kann, bleibt die Konstitution des subjektiven Selbst an die Ausübung instrumenteller Vernunft, an Herrschaft gebunden. Diese gattungsgeschichtlich orientierte Analyse dementiert nicht die Ergebnisse der „Kritik der politischen Ökonomie“, des Kapitalismus, aber sie stellt die möglichen revolutionären Bedingungen seiner Aufhebung vor ein zusätzliches Problem.

Nicht nur, daß in der aktuellen historischen Situation für dessen Aufhebung das praktische Subjekt fehlt, daß sein zukünftiges Erscheinen immer unwahrscheinlicher geworden ist, sondern, daß auch jedes mögliche Subjekt revolutionärer Praxis eingebunden in den bisherigen gattungsgeschichtlichen Kontext instrumenteller Vernunft bliebe, ist das zu Ende gedachte Ergebnis einer schonungslosen materialistisch-dialektischen Analyse der bisherigen Geschichte.

Noch einmal das Ergebnis formelhaft und kürzer: indem die gattungsgeschichtliche Konstitution der Subjektivität nicht nur durch die Trennung von der Natur, sondern durch die instrumentelle Unterwerfung der Natur unter die Zwecke des sich von ihr emanzipierenden Bewußtseins die Voraussetzung der Konstituierung des Selbst war, führt im Umkehrschluß die Analyse der Bedingungen einer möglichen Aufhebung von Herrschaft zu dem Ergebnis, daß mit dem Verschwinden von Herrschaft auch ihr anderes Gesicht, die Subjektivität, verschwände.

Die Utopie von der Herrschaftsfreiheit, orientierende Perspektive aller materialistisch-dialektischen Geschichtsphilosophie in der Geschichte, kann aus der Sicht eines historischen Subjekts, das über die Entfaltung instrumenteller Vernunft und die Unterwerfung der äußeren wie der inneren Natur konstituiert war, nicht länger gedacht werden. An dessen Stelle treten freilich opake Metaphern: Wo früher die Orientierung des Materialismus auf das ganz handfeste „Glück" des Menschen, die allseitige Befriedigung seiner Bedürfnisse und die allseitige Entfaltung seiner Fähigkeiten gerichtet war, da evoziert der Begriff von „Versöhnung" nicht ohne Zufall heilsgeschichtliche Assoziationen.

Die „Versöhnung" des Menschen mit der Natur, insbesondere auch mit der inneren Natur, kann nicht auf der Basis von instrumenteller Vernunftphilosophie gedacht werden. Insofern deren Subjekt-Objekt-Dialektik bei aller dialektischen Vermittlung stets doch vom Vernunftstandpunkt des Subjekts her gedacht bleibt, insofern noch in der Vermittlung das Selbst sich des Objekts als eines „Anderen" bemächtigt, bleibt diese Dialektik auch als vermittelte Beziehung stets uneingelöst. Der Terminus „Versöhnung" evoziert eine in der Subjekt-Objekt-Vernunft-Relation nicht mehr zu formulierende Synthesis. Hieraus ergibt sich das oft zitierte quasi-religiöse Moment in der zweiten Phase der Kritischen Theorie, dessen erkenntnistheoretische Funktion freilich darauf beschränkt bleibt, die nach wie vor möglichen und realisierten materialistisch-dialektischen Analysen gegenwärtiger Vergesellschaftung quasi-transzendental abzusichern. Was als transzendentale oder gar materialistische Begründung einer politischen Theorie der Geschichte mit praktischer Absicht ganz ungenügend erscheint, freilich nach dem konkreten Inhalt der materialistisch-dialektischen Gegenwartsanalyse der „Frankfurter Schule" auch gar nicht anders erscheinen kann, das reicht in seiner vagbleibenden Orientierung für die erkenntnislogische Fundierung kritischer Gegenwartsanalyse, die sich gegenüber dem Wesen der erscheinenden Wirklichkeit spätkapitalistischer Vergesellschaftung grundsätzlich negativ verhält, noch aus. Damit ist auch die Begründungsfigur für den im Spätwerk von Adorno entwickelten Topos von „Negativer Dialektik" gegeben: Angesichts des Fehlens eines historischen Subjekts und angesichts der sich daraus ergebenden Unmöglichkeit materialistisch-dilektischer Theorie über den bestehenden Zustand anders denn in quasi-religiösen Topoi wie „Versöhnung" hinauszudenken, bleibt die praktische wie theoretische Negation der Negation aus, der Positivierung der doppelten Negation entspricht kein konkreter historischer Inhalt und keine bewußtseinsmäßige theoretische Denkmöglichkeit: Subjekt-Objekt-Dialektik tritt historisch, bestenfalls als Negation der bestehenden Verhältnisse, auf der Stelle.

Um es radikal zu vereinfachen: daß es also nicht länger eine revolutionäre Theorie der Geschichte mit praktischer Absicht gibt, ist nicht der Theorie, sondern der historischen Entwicklung des Augenblicks geschuldet. Theorie, als gesellschaftliches Bewußtsein, als bewußtes Sein in der Gesellschaft, reflektiert diesen historischen Epochenaugenblick nur. Insofern dieses gesellschaftliche Bewußtsein als Kritische Theorie „vergangene Zukünfte", das heißt, erinnerte, aber nicht mehr mögliche Zukünfte gegenüber einer bereits vergangenen Vergangenheit, vergangene Zukünfte, deren Unmöglichkeit durch die bestehende Wirklichkeit bereits erwiesen ist, erinnert, wird Kritische Theorie selbst zum Verweser eines zukünftig möglichen historischen Subjekts, über dessen konkret soziologische Bestimmung wir keine Anhaltspunkte besitzen, über dessen Erscheinen in der Zukunft wir nicht gewiß sein können. Deshalb korrespondiert der materialistisch-dialektischen Analyse bestehender gesellschaftlicher Totalität, wird sie radikal zu Ende gedacht, neben dem quasi-transzendentalen Begründungspunkt von „Versöhnung“ auch, wie Horkheimer einmal feststellte, „Hoffnung“ als individuelle Haltung.

3. Krise der objektiven Vernunft

Entfremdung und ethischer Dezisionismus bei Georg Lukács und Max Weber

„Die Zukunft kommt von allein,
der Fortschritt nicht."
G. Lukács[1]

Dieser Beitrag zielt auf einen Vergleich theoretischer Probleme, weniger auf Biographie und Rezeptionsverhältnis von Weber und Lukács.[2] Die Bedeutung, die diesem Vergleich in der Vergangenheit schon öfter zugemessen wurde, liegt darin, daß mit Lukács, vor allem seinem Werk ‚Geschichte und Klassenbewußtsein', zweifellos einer der bedeutendsten Gründer des sogenannten ‚Westlichen Marxismus' thematisiert wird, daß damit die Analyse und der Vergleich von Weber und Lukács stets auch im Kontext eines paradigmatischen Vergleichs von Marxismus und dem Weber'schen Versuch einer soziologischen Handlungs- und Gesellschaftstheorie steht (Bader u.a., 1976), sowie in der möglichen Pointe, wie paradigmatische Alternative und offenkundiges Schüler-Lehrer-Verhältnis auch im Inhaltlichen in ein Wechselspiel treten. Die bisherigen Arbeiten haben mit unterschiedlichen Akzenten, überzeugend vor allem im Methodischen[3], hier wiederum vor allem hinsichtlich von Webers Begriffen der ‚Rationalität', der ‚objektiven Möglichkeit' und des ‚Idealtypus' Nähe und Distanz der beiden Protagonisten aufgezeigt. Die Nähe von Lukács kann nach diesen Arbeiten in seiner offenkundigen Beeinflussung durch die mit den genannten Begriffen in einem Ausschnitt bestimmte Methodologie Webers gesehen werden; sie umschließt darüber hinaus aber übereinstimmende oder ähnliche Einschätzungen hinsichtlich der materialen Gesellschaftsgeschichte der Moderne und des Kapitalismus, auf die hier größeres Gewicht gelegt wird. Die Distanz hingegen in Lukács' eigentümlichem Versuch, Weber'sche Begriffe und Inhalte in ein mit dessen Prämissen unvereinbares Projekt eines philosophisch revidierten ‚Marxismus' und einer entsprechenden Geschichtsphilosophie zu integrieren. Die Revision, die Lukács in ‚Geschichte und Klassenbewußtsein', teils vorbildhaft zu anderen ‚westlichen' Marxisten (Anderson, 1978, S. 94), teils in weitreichender Übereinstimmung mit ihnen, entwickelt, bezieht sich ihrem Anspruch nach weniger auf Marx selbst, als vielmehr auf den kautskyanischen Marxismus der Zweiten Internationale, auf die Erkenntnistheorie bzw. philosophische Grundlegung der Dialektik, wie sie in Engels später Naturphilosophie und in Lenins ‚Materialismus und Empiriokritzismus‘ zum kommunistischen Dogma der Zeit erstarrt waren, sowie schließlich auf die virulente Verbindung von Kantianismus und Marxismus.[4]

In inhaltlicher Hinsicht stimmen die Interpretationen weitgehend dahin überein, daß vor allem Lukács zentrale Kategorie von „Verdinglichung“ eine Synthese von Marxens Analyse des ‚Warenfetisch‘ und der Weber'schen Analyse formaler Rationalität darstellt. Nach Habermas (1981, S. 473 f.) hat Lukács die Verdinglichungskategorie vor allem dazu benutzt, „um Webers Analyse gesellschaftlicher Rationalisierung aus ihrem handlungstheoretischen Rahmen zu lösen und auf anonyme Verwertungsprozesse im Wirtschaftssystem zu beziehen.“ Während das weitgehend mit der Einschätzung Fetschers (1973) übereinstimmt, hebt Weyembergh (1973, S. 474 ff.) stärker den Einfluß einer hegelianisierenden, objektiv-idealistischen Perspektive hervor. Demgegenüber macht Weiß (1981, S. 78 ff., besonders S. 103 ff.) den interessanten Versuch, gerade auch die handlungstheoretischen Perspektiven eines ‚richtig gelesenen Marxismus‘ im Sinne einer Ähnlichkeit mit Webers Begriff von ‚sozialer Handlung‘ herauszuarbeiten, um auf dieser vielleicht pointierten Gemeinsamkeit von Marx und Weber die ontologisierende und normativistische Interpretation der Kategorie ‚objektiver Möglichkeit‘ (bei Weber häufig auch als ‚Chance‘ bezeichnet) zu betonen. An den ersten Teil soll hier hinsichtlich Lukács angeknüpft werden. Während die einen Interpreten also grob gesagt angesichts einer paradigmatischen Differenz von Marx und Weber, Lukács als einen mehr dieser oder mehr jener Sichtweise zuneigenden Vermittlungsversuch betrachten, neigt Weiß der Perspektive zu, auf dem Hintergrund einer unterstellten großen Affinität der Prämissen von Marx und Weber, Lukács einer Verfehlung von beiden Positionen zu bezichtigen. In seiner Eindeutigkeit fällt das Urteil der offenkundig wenig bekannten Arbeit von Maretzky (1970) aus dem Rahmen: Aus reichlich orthodoxer Perspektive auf das Marx'sche (‚Spät‘) Werk, das dabei wie ein geschlossenes widerspruchsfreies System erscheint, wird Lukács der weberianisierenden Abweichung (ebd. S. 48 ff.) bezichtigt. Aus der Reihe fällt auch Krahl (1971), der zwar ebenfalls „‚Geschichte und Klassenbewußtsein‘ eine spekulative Analyse der Gegenwartsgeschichte“ (S. 199) nennt, der aber, anders als die bisher erwähnten Autoren, von der ‚Aktualität‘ von Lukács' ‚Geschichte und Klassenbewußtsein‘ „auch für die Rezeption der politischen Protestbewegungen in Westeuropa“ ausgeht, die in der „Aufdeckung der durch die zweite Internationale verschütteten emanzipativen Subjektivitätsdimension des Marxismus“ (S. 200) läge. Das Problem der ‚verschütteten emanzipativen Subjektivität‘ (nicht nur) des Marxismus dürfte auch angesichts aktueller politisch relevanter Organisationserscheinungen seine Bedeutung nicht verloren haben.

Gegenüber einer rein geschichtlichen oder auch theoriegeschichtlichen Perspektive des wissenschaftlichen Vergleichs, haben die nachfolgenden Bemerkungen Lukács' und Webers Werk als philosophische bzw. soziologische Zeitdiagnose zum Gegenstand. Dabei ist nicht vorab entschieden, ob und wieweit sie uns heute noch betrifft. Es soll also um die Probleme selbst gehen, auf die

Philosophie und Soziologie von Lukács und Weber zu reagieren suchten, auf die Ähnlichkeit ihrer Intentionen, die sich gegenüber den sonst in den Vordergrund gestellten politischen und wissenschaftstheoretischen Differenzen einer solchen Betrachtung aufdrängt. Diese grundsätzliche Differenz soll dabei nicht zum Verschwinden gebracht werden: Aber gerade auf ihrem Hintergrund wird Parallelität oder Ähnlichkeit der Zeitdiagnose aufschlußreich, die nur jene zu übersehen suchen, denen es um dogmatische Reinheit der Ansätze und Lehren, nicht mehr um den Wahrheitskern der Zeitdiagnose selbst geht; die Bemühung um dogmatische Sauberkeit ‚verdinglicht' damit selbst das historische Denken und macht es, unabsichtlich vielleicht, immun gegen jede praktische Inanspruchnahme. Die Überlegungen zu Ähnlichkeit und Differenz der beiden theoretischen Gesamtentwürfe zielen auf ihren unterstellten ‚weltanschaulichen' Charakter. Wie aller großen Theorie wird dabei diesen beiden Ansätzen ein in den einzelnen materialen Analysen und theoretischen Konstruktionen sich äußernder und sie vermittelnd verbindender Kern von Zeitdiagnose und Geschichtsreflexion unterstellt. Dabei ist im Hintergrund das Lukács-Wort zu erinnern, nach dem es „keine unschuldige Weltanschauung' gibt. (Lukács, 1962, S. 10)[5] In dieser ersten Annäherung werden beide hier eher als noch grobe Tendenz genommen, während eine detaillierte Überlegung nicht davon auszugehen hätte, daß die jeweilige weltanschauliche Synthese von Lukács und Weber in sich ohne Widerspruch ein geschlossenes System darstellt. Bei dem Vergleich ist die Ungleichzeitigkeit der sich überlappenden Biographien besonders in Rechnung zu stellen. Zeitdiagnose, selbst im großen Maßstab, ist durch die Perspektive des historischen Augenblicks gebrochen, der für Weber anders als für Lukács zu bestimmen ist. Der Vergleich soll sich auf drei Komponenten einer solchen weltanschaulichen Zeitdiagnostik beziehen, dabei jeweils deren Vermittlung in die betreffende Theorie untersuchen und schließlich die jeweilige ‚Lösung' plausibel zu machen versuchen. Im Unterschied zu der bisher zitierten Literatur soll wenigstens ansatzweise Lukács' „Ontologie des gesellschaftlichen Seins" einbezogen werden. Es handelt sich um die drei Probleme: Krise der objektiven Vernunft, Entfremdung und schließlich ethischer Dezionismus.

Die Krise der objektiven Vernunft, auf die Weber und Lukács in Diagnose wie Therapie jeweils unterschiedlich reagieren, kann mit Horkheimer so formuliert werden: „Ursprünglich war die politische Verfassung als ein Ausdruck konkreter Prinzipien gedacht, die in der objektiven Vernunft gründen; die Ideen der Gerechtigkeit, der Gleichheit, des Glücks, der Demokratie, des Eigentums, sie alle sollten der Vernunft entsprechen, aus der Vernunft fließen… Die gegenwärtige Krise der Vernunft besteht im Grunde in der Tatsache, daß das Denken auf einer bestimmten Stufe entweder die Fähigkeit verlor, eine solche Objektivität überhaupt zu konzipieren, oder begann, sie als einen Wahn zu bestreiten." (1967, S. 30, 18) Was bleibe, wäre danach allenfalls subjektive Vernünftigkeit und historischer Relativismus. Obwohl gerade der Begriff ‚Rationalität' im Zentrum der bisherigen Literatur über Weber und Lukács steht, ist die gemeinsame Ausgangsposition einer Krise der objektiven Vernunft der beiden Zeitdeutungen, die wiederum in enger Verbindung mit der Analyse der historisch gewordenen Gesellschafts- und Wirtschaftsordnung steht, nicht oder nur unzureichend reflektiert worden. Die marxistische, die kritische Rezeption Webers, auch durch Lukács, konzentriert sich dabei zumeist auf die Auseinandersetzung mit dem Begriff ‚formaler Rationalität' und bezieht zu diesem eine ideologiekritische Position. Ideologiekritik soll heißen, daß die Weber'sche Leistung in der analytischen und historischen Darstellung des Rationalisierungsprozesses, der mit der Durchsetzung der kapitalistischen Wirtschafts- und Gesellschaftsordnung einhergeht, einerseits anerkannt und zum Teil in die eigenen Gedankenübergänge übernommen wird, daß aber andererseits Weber unterstellt wird, daß mit der Gleichsetzung von kapitalistischer Rationalität und Rationalität bzw. Vernunft überhaupt sich die analytische und historische Darstellung zu einer Apologie des historisch gewordenen Kapitalismus verkehrt habe. Deutlicher als bei Lukács findet sich das hier Gemeinte in dem Satz von Marcuse: „Was auch immer der Kapitalismus den Menschen antun mag, er ist nach Max Weber vorerst und vor aller Wertung als notwendige Vernunft zu verstehen." (1965, S. 107) Die Gleichsetzung von ‚formaler Rationalität' und ‚objektiver Vernunft' ist aber das letzte, was man Weber vorwerfen kann, wenn man seine Schriften im Zusammenhang zur Kenntnis nimmt. Sonst könnte nicht übersehen werden, daß ‚Rationalität', daß der dominante Handlungstypus (auch) im Kapitalismus, von Weber erstens keineswegs als die Realisierung der Vernunft, sondern nur eines spezifischen Typus von Vernunft gesehen wird, daß er zweitens in seiner Analyse die ihn unübersehbar faszinierende Leistungsfähigkeit dieses Typus von Vernunft immer zugleich mit einer Analyse der Grenzen dieser Vernunftpraxis kombiniert und daß er drittens schließlich — und in diesem Punkt konvenieren Weber und Lukács in der Zeitdiagnose — als Folge der Durchsetzung des spezifischen formellen Vernunfttypus als gesamtgesellschaftlich wirksamer individueller Handlungsbestimmung einen von ihm zutiefst als krisenhaft empfundenen Zustand ‚objektiver Vernunft' konstatiert, für den er in seinen politischen Überlegungen nach Lösungen und Auswegen sucht.

Weber hat seinen Begriff von Rationalität bekanntlich als einen Idealtypus ‚sozialen Handelns' in den Erläuterungen zum ersten Paragraphen seiner systematischen Grundlegung der Soziologie eingeführt, dabei aber sofort die Warnung ausgesprochen: „Die Konstruktion eines streng zweckrationalen Handelns also dient in diesen Fällen der Soziologie, seiner evidenten Verständlichkeit und seiner — an der Rationalität haftenden — Eindeutigkeiten wegen, als Typus (‚Idealtypus'), um das Reale, durch Irrationalitäten aller Art (Affekte, Irrtümer) beeinflußte Handeln als ‚Abweichung' von dem bei rein rationalem Verhalten zu gegenwärtigenden Verlaufe zu verstehen. Insofern und nur aus diesem methodischen Zweckmäßigkeitsgrunde ist die Methode der ‚verstehenden' Soziologie ‚rationalistisch'. Dies Verfahren darf aber natürlich nicht als ein rationalistisches Vorurteil der Soziologie, sondern nur als ein methodisches

Mittel verstanden und also nicht etwa zu dem Glauben an die tatsächliche Vorherrschaft des Rationalen über das Leben umgedeutet werden." (1972, S. 3) Dieser als Idealtypus unterstellte Zweck-Mittel-Charakter der Rationalität wird nun am Beispiel des ,Wirtschaftens' von Weber als ,formale' und ,materiale' Rationalität weiter ausdifferenziert. Es ist die ,formale Rationalität des Wirtschaftens', von der Weber sagt, daß sie als Handlungstypus mit der Durchsetzung der kapitalistischen Wirtschaftsweise für die moderne Gesellschaft insgesamt bestimmend wird — insofern also Marxens These von der ,Durchkapitalisierung' ebenso wie Habermas' These von der ,Kolonisierung' ähnlich — und daß es der verstehenden Soziologie auf nachvollziehbare Weise im Kontext des Wirtschaftens wie auch des zweckrationalen Handelns insgesamt möglich sei, die eingesetzten Mittel für den jeweils gesetzten Zweck als rational zu bewerten. Formaler Rationalität entspricht somit weitgehend eine Betrachtung von Handlungen unter dem Gesichtspunkt ihrer Effizienz. Diese Effizienzbeurteilung muß den Zweck, das Ziel der Handlung bereits voraussetzen, und nach historischer Betrachtung ist für Weber (ebenso wie für Marx oder auch Lukács) der historisch vorausgesetzte Zweck privatkapitalistischen Wirtschaftens das Erzielen von individuellem ,Erwerb' oder ,Gewinn'. Demgegenüber sei der Begriff ,materialer Rationalität' darauf gerichtet, ,soziales Handeln' gerade unter Einbeziehung seiner Ziele oder, wie Max Weber sagt, „Forderungen" (1972, S. 45) zu verstehen. „Der möglichen, in diesem Sinn rationalen, Wertmaßstäbe sind prinzipiell schrankenlos viele, und die unter sich wiederum nicht eindeutigen sozialistischen und kommunistischen, in irgendeinem Grade stets: ethischen und egalitären, Wertmaßstäbe sind selbstverständlich nur eine Gruppe unter dieser Mannigfaltigkeit." (Ebd. S. 45) Auf die wissenschaftstheoretischen Gründe, die Weber dazu bringen, solche ,material zweckrationalen' Bestimmungsgründe und Ziele des Handelns *wissenschaftlich* nicht zu beurteilen, braucht hier nicht eingegangen zu werden. Entgegen der Behauptung Marcuses ist es aber wichtig, festzuhalten, daß Weber das Dominantwerden formaler Rationalität mit der Durchsetzung der kapitalistischen Wirtschaftsordnung auf der Ebene individueller Handlungsmotivation in Parallele sieht zu einem sich, auch auf „Klassenlage" (1968, S. 528), etablierenden grundsätzlichen Pluralismus materialer Rationalitätsauffassungen. Der sich historisch steigernden Effizienz des kapitalistischen Einzelbetriebes und des sich aus diesem Kontext in der Gesellschaft ausbreitenden individuellen Handlungstypus entspricht gesamtgesellschaftlich mit der Entstehung der modernen Weltanschauungen gerade der Verlust eines gemeinsamen und damit eindeutigen materialen Rationalitätsmaßstabes. In der Sprache Horkheimers: subjektive Vernünftigkeit im gesellschaftlichen Verkehr der Individuen aus der Perspektive des Einzelinteresses ersetzt objektive Vernunft; oder in der Sprache Webers zitiert: „Materiale und formale Rationalität fallen eben unvermeidlich weitgehend auseinander. Diese grundlegende und letztlich unentrinnbare Irrationalität der Wirtschaft ist eine der Quellen aller ,sozialen' Problematik..." (Weber 1972, S. 60) An anderer Stelle zieht Weber die daraus für ihn unvermeidliche Konsequenz hinsichtlich des Fortschrittsbegriffs: „Eine fortschreitende subjektive Rationalisierung des Handelns ist also nicht notwendig auch objektiv ein ‚Fortschritt' in der Richtung auf das rationale ‚richtige' Handeln." (1968, S. 526) Für die Konstatierung von ‚Fortschritt' stehen überhaupt keine allgemeinen Kriterien mehr zur Verfügung. Dieses Auseinanderfallen von subjektiver und objektiver Vernunft als Kennzeichen der Entwicklung der modernen Industriegesellschaft bei Weber wiederholt sich in der Analyse, Darstellung und Bewertung des anderen zentralen inhaltlichen Komplexes der modernen Gesellschaftsentwicklung, den Weber thematisiert: der Bürokratie. Ohne daß das hier noch im einzelnen ausgeführt zu werden brauchte, entspricht auch hier der höchsten Effizienz und formalen Rationalität bei der Durchführung einmal bestimmter Aufgaben und der Erreichung einmal gesetzter Ziele durch die Bürokratie keine irgendwie geschichtlich konkretisierte Kraft, die mit ‚objektiver Vernunft', also allgemeiner Geltung die Ziele und Aufgaben für diese Bürokratie setzen könnte. Gerade auch die Demokratietheorie bei Weber, analog zur bekannten Schumpeter'schen Bestimmung der Demokratie vor allem als eine „Methode der Führerauswahl' gesehen, verzichtet auf jeden Versuch, die demokratischen Verfahren neben dem Aspekt der Auswahl politischer Führer auf Zeit irgendwie in Richtung auf eine inhaltliche Bestimmung von Zielen und deren durch das demokratische Verfahren erzeugte Geltung hin zu entwickeln. Das demokratische Verfahren selbst, als bloße Methode der Bestimmung der politischen Führer interpretiert, also ganz antirousseauistisch, erzeugt keinerlei materiale Rationalität und ist im eigentlichen Sinne nicht als „Willensbildung" und inhaltliches Plebiszit begriffen.

So läuft die aus der Theorie des gegenwärtigen Zeitalters resultierende Zeitdiagnose auf die Konstatierung einer doppelten materialen Rationalitätskrise hinaus. Bemerkenswert erscheint mir in diesem Zusammenhang, daß in der Sekundärliteratur dabei dem Umstand wenig Beachtung geschenkt wurde, daß Weber in Differenz zum klassischen Liberalismus praktisch über keine ausgearbeitete Theorie des ‚Marktes' verfügt. Im klassischen Liberalismus wird die angedeutete Schere zwischen subjektiver und objektiver Vernunft ja traditioneller Weise über die Annahme zu schließen versucht, daß die konstitutiven internen Funktionsmechanismen des Marktes, vor allem Konkurrenz, die je subjektive Handlungsrationalität der Marktteilnehmer zu einem für die Gesamtgesellschaft optimalen und den Ansprüchen objektiver Vernunft weitgehend genügenden Ergebnis transformieren. Vertragstheoretische Konstruktionen treten begründungstheoretisch hinzu. Weber teilt eine solche Perspektive nicht, sondern sieht den Markt ausschließlich aus der Perspektive der ‚Handlungschancen' des individuellen Wirtschaftssubjektes und der indirekten Wirkungen, die sich aus den konkurrenzvermittelten Handlungsimperativen für die weitere Effektivierung des wirtschaftlichen Handelns ergeben. (1972, S. 43)

Festzuhalten bleibt bisher, daß sich Webers Analyse der Moderne keineswegs als eine bloße Apologie der kapitalistischen Gesellschaftsordnung lesen läßt, daß sie vielmehr alle Elemente einer objektiven Krisenanalyse enthält.

Wie die Analyse des ‚politischen' Webers denn auch zeigt, ist Weber durchgehend eher ein radikaler Kritiker zeitgenössischer Politik und Gesellschaft, denn ihr Ideologe und Apologet. (Mommsen, 1974a, 1974b) Seine geschichtliche Perspektive ist nach vorne skeptisch, wenn nicht pessimistisch. Seine ‚Pragmatik', die ihn in verschiedenen Phasen seiner Biographie in expliziter Rollentrennung wertend zu für notwendig erachteten politischen oder gesellschaftlichen Veränderungen Stellung nehmen läßt, ist von diesem Skeptizismus getragen. Jedenfalls resultiert sie, darauf ist zurückzukommen, aus der Krise objektiver Vernunft und aus einem manchmal geradezu pathetischen Unbehagen an einer Zeit, in der das dominante Schema zweck-mittel-rationalen Verhaltens im Begriffe ist, nicht nur im Mikrobereich des kapitalistischen Betriebes, sondern auch auf der Ebene der gesellschaftlichen und politischen Vergesellschaftung insgesamt dominant zu werden. Webers emphatisches Bekenntnis zum deutschen Nationalstaat, seine zeitweilige imperialistische Ausrichtung sowie sein mit großer persönlicher Radikalität und Konsequenz 1914 unternommener Versuch, „sich in den Dienst des Vaterlandes" zu stellen, können angemessen nur auf dem Hintergrund dieser von ihm konstatierten Krise objektiver Vernunft interpretiert werden.

Daß auch Lukács' Zeitdiagnose im Horizont einer Krisenstimmung der objektiven Vernunft steht, mag als Gemeinsamkeit weniger überraschen als die Feststellung, daß auch die konkrete marxistische, jedenfalls marxistisch intendierte Bestimmung der historischen Qualität dieser Krise große Ähnlichkeiten zu Weber aufweist, wenn sie nicht gar von diesem massiv beeinflußt wurde. Das auch in diesem Vergleich Nichtüberraschende braucht nicht mit der Ausführlichkeit vorgeführt zu werden wie bei Weber. Ganz im Kontext der ‚historisch-materialistischen Entwicklungsgeschichte' des Kapitalismus und der bürgerlichen Gesellschaft, die Marx vorgezeichnet hat, erscheint Lukács das für die gesellschaftliche Reproduktion insgesamt dominant werdende kapitalistische Einzelinteresse der Profitrealisierung als die Verwirklichung subjektiver Vernunft im Sinne des zweck-rationalen Handlungsmodells bei gleichzeitiger größtmöglicher Irrationalität der gesellschaftlichen Gesamtproduktion. Der Rechenhaftigkeit (nicht nur des Gewinns) aus der Perspektive des Einzelkapitals, der Rationalität seiner Buchführungs- und Planungsmethoden, entspricht auf gesellschaftlicher Ebene die ‚Anarchie' (die Lukács wie Marx stets ganz anders als die Anarchisten als die verwirklichte Unordnung auffassen!) der gesellschaftlichen Reproduktion, deren Charakter als ‚Klassenkampf' im innern und ‚imperialistischer Krieg' nach außen zu seiner furchtbarsten Wirkung gelangt.

Ähnlich und deswegen hier ebenso keiner weiteren Beachtung wert ist die Zustimmung Lukács' zu jenem Teil des vorangestellten Horkheimer-Zitats, nach dem eine wie auch immer begründete ‚Vorgegebenheit' objektiver Vernunft nach der erfolgreichen Durchsetzung von Kapitalismus und Aufklärung keine Chance auf anerkannte Geltung mehr wird erfolgreich beanspruchen können. Hier allerdings beginnt die Differenz. Während auf dieser Ebene abstrakt hergestellter Gemeinsamkeit für Weber der ,Relativismus letzter Werte' und damit das Fehlen objektiver Vernunftgründe für die Beurteilung von Geschichte, geschichtlicher Praxis und die Gestaltung von Gesellschaften historisch unumkehrbar ist, versucht Lukács die Krise objektiver Vernunft in vollem Umfang als historischen Prozeß, das heißt in diesem Zusammenhang vor allem auch als nach vorne offen und revidierbar zu begreifen. Dabei ist natürlich nicht an einen Rückfall hinter den historischen Gewinn der Aufklärung gedacht: Objektive Vernunft wird niemals wieder irgendwie transzendental oder metaphysisch vorgegebene Geltung beanspruchen können. Hinter die Religionskritik führt kein Schritt zurück. Dem Relativismus freilich, der aus einer hier innehaltenden Analyse bei zeitgenössischen Denkern wie Weber, Simmel, aber auch bei dem Lukács bekannten Mannheim resultiert, tritt Lukács nicht mit resignativer Skepsis bei, sondern mit frühmarxschem Pathos und Hegel'scher Gewißheit[6] entgegen. Die resignative Skepsis erscheint ihm in seinen Literaturstudien, vor allem in seiner pejorativen Einschätzung der zeitgenössischen ,modernen' bürgerlichen Literatur, geradezu als apologetischer Ausdruck einer stagnierenden Gattungsgeschichte in der bürgerlichen Gesellschaft, die ihr mögliches Bewußtsein von sich selbst gerade dadurch verfehlt, daß sie sich unhistorisch als Bewußtsein überhaupt setzt. Systematisch muß freilich eine solche Kritik des bürgerlichen Bewußtseins ,von außen' und zugleich nicht metaphysisch begründet werden, um zu diesem Urteil gelangen zu können. Soweit ich das sehen kann, hat Lukács in seinem Lebenswerk diesen Versuch zweimal in unterschiedlicher Weise unternommen. Einmal, in schließlich später selbst eingestandener Verfehlung des Anspruchs historisch-dialektisch, also antimetaphysisch und anti-transzendentalistisch zu argumentieren, in ,Geschichte und Klassenbewußtsein'; zum zweiten Mal dann aber in der ,Ontologie des gesellschaftlichen Seins', die aufgrund ihres verzögerten Erscheinens bisher nur unvollkommen in der Lukács-Literatur rezipiert wurde und deren Beurteilung auch hier nur höchst prekär und versuchsweise unter diesem einen Aspekt vorgenommen werden kann.

In ,Geschichte und Klassenbewußtsein' ist die Krise der objektiven Vernunft durch Lukács folgendermaßen charakterisiert: einerseits befindet sich die herrschende bourgeoise Klasse in einer „tragischen" (1968, S. 240) Situation: „Klassenbewußtsein und Klasseninteresse stehen auch bei der Bourgeoisie im Verhältnis des Gegensatzes, des Widerspruchs zueinander." (Ebd. S. 235) Der Widerspruch besteht darin, daß das auf die Aufrechterhaltung seiner Herrschaft und seiner sozioökonomischen Eigentumsposition gerichtete Klasseninteresse der Bourgeoisie eine vollständige Analyse und adäquate Erkenntnis zugleich das Bewußtsein der historischen Überwindbarkeit der in der bürgerlichen Ideologie als „natürlich" gesetzten Verhältnisse[7] ergeben müßte. Objektive Vernunft, bei Lukács zu diesem Zeitpunkt weitgehend gleichgesetzt mit „Planwirtschaft" (ebd. S. 242), jedenfalls einer bewußten Gestaltung der gesellschaftlichen Beziehungen der Menschen miteinander und hinsichtlich ihrer materiellen Reproduktion, widerspräche also dem Klassen- und Herrschaftsinteresse dieser dominierenden Klasse, weshalb sie, trotz einiger Ansatzpunkte in den „fortgeschrittensten Elementen" (ebd. S. 242), letztlich zugunsten einer ideologischen Analyse und Bestimmung der gesellschaftlichen Wirklichkeit unterbleiben müsse. Bleibt das Klassenbewußtsein des Proletariats, für das es „ein Lebensbedürfnis", eine Existenzfrage sei, „die vollste Klarheit über seine Klassenlage zu erlangen". (Ebd. S. 193) Die sei aber nur vom Standpunkt eines allgemeinen Interesses möglich. Andererseits ergibt sich für Lukács die Krise der objektiven Vernunft aus dem in der historischen Zeitdiagnose unübersehbaren Faktum, daß das Klassenbewußtsein des Proletariats nicht unmittelbar evident ist und als empirisches Bewußtsein der Proletarier selbst in Erscheinung tritt. Die von Lukács konstatierte „Krise des proletarischen Klassenbewußtseins" und die Krise objektiver Vernunft sind damit von Lukács zur Deckung gebracht. Nicht nur die historische Spaltung der Arbeiterbewegung, sondern auch das empirische Bewußtsein der noch viel differenzierteren Arbeitermeinungen in den verschiedenen von Lukács in Augenschein genommenen Gesellschaften lassen es also nicht zu, die von Marx postulierte, mögliche Identität von proletarischem Bewußtsein, historisch-materialistischer Theorie und Revolutionstheorie als Faktum zu unterstellen. (Sieferle, 1979, S. 168) Das ‚Klassenbewußtsein' als gattungsmäßiger Repräsentant objektiver Vernunft, wie es im Sinne der Marx'schen Geschichtstheorie von Lukács begründet werden soll, ist also weder „das individuelle Bewußtsein des Proletariers" (Lukács, 1968, S. 226), noch das „empirische Bewußtsein der Klasse" (ebd. S. 248), noch kann es sich bei ihm um „wissenschaftliche Erkenntnis" (ebd. S. 226) handeln; und doch sei es „keine bloße Fiktion" (ebd., S. 251). Die Art und Weise, wie aufgrund dieser Ausgangslage Lukács die bolschewistische Partei durch eine idealistische, transzendental-philosophische Bestimmung zum faktischen Repräsentanten des „zugerechneten" Klassenbewußtsein des Proletariats macht (Dutschke, 1974, S. 190ff.; Greven, 1977, S. 145ff., 211), wie dabei die Weberschen Begriffe der ‚objektiven Möglichkeit' und des ‚Idealtypus' in diese Konstruktion eingehen (Krahl, 1971; Fetscher 1973; Weyembergh 1973, bes. S. 480ff.), stellt den Hauptpunkt der kritischen Auseinandersetzung mit Lukács dar und darf daher hier als bekannt unterstellt werden. Entscheidend für diesen Zusammenhang ist aber, daß aufgrund dieses idealistischen Charakters der Konstruktion die Gleichsetzung von ‚zugerechnetem Klassenbewußtsein' und objektiver Vernunft eben an jenen kritischen Prozessen scheitern mußte, deren aufklärende kritische Wirkung bereits eingangs in dem Horkheimer Zitat angesprochen wurde. Dem hat Lukács in einer späteren Selbsteinschätzung von ‚Geschichte und Klassenbewußtsein' auch Rechnung getragen, indem ihm nunmehr das damals unterstellte „Umschlagen des ‚zugerechneten Bewußtseins' in revolutionäre Praxis ... objektiv betrachtet ... als das reine Wunder ..." erscheint (1968, S. 21, Vorwort zur Neuausgabe). Das „zugerechnete Bewußtsein des Proletariats in ‚Geschichte und Klassenbewußtsein" konnte also weder die Lösung der von Lukács in den 20er Jahren permanent unterstellten ‚Krise des proletarischen Bewußtseins" noch die Lösung der Krise der objektiven Vernunft — vonLukács in eins gesetzt — bieten.

„Wenn die Arbeiterschaft die allgemeine Klasse ist, wenn ihre Interessen die der menschlichen Gattung repräsentieren, wenn sie mithin Subjekt der Revolution werden muß ... dann hätte Lukács recht." (Benseler, 1984, S. 169) Bei der Betrachtung des Spätwerks von Lukács, vor allem der ‚Ontologie des gesellschaftlichen Seins', ist die Kontinuität der Orientierung von Lukács auf Überwindung der kapitalistischen Ausbeutungs- und Entfremdungsgesellschaft, auf eine Revolution, deren maßgebliches Subjekt nicht ohne die Arbeiterklasse gedacht werden könnte, und auf die Verbindung von Freiheit und Sozialismus unübersehbar. In der Systemauseinandersetzung Kapitalismus-Sozialismus wird Lukács bis zuletzt nicht zum Dissidenten; noch der schlechteste (reale) Sozialismus erscheint ihm als die geeignetere Grundlage zur Entwicklung jener menschenwürdigen Gesellschaft, die die Krise der objektiven Vernunft überwunden haben würde. (Lukács, 1981, S. 10) Angesichts dieser Kontinuität fällt umsomehr auf, wie sich die Akzente seit ‚Geschichte und Klassenbewußtsein' vom Proletariat ‚an und für sich' hin zur ‚historisch-dialektischen Ontologie' der Arbeit als der möglichen Grundlage einer gesellschaftlichen Realisierung objektiver Vernunft verschoben haben. In dem grundlegenden, vorausveröffentlichten Kapitel über ‚Arbeit' des Lukács'schen Spätwerks, auf das ich mich hier beziehe, knüpft die Bestimmung der Arbeit vor allem an Aristoteles und die Frühschriften von Marx an. Die Kategorie wird dabei also von der historisch-dominanten Realisierungsform ausgebeuteter und fremdbestimmter Arbeit im Kapitalismus, damit aber auch zugleich von ihrem unter diesen Verhältnissen wesentlichen Träger losgelöst; sie erscheint, wie beim frühen Marx, als „Gattungstätigkeit", als „Lebenstätigkeit der Gattung" ... (Marx, 1968, S. 515 ff.) Anders als beim Marx der ‚Grundrisse' und des ‚Kapitals', der sich auf die Arbeit als Werte schaffende Tätigkeit konzentriert, um den ausbeuterischen Charakter des ‚freien Lohnarbeiterverhältnisses', die im angeblichen ‚Äquivalententausch' liegende Ideologisierung dieser Verhältnisse durch die bürgerliche politische Ökonomie zu ent-decken, konzentriert sich Lukács auf den gattungsbestimmenden besonderen Charakter dieser „Lebenstätigkeit", die den „ontologischen Keim der Freiheit" (Lukács, 1973, S. 53) in sich enthalte. Dieser besondere Charakter der menschlichen Lebenstätigkeit, der sie von allem tierischen Verhalten unterscheide, liege in dem „teleologischen" Charakter der Arbeit begründet. Dieser komme „im Setzen des Ziels und seiner Mittel durch das Bewußtsein" zum Ausdruck: „Erst in der Arbeit, im Setzen des Zieles und seiner Mittel geht das Bewußtsein mit einem selbstgelenkten Akt, der teleologischen Setzung, dazu über, sich nicht bloß der Umgebung anzupassen — wozu auch solche Tätigkeiten der Tiere gehören, die die Natur objektiv, unbeabsichtigt, verändern —, sondern in der Natur selbst von dieser aus unmögliche, ja undenkbare Veränderungen zu vollziehen. Indem also die Verwirklichung zu einem umformenden, neuformenden Prinzip der Natur wird, kann das Bewußtsein, das dazu Impuls und Richtung gegeben hat, ontologisch kein Epiphänomen[8] mehr sein. Mit dieser Feststellung unterscheidet sich der dialektische Materialismus vom mechanischen." (ebd., S. 34). Diese Bestimmung der Lebenstätigkeit als „final“ hat auch Konsequenzen für den „Widerspiegelungscharakter“ der Erkenntnis, die nun nicht auf eine bloße „Abbildung“ der deterministischen Naturgesetzlichkeiten reduziert bleibe, sondern die unter dem Gesichtspunkt der praktischen Lebenstätigkeit sich in eine Reflexion „gesetzte(r) Kausalität verwandelt.“ (ebd., S. 45). Um eine „gesetzte Kausalität“ handele es sich, weil der teleologische Charakter der Arbeit als Lebenstätigkeit in jeder Phase der Verwirklichung, bei der Bestimmung der Zwecke, bei der Auswahl der Mittel, sowie bei der Einschätzung der „Kausalkette“, durch die der teleologisch gedachte Prozeß zu einem Ergebnis kommen soll, entscheidend durch seinen „Alternativcharakter“ gekennzeichnet sei. „Diese ontologische Struktur des Arbeitsprozesses als einer Kette von Alternativen darf nicht dadurch verdunkelt werden, daß im Laufe der Entwicklung, sicherlich schon auf relativ niedrigen Entwicklungsstufen, die einzelnen Alternativen des Arbeitsprozesses durch Einübung und Gewohnheit zu bedingten Reflexen werden und deshalb bewußtseinsmäßig ‚unbewußt‘ nachvollzogen werden können.“ (ebd., S. 46). Merkmal verdinglichenden Denkens ist danach vor allem, den ‚gesetzten‘ Charakter objektiver gesellschaftlicher Verhältnisse zu unterschlagen, etwa in einem Begriff von historischen oder gesellschaftlichen „Gesetzen“, der diesen praktischen Charakter objektiver Gesellschaft vergessen macht. (Fleischer, 1970, 33 ff.) Das existentielle Grundproblem, das diesen historischen Selbsterzeugungsprozeß des Menschen und seines gesellschaftlichen Seins zur Grundlage hat, ist Bedürfnisbefriedigung.[9] Insofern in den verschiedenen Phasen des Arbeitsprozesses Alternativen möglich sind, haftet diesem Prozeß der Bedürfnisbefriedigung individuell wie gesellschaftlich stets „ein Moment der Entscheidung, der Wahl“ (ebd., S. 52) an, in dem gerade jener schon angesprochene „ontologische Keim der Freiheit“ liege. Freiheit ist auf dieser Ebene also einerseits ontologisch bestimmt dadurch, daß die Bedürfnisse, die Ziele in diesem reproduktiven Selbsterzeugungsprozeß des Menschen nicht festliegen, Alternativen zulassen, und daß alle bisherige Geschichte der Arbeit und menschlichen Selbsterzeugung das Ergebnis solcher Wahlakte sei. Andererseits wird von hierher erklärbar, inwiefern Lukács in seiner Argumentation in großer Kontinuität zu seinen Frühschriften (Lukács, Vorwort, S. 33) in diesem Zusammenhang immer wieder auf das Problem der ‚Ethik‘ stößt, zu deren Ausführung es nicht mehr gekommen ist. Über die Probleme und den Ansatz einer solchen ‚Ethik‘ kann F. Benseler aus einer intimen Kenntnis von Person und Werk schreiben: „In ‚Geschichte und Klassenbewußtsein‘ hat Lukács sich bemüht, die Notwendigkeit mit der Ethik weltgeschichtlich zwingend (zu) verknüpfen... In seiner letzten Zeit ging er davon aus, daß die Ethik einer neuen, der nichtbürgerlichen Epoche zu schreiben sei. Hinweise darauf, was sie beinhalte, finden sich überall, vor allem auch in der nachgelassenen Schrift über ‚Demokratisierung heute und morgen‘ (neben den ständigen Hinweisen in der ‚Ontologie des gesellschaftlichen Seins‘, M.G.). Es heißt dort, daß Ethik sich nicht aufs Individuum beschränken könne, daß der andere nicht länger als Grenze des einzelnen gefaßt werden müsse. Vielmehr, meint Lukács, sei die Fouriersche Annahme ‚einer Welt, in der es nur noch Unterschiede gäbe, so daß sich unterscheiden nicht mehr ein sich ausschließen bedeute', und in der Kontraste und Konflikte zum Vergnügen des anderen bestehen, in seinem Sinne der neuen sozialistischen Ethik". (1985, S.708)[10]

Diese wenigen, hier möglichen Andeutungen über die ‚Ontologie des gesellschaftlichen Seins' konvenieren auf überraschende Weise in zwei zentralen Aspekten mit dem Weber'schen Ansatz. Da sind zum einen die unübersehbaren Affinitäten des Grundbegriffs ‚Arbeit' von Lukács und der Grundkategorie des ‚Handelns' von Weber und da ist zum anderen die Orientierung auf ethische Setzung als möglichen Ausweg aus der Krise der objektiven Vernunft. Die Zentralkategorie von Webers soziologischer Handlungstheorie ist bekanntlich einerseits durch seine subjektiv gesetzte Sinnhaftigkeit und andererseits als soziales Handeln in seiner Beziehung ‚auf das Verhalten anderer' kategorial bestimmt. Es ist nun unübersehbar, daß Lukács in seinem Vorgehen den Versuch, den „Seinskomplex' des gesellschaftlichen Seins zunächst „analytisch-abstrahierend (zu) zerlegen" (1973, S. 5), seine Zentralkategorie so wählt, daß sie parallel zur Bestimmung sozialen Handelns von Weber ebenfalls die beiden Komponenten ‚subjektive Teleologie' (einmal als Sinn-, einmal als Zielbestimmung) und ‚soziale Bezogenheit auf den anderen' enthalten. Es darf dabei nicht übersehen werden, daß Lukács mit der Ablösung vom historischen Begriff der Arbeit, wie er in den späteren Schriften von Marx dominiert, diese Kategorie auf die allgemeinste Lebenstätigkeit des Menschen bezieht, auf die gesamte Praxis, in der er sich mit Natur und anderen Menschen auseinandersetzt. Beide Kategorien beziehen sich insofern auf die fundamentale „Lebenstätigkeit" des Menschen. Gegenüber seinem „orthodoxen" Historischen Materialismus ist die so bestimmte Grundkategorie menschlicher Lebenstätigkeit erstens viel allgemeiner gefaßt und von der materiellen Reproduktion des Lebens zwar nicht abgekoppelt, mit ihr aber auch nicht in künstlicher Deckung gehalten, und zweitens ist mit der teleologischen Bestimmung des Charakters dieser Lebenstätigkeit, wie von Lukács ausdrücklich festgestellt, die subjektive Seite der gesellschaftlichen Existenz nicht länger,wie im orthodoxen Basis-Überbau-Marxismus-Leninismus, ein bloßes Epiphänomen. Erst durch die Einbeziehung der subjektiven Seite kann das in ‚Geschichte und Klassenbewußtsein' noch unauflösbare Dilemma, zwischen Notwendigkeit und Freiheit zu vermitteln, überhaupt einer Lösung zugeführt werden, weil die ‚objektiven' gesellschaftlichen Verhältnisse, weil die ‚Gesetzmäßigkeiten' nun kategorial in den Bereich der Praxis fallen. Freilich entsteht mit der Abkehr vom orthodoxen Marxismus-Leninismus und der Hinwendung zu einer Marx'schen ‚Philosophie der Praxis', mit dem Problem der Freiheit auch das Problem des Relativismus. An dieser argumentativen Schnittstelle trennen sich die Wege von Weber und Lukács, führen von einer ähnlichen Bestimmung der Grundkategorie aller gesellschaftlichen Reproduktion in ganz unterschiedliche Richtung. Die Analyse ergibt, daß diese Differenz dem undialektischen Subjektivismus des Weber'schen Handlungsmodells[11] einerseits, der historischen Subjekt-Objekt-

Dialektik durch die die gesellschaftliche Objektivität erst konstituierende teleologische Setzung im Prozeß der Arbeit andererseits, geschuldet ist. Bei Weber bleibt bekanntlich der ‚subjektive Sinn' des Handelns für die ‚Konstruktion der gesellschaftlichen Wirklichkeit' folgenlos; der konsequente Subjektivismus, aus dem letztendlich der Relativismus folgen muß, äußert sich im Verzicht auf jede Ontologie. Die Einwände, die sich von Webers Position gegen eine ontologische Betrachtungsweise ergeben, treffen aber den Versuch einer historisch-dialektischen Ontologie, in der die objektive Seinsweise der gesellschaftlichen Wirklichkeit historisch konstitutiv bereits subjektiv vermittelt ist, nicht. Ob, umgekehrt gesehen, Lukács mit der konsequenten Historisierung und ‚Subjektivierung' den traditionellen Anforderungen einer Ontologie gerecht wird, interessiert andererseits hier nicht. Ebenso wie Weber rechnet ja auch Lukács nicht mit irgendwelchen der gesellschaftlichen Praxis entzogenen Dimensionen jenes gesellschaftlichen Seins. Die Objektivierung zur ontologischen Grundlage menschlicher Existenz ist selbst historisch unvollständig als unbegriffenes, ungewolltes Resultat von Praxis zu begreifen. Lukács verfolgt also prinzipiell den selben reduktionistischen Anspruch wie das Weber'sche Programm, nach dem alle soziale ‚Objektivität' (Institutionen etc.) auf menschliche Praxis rückführbar sein muß.[12] Die Differenz liegt auf der erkenntnistheoretischen Ebene darin, daß bei Lukács der ‚subjektive Sinn' hinsichtlich der gesellschaftlichen Schlüsselkategorie nicht einfach beliebig gesetzt ist, sondern unlösbar einerseits Elemente der erkenntnismäßigen Wirklichkeitsproduktion in sich enthält und andererseits an die Befriedigung von Bedürfnissen gekoppelt bleibt. Schließlich und am wichtigsten ist Subjektivität in die objektive Wirklichkeit der ‚gesellschaftlichen Verhältnisse' hineinvermittelt. Nur aufgrund dieses tatsächlichen historischen Vermittlungs- und Konstitutionsprozesses macht es umgekehrt Sinn, wenn Marx vom „menschlichen Wesen" als dem „Ensemble gesellschaftlicher Verhältnisse" spricht. (Marx, 1969, S. 6) Darüber hinaus ist die Kategorie ‚Arbeit', anders als der Begriff des ‚sozialen Handelns', von Anfang an auf ein ‚vergesellschaftetes' Subjekt bezogen (siehe die obige Bemerkung über die Ethik!) und geht nicht von der bürgerlichen Fiktion des vorgesellschaftlichen Individuums aus. Damit gewinnt der Begriff von ‚Kollektivität' eine andere Qualität als er bei Weber jemals haben konnte; er bezieht sich nicht auf bloße Addition individueller sozialer Handlungen in einem ex post hergestellten Gleichklang, sondern geht von der Überdeterminiertheit jeder individuellen Handlung durch die bereits immer vorher bestehende gesellschaftliche Qualität aller Komponenten des teleologischen Arbeitsprozesses aus.[13]

Angesichts des ‚Alternativcharakters' und der deshalb notwendigen ‚Wahlakte' ergibt sich für Lukács aus der ‚Ontologie des gesellschaftlichen Seins', in der die grundlegende Orientierung der Lebenstätigkeit der Menschen auf Bedürfnisbefriedigung und ihr den gesellschaftlichen Charakter der objektiven Wirklichkeit als ‚Feld' subjektiver Praxis bestimmendes Wesen konstituiert werden, der konkrete Maßstab einer objektiven Vernunft keineswegs von selbst. Die Bestimmung ihres Charakters als immer schon gesellschaftlich, ihre Orientierung auf Bedürfnisbefriedigung und die Herausarbeitung ihres unter bestimmten Voraussetzungen bewußt und planvoll zu vollziehenden Charakters verhalten sich zu den möglichen Inhalten und Teilen einer solchen historischen Praxis allenfalls wie Bedingungen der Möglichkeit; insofern ähnelt zwar die ,Ontologie des gesellschaftlichen Seins' einer transzendentalen Reflexion menschlicher Praxis, enthält aber nicht die Bestimmung ihres konkreten Ziels nach den Maßstäben ausreichender inhaltlicher Konkretheit und geltungsmäßiger Allgemeinheit. Für die individuelle Entscheidung wie für die gesellschaftliche Richtigkeit kollektiver Wahlakte und politischer Setzungen ergeben sich damit aber allenfalls so allgemeine Maßstäbe, daß von einem entscheidenden Unterschied zum Weber'schen Relativismus noch nicht ausgegangen werden kann. Beide Positionen konvenieren in ihrem reduktionistischen Charakter, der die historisch gewordene Verdinglichung der gesellschaftlichen Wirklichkeit im alltäglichen Bewußtsein wie in den verschiedenen Disziplinen der wissenschaftlichen Betrachtung zu einer objektiven Vorgegebenheit des Handelns zu durchschauen beansprucht. Beide Positionen stellen praktisch prinzipiell die ,Konstruktion der gesellschaftlichen Wirklichkeit' zur Disposition der Menschen, beide haben für diese Praxis keinen allgemein geltenden Richtwert von ausreichender Bestimmtheit — und beide reagieren darauf, wie am Schluß gezeigt werden soll, in ähnlicher Weise dezisionistisch.

Zunächst soll aber noch die Konvergenz oder Ähnlichkeit in der historisch-materiellen Bestimmung dieser ,Verdinglichung', die zu einer ,Entfremdung' des Menschen in der modernen Welt geführt hat, kurz betrachtet werden. Es mag überraschen, daß, wie bisher schon mehrfach angedeutet, hier davon ausgegangen wird, sich Lukács wie Webers Zeitdiagnose auch als eine Theorie der Entfremdung lesen lassen. Über die Rolle und Bedeutung der Kategorien ,Entfremdung' und ,Verdinglichung' im Frühwerk von Lukács ist soviel geschrieben und diskutiert worden, daß diese These für ihn hier keiner Plausibilisierung bedarf. Auf die Ergebnisse dieser Diskussion soll nur zurückgekommen werden, nachdem die weniger evidente These einer Entfremdungstheorie bei Weber hier eingeführt ist, um in dem dann möglichen Vergleich die Unterschiede herauszuarbeiten. Es darf ein Gemeinplatz der Sekundärliteratur, insbesondere der marxistischen, zu Weber genannt werden, daß Weber über keine Theorie der ,Entfremdung' verfüge und folglich, daß seine Zeitdiagnose für die mit Entfremdungstheorien angesprochenen Probleme ,blind' sei. So stellt zum Beispiel Israel in einem weitverbreiteten Überblick über Entfremdungstheorien zu Beginn eines durchaus kenntnisreichen und differenzierten Überblicks über Webers Theorie als Antwort auf die Frage, „ob dieselbe kritische Gesellschaftsanalyse auch in Webers Darstellung zu finden ist und ob auch er in der beschriebenen Entwicklung ein Zeichen der Entfremdung sieht", lapidar fest: „Keinesfalls." (1972, S. 128) Seine Begründung für dieses Urteil läßt sich sehr vereinfacht so zusammenfassen: Entfremdungstheorien setzen neben der historisch-deskriptiven Analyse gegebener gesellschaftlicher Wirklichkeit eine normative Vorstellung eines nicht-entfremdeten gesellschaftlichen Alternativzustandes voraus, der entweder als historisch frühes Stadium unterstellt werden kann, das durch den Prozeß der Entfremdung negativ beeinträchtigt worden ist, oder aber, der auf der Grundlage bestimmter Prinzipien als ein normatives Ideal einer zukünftigen Gesellschaft entworfen wird. Weber nun fehle im Gegensatz zu Lukács und auch Marx die zweite Komponente für eine solche Entfremdungstheorie. Und in der Tat muß diese Komponente nach den *programmatischen* Vorstellungen Webers über die Begrenzung des wissenschaftlichen Urteils ja auch fehlen. Die Frage wäre freilich, ob die von Weber unterstellte ‚Wertfreiheit' so prinzipiell überhaupt möglich und ob sie des weiteren in seinen eigenen Gesellschaftsanalysen und historischen Urteilen durchgeführt ist, und wenn nicht, was dann die normative Komponente in Webers Zeitdiagnose ausmachte, die ihm die Konstatierung von ‚Entfremdung' ermöglichte.

Entgegen der These von Israel und der impliziten Stellungnahme der übrigen Sekundärliteratur soll hier gezeigt werden, daß Weber sehr wohl über eine, wenn auch nicht im Detail ausgearbeitete, wesentlichen Urteilen über die gesellschaftliche Entwicklung zugrundeliegende Theorie der Entfremdung verfügt. Und daß gerade einige berühmt gewordene Urteile und Einschätzungen zukünftiger Entwicklung sich dieser impliziten Theorie der Entfremdung verdanken. Diese Webersche Theorie der Entfremdung muß im Kontext seiner Theorie der Rationalität verstanden werden. Kurz gesagt, läßt sie sich auf die Formel einer gesellschaftlichen Verselbständigung der ‚Mittel' gegenüber nicht weiter bewußt reflektierten und entschiedenen gesellschaftlichen ‚Zwecken' zusammenfassen. Anders als die Marx'sche und auch Lukács'sche Konzeption ist die Theorie der Entfremdung von Weber zentral nicht auf ‚Arbeit' bezogen, sondern unmittelbar auf den Bereich der politischen und geschichtlichen Entscheidung. Die großen Übereinstimmungen in der historisch-empirischen Analyse der durch den Kapitalismus hervorgerufenen verdinglichten Strukturen des kapitalistischen Betriebes und der öffentlichen Bürokratie zwischen Marx und Weber hatten ja nicht zuletzt Lukács dazu veranlaßt, an zentraler Stelle seines Verdinglichungsaufsatzes in ‚Geschichte und Klassenbewußtsein' die Form- und Strukturanalogie zwischen kapitalistischem Betrieb und Staat in der kapitalistischen Gesellschaft, wie sie bei Weber beschrieben wird, als angemessen und richtig — und das heißt bei Lukács: im Einklang mit Marx — zu bezeichnen (Lukács, 1968, S. 270). Weber sieht in der Tat diese Form- und Strukturanalogie auch darüber hinaus hinsichtlich der sozioökonomischen Voraussetzungen und der herrschaftsmäßigen Folgen als gegeben an: Kapitalistischer Wirtschaftsbetrieb wie Staat in der kapitalistischen Gesellschaft basieren auf einer Trennung und Enteignung der in ihnen überwiegend beschäftigten Arbeiter und Beamten von den Produktionsmitteln, für das Funktionieren von Betrieb und Staatsapparat ist ein Autoritäts- und Machtverhältnisse absicherndes hierarchisches Herrschaftssystem intern unabdingbar und in beiden Fällen wird die von Weber positiv als effizient bewertete formale

Rationalität historisch vergleichbar im höchsten Maße verwirklicht. Freilich setzt hier der entscheidende Unterschied ein, der in der marxistischen Kritik der Weber'schen Rationalitätskonzeption zumeist unterschlagen wird: Anders als der dem kapitalistischen Betrieb, empirisch realistisch, unterstellte und die formale Rationalität seiner internen und marktbezogenen Aktivitäten handlungsbestimmende materielle Zielwert des ‚Erwerbs', gibt es für den Staatsbetrieb weder historisch noch unhistorisch eindeutig vorgegebene Zwecke und Ziele. Anders auch als in der Ökonomie mit dem Geld gegeben, fehlt in der Politik jedes Medium einer rationalen Erfolgsbewertung. Der politische Prozeß muß sich daher anders als das Entscheiden im kapitalistischen Betrieb nicht nur auf die geeigneten Mittel, sondern auch auf die Festsetzung der für wünschenswert gehaltenen Ziele konzentrieren, ja er findet hierin bei Weber seine letzte Bestimmung. Gerät eine solche politische Zielsetzung in die Gefahr, den sich verselbständigenden und wachsenden Prozeß der bürokratischen Herrschaftsausübung nicht mehr eindeutig zu steuern, so kommt es zu der von Weber mit eindringlichen und bekannten Worten beschriebenen Situation, die sich angemessen und würdig in die Bilder von ‚Entfremdung' und ‚Verdinglichung' einreiht, wie sie in marxistischer Tradition, aber auch in der zugehörigen Literatur, etwa bei Kafka, entstanden: „Eine leblose Maschine ist geronnener Geist. Nur daß sie dies ist, gibt ihr die Macht, die Menschen in ihren Dienst zu zwingen und den Alltag ihres Arbeitslebens so beherrschend zu bestimmen, wie es tatsächlich in der Fabrik der Fall ist. Geronnener Geist ist auch jene lebende Maschine, welche die bürokratische Organisation mit ihrer Spezialisierung der geschulten Fachkraft, ihrer Abgrenzung der Kompetenzen, ihren Reglements und hierarchisch abgestuften Gehorsamsverhältnissen darstellt. Im Verein mit der toten Maschine ist sie an der Arbeit, das Gehäuse jener Hörigkeit der Zukunft herzustellen, in welche vielleicht dereinst die Menschen sich,wie die Fellachen im altägyptischen Staat, ohnmächtig zu fügen gezwungen sein werden, wenn ihnen eine rein technisch gute und das heißt: eine rationale Beamtenverwaltung und -versorgung der letzte und einzige Wert ist, der über die Art der Leitung ihrer Angelegenheiten entscheiden soll. Denn das leistet die Bürokratie ganz unvergleichlich viel besser als jegliche andere Struktur der Herrschaft." (Weber, 1958, S. 320) Es wird häufig übersehen, daß in diesem vielzitierten Satz das entscheidende Wort „wenn" heißt, daß Weber hier konditional denkt. Zwar spricht er auch von der „Grundtatsache des unaufhaltsamen Vormarsches der Bürokratisierung" (ebd., S. 321), aber gerade das leitet bei ihm Fragen ein, die im Kontext der neuordnung Deutschlands nach dem absehbar verlorenen Krieg 1917 / 1918 nicht nur theoretisch, sondern auch praktisch politisch und aus einer historisch übergreifenden Perspektive gestellt wurden: Nämlich, wie es angesichts dieser „Tendenz zur Bürokratisierung überhaupt noch möglich (sei), irgendwelche Reste einer in irgendeinem Sinn ‚individualistischen' Bewegungsfreiheit zu retten?", wie es „angesichts der steigenden Unentbehrlichkeit und der dadurch bedingten steigenden Machtstellung des uns hier interessierenden staatlichen Beamtentums, irgendwelche

Gewähr dafür (geben könne), daß Mächte vorhanden sind, welche die ungeheure Übermacht dieser an Bedeutung stets wachsenden Schicht in Schranken zu halten und sie wirksam zu kontrollieren" in der Lage seien? Und schließlich, von Weber als die wichtigste Frage bezeichnet, wie das getan und entschieden werden könne, „was die Bürokratie als solche nicht leistet"? Die Perspektive dieser auf dem Hintergrund seiner Theorie der Rationalität entworfenen geschichtlichen Fragen ist eindeutig die Konstatierung einer Entfremdungskrise, in der das Dominantwerden formaler Rationalität im Bereich der Politik, das heißt jener Lebenssphäre, in der die Menschen geschichtlich die Bedingungen ihres Zusammenlebens gemeinsam gestalten könnten, *nicht* positiv bewertet wird, sondern das entscheidende Kriterium der säkularen Krise ausmacht. Die bekannte Definition von Politik als Machterwerb und Machthandeln wird häufig zitiert, und es wird dabei übersehen, daß Weber in seiner Reflexion nicht auf diese empirisch-analytische und auf jede Wertung verzichtende Perspektive beschränkt bleibt. Webers ‚Theorie der Moderne' ist ja nicht beschränkt auf die Durchsetzung des formal-rationalen Handlungstypus in den Bereichen von Wirtschaft und öffentlicher Verwaltung, sondern schließt die Zersetzung traditioneller Ordnungsvorstellungen von Gesellschaft, die diese als vorgegebene oder naturgegebene Ordnung dem gesellschaftlichen Handeln entzogen erscheinen ließ, mit ein. Damit aber kann keine gesellschaftliche Ordnung kraft Tradition allein Geltung beanspruchen und es ist hinfort eine Frage des faktischen empirischen Legitimitätsglaubens, wieweit sich das gesellschaftliche Handeln in den Bahnen der bestehenden Ordnung bewegt, die sie als Handlungsbedingungen bloß hinnimmt, oder aber, wieweit das gesellschaftliche Handeln selbst mit neuen wertsetzenden und legitimitätserzeugenden Entscheidungen diese Ordnung verändert. Webers Zeitdiagnose und biographische Erfahrung ist durchtränkt von der Wahrnehmung des Zerfalls der spätwilhelminischen Gesellschaftsordnung und gerade in der Zeit vor dem ersten Weltkrieg gibt es viele Übereinstimmungen in der Wahrnehmung und Bewertung bei Weber und Lukács, auf die in der Sekundärliteratur hingewiesen wurde. Bedeutsam aber für Weber ist die Wahrnehmung, daß der dominante formalrationale Handlungstypus, sich niederschlagend in einer Professionalisierung der (Partei-)Politik und der Etablierung mächtiger öffentlicher Bürokratien, nicht geeignet ist, die für eine neue Ordnung notwendigen Wertentscheidungen zu treffen. Daß eine solche Neuordnung nur auf fundamentalen Wertentscheidungen beruhen könnte, daß ihre Kontinuität wie Legitimität der faktischen Zustimmung der Bevölkerung in demokratischen Verfahren bedürfte, und daß es darum ginge, den Effektivitätsvorteil formal-rationalen Handelns auch im öffentlichen Bereich nicht aufzugeben, ohne doch auf die wertsetzende politische Entscheidung verzichten zu können, macht die komplizierte Gemengelage der späteren politischen Schriften von Weber aus, die wohl Mommsen (1974b) am trefflichsten dargestellt hat. Die Favorisierung eines formal demokratischen Modells der Führerauswahl, kombiniert mit einem wenig verhüllten Plädoyer für in diesem Verfahren legitimierte, charismatische

Staatsmänner, deren aristokratische Einsamkeit Weber geradezu als Konstituens ihrer historischen politischen Rolle beschreibt, ist zumeist nur unter demokratischen Gesichtspunkten diskutiert worden. Ich sehe in dieser Konzeption vor allem den Versuch, einen Ausweg aus der durch das Dominantwerden formaler Rationalität konstituierten Entfremdung der modernen menschlichen Gesellschaft zu finden, um der in dem Zitat angeführten, von Weber eindeutig als Gefahr bewerteten Entwicklung entgegen zu steuern. Offenkundig bleibt aber die Antwort auf diese Rationalitätskrise dezisionistisch und ohne Rückkopplung an allgemeine Vernunftkriterien.

Daß Weber die Entfremdung des Menschen unter modernen Bedingungen keineswegs auf die politische Sphäre beschränkt sah, daß er insofern auch keineswegs — wie in der Sekundärliteratur gebetsmühlenhaft immer wieder behauptet — der Entwicklung des modernen Kapitalismus völlig unkritisch gegenübergestanden hat, ergibt sich aus einem weiteren berühmten Zitat, in dem er anknüpfend an das pietistische Bild, nach dem der alltägliche Kampf um materielles Wohlergehen nur ein ‚dünner Mantel' über der eigentlichen Seele des Menschen, der es um das himmlische Wohl gehe, sei, feststellt: „Aber aus dem Mantel ließ das Verhängnis ein stahlhartes Gehäuse werden. Indem die Askese die Welt umzubauen und in der Welt sich auszuwirken unternahm, gewannen die äußeren Güter dieser Welt zunehmende und schließlich unentrinnbare Macht über den Menschen, wie niemals zuvor in der Geschichte. Heute ist ihr Geist — ob endgültig, wer weiß es? — aus diesem Gehäuse entwichen. Der siegreiche Kapitalismus jedenfalls bedarf, seit er auf mechanischer Grundlage beruht, dieser Stütze nicht mehr. Auch die rosige Stimmung ihrer lachenden Erben: der Aufklärung, scheint endgültig im Verbleichen und als ein Gespenst ehemals religiöser Glaubensinhalte geht der Gedanke der ‚Berufspflicht' in unserem Leben um ... Auf dem Gebiet seiner höchsten Entfesselung, in den Vereinigten Staaten, neigt das seines religiös-ethischen Sinnes entkleidete Erwerbsstreben heute dazu, sich mit rein agonalen Leidenschaften zu assoziieren, die ihm nicht selten geradezu den Charakter des Sports aufprägen ... Niemand weiß noch, wer künftig in jenem Gehäuse wohnen wird und ob am Ende dieser ungeheuren Entwicklung ganz neue Propheten oder eine mächtige Wiedergeburt alter Gedanken und Ideale stehen wird, oder aber — wenn keins von beiden — mechanisierte Versteinerung, mit einer Art von krampfhaftem Sich-wichtig-nehmen verbrämt. Dann allerdings könnte für die ‚letzten Menschen' dieser Kulturentwicklung das Wort Wahrheit werden: ‚Fachmenschen ohne Geist, Genußmenschen ohne Herz: dieses Nichts bildete sich ein, eine nie vorher erreichte Stufe des Menschentums erstiegen zu haben'." (Weber 1920, S. 203 f.) Es ist unübersehbar, daß hier bis in einzelne Formulierungen hinein alle Elemente der klassischen Entfremdungstheorie, auch auf sozialer und individueller Ebene, vorhanden sind. Die Ähnlichkeit zu Formulierungen von Marx geht über die Bildhaftigkeit hinaus; sie umschließt in beiden Zitaten die Darstellung des historisch-genetischen Prozesses von Verdinglichung. Besonders nachdrücklich muß festgestellt werden, daß gerade angesichts der methodischen Skrupel des Weber'schen Wissenschaftsansatzes diese und andere Äußerungen, die sich zitieren ließen, keinen Zweifel daran lassen, daß Webers Theorie in zentralen Aspekten keine schiere Apologie des Status quo, sondern vielmehr eine mit weiten Perspektiven ausgestattete kritische Theorie der Entfremdung des Menschen von seinem eigentlichen Wesen unter den gegebenen kapitalistischen und politischen Verhältnissen gewesen ist. Der Blick auf diesen Sachverhalt wird, sicherlich auch durch Formulierungen von Weber selbst nahegelegt, immer wieder durch die Erstreckung dieser Einschätzung auch auf einen möglichen Sozialismus verstellt, vor dem eine paradigmenfeste Analyse aus marxistischer Sicht zurückschreckt wie der Teufel vor dem Weihwasser. Hier liegt der eigentliche Unterschied. Bekanntlich hat Weber in vielen Bemerkungen, selbst noch in seinem systematischen Werk ‚Wirtschaft und Gesellschaft', zu der historisch-politischen Frage ‚Kapitalismus oder Sozialismus' explizit Stellung genommen. Der Generalnenner dieser Stellungnahme läßt sich auf folgende Kurzformel bringen: Zur Effektivität des formalrationalen Handlungsmodells mit seinen organisatorischen und materialen Voraussetzungen, wie sie die kapitalistische Wirtschaftsgesellschaft hervorgebracht hat, gibt es auch im Sozialismus keine Alternative. Das heißt, der Sozialismus wird sich entweder den Bedingungen der Realisierung dieser formalrationalen Effektivität anpassen, oder er wird hinsichtlich des materiellen Erfolgs vergleichbar schlechter abschneiden. Damit wäre über die Wünschbarkeit noch nichts gesagt. Wegen des sozialistischen Anspruchs, die gesellschaftlichen Verhältnisse — und nicht nur den wirtschaftlichen Erwerb — insgesamt planvoll und bewußt zu gestalten, würde sich nach Webers Einschätzung die den Menschen im dargestellten Sinne entfremdende Bürokratie erheblich erweitern. Schließlich würde sich deshalb an der sozialisationstheoretisch vermittelten Entfremdung des Individuums, wie sie in dem letzten längeren Zitat als Spezifikum einer Gesellschaft beschrieben wird, in der der formal-rationale Handlungstypus dominant geworden ist, nichts Grundsätzliches ändern können. Der Sozialismus sei also vielleicht möglich, vielleicht wünschbar, aber gerade auf der letzten, für Weber entscheidenden Ebene nicht in der Lage, Entfremdung aufzuheben.

Diese wenigen resümierenden Bemerkungen müssen im Moment ausreichen, um die These zu belegen, daß nicht nur Lukács, sondern daß auch Weber über eine entfremdungstheoretisch wertende Zeitdiagnose in seinem wissenschaftlichen Werk verfügt, die diesem wesentliche Impulse verleiht. Die Unterschiede zwischen Weber und Lukács sollen nun abschließend ebenfalls auf einen kurzen Nenner gebracht werden, der zugleich zu dem letzten Punkt überleitet. Es ist schon erwähnt worden, daß, anders als der Marx'sche Entfremdungsbegriff und die sich darauf aufbauende Tradition, die Lukács einschließt, Webers Begriff von Entfremdung, und das mag angesichts seines methodischen Individualismus überraschen, nicht nur nicht am Begriff der Arbeit, sondern auch nicht am Begriff des individuellen sozialen Handelns ansetzt. Obwohl eine solche ‚handlungstheoretische' Konzipierung einer Entfremdungstheorie denkbar und konstruierbar wäre[14], bei der dem reduktionistischen Anspruch Webers entsprechend das Auseinanderklaffen formaler und materialer Rationalität bereits im Mikrobereich des sozialen Handelns angesetzt würde, ist Weber diesen naheliegenden und mit seinen sonstigen Prämissen konsistenten Weg nicht gegangen. Die Gründe dafür sind mir nicht bekannt und ich habe auch keine Hypothese, um diesen auffälligen Bruch an zentraler Stelle in Webers Theorie zu erklären. Für den Vergleich von Weber und Lukács ist allerdings bedeutsam, daß überraschender Weise nun gerade der marxistische Entfremdungsbegriff über die Konstatierung einer entfremdeten geschichtlichen Situation hinausgehend die Reduktion auf die Mikroebene, auf die individuelle Lebenspraxis des Menschen erlaubt und zwingend erfordert. Indem die historisch verursachte, gesellschaftliche Entfremdung, bei Weber und Lukács gleichermaßen als Resultat der modernen kapitalistischen Entwicklung begriffen, bei Lukács deshalb auf die individuelle Handlungsebene zurückgeführt und hier mit einer Vorstellung von der praktischen Natur der menschlichen Lebenstätigkeit konfrontiert werden kann, eröffnet sich für die marxistische Variante bei Lukács nicht nur ein Anknüpfungspunkt für die Bewertung, sondern auch die praktische Dimension einer Veränderungsperspektive, in der die Menschen nach entsprechenden Erkenntnisprozessen durch die Veränderung der Verhältnisse den Zustand der Entfremdung von ihrer eigentlichen Natur rückgängig machen könnten. So gelesen kommt man zu dem naheliegenden Ergebnis, daß die marxistische Variante der Entfremdungstheorie bei Lukács, bei aller Perhorreszierung der fortgeschrittenen Entfremdung unter kapitalistischen Verhältnissen der Warenproduktion, von der Kontinuität einer im Kern des Individuums nicht angetasteten menschlichen Natur ausgeht, die gegenüber den äußeren Prozessen kapitalistischer Vergesellschaftung resistent geblieben ist, und an die die Forderung nach revolutionärer Praxis anknüpfen kann. Weber hingegen, wie aus dem Zitat aus den Schriften zur Religionssoziologie deutlich hervorgehend, ist hier der Vertreter einer konsequenten Sozialisationshypothese, nach der es das Residuum eines menschlichen Wesens, das gegenüber der kapitalistischen Moderne resistent wäre, nicht gibt. Deswegen kann Webers Perspektive im Unterschied zu der von Lukács in geschichtsphilosophischer Hinsicht auch nicht optimistisch sein. Der von Lukács selbst konstatierte Nihilismus Webers erweist sich insofern vielmehr als ein „heroischer Pessimismus" (Mommsen, 1974b, S. 21), dessen Affinitäten zur Kritischen Theorie der Frankfurter Schule, insbesondere zu Adorno und Horkheimer, hier nur angesprochen werden können. Der Lukács'sche geschichtsphilosophische Optimismus hingegen basiert, bei ähnlicher Ausgangslage, auf einer optimistischen Bestimmung der menschlichen Natur, die sich nicht zuletzt in seiner ‚Ontologie des gesellschaftlichen Seins' niedergeschlagen hat und die, wie beim frühen Marx der Pariser Manuskripte, im Begriff des menschlichen Wesens und seinem Kerngehalt, der Vorstellung einer historisch untangierbaren kreativen Lebenstätigkeit kulminiert.

Der ethische Dezisionismus, der schließlich für Weber wie Lukács so charakteristisch ist, führt deswegen bei struktureller Ähnlichkeit in inhaltlich ganz verschiedene Richtungen. Bar jeden geschichtsphilosophischen Optimismus und auf dem Hintergrund eines unrevidierbaren, durch die Krise der objektiven Vernunft ausgelösten Werterelativismus[15] bekommt die ethische Dezision, die Weber hinsichtlich seiner eigenen Lebensführung stilisiert und die in seinem Bild vom charismatischen Politiker verobjektiviert wird, unverkennbar tragisch-heroische Züge. Das darin enthaltene politische Programm ist nicht geeignet, die Krise der objektiven Vernunft positiv zu überwinden; auf dem Hintergrund der geschichtlichen Entwicklung, die unumkehrbar allgemeine Traditionsbestände zersetzt hat, ist objektiv vernünftige Gesellschaft niemals mehr möglich. Die relativistische Wertperspektive Webers ist gegenüber der zukünftigen Entwicklung nicht positiv eingreifend und gestaltend, sondern versteht sich von vornherein als eine historische Rückzugsposition, als eine Defensive jener Reste bürgerlicher Individualität, wie sie im Begriff des freien und vernünftigen Individuums einmal durchaus emphatisch in den Gang der Geschichte eingeführt worden waren. Die Bedingungen für die Realisierung solcher Individualität sieht Weber im Abnehmen begriffen, ihre zukünftige Verallgemeinerung hält er für unmöglich und in der Folge dieser beiden Prämissen kann realisierte Individualität für Weber in Gesellschaft wie in Politik nur noch das Konzept einer historisch defensiven Elite sein.

Lukács hingegen, an eben jenen emphatischen Begriff von vorgeschichtlicher Menschennatur anknüpfend, erwartet dessen Realisierung und Verallgemeinerung erst von der zukünftigen Entwicklung, als Einlösung aller Ansprüche, die mit der bürgerlichen Aufklärung nur partiell gesetzt waren. Während für Lukács der Sozialismus die Realisierung der Aufklärung wäre, in deren Tradition er sich stellt, sieht Weber diese bereits als endgültig gescheitert an; er steht Nietzsche deshalb viel näher und kann im Sinne der ‚Dialektik der Aufklärung' eine Aktualität beanspruchen, gegenüber der Lukács traditionalistisch erscheinen muß. Entfremdung als historisches Resultat der Durchsetzung einer bestimmten, überwindbaren Gesellschaftsformation begriffen, hindert die Menschen heute daran, daß im emphatischen Begriff realisierter Individualität angesprochene Maß von Freiheit und Vernunft überhaupt zu realisieren. Mit der Verbindung der historisch gewordenen Gestalt der Arbeit und ihres kollektiv-subjektiven Ausdrucks im Proletariat und dem in der ‚Ontologie des gesellschaftlichen Seins' ausgearbeiteten, schon früher aber im Begriff von ‚Praxis' und ‚Arbeit' zugrundegelegten Bild vom Wesen des Menschen zeichnet Lukács demgegenüber eine Alternative, die ihm hinreichend zu sein scheint, die historische Dezision zugunsten der Revolutionierung der Gesellschaftlichen Verhältnisse auch ethisch allgemein zu begründen. Danach hinge die Revolution nicht nur vom Klassenbewußtsein, sondern ihr Gelingen vom ethisch verallgemeinerungsfähigen Gehalt ihrer Ziele ab. Ihr Subjekt würde den individuellen ‚Gattungsmenschen' repräsentieren, der sich in ihr zu Befreiung seiner Möglichkeiten durchkämpft.

4. Konservative Kultur- und Zivilisationskritik in „Dialektik der Aufklärung“ und „Schwelle der Zeiten“

Über einige Gemeinsamkeiten bei aller Verschiedenheit

Gelassen an einen theoretisch orientierten Vergleich der Kapitalismus- und Kulturkritik der Kritischen Theorie und Hans Freyers zu gehen, erfordert die Überwindung von politischen und emotionalen Widerständen, die sich insgesamt zu einem Tabu verdichtet haben. Wer auf Gemeinsamkeiten von Tätern und Opfern verweist, zieht allemal den Verdacht auf sich, er wolle die Täter entlasten und die Opfer zu Mitschuldigen machen. Zu eindeutig hat der jüngste Geschichtsverlauf — den ich hier mit Absicht als „jüngsten“ anspreche, inmitten der Tendenz, diese Vergangenheit zum abgeschlossenen Vergangenen zu objektivieren, das uns nicht länger angeht — die zu Vergleichenden in gegensätzliche Lager gestellt und zugleich als Opfer und (Mit-)Täter existenziell verbunden, als daß ihre unbefangene Vergleichung in der Vergangenheit möglich erschienen wäre. Allein der Ablauf von Zeit hilft hier zur Erlangung von Unbefangenheit allerdings nicht, denn angesichts der festgestellten „Unfähigkeit zu trauern“ und der Kontinuität der konstellativen objektiven Bedingungen für diese Täter-Opfer-Beziehung heilt Zeit allein eben keine Wunden. Die Rechtfertigung für dieses Unterfangen kann also nicht moralisch leichtfertig mit der Behauptung unseres zeitlichen Abstandes erfolgen, denn dieser Abstand besteht angesichts der angesprochenen Kontinuitäten nicht; wir könnten ihn uns nur als Folge von Verdrängung und unaufgearbeiteter Geschichte einbilden.

Andererseits kann gerade diese Kontinuität das Vorhaben rechtfertigen, möglicherweise sogar als Voraussetzung für das nach wie vor uneingelöste Desiderat der „Bewältigung der Vergangenheit“ (Adorno, 1971) erforderlich machen. Jedenfalls dann, wenn unter dieser Bewältigung nicht nur Aufarbeitung oder gar Rechtfertigung von vergangener Geschichte als Vergangenem[1], sondern auch die theoretische und wie Adorno meinte „pädagogische“ Arbeit an der Erschaffung von Zukunft, die nicht bloß Fortführung und Projektion sein soll, verstanden wird. Diskontinuität, also Zukunft im eigentlichen Sinne, entsteht nicht allein aufgrund des historischen Zeitablaufs durch bloße Nacheinander, sondern nur als Konsequenz aktiver Bewältigung, in der Vergangenes unwiederholbar, nicht weiter-wirkend und anderes zukünftig möglich gemacht wird.

Zu dieser Bewältigung gehört die Analyse und Klärung der Gemeinsamkeiten, Ähnlichkeiten und Differenzen, wie sie zwischen der Kapitalismus- und Kulturkritik von Kritischer Theorie und Hans Freyer bestehen; für den Nachweis der Differenzen genügt der Hinweis auf die Täter-Opfer-Beziehung, auf Exil der einen und zumindest zeitweise profaschistische Haltung des anderen eben nicht; in ihrem Angesicht werden aber gerade die Gemeinsamkeiten und Ähnlichkeiten analyse- und erklärungsbedürftig.[2]

Wissenschaftsimmanent hat dieser Vergleich auf diesem Kolloquium seinen Ort, weil die Klärung eines angemessenen Konservatismusbegriffs für den Vergleich eine der entscheidenden begrifflichen Voraussetzungen darstellt. Iring Fetscher hat in einem veröffentlichten Rundfunkbeitrag über Hans Freyer dessen Arbeiten nach 1945 als „konservativ-liberal" und von „gemäßigt konservativem Pluralismus" beschrieben. Er hat die Aussagen Hans Freyers über den jungen Marx „als einigermaßen beachtlich" und „im Ganzen sachlich und fair und ... im krassen Gegensatz zu den Aussagen konservativer Denker der gleichen Zeit und erst recht der Nazis" stehend bezeichnet (S. 180-182). Man sieht, hier deuten sich schon Probleme und Ambivalenzen nicht nur bei der Beurteilung Hans Freyers, sondern auch beim Gebrauch des Konservatismusbegriffs an.

Die Kritische Theorie, zumindest die von Adorno und Horkheimer seit der „Dialektik der Aufklärung", ist von so vielen unter das Rubrum „konservative" und „geschichts-pessimistische" Kulturkritik eingeordnet worden, daß sich eine Fragestellung nach dem Konservatismusbegriff der Kritischen Theorie ohne weiteres ergibt.

Die Frage an beide Ansätze gemeinsam zu stellen, muß sich nun aus dem Nachweis einer zumindest partiellen Übereinstimmung her rechtfertigen. Angesichts des beschränkten Zwecks, um den es hier bloß geht, wird der Vergleich nur auf einige wenige zentrale Inhalte beschränkt; es werden Methoden, Einzelthemen, Stilfragen, geistesgeschichtliche Zusammenhänge und anderes ausgeklammert.

Im Zentrum sollen die Geschichtstheorie, oder spezieller, die theoretischen Aussagen über die historische Qualität des Kapitalismus stehen sowie die gesellschaftstheoretische Konzeption, mit der die Gegenwart jeweils begriffen wird.

Adorno und Horkheimer schreiben die „Dialektik der Aufklärung" im historischen Augenblick einer geschichtsmächtigen Wende, deren gesellschaftliche Konsequenzen und Ausmaße nach ihnen gerade im Lichte der bevorstehenden Niederlage des Faschismus erst richtig sichtbar werden. Konnte zu dessen Zeit alles „Böse", wie es in der modernen Welt der bürgerlich-kapitalistischen Gesellschaft schon offenkundig wurde, noch diesem aufs Konto seiner gleichsam atavistischen Grausamkeit geschrieben werden, so geht die „Dialektik der Aufklärung" doch schon von der Gewißheit aus, daß mit diesem „das Böse" nicht verschwinden, daß dieses selbst kein Atavismus gegen die Idee und Wirklichkeit des Fortschritts, sondern dessen inhärente, vermeidbare aber nicht vermiedene Teilwahrheit darstellt. Danach gehört der Faschismus der historisch-gesellschaftlichen Realisierung der Aufklärung als wirklicher Bewegung an und steht ihr nicht absolut geschieden gegenüber. Deshalb kann sich Antifaschismus auch nicht länger umstandslos auf Aufklärung, verstanden als bloßes Reservat vernünftiger Ideen und humanistischer Werte, berufen. Die Aufklärung als wirkliche Bewegung der modernen bürgerlich-kapitalistischen Welt ist selbst nur als die Dialektik der gesellschaftlichen und technologischen Entwicklung zu begreifen, in der mit den materiellen und sachlichen Bedingungen des Fortschritts dieser auch zugleich als die Verwirklichung ihrer Herrschaft über den Menschen entsteht. Adorno und Horkheimer sprechen von der „Entwicklung zur totalen Integration", vom „Übergang zur verwalteten Welt" sowie vom „Umschlag von Aufklärung in Positivismus, den Mythos dessen, was der Fall ist" (S. IX f.), um diese reale Bewegung zu kennzeichnen. Es wäre mißverstanden, ihre Aussagen nur auf geistige Prozesse und auf die Entwicklung der Theorie zu beziehen; die ursprüngliche Marxsche Kategorie der „Verdinglichung" sozialer Beziehungen und Herrschaftsverhältnisse darf hier ganz wörtlich verstanden werden.

Diese Formeln erwachsen explizit aus der theoretisch verarbeiteten Niederlage der Arbeiterklasse gegen den Faschismus und in der Folge der russischen Revolution in der nachrevolutionären Sowjetunion. Diese Niederlage wird weder als bloßes Politikum, noch als bloß vorläufige begriffen. Vielmehr öffnet ihre Erfahrung für Adorno und Horkheimer den Blick für die der gesamten modernen Geschichte der bürgerlich-kapitalistischen Gesellschaft innewohnende Tendenz, nicht etwa gemäß der Prognose von Marx den Widerspruch zwischen Produktionsverhältnissen und Produktivkräften durch die Formierung eines historischen Subjekts in Form der selbstbewußten Arbeiterklasse revolutionär über die bestehende Formation hinauszutreiben, sondern vielmehr, gleichsam involutionär, in der Verunmöglichung von Subjektivität auch die Konstituierung irgendeines historischen Subjekts zu verhindern. Wenn auch mit anderen historischen Folgen, fällt dem auch das traditionelle bürgerliche Subjekt zum Opfer. Nun war aber die Vorstellung gesellschaftlicher Revolution in den Augen des nachkautskyanischen Marxismus, zu dem sich die Frankfurter durchaus, wenn auch mit modifizierenden Einschränkungen, bis in die späten dreißiger Jahre rechneten, unlösbar mit dem Glauben an die Rolle eines historischen Subjekts verbunden. Alle Kritik des „revolutionären Attentismus" wie der mechanischen Geschichtsmetaphysik eines Histomat der II. Internationale war in den zwanziger Jahren, ob bei Korsch, bei Lukács oder beim jungen Heinrich Regius auf die Prämisse eines revolutionären Proletariats gestellt, das es irgendwann einmal geben sollte.

Es macht die theoriegeschichtliche Bedeutung der Kritischen Theorie in dieser Phase aus, daß sie, anders als andere Strömungen des „westlichen Marxismus", erstens zu einer realistischen sozialwissenschaftlichen Analyse der Faktoren vorzudringen versuchte, die die Konstitution des Proletariats als historisch-handelndes Subjekt dauerhaft verhinderten; daß sie zweitens den

Versuch unternahm, daraus Konsequenzen für eine historisch-dialektische Theorie der Gesellschaft zu ziehen, deren praktischer Anspruch an die Möglichkeit eines solchen Subjekts bisher stets noch gebunden war und daß sie drittens in einer formationsübergreifenden Geschichtsbetrachtung die Geschichte der Aufklärung — als deren immanentes Ergebnis die sozialistische Bewegung und marxistische Theorie von ihnen zu Recht begriffen wird — von einer undialektischen Darstellung des technisch-rationalen Fortschritts des naturwissenschaftlichen Weltbildes in Verbindung mit abstrakten humanistischen Idealen zu einer historischen Theorie und Analyse ihrer Dialektik vorantreiben. Im Hinblick auf den hier interessierenden Konservatismusbegriff[3] ist nun folgendes in diesem Kontext bedeutsam.

Angesichts der von ihnen festgestellten oder zumindest vorausgesetzten Absenz eines realhistorischen revolutionären Subjekts verliert der traditionell erhobene praktische Anspruch der Theorie mit seiner materiellen Basis auch seine materialistische Begründung. Von den logisch möglichen Auswegen, nämlich Ersetzung der materialistischen Begründung durch Dezision oder Berufung auf idealistische Werte, oder aber Festhalten am dialektischen Materialismus als Erkenntnisprogramm der Geschichte unter Preisgabe des praktischen Anspruchs, wählten sie den letzten. In dieser Entscheidung wird das ganze Dilemma einer Kritischen Theorie mit der praktischen Intention gesellschaftlicher und subjektiver Emanzipation, verstanden als die Realisierung der historisch erworbenen Vernunftansprüche in gesellschaftlicher Praxis, deutlich, nachdem sie ihren Geschichtsdemiurgen in Gestalt des Proletariats als revolutionäres Klassensubjekt preisgeben mußte. Der praktische Anspruch der Theorie bleibt ohne historisches Subjekt konsequenz- und perspektivlos. „Die Arbeiten des Instituts für Sozialforschung konvergieren in einer Kritik des bürgerlichen Bewußtseins. Diese Kritik vollzieht sich nicht von außen, sondern als Selbstkritik."[4] Der Anspruch auf Emanzipation, als Initiator radikaler Kritik stets weiterhin präsent, verliert seinen transzendierenden Charakter. Die Kritik wird, ohne sich je affirmativ zum Bestehenden verhalten zu können, gleichwohl fest ans Gewordene und Bestehende gebunden. Darin liegt ihr konservatives Moment.

Der Konservatismusbegriff, so gewendet, löst sich von seinem sozialgeschichtlichen Entstehungskontext ebenso wie von der damit verbundenen sozialen und interessenbedingten Basis und wird zur Strukturkategorie, in der der historisch neuartige Verlust der transzendierenden Zukunftsperspektive ebenso wie der sie tragenden sozialen und politischen Bewegung begriffen wird. Ausdruck einer historischen Situation, in der mit der zentralen Kategorie des „Fortschritts"[5] Zukunft lediglich der Gegenwart immanent noch gedacht zu werden vermag, als deren Verlängerung und Wandel. Nichts anderes äußert sich auch in dem Umstand, daß der Ausdruck „post-histoire" plötzlich für die Gegenwart verwendet werden kann — jedenfalls in bestimmten theoriegeschichtlichen Zusammenhängen — und nicht mehr ein anderes Zukünftiges, nach unserer Geschichte liegendes bezeichnet. Der ursprünglich utopische Begriff, der mit der Vorstellung eines Endes der Geschichte, dem „Ende der Vorgeschichte“ wie Marx sagte, verbunden war, ist damit als Kategorie zur Bezeichnung der Gegenwart historisch eingeholt worden. In dem Sinne, daß ihr nichts qualitativ Neues mehr folgen wird, das wir uns denken oder vorstellen könnten, ist jede Utopie in die Geschichte der Gegenwart eingebracht, Geschichte selbst, als ein Begriff, der ein Ende zu denken vermag, als Kategorie preisgegeben. Ginge es danach, würde es also immer so weitergehen.

Auf den ersten Blick scheint die Metapher der „Schwelle“ oder der „Schwellenzeit“, deren sich Hans Freyer zur Kennzeichnung unserer Gegenwart bedient, auf eine andere Wahrnehmung der geschichtlichen Situation zu verweisen. Der Begriff der „Schwelle“ trennt schließlich deutlich den vor ihr stehenden von dem was hinter ihr liegt; ein Schritt, und man wäre hinüber und ließe etwas hinter ihr und hinter sich zurück. In diesem Sinne ist die Metapher bei Hans Freyer auch gemeint, um den bisherigen Gattungsgeschichtsverlauf der Menschheit in „Epochen“ zu gliedern; auch wenn die inhaltliche Bestimmung anders aussieht, so ergeben sich deutliche Analogien zum Marxschen Begriff der „Gesellschaftsformation“. Zugleich aber wird der Begriff der „Schwelle“ von Hans Freyer nicht nur verwendet, um vergangene Stufen der Zivilisation voneinander zu unterscheiden, sondern auch, um die Rolle des Menschen, seines „geschichtlichen Wesens“ bei diesen Übergängen zu bestimmen. Nach ihm ist eine „Schwelle“ nicht nur eine Schranke, sondern „zugleich eine Brücke. Diesseits und jenseits befindet man sich auf einem anderen Niveau ... um aus dem einen ins andere zu gelangen, muß die Schwelle gewagt, bewältigt, überwunden werden. Wie lang und schwierig sie ist, kann erst in der Bewältigung erfahren werden. Keine Ungeduld, keine Eile macht sie kürzer als sie ist ... (S. 12). Solch eine Schwelle wird nicht willentlich bezwungen, nicht wie ein Unternehmen in Angriff genommen, weder von einzelnen noch von heroischen Aufschwüngen der Völker und ihrer Führungskräfte ... Sie kommt wie eine langsam anschwellende Flut. Gerade am Beginn ihrer ganz langen Wellen nimmt die Geschichte den Charakter eines naturhaften Geschehens an, stillschweigend aber unaufhaltsam“ (S. 50). Damit ist der Prozeß des Überganges als objektiver bezeichnet, befindet sich aber, indem er vom Menschen, der wie bei Marx seine Geschichte „macht“, „gewagt, bewältigt, überwunden“ werden muß, im Schwebezustand, solange ein Subjekt nicht benannt werden kann. Bekanntlich war dieses historische Subjekt in „Revolution von rechts“ noch ganz völkisch als „Volk“ begriffen; aber nicht nur die möglicherweise auch ironisch zu interpretierende Formulierung in dem obigen Zitat, sondern der ganze Kontext der Veröffentlichungen von Hans Freyer nach 1945 macht deutlich, daß der ursprüngliche Glaube an den Subjektcharakter des „Volkes“ enttäuscht wurde und mit inhaltlichen Konsequenzen preisgegeben ist. Nun mag es nur wie eine sehr formale Analogie aussehen, aber sie bleibt zunächst einmal doch zu konstatieren: auch hier eine Geschichtstheorie und Gesellschaftsanalyse mit praktischer Intention, ursprünglich konzipiert auf der Basis des Glaubens an ein historisches Subjekt, nunmehr aber in dieser Hinsicht enttäuscht und ohne Perspektive. Das Bild von der „Schwellenzeit" gewinnt damit die Dimension zeitlicher Ausdehnung; ohne angebbare Grenze streckt sich der Verlauf vor ihr; die Gegenwart behält nur formal gesehen den Status des vorläufigen; die „Schwelle" als Grenze des Übergangs wird inhaltlich unbestimmt; was hinter ihr liegt, ob sie überschritten werden kann, weiß keiner. Mit dem Verlust des völkischen Subjekts verliert sich Geschichte überhaupt in der immanenten Kategorie des „Fortschritts" der Industriegesellschaft. Deren Kritik ist nicht minder radikal und doch ohne geschichtliche Alternative formuliert. Auch hier verbinden sich radikale Kritik und geschichtsphilosophischer Konservatismus zur widersprüchlichen Einheit.

Ohne gesellschaftstheoretische Inhaltlichkeit bliebe die Analogie ganz formal. Deren Analyse weist aber in dieselbe Richtung. Ungeachtet terminologischer Unterschiede ist die gegenwärtige Gesellschaftsstruktur bei beiden als entwickelter Kapitalismus beschrieben, das heißt nicht allein das Merkmal vollentfalteter Industrie auf hoch-technologischer Basis, sondern auch die charakteristische Struktur der Produktionsweise und Eigentumsordnung ist bei beiden auf dem Hintergrund der marxschen Kapitalismustheorie begriffen. Bei Hans Freyer heißt es unter ausdrücklicher Berufung auf Marx: „Denn was ist der Produktionsapparat und was wird er um so mehr, je stärker er technisiert wird? Seiner Form nach ist er Kapital im privaten Besitz, Herrschaftsmittel, Instrument zur Erraffung der Surplusarbeit. Seiner Substanz nach aber ist er Wissenschaft, ‚general intellect' der Gesellschaft (Grundrisse der Kritik der politischen Ökonomie)." (S. 232) Und auch, daß die Ziele der historisch einzigartigen Produktionskapazität bislang aufgrund der Produktions- und Herrschaftsverhältnisse nicht vom Gebrauchswert, d.h. auf der Basis einer autonomen Definition gesellschaftlicher und individueller Bedürfnisse bestimmt sind, ist bei ihm in seiner eigenen Terminologie klar zum Ausdruck gebracht: „Was im Produktionsapparat der Industriegesellschaft erzeugt wird, ist in der Tat keine Werkwelt mehr, die dem Leben gegenständlich gegenübersteht, sondern ein anschwellender Konsumfonds, bei dem der regelmäßige Abfluß und der regelmäßige Zufluß gleich wichtig sind." (S. 252) Das Industriesystem produziert nach Hans Freyer „nicht von einer naturhaft gegebenen Bedarfslage aus und auf sie hin, sondern es produziert die Bedürfnisse für die Produkte, die es produziert, laufend mit. Es weckt sie, regt sie zumindest an,und es standardisiert sie zugleich so, daß sie als Massenbedürfnis auftreten, denn nur so werden sie für die Produktion interessant." (S. 241) Dieser Konsumfonds dient vor allem der Aufrechterhaltung von Akkumulation, wird also unter dem Gesichtspunkt erweiterter Reproduktion betrachtet, vom System und dessen Entfaltung her. Dem Individuum steht er trotz historisch unvergleichlicher Güterfülle als Warenansammlung äußerlich gegenüber. Nur als Konsument kann dieser sich seiner bemächtigen, je nach seinem Stand im „Schichtengefüge" und der einkommensmäßig bedingten Differenzierung. Als Produzent aber bleibt ihm das jeweilige Produkt äußerlich fremd und unbesessen; die im Produktionsprozeß entstehende und erfahrene Entfremdung kann von ihm als Konsument nicht überwunden werden, „denn mit der Schematisierung der produzierten Güter geht die Schematisierung der Konsumwünsche Hand in Hand." (S. 251)

Die Analyse von Hans Freyer wird somit wesentlich zu einer Analyse der Entfremdung, in der sich das Individuum heute tatsächlich befindet. Aller Fortschritt erscheint ihm unvermeidlich als Beitrag zu ihrer Intensivierung, damit als Naturprozeß mehr denn als menschliche Geschichte. Zu dieser durch die Produktionsverhältnisse und technisch-industrielle Lebenswelt bedingten Entfremdung tritt nach Hans Freyer als eigenständige Komponente die Verdinglichung der sozialen Beziehungen als Folge der Entwicklung des modernen Staates zum Sozialstaat hinzu. In Aufnahme der bekannten Theorie von Ernst Forsthoff, Werner Weber und anderen, allerdings nunmehr auch in verwirrender Nähe zu populären ‚alternativen' Sozialstaatskritiken, wird die historische Funktion dieses Wandels der Staatsaufgaben in der erfolgreichen Integration der Arbeiterklasse gesehen, ihre unmittelbare gesellschaftliche Wirkung aber in einer „Versachlichung ... der Kategorie Sozial": „wie die gesellschaftliche Arbeit zum öffentlichen Produktionsapparat, sind die sozialpolitischen Normen, denen sie unterworfen wird, zum öffentlichen Sozialapparat objektiviert worden, und auch diese Objektivation ist notwendigerweise eine Abstraktion." Es ist, übrigens in direkter Traditionslinie zu Max Weber, unmittelbar an die „Kolonialisierung der Lebenswelt", von der Jürgen Habermas jetzt soviel spricht, zu denken, wenn es im Anschluß daran bei Hans Freyer heißt: „Dieser Sozialapparat ist im zwanzigsten Jahrhundert in allen Industriestaaten zu einer der tragenden Grundlagen der Arbeits- und Lebenswelt geworden"; in ihr habe sich eine „Fernethik der Verantwortlichkeit für abstrakte Partner herausgebildet" (S. 261), die an die Stelle personaler Verantwortungsethik in überschaubaren sozialen Bezugsfeldern getreten sei. Nach der industriellen „Großproduktion" werde auch die „Gesellschaft selbst aus einem freien Kräftespiel zu einem verwalteten, zumindest zu einem von Verwaltungsakten übergriffenen und durch sie mitgestalteten Gebilde." (S. 257) Und so wie im ökonomischen Zusammenhang „der Normalverbraucher ... der subjektive Gegenpol der Serienproduktion" geworden sei, so im Bereiche des „Versorgungsstaates" der „verwaltete Mensch".

Damit ist bei Hans Freyer auch auf der konkretisierten Ebene von Kapitalismus- und Gesellschaftskritik in den Umrissen, auf die ich mich hier beschränken muß, ein Bild erkennbar, das den analytischen und theoretischen Voraussetzungen der „Dialektik der Aufklärung" bis zum Verwechseln ähnelt. Vor allem die in erster Linie auf Verdinglichung zielende Erkenntnisperspektive der Analyse, die Verortung von deren Konstitutionsbedingungen in einer Kritik der instrumentellen Vernunft, wie sie als Folge und Voraussetzung der auf technologische Verfügung und Äquivalententausch gerichteten Verkehrsformen sich ergibt, nebst deren gleichermaßen vage bleibenden Anknüpfungen an die Marxsche Analyse des Fetischcharakters, bestimmen das Maß dieser Übereinstimmung. Sollte man Unterschiede benennen, so bezögen sie sich mit einer Ausnahme, von der noch zu sprechen sein wird, auf Sekundäres: Die beiden Werken gemeinsame Lesart von Marx durch die Webersche Brille ist bei Hans Freyer sehr viel expliziter, die Bedeutung von Georg Lukács Analyse der Verdinglichung in „Geschichte und Klassenbewußtsein“ ist für die „Dialektik der Aufklärung“ klar erkennbar (worauf jüngst Jürgen Habermas aufmerksam machte, 1981, Bd. I, S. 461 ff.), während sie bei Hans Freyer nicht ersichtlich und eher unwahrscheinlich ist, die Rolle des Staates und der Sozialpolitik ist bei Hans Freyer sehr viel detaillierter ausgearbeitet, ohne aber systematisch in einem Widerspruch zu den Prämissen und Konsequenzen der „Dialektik der Aufklärung“ zu stehen.

Der erwähnte Unterschied entwickelt sich aus Folgendem: daß Technik und Kapitalverhältnis in ihrer historisch-dialektischen Genetik die Verdinglichung konstituieren, ist bei Adorno und Horkheimer durch die Benennung einer anderen Erkenntnisweise kritisiert: „Technik ist das Wesen dieses Wissens. Es zielt nicht auf Begriffe und Bilder, nicht auf das Glück der Einsicht, sondern auf Methode, Ausnutzung der Arbeit anderer, Kapital ... Was die Menschen von der Natur lernen wollen, ist, sie anzuwenden, um sie und die Menschen vollends zu beherrschen.“ (S. 10) Allerdings bleibt diese Kritik der instrumentellen Vernunft der Aufklärung letztlich nur scheinbar transzendent, weil die angedeutete Alternative einer Erkenntnispraxis, die auf „Begriffe und Bilder, auf das Glück der Einsicht“ zielte — zentral ist hier der Begriff von „Mimesis“ (Habermas, 1981, Bd. I, S. 522) — weder als historische Gegentradition am Material noch als systematischer Begriff theoretisch entfaltet werden kann. Die Kritik der Dialektik der Aufklärung bleibt auch philosophiegeschichtlich und erkenntnistheoretisch an die Aufklärung und an Bewußtseinsphilosophie des Subjekt-Objekt-Typus gebunden. Wie beim Freyerschen Bild der „Schwelle“ bleibt der Verweis auf „Versöhnung“ von Subjekt und Objekt, von Mensch und Natur, von Mensch und Mensch, die als „Mimesis“ benannt, aber unbegrifflich gefaßt wird, nur als unbestimmte Utopie möglich. Ihre Funktion ist nicht die Gegenwart am transzendenten Bild eines anderen, oder gar möglichen anderen zu messen, sondern, mit ähnlichen Funktionen, wie sie früher mal religiöse Überlieferung wahrnehmen konnte, die Denkmöglichkeit des anderen, des Transzendenten überhaupt als Leerstelle im System technisch-rationaler Weltvernunft zu erhalten. Das geht freilich angesichts der aufklärerischen Entzauberung der Welt, auf deren Boden sie ja geschieht, nur noch nominal. Auch von diesem Ausgangspunkt gibt es keinen vorstellbaren Schritt, keinen Ausblick über die „Schwelle“. Doch ist mit dieser Leerstelle für die Analyse der totalen Verdinglichung ein motivationales Zentrum geschaffen, das sich im Benennen der „Versöhnung“ zugleich stets als ein Residuum gegen die „totale Integration“ auch des kritischen Theoretikers zu behaupten versucht. Damit verzichtet Kritik aber auf theoretische Verallgemeinerung oder auch nur kommunikative Allgemeinheit im Sinne der transzendental-pragmatischen Wissenschaftstheorie, und sie behält bloß noch einen appellativen Charakter, der nicht nur der Form nach stark existenzialistische und manchmal auch lebensphilosophische Züge annimmt. (Habermas, 1981, Bd. I, S. 499 und 512)

In klarer Bewußtheit ist damit ein Element in die Diagnose der Gegenwart eingeführt, daß den Rahmen der kritisierten wissenschaftlich-technischen Vernunft in Anspruch und Form sprengt. Dies geschieht, wie gesagt wird, um den im Rahmen der historisch verdinglichten Aufklärung nur noch ideologischen Vernunftanspruch, der über Beherrschung auf Versöhnung nicht mehr hinausgeht, in seiner „ursprünglichen" Qualität zu retten. Ganz unklar bleibt, wie diese Ursprünglichkeit theoretisch verankert wäre; es sieht so aus, als sei sie es gar nicht.

Damit ist in der Erkenntnistheorie bloß wiederholt, was in der Geschichtsanalyse mit dem Verlust eines zur historischen Versöhnung fähigen revolutionären Subjekts schon vollzogen war; nichts, was noch allgemein begründet Geltung verlangen könnte, geht über den bestehenden Zustand noch hinaus; was als „negative Dialektik" benannt ist, macht objektiv ihren geschichtsphilosophischen Konservatismus aus.

Anders Hans Freyer, der den objektiv konservativen Konsequenzen seiner Analyse von Verdinglichung im industriellen Kapitalismus mit einem appendizierten Schlenker durch einen Regreß auf die behaupteten ungeschichtlichen Potenzen einer allgemeinen Anthropologie zu entgehen versucht. Geradezu trotzig gegen die sich aufdrängenden Schlußfolgerungen aus seiner eigenen Analyse „totaler Vergesellschaftung", die unter den gegebenen und vorstellbaren Bedingungen nur als „Verdinglichung" geschehen kann, wird die Behauptung einer „Grenze" (S. 279) gestellt, die sie, insofern plötzlich micht mehr „total", nicht zu überschreiten vermag: „beim Menschen heißt sie Freiheit" (S. 325). „Die Freiheit und Selbstbestimmungskraft des Menschen ist kein Produkt der Geschichte, keine soziale Ordnung, keine Verfassung, keine Kultur könnte sie erzeugen oder auch nur institutionell sichern. Sie kann immer nur von den Personen her in die Geschichte eingebracht werden." (S. 329). Diese behauptete transhistorische Qualität der „Person" wird damit, gegen die ursprünglichen eigenen Ansprüche einer „historischen Wirklichkeitswissenschaft"[6] und ohne immanente Begründung „gesetzt", das heißt, eigentlich der eigenen historischen Dialektik in der Analyse entzogen. Sie bleibt als Formel der Appellation systematisch ebenso leer, wie bei Adorno und Horkheimer der Gedanke der „Versöhnung"; ihre Funktion in der Theorie der gegenwärtigen Geschichte ist die gleiche. Die Freiheit des Menschen drückt sich in der Seinsweise der „Erwartung"[7] aus, ohne daß allerdings noch gesagt werden könnte, was den Inhalt der „Erwartung" ausmacht. „Wenn wir die Kategorie der Erwartung aus der Heilsgeschichte auf die irdische Geschichte übertragen und sie ins rein Menschliche wenden, so ist das also auch eine Säkularisierung, nur glauben wir eine legitimere als die Säkularisierung der Geschichtstheologie zur Ideologie eines in der Zeit vollendbaren regnum hominis. Da nämlich wird das eschatologische Denkschema pauschal übernommen, so daß auf das imaginierte Endziel des Fortschritts der Schein des Absoluten fällt. Wir dagegen übersetzen die Kategorie Erwartung zwar in die Endlichkeit des Menschen und schränken sie auf seine Existenz in der geschichtlichen Zeit ein, erborgen aber oder usurpieren für diese keine heilsgeschichtliche Struktur, sondern halten an der Vorläufigkeit und Nichtvollendbarkeit der Geschichte fest." (S. 326f.)

Die „Vorläufigkeit und Nichtvollendbarkeit der Geschichte", an der Hans Freyer hier in scheinbarer Kontinuität zu seinen eigenen geschichtsphilosophischen Prämissen festzuhalten scheint, ruht begründungslogisch aber allein auf der behaupteten und gewollten „Freiheit der Person", von der es in der Wirklichkeitsanalyse der verdinglichten Welt keinen empirischen oder historischen Rest mehr gibt.

„Versöhnung" und „Freiheit" kennzeichnen damit dieselbe Leerstelle in einer Philosophie der Geschichte, der durch eine angemessene Analyse der Gegenwart die Geschichte selbst abhanden gekommen, oder, um es nicht zufällig noch einmal mit Max Weber zu sagen, zum „starren Gehäuse der Hörigkeit" verdinglicht worden ist.

Die wissenschaftliche Diskussion um den Konservatismusbegriff insistierte bisher zu Recht darauf, die „sozialhistorische Bedingheit und Vermitteltheit des Konservatismus festzuhalten"; das führt bei K. Fritzsche etwa zu folgender „Minimaldefinition": „Konservatismus soll verstanden werden als gesellschaftlich verursachte, d.h. von gesellschaftlichen Interessen gespeiste Abwehrbewegung gegen Emanzipationsbestrebungen, die mit dem Aufstieg von Kapitalismus und Bürgertum beginnen und in der Französischen Revolution ihren ersten, epochalen Niederschlag finden." (Fritzsche 1979, S. 66, 67) Der Konservatismus also als Gegenspieler zunächst der bürgerlichen Revolution und dann,in einem nicht ganz einfach zu klärenden Transformationsprozeß, als überwiegend bürgerlicher Gegenspieler der proletarischen Revolution, gegen sozialistischen Veränderungswillen und für bürgerlich-kapitalistische Gesellschaft. Hier deutet sich schon an: die „sozialhistorische Bedingtheit und Vermittelheit des Konservatismus", an der als Grundprinzip jeglicher sozialwissenschaftlicher Analyse natürlich festzuhalten ist, kann nicht auf die Genese des Konservatismus beschränkt bleiben, sondern muß auch die sich verändernden sozialhistorischen und objektiven Konstellationen berücksichtigen. Indem Konservatismus wesentlich als reaktive Bewegung auf solche Veränderungen bestimmt ist, ändert sich mit den Bedingungen auch die Reaktion. Das kann verschiedene Dimensionen nach Form und Inhalt und nach sozialer Trägerschaft annehmen und bleibt nicht auf traditionell konservative Kreise beschränkt.

Als eigenständige Dimension, die nicht einfach nur interessentheoretisch reduzierbar ist, wird Konservatismus in diesem Zusammenhang stets auch als Reaktion auf freiheitsbeschränkende Entwicklungen eines als potentielles Subjekt gedachten Individuums begriffen. Solange das auf dem Hintergrund sozialstrukturell determinierter Besitzbürgerlichkeit geschah, war das Auseinandertreten der beiden Stränge, die Verteidigung des besitzbürgerlichen Privilegs und die Verteidigung der Ansprüche des Subjekts, noch kaum sichtbar, weil ideologiekritisch ein solch konservativer Subjektbegriff stets auf den konstitutiven Zusammenhang von Besitzbürgerlichkeit und Subjekthaftigkeit verwiesen werden konnte. Nunmehr, mit dem Verschwinden des Besitzbürgertums, tritt das „fungierende Kapital" gewissermaßen in abstrakter Reinheit auf; ihm ist die Vorstellung von Subjekthaftigkeit gleichgültig. Sie wird ersetzt durch Struktur und gesetzmäßigen Vollzug, dem alle gleichermaßen unterworfen sind. Um so mehr gewinnt der „konservative" Gedanke der Bewahrung oder zuallererst Konstituierung von subjektiver Freiheit in einer entsubjektivierenden und verdinglichten Welt an emanzipativer Bedeutung; jedenfalls dann, wenn diese nicht auf die Propagierung eines aggressiv-konkurrenzhaften Behauptungswillens gegenüber Bedürfnissen und Interessen anderer vereinseitigt wird und Komponenten der Solidarität gleichrangig einbezogen sind.

Im geschichts- und gesellschaftstheoretischen Kontext stellt sich angesichts der Diagnose, die die „Dialektik der Aufklärung" und die „Schwelle der Zeiten" gemeinsam über die Zukunfts- und Subjektlosigkeit der gegenwärtigen Gesellschaft abgeben, die Frage, ob nicht traditionell „linke" und „rechte" Maßstäbe gleichermaßen bereits ihre perspektivische Relativität preisgegeben haben und im Gestus der Beschwörung der Gegenwart als Verhängnis endgültig konvergieren. Die perennierende Polemik zwischen ihnen wäre damit Abglanz einer wohl vergangenen Phase der Geschichte, als den wechselseitigen Suadas „linker" und „rechter" Geschichtsphilosophen noch die objektive Dialektik des Klassenkampfes in der bürgerlich-kapitalistischen Gesellschaft, damit auch die Möglichkeit von deren Aufhebung in einer anderen Zukunft, entsprach. Ein Abglanz, gegenüber dem sich die objektive Geschichte bis hinein in die konvergierenden Diagnosen der Protagonisten im ideologischen Streit bereits längst durchgesetzt zu haben schien.

Wo sich in der wirklichen geschichtlichen Situation der Gegenwart die offenkundigen Widersprüche und Konflikte eben nicht zur wirklichen Bewegung über den gegebenen Zustand hinaus verdichten, da kann Geschichtstheorie, die das angemessen reflektiert, gar nicht anders, als konservativ sein.

Varianten der Liberalismuskritik

5. Der substanzhafte und metaphysische Ansatz des politischen Schriftstellers Carl Schmitt bis 1934

1

„Alles, was ich gesagt habe ... ist nach Motiv und Intention wissenschaftlich gemeint, als wissenschaftliche These, die ich vor jedem wissenschaftlichen Kollegium der Welt zu vertreten wage."

(Carl Schmitt in: R.M.W. Kempner 1969, 296)

Es ist vom Kontext her, in dem diese Äußerung von Carl Schmitt fällt, nicht auszuschließen, daß sie sich nur auf seine Schriften 1933 bis 1936 bezieht — also zum Beispiel auf den berüchtigten Aufsatz „Der Führer schützt das Recht" (1934) mit seiner skrupellosen, hymnischen Rechtfertigung der Massenmorde im Sommer 1934. Ich will sie aber, vor allem wegen des Ortes und des Zeitpunktes, zu dem sie ausgesprochen wird, ohne Einschränkung als Selbsterklärung des Carl Schmitt angesichts der ihm drohenden Gefahr, in Nürnberg als Kriegsverbrecher wegen aller seiner Äußerungen vor 1945 belangt zu werden, interpretieren.

Das Zitat wirft folgende Frage auf: Entbindet eine Äußerung, die „nach Motiv und Intention wissenschaftlich gemeint" war, von der persönlichen, im Extremfall auch strafrechtlichen Verantwortung? Die Antwort ist nicht leicht zu geben. Jedenfalls scheint sie von Carl Schmitt in einer bestimmten Weise als selbstverständlich unterstellt zu werden: Weil seine Äußerungen wissenschaftlich gemeint seien, sollten sie nicht Gegenstand einer Verfolgung werden können. Der Hinweis auf den wissenschaftlichen Charakter oder auch nur die wissenschaftliche Intention aller seiner Äußerungen im Kontext der Prüfung einer Anklage im Nürnberger Kriegsverbrecher-Prozeß ist als grundsätzliche Entlastung, als subjektive Zurückweisung jeglichen Schuldvorwurfs gemeint. Mir geht es nicht um die juristische Frage. Aber die am Beispiel dieser Äußerung von Carl Schmitt auftauchende Problematik ist nach wie vor aktuell, nicht nur, wenn es um die Beurteilung von Äußerungen von Wissenschaftlern vor 1945 geht. Carl Schmitt nimmt offenkundig die Wissenschaftsfreiheit für sich in Anspruch, aber er interpretiert sie in besonderer Weise, nämlich als die Freiheit, sich öffentlich äußern zu dürfen, ohne für den Inhalt dieser Äußerungen anschließend Verantwortung übernehmen zu müssen.

Hier liegt eine auch heute noch übliche Verwechslung vor: Der Kern des Grund- und Menschenrechts der Wissenschaftsfreiheit liegt in dem jedermann und jederfrau zustehenden Recht, nachzudenken, zu forschen und die Ergebnisse zu veröffentlichen. Erfährt insbesondere das letzte eine Einschränkung durch die Gesetze oder durch andere Arten der Repression, so ist die Wissenschaftsfreiheit verletzt. Daß aber der Wissenschaftler wie jeder, der sich in gesellschaftlichen Zusammenhängen äußert, als Person für seine Äußerungen Verantwortung im Rahmen der üblichen Dimensionen trägt, ist selbstverständlich und hat mit der Wissenschaftsfreiheit nichts zu tun. Zwar lebt die Ausdifferenzierung moderner Wissenschaft — und also auch die Wissenschaftsfreiheit — von der relativen Unabhängigkeit ihres Diskurses von anderen gesellschaftlichen Zusammenhängen und Diskursformen, wie denen der Ökonomie oder des Rechts; deshalb ist auch noch nicht alles, was wahr ist, auch gleich Recht oder umgekehrt. Deshalb kann mit dem Wahrheitsspruch der Wissenschaft der Sachverhalt von Rechtsaussagen kritisiert werden usw. Aber diese Unabhängigkeit bleibt stets nur relativ, und in der gesellschaftlichen Praxis fügen sich die einzelnen Diskurse in der Realität der gesellschaftlichen Wirkung einer Person zusammen. Unabhängig von dem Wahrheitswert einer wissenschaftlichen Aussage hat diese auch eine politische Intention und Wirkung. Bei dem oben genannten Beispiel des Aufsatzes von 1934 ist es unverkennbar, daß dieser Aufsatz auch diese Wirkung haben sollte.

Die von Carl Schmitt in seinem Verhör durch Robert M.W. Kempner vorgebrachte Entschuldigung unter Berufung auf die Wissenschaftsfreiheit ist deshalb fadenscheinig und unwirksam — wie immer ihre juristische Beurteilung aussehen mag. Sie wird im übrigen in dem Verhör ergänzt durch Carl Schmitts Selbstkennzeichnung: „Ich bin ein intellektueller Abenteurer." (In: R.M.W. Kempner 1969, 298)

2

„Ich möchte diese zumeist linken und liberalen Autoren, die ungebrochen Schmitt's Engagement moralisch verurteilen, als ‚herrschende Meinung', h.m., bezeichnen."

(M. Lauermann 1988, 44)

Lauermann, der sich selbst als „Links-Schmittianer" (1988, 49) bezeichnet, spricht angesichts dieser moralischen Verurteilung „von der Banalität der Richtung ihres Urteils" und davon, daß sich „diese Autoren vor allem darin einig (wüßten), daß sie selbst sich zumindest anders, wenn nicht gar kämpferisch-antifaschistisch, in der Nazi-Zeit verhalten hätten." (1988, 44)

Dazu ist dreierlei festzustellen: In der Fülle der Literatur über Carl Schmitt kann man keineswegs sicher sein, ob die „herrschende Meinung" über Carl Schmitt nach wie vor ein moralisches Urteil enthält. Vielmehr wird Carl Schmitt übereinstimmend als Vordenker und Protagonist der sich durch ihre Trans-Moralität angeblich auszeichnenden „Post-Moderne" interpretiert: „Diese Destruktion von Morschem, den Blick auf die Wirklichkeit Verstellendem durch Denken über Sprache ist nicht das einzige Beispiel einer erstaunlichen Modernität (genauer: Postmodernität) bei C.S." (A. Mohler 1988, 149)

Bei K. Hansen (1988, 12) heißt es ähnlich: „In dieser Haltung (der eines intellektuellen Abenteurers, M.G.) antizipiert Schmitt den modernen Affekt gegen das Allgemeine, der heute im Zeitgeist der Post-Moderne auflebt. Schmitt's Bankrotterklärung der idées générales im nationalsozialistischen Zusammenhang von 1934 wird heute auf breiter Phalanx nachvollzogen: als ‚Abschied vom Prinzipiellen', wie Odo Marquardt seine kleine Schrift aus dem Jahre 1981 betitelt hat. In den Jahren 1933 und folgende machte diese Haltung ... Carl Schmitt politisch gefährlich. Heute macht ihn diese Haltung philosophisch und als intellektuelle Rolle interessant." Wo heute nur noch philosophisch und intellektuell interessant ist, was in den Jahren 1933 „politisch gefährlich" war, muß sich etwas fundamental geändert haben — man wäre gespannt, was das denn wäre.

Die „Banalität der Richtigkeit" eines solchen moralischen Urteils kommt etwa in folgendem, von Lauermann angeführten Beispielsatz zum Ausdruck: „Er hat den Rechtsstaatsgedanken verhöhnt, seine jüdischen Kollegen auch wissenschaftlich vertrieben ... die Morde beim Röhmputsch als echte Gerichtsbarkeit des Führers gerechtfertigt und umgekehrt die Bestrafung von Feinden auch dann möglich gemacht, wenn sie gar keine Straftat begangen hatten." Lauermann nennt das „Exorzismus-Übungen" und hält sie für Ausdruck eines „Schmitt-Traumas" (1988, 45). Lauermann möchte auf beiden Seiten abkassieren: Als Dissident der „herrschenden Meinung" macht er deren moralisches Urteil verächtlich — als „Links-Schmittianer (ist ihm) die Wut wohl vertraut, die liberale und linke Wissenschaftler / innen erfüllen muß, wenn sie die ‚Bitterkeit' nachschmecken müssen und sie mit der der Überlebenden des Holocaust vergleichen, zu schweigen von den jüdischen Opfern, den kommunistischen Häftlingen, den fabrikmäßig planvoll ermordeten Menschen." (1988, 49) Als angeblicher Schmittianer hätte Lauermann hier daran denken sollen, daß „jede echte politische Entscheidung" auch eine „moralisch-metaphysische Komponente" enthält, angesichts derer es nur ein Entweder-Oder gibt.

Die dritte Feststellung schließlich: Anders als Lauermann unterstellt, ergibt sich das Nachdenken über die moralische Dimension der Schriften und des Handelns von Carl Schmitt gerade auch aus einer grundsätzlichen Unsicherheit von Intellektuellen, wie heute angesichts des sogenannten post-modernen Diskurses spontan empfundene moralische Wertungen noch als Urteile gerechtfertigt werden können. Denn so ist der Rechtfertigungszwang ja heute in der Wissenschaft und in dem öffentlichen Feuilleton verteilt: Aus der einst methodisch gemeinten Anweisung, „sine ira et studio" die Wirklichkeit zu studieren, ist heute Standpunktlosigkeit und Unbefangenheit als zeitgenössisches Prinzip geworden. Eine ernsthafte politische Theorie ist auf dieser Basis jedenfalls nicht zu gewinnen. Wenigstens das könnte man bei Carl Schmitt lernen, daß eine politische Theorie nicht allein auf analytischen Begriffen beruhen kann.

3

„Wäre er ein Dichter gewesen, so hätte er eher Verständnis für die Entwicklung, Wandel und Widerspruch seines Werkes gefunden."

(J. Isensee 1988, 603)

Natürlich könnte man es auf sich beruhen lassen und jede kategorisierende Zuordnung des Werkes von Carl Schmitt vermeiden. Aber wie die heftige und von einigen mit Engagement geführte Diskussion um den Status des Werkes von Carl Schmitt zeigt, dient die Diskussion um Kategorisierung häufig auch einem außerliterarischen Zweck. Von der Apologetik bis zur Stilisierung als „letzter Klassiker", vom expressionistischen Schriftsteller bis zum apokalyptischen Visionär wird in dieser Diskussion alles aufgeboten.

Symptom ist schon, daß man sich auf einen Maßstab nicht einigen kann. Sind die einen gerade dabei, Carl Schmitt als bedeutenden Juristen mit „gefährlichen" schriftstellerischen Neigungen zu „retten", behaupten andere seinen Rang als Theoretiker in der Politik, für den die Juristerei nur den professionellen Hintergrund abgegeben habe. Der Versuch, Carl Schmitt an irgendeinem Maßstab zu kritisieren, ähnelt dem Wettlauf von Hase und Igel im Märchen: Wo immer die Kritik an Carl Schmitt angekommen zu sein scheint, die Apologetik ist bereits eine Runde weiter. Fraglich, ob dieser Wettlauf zwischen Apologie und Kritik noch eine neue Runde wird drehen können, nachdem Günter Maschke die Apologie als „große Apologie" stilisiert hat (1987).

Es bleibt zu konstatieren, daß im Fall von Carl Schmitt in der wissenschaftlichen Diskussion Regeln und Prozeduren offenkundig erfolgreich außer Kraft gesetzt werden, deren Beachtung geboten ist.

Da für die meisten der Rang von Carl Schmitt durch seine Bestimmung des „Politischen" als „äußerste Intensität der Freund-Feind-Beziehung" per se gegeben ist, sei hier Christian Meier mit seiner Analyse der Art und Weise, wie Carl Schmitt diese Bestimmung „des Politischen" einführt, zitiert:

Der Wortlaut der Abhandlung war von großer Bestimmtheit. Keinerlei Hinweis darauf, daß hier ... eine Definition gegeben werden sollte... keine Spur einer Entscheidung! Es schien vielmehr eine Erkenntnis zu sein, die vorgetragen wurde. Und sie ergab sich nicht aus einem Abwägen der Möglichkeiten zur Bestimmung des Politischen. Keine Argumentation, die auch nur entfernt der platonischen entsprochen hätte. Es wurde nur gesagt, wie das Politische nicht mehr und wie es in Wirklichkeit zu verstehen sei. Kein Wort auch zur Begriffsgeschichte, in deren Verlauf ‚politisch' so sehr unterschiedliche Bedeutungen angenommen hatte! ... Carl Schmitt nimmt vielmehr eine einzelne besonders aktuelle Bedeutung, die des ‚Strittigen', heraus, erklärt sie nicht explizit, sondern bloß implizit für selbstverständlich, erweitert sie um die Intensität des Gegensatzes, die dazugehört (oder genauer: gehören kann), verschiebt dann das Schwergewicht auf die Intensität selbst und erklärt schließlich deren Steigerung im Ernstfall zum eigentlichen Kern des Politischen. Das ist offenkundig die willkürliche Zuspitzung, ja Usurpation eines so ehr- wie fragwürdigen, vieldeutigen Wortes." (1988, 542 f.)

Natürlich ist eine solche Äußerung, die hier noch im Dutzend vorgeführt werden könnte, allein nicht geeignet, Carl Schmitt zu kritisieren oder zu widerlegen; sie ist nur — gerade in ihrer Folgenlosigkeit für den wissenschaftlichen Diskurs — symptomatisch für den Umgang mit Carl Schmitt. Die „große Apologetik" eines Günter Maschke hat solche Kritik im einzelnen längst überholt: „Nun ist unerschöpflich und zweideutig zu sein das vornehmste Privileg der Klassiker" (1988, 194); und ob es sich bei Carl Schmitt um den „jüngsten Klassiker des politischen Denkens" im Range eines Bodin, Hobbes oder Machiavelli handelt, ist für B. Willms (1988, 577 ff.) eine nur noch aus methodischen Gründen rhetorisch gestellte Frage.

Ich selbst denke, daß Carl Schmitt in den hier interessierenden Schriften zuerst ein politischer Schriftsteller war, der sich selbst als das „Eigentliche" „sehend" inszenierte — und damit in der Zeit intellektueller Krisen bei Intellektuellen in der Krise Erfolg hatte. Mit dem literarisch gestalteten Gestus der „Entscheidung" kommt er deren Bedürfnis auch heute entgegen. Sie können freilich nur an diesem Gestus, nicht aber an Carl Schmitts metaphysischer Aufladung seiner „Entscheidung" Gefallen finden. Daran scheitert jeder Versuch, rational ‚Schmittianer' zu sein.

4

„Die eigentlich politische Unterscheidung ist die Unterscheidung von Freund und Feind."

(Carl Schmitt 1933, 7)

Ist diese Bestimmung eines „Kriteriums für das Politische" von Carl Schmitt jener unumstößliche Theoriebeitrag, der ihn zum „jüngsten Klassiker der Politik" hat werden lassen?

Zunächst eine hoffentlich den immanenten Ansprüchen von Carl Schmitt angemessene Assemblage der wesentlichen Aussagen von Schmitt; dann eine kritische Erörterung der Frage.

Die Unterscheidung von Freund und Feind ist „selbständig", das heißt nicht auf andere Sachgebiete und die ihnen gemäßen Unterscheidungen zurückzuführen (gut-böse, schön-häßlich, nützlich-schädlich).

„Der politische Feind ... bleibt aber ein Anderer, ein Fremder. Die Möglichkeit spezifisch politischer Beziehungen ist dadurch gegeben, daß es nicht nur Freunde — Gleichgeartete und Verbündete —, sondern auch Feinde gibt. Der Feind ist in einem besonders intensiven Sinne existentiell ein Anderer und Fremder, mit dem im extremen Fall existentielle Konflikte möglich sind." (1933, 8)

„Bei politischen Entscheidungen beruht selbst die bloße Möglichkeit richtigen Erkennens und Verstehens, und damit auch die Befugnis, mitzusprechen und zu urteilen, nur auf dem existentiellen Teilhaben und Teilnehmen, nur auf der echten participatio." (1933, 8)

„Feind ist nur eine ... um ihre Existenz kämpfende Gesamtheit von Menschen, die einer eben solchen Gesamtheit gegenübersteht. Feind ist also nur der öffentliche Feind ..." (1933, 10)

„Das Wesen der politischen Einheit besteht darin, innerhalb der Einheit diese äußerste Gegensätzlichkeit (der Freund-Feind-Gruppierung, M.G.) auszuschließen." (1933, 11)

„Der Krieg folgt aus der Feindschaft, denn diese ist seinsmäßige Negierung eines anderes Seins." (1933, 15)

„Dagegen wäre ein aus ‚rein' konfessionellen, ‚rein' moralischen, ‚rein' juristischen oder ‚rein' ökonomischen Motiven geführter Krieg sinnwidrig. Aus den besonderen Gegensätzen dieser Gebiete menschlichen Denkens läßt sich die Freund- und Feindgruppierung und deshalb auch ein Krieg nicht ableiten." (1933, 18)

„Diese Gegensätze (können) sich zu politischen Gegensätzen steigern und die entscheidende Kampfgruppierung nach Freund und Feind herbeiführen. Kommt (es dazu) ..., so ist der maßgebende Gegensatz ... politisch." (1933, 19)

Um Carl Schmitt nach seinem Anspruch gerecht zu werden, ist es zunächst wichtig, zwischen einer Definition von ‚Politik' und einer Bestimmung des ‚Politischen' zu unterscheiden — Carl Schmitt wollte und beanspruchte nur, das Letztere getan zu haben. Einerseits geht eine Fülle von Mißverständnissen in der Sekundärliteratur darauf zurück, daß diese Differenz nicht beachtet wird. Andererseits verbirgt sich in dem Hinweis auf diese Differenz nicht selten de facto die Immunisierung von Carl Schmitt gegen eine Kritik, nach der seine „Theorie" unzureichend bleibt. Nach der genaueren Rekonstruktion wird man sich hier für einen Maßstab entscheiden müssen. Der erste Satz von *Der Begriff des Politischen*, oben zitiert, ist also keine Definition der ‚Politik', sondern die Bestimmung eines Urteils. Gegenstand des Satzes ist die „politische Unterscheidung", nicht etwa der Begriff oder das Wesen des Politischen. Nun wird diese Unterscheidung von Carl Schmitt in einer merkwürdigen Weise erläutert: „Die Unterscheidung von Freund und Feind bezeichnet die äußerste Intensität einer Verbindung oder Trennung." (1933, 7) Welchen Sinn macht logisch das „oder" in dem Satz? Kann man die beiden Aspekte voneinander trennen, also zum Beispiel sagen: ‚Die Unterscheidung von Freund und Feind bezeichnet die äußerste Intensität einer Verbindung'? Offenkundig nicht. Dementsprechend stellt E. Vollrath (1987, 37) zurecht fest: „Diese Bestimmung läßt sich kritisieren, weil Carl Schmitt aus formalen Gründen nicht von Assoziation und Dissoziation im Begriff des Politischen ausgeht, sondern allein vom dissoziativen Moment." Warum das bei Carl Schmitt so ist, hat Vollrath allerdings nicht untersucht. Ich denke, es hängt mit folgendem zusammen:

Die einseitige Aufmerksamkeit für das dissoziative, konflikthafte, im metaphysischen Sinne auf das „Böse" der menschlichen Natur verweisende Denken von Carl Schmitt — von einigen gegen die „Betulichkeit" der herrschenden Politikwissenschaft in Anspruch genommen (von Bredow 1978, 433 ff.) — hat davon abgelenkt, daß mindestens so bedeutsam, wenn nicht gar entscheidend für die Bestimmung des Kriteriums des „Politischen" der Begriff der

„Einheit" ist. Diese Kategorie konstituiert formal alle wesentlichen Bestimmungen des „Begriffs des Politischen" bei Carl Schmitt — soweit, aber nicht weiter auch C. Meier (1988) — und hat über die formale Präsenz hinaus Gewicht, weil sie sich inhaltlich substantiell im Kontext der Schmittschen politischen Metaphysik deuten läßt. Allein schon aus den oben wiedergegebenen Zitaten wird klar, daß die politische Unterscheidung von Freund und Feind eine zwischen politischen „Einheiten" darstellt. „Das Wesen der politischen Einheit besteht darin, innerhalb der Einheit diese äußerste Gegensetzlichkeit auszuschließen." (1933, 11) Den höchsten Intensitätsgrad der „politischen Einheit" sieht Schmitt in der „um ihre Existenz kämpfenden Gesamtheit von Menschen", die gerade in diesem Kampf jede innere Heterogenität ausgeschlossen hat. Der äußersten „Intensität der Trennung zwischen Freund und Feind" entspricht die äußerste Intensität der inneren Einheit der kämpfenden Parteien.

Die Frage ist, wie diese Einheit zustande kommt bzw. von Carl Schmitt gedacht wird, oder wer sie repräsentiert. „Daß der Staat eine Einheit ist, und zwar die maßgebende Einheit, beruht auf seinem politischen Charakter." (1933, 26) Solange der Staat diese Bestimmung des Feindes auch gegen innergesellschaftliche Widerstände faktisch zu treffen in der Lage ist, ist er souverän, das heißt die maßgebliche politische Einheit: „Souverän ist die politische Einheit in dem Sinne, daß die Entscheidung über den maßgebenden Fall, auch wenn das der Ausnahmefall ist, begriffsnotwendig immer bei ihr steht." (1933, 22) Aber der Staat als die „politische Einheit des Volkes" ist nur unter historisch bestimmten Bedingungen geeignet, die innere Einheit in der Bestimmung des äußeren Feindes faktisch herzustellen. An zwei Beispielen der Schmittschen Analyse wird deutlich, daß und wie dem Staat die Herstellung dieser Einheit mißlingen kann, und damit zugleich, daß der Staat zwar in bestimmten historischen Umständen die „maßgebende Einheit" darstellt, nicht aber im theoretischen prinzipiellen und im historisch-genetischen Sinne die systematische Grundlage der Gruppierung in Freund und Feind. Diese ist erst dann erkennbar, wenn man die in der Schrift *Der Begriff des Politischen* implizit mitgedachte, aber nicht explizit thematisierte Kategorie des „Volkes" in Rechnung stellt. „Der Staat" als die politische Einheit des Volkes stellt den historischen Sonderfall dar, der sich vor allem aus der Verbindung von absolutistischem Zentralstaat und dem nationalen Prinzip der bürgerlichen Revolution ergeben hat. An zentraler Stelle in seiner *Verfassungslehre*, dort wo Carl Schmitt die Französische Revolution interpretiert, heißt es: Die zentrale „gedankliche Voraussetzung" der Französischen Revolution „ist die Lehre von der verfassungsgebenden Gewalt". (1983, 49) Sie „setzt das Volk als eine politisch existierende Größe voraus; das Wort ‚Nation' bezeichnet im prägnanten Sinne ein zu politischem Bewußtsein erwachtes, aktionsfähiges Volk ... Es wird sich seiner politischen Aktionsfähigkeit bewußt und gibt sich selbst, unter der damit ausdrücklich bejahten Voraussetzung bestehender politischer Einheit und Handlungsfähigkeit, eine Verfassung." (1983, 50) „Die politische Kraft dieses Vorganges führte zu einer Steigerung der Staatsgewalt, zu intensivster Einheit und Unteilbarkeit, unité und indivisibilité." (1983, 51)

Insofern gebe ich auch Robert Hepp darin Recht, daß weder der Begriff des Staates noch der Begriff des Politischen bei Carl Schmitt ohne die konstituierende Bedeutung des „Volkes“ begriffen werden können. Bei ihm heißt es:

„Der Punkt, auf den es ankommt, ist die Verwandlung des ‚Volkes‘ qua ‚ethnische‘, ‚soziale‘ oder ‚kulturelle‘ Einheit in einen ‚Staat‘. Diese Metamorphose setzt nach Carl Schmitt mindestens die Annahme einer Bedrohung durch einen gemeinsamen Feind voraus. Indem sich ein Volk als solches von einem äußeren Feind bedroht weiß, rückt es ‚nach innen‘ zu einer ‚politischen Einheit‘ zusammen und gerät damit in einen anderen ‚Aggregatzustand‘. Als politische Einheit, das heißt als Staat, existiert es demnach nur insofern und solange, als es die Herausforderung einer ‚Feindschaft‘ akzeptiert oder sich jedenfalls von einem ‚möglichen‘ Feind absetzt und abgrenzt ... Wenn der ‚Begriff des Politischen‘ in der Staatslehre überhaupt etwas leistet, dann dient er zur Unterscheidung eines bloßen ‚Volkes‘ von einem ‚Staat‘. Eine ‚Lehre‘, die von einer ‚Einheit‘ des Volkes ausgeht, die nicht durch ‚Feindschaft‘ vermittelt ist, mag eine demokratische oder ethnologische Theorie abgeben, eine Staatslehre im Schmittschen Sinn ist sie sicherlich nicht.“ (1988, 309)

In *Der Begriff des Politischen*, bei der Kritik des Pluralismus und des „pluralistischen Parteienstaates“, ist die Rede von den „wirtschaftlichen, kulturellen oder konfessionellen Gegenkräften“:

„Sind sie stark genug, um einen ihren Interessen oder Prinzipien widersprechenden Krieg zu verhindern, aber nicht stark genug, um selber von sich aus einen Krieg nach ihrer Entscheidung zu bestimmen — typischer Zustand eines in wechselnden Koalitionen und Kompromissen sich weiterschleppenden pluralistischen Parteienstaates —, so ist keine einheitliche politische Größe mehr vorhanden. Wie sich das auch immer verhält: in Folge der Orientierung an dem möglichen Ernstfall des effektiven Kampfes gegen einen effektiven Feind ist die politische Einheit notwendig entweder die für die Freund- oder Feindgruppierung maßgebende Einheit und in diesem (nicht in irgendeinem absolutistischen) Sinne souverän, oder sie ist überhaupt nicht vorhanden.“ (1933, 22)

Es kam hier nicht darauf an,wie Carl Schmitt in der Schrift *Der Begriff des Politischen* en passant feststellt, daß die Weimarer Republik kein souveräner Staat ist, sondern zu demonstrieren, daß die Kategorie der „Einheit“, die für die Bestimmung des Kriteriums des „Politischen“ bei Carl Schmitt konstitutiv ist, einen substantiellen Inhalt besitzt, von dem sie nicht zu trennen ist. Der einzige Träger der „eigentlichen politischen Unterscheidung“ nach Freund und Feind ist ein „Volk“. Es kann sich historisch zur Organisationsweise des „Staates“ verdichtet haben, diese Form bleibt aber immer intermediär gegenüber der primären politischen Äußerung des „Volkes“; das ist jedenfalls die mit dem Beginn der Neuzeit historisch geschaffene Lage, von der Carl Schmitt ausgeht.

Gegenüber dieser primären Potenz des „Volkes“ wirken die gesellschaftlichen „Gegensätze“ der pluralistisch organisierten Gesellschaft zersetzend. An einigen Stellen in seinem Werk zeigt Schmitt, daß der Mythos der kämpfenden Klasse, insbesondere in der Sorelschen Variante des Generalstreiks, als eine ihm zumindest prinzipiell ähnliche originäre Kraft erscheint. In dem Maße aber, in dem die „kämpfende Klasse“ zur „freien, politisch neutralen Gewerkschaft und zu einer von mehreren politischen Parteien wird, verschwindet sie als politische Potenz." (1933, 23)

Die Interpretation des „Volkes" als maßgeblicher politischer Einheit, ohne die die Bestimmung des „Politischen" unvollständig bleibt, kann hier nicht weiter ausgeführt werden. Sie findet ihre Stützung primär in der „Verfassungslehre"; vor allem dort, wo deutlich wird, daß jegliche politische Form oder Verfassung nur unter dem Vorbehalt der jederzeit vom Volk selbst aktualisierbaren Volkssouveränität existieren kann, für die es keine Bindung gibt. Wenn diese Interpretation richtig ist, dann kann es eine Berufung auf das Schmittsche Kriterium „des Politischen" nicht ohne diese substantielle Konkretisierung eines politischen Volksbegriffes geben — und der Neonationalismus solcher Autoren wie Hans-Joachim Arndt (1978) oder Bernard Willms (1982) wäre die einzig angemessene Schmitt-Fortführung. Eine sich liberal gebende Variante der Schmitt-Rezeption, die demgegenüber feststellt, es handle sich bei den Schmittschen Kategorien „um analytische Instrumente, die zunächst einmal noch gar nichts über die spezifischen Gründe der Assoziation oder Dissoziation von politischen Einheiten auszusagen vermögen" (von Bredow 1978, 444), spiegelte demgegenüber die „Verwirrung des Zeitalters" wieder, von der sie selbst redet (ebd.). Um ‚analytische Kategorien' handelt es sich bei Carl Schmitt beim besten Willen nicht, und ihm dies zu unterstellen wäre angesichts meiner obigen Feststellung (Schluß von Abschnitt II) eine zweifelhafte Art der „Rettung".

Die immanente Rekonstruktion des Kriteriums des „Politischen" hat bisher zu zwei Ergebnissen geführt: 1. Das Kriterium ist, anders als vom Verfasser suggeriert, nicht allgemein, sondern zunächst auf das „Dissoziative", auf die „Feindschaft" fokussiert; 2. handelt es sich nicht, wie explizit unterstellt, um ein abstraktes, substanzloses Kriterium, sondern, in der Konkretion der politischen „Einheit" als „Volk", um eine konkrete Wesensbestimmung. Ich halte deswegen die Schmittsche Bestimmung des „Politischen" für heutige Gesellschaften für unbrauchbar.

5

„Der Wert des Staates liegt darin, daß er eine Entscheidung gibt, der Wert der Kirche, daß sie letzte inappelable Entscheidung ist ... Jede Souveränität handelt, als wäre sie unfehlbar, jede Regierung ist absolut — ein Satz, den ein Anarchist, wenn auch aus ganz anderer Absicht, wörtlich ebenso hätte aussprechen können. Die klarste Antithese, die in der ganzen Geschichte der politischen Idee überhaupt auftritt, liegt in einem solchen Satz."

(Carl Schmitt 1979, 71)

Diese „klarste Antithese, die in der ganzen Geschichte der politischen Idee überhaupt auftritt", hat ihre eigentliche Bedeutung darin, daß in ihr die wesentliche Bestimmung der gegenwärtigen Gesellschaft — auch nach dem Urteil

Carl Schmitts — gar nicht vorkommt: der gesellschaftliche Pluralismus. Es ist häufig nicht richtig verstanden worden und bei der herrschenden Unkenntnis über den Anarchismus auch nicht überraschend, daß die respektvolle Feindschaft, die Carl Schmitt dem Anarchismus als dem eigentlichen, auch in metaphysischer Hinsicht standhaltenden Antipoden seiner eigenen Position entgegenbrachte, nicht in dessen Staatsfeindschaft begründet liegt, sondern in der anarchistischen Prämisse, daß eine „Ordnung ohne Herrschaft", also im Schmittschen Verständnis eine Aufhebung des Pluralismus und die Konstituierung des Volkes als einer Einheit ohne die Aufrichtung einer herrschaftlichen Souveränität, möglich ist. In der Tat liegt hierin ja der eigentliche Anspruch der anarchistischen Tradition, daß nach der Zerstörung der historisch entstandenen Formen von Herrschaft und Ausbeutung spontan eine freie Regulierung und Assoziation der Menschen möglich wäre.

„Erst Bakunin gibt dem Kampf gegen die Theologie die ganze Konsequenz eines absoluten Naturalismus ... Seine intellektuelle Bedeutung beruht doch auf seiner Vorstellung vom Leben, daß Kraft seiner natürlichen Richtigkeit die richtigen Formen von selbst aus sich selbst schafft. Für ihn gibt es daher nichts Negatives und Böses als die theologische Lehre von Gott und Sünde, die den Menschen zum Bösewicht stempelt, um einen Vorwand für ihre Herrschsucht und Machtgier zu haben." (1979, 81)

Nur die fehlende politische Relevanz des Anarchismus zu Beginn des 20. Jahrhunderts läßt diesen eigentlichen, weil auch metaphysisch Carl Schmitt befriedigenden, Gegensatz in den Hintergrund treten und macht die Auseinandersetzung mit dem Pluralismus bzw. seinem ideologischen Korrelat, dem Liberalismus, für Schmitt bedeutsam. Während er im Anarchismus die seiner eigenen Entscheidung entgegengesetzte anerkannte, die politische Auseinandersetzung damit aber kein reales politisches Problem darstellte, ist der zentrale Inhalt seiner Auseinandersetzung mit Pluralismus und Liberalismus, daß deren Geltung als gesellschaftliches und politisches Wertsystem „letzte" Entscheidungen verhindert. In der Auseinandersetzung mit dem Pluralismus als dem beherrschenden Wesenszug moderner Vergesellschaftung, konkretisiert in seinen Polemiken gegen Liberalismus, Parlamentarismus und Parteienstaat, verbinden sich bei Carl Schmitt die verschiedenen Ebenen seines stets kohärenten Denkens, seine Lehre von der Dezision mit seiner politischen Theologie, seine Verfassungslehre mit seiner Kritik am parlamentarischen Parteienstaat.

Eine Auseinandersetzung mit Carl Schmitt, die die komplizierte und meist nicht explizierte Verwobenheit der scheinbar getrennt verlaufenden Schmittschen Argumentationslinien nicht zu sehen vermag, verfehlt dessen grundlegende Intention; in dieser „Methode der Kohärenzvermutung" kann ich ausnahmsweise sogar B. Willms (1988, 605) folgen. An Carl Schmitts Verständnis des Pluralismus entscheidet sich aus meiner Sicht die Frage nach dem Wert des politischen Theoretikers Carl Schmitt — und zwar zu seinen Ungunsten. In fundamentaler Weise hat Carl Schmitt die objektive Entwicklung politischer Vergesellschaftung, wie sie sich realgeschichtlich seit dem 19. Jahrhundert entwickelt hat, verkannt oder nicht erkennen wollen. Sein Modell der Analyse und der Beurteilung dieser politischen Gesellschaften ist im strengen, methodisch gemeinten Sinne anachronistisch, das heißt, es nimmt diese objektiven Entwicklungen nicht mehr oder nur unzureichend zur Kenntnis und bewertet sie am Maßstab eines verschwundenen gesellschaftlichen und politischen Zustandes: „homogenes Volk“ kann nicht mehr die politische Einheit stiften; sie muß vielmehr aus struktureller Pluralität erwachsen und dieser auch in der Form entsprechen.

Das Grundfaktum, mit dem Carl Schmitt nicht fertig wird, ist der als Ergebnis der Entwicklungslogik der bürgerlich-kapitalistischen Gesellschaften in säkularem Maßstab durchgesetzte innergesellschaftliche und transgesellschaftliche Pluralismus. Noch das 19. Jahrhundert hatte kein Modell, um sich die politische Einheit einer Gesellschaft auf dem Hintergrund eines dauerhaft bestehenden, strukturell bedingten innergesellschaftlichen Pluralismus vorzustellen. Auch das Klassenkampfdenken des traditionellen Marxismus war in seinem teleologischen Fluchtpunkt der Aufhebung aller Klassengegensätze antipluralistisch. Der bürgerliche Liberalismus, als die scheinbar pluralistische Ideologie bourgeoiser Klassendominanz, hatte zwar ein am Modell religiöser Toleranz gebildetes Verständnis der Pluralität von „Meinungen“, nicht aber ein Gesellschaftsmodell, das von struktureller Heterogenität und objektiv bedingten pluralen Lebenslagen ausging. Erst zu Beginn des 20. Jahrhunderts setzten sich in Diskursen innerhalb des bürgerlichen wie des sozialistischen Lagers gegen die obwaltenden antipluralistischen Konzeptionen solche realistischen Analysen der tatsächlichen Vergesellschaftung durch, die auch normative Konsequenzen aus der faktischen Heterogenität von Interessendivergenz und Meinungsvielfalt zogen. Diese Entwicklung kann hier im einzelnen nicht nachgezeichnet werden. Einige Elemente werden aber in der Auseinandersetzung mit Carl Schmitts Kritik des parlamentarischen Parteienstaates sichtbar.

In seiner prägnanten Einleitung zur 2. Auflage seines berühmten Buches über die „geistesgeschichtliche Lage“ des Parlamentarismus, *Der Gegensatz von Parlamentarismus und moderner Massendemokratie* (1926, 58), konstatiert Carl Schmitt die fundamentale Krise des Parlamentarismus „in Zeiten der Windstille eines ideenlosen Status quo“ am Maßstab eines scheinbar immanenten Ideals bürgerlichen Parlamentarismus. Dieses Ideal wird von ihm so wiedergegeben:

> „Das Charakteristische aller Repräsentativverfassungen ist, daß die Gesetze aus einem Kampf der Meinungen (nicht aus einem Kampf der Interessen) hervorgehen. Zur Diskussion gehören gemeinsame Überzeugung als Prämisse, Bereitwilligkeit, sich überzeugen zu lassen, Unabhängigkeit von parteimäßiger Bindung, Unbefangenheit von egoistischen Interessen.“ (1926, 56)

Carl Schmitts Analyse, die das bestehende System der Interessenrepräsentation in der modernen Massendemokratie scheinbar an diesem Modell eines „government by meaning“ mißt, ist in der Sekundärliteratur häufig als zynisch bezeichnet worden, weil man unterstellte, daß Carl Schmitt den Maßstab seiner Kritik am Modell rationaler Diskurse und einem heute nicht zufällig an Habermas erinnernden Konsensmodell der Regierung orientierte, während es doch offenkundig war, daß er dessen Prämissen normativ nicht teilte. Dabei ist übersehen worden, daß Carl Schmitt hier, wie so oft, zwar mit verdeckten Karten spielt, aber sich selbst in seiner Kritik der Interessenpopularität und ihrer Repräsentation im parlamentarischen Parteienstaat treu bleibt. Auch in der Wiedergabe des liberalen Idealmodells in obigem Zitat dominierte ja die „gemeinsame Überzeugung als Prämisse" und die „Unbefangenheit von egoistischen Interessen". Demgegenüber treten die Parteien „heute nicht mehr als diskutierende Meinungen, sondern als soziale oder wirtschaftliche Machtgruppen einander gegenüber, berechnen die beiderseitigen Interessen und Machtmöglichkeiten und schließen auf dieser faktischen Grundlage Kompromisse und Koalitionen." (1926, 57) Dadurch „wird das Parlament aus einer Institution von evidenter Wahrheit zu einem bloß praktisch-technischen Mittel". (1926, 59)

Der von Schmitt konstatierte Gegensatz zwischen dem Parlament als einer „Institution von evidenter Wahrheit" und einem „bloß praktisch-technischen Mittel ... der Berechnung der Interessen- und Machtchancen" erweist sich bei genauerem Hinsehen als der Gegensatz zwischen der von Carl Schmitt für möglich gehaltenen und am Beispiel der revolutionären Volkssouveränität analysierten unmittelbaren Evidenz des Volkswillens und seiner Repräsentation in der Nationalversammlung oder dem Parlament und der Repräsentation und dem permanent-prozeßhaften Ausgleich prinzipiell heterogener Interessen. In seiner brillanten Analyse *Nationalstaat und pouvoir constituant bei Sieyes und Carl Schmitt* schreibt Stefan Breuer über das ‚Volk' bzw. die ‚Nation' bei Carl Schmitt:

„Es ist dieses Subjekt, und nicht der bürgerliche Rechtsstaat, das die gesellschaftliche Synthesis stiftet; es ist dieses Subjekt, und nicht das System der pouvoirs constitués, das die Zusammenfassung der politischen Kräfte zur Einheit ermöglicht ... Ganz ähnlich wie der Jakobinismus reduziert Schmitt das Soziale auf eine homogene Substanz, die auf der Gleichheit ihrer Elemente beruhen soll; ganz ähnlich wie der Jakobinismus träumt auch Schmitt von einer Gesellschaft ohne Widersprüche, die im Politischen ihr Kraftfeld und das Prinzip der Synthesis hat. (Er) ist davon überzeugt, daß der Volkswille in reiner Unmittelbarkeit zu sprechen vermag und damit gleichsam ‚immer schon' über die gegensätzlichen gesellschaftlichen Gliederungen hinaus ist." (1984, 512 f.

Hier liegt der substantielle Fluchtpunkt der Pluralismuskritik von Carl Schmitt und nicht in einer vertragstheoretischen oder staatsrechtlichen Konstruktion staatlicher Einheit nach dem hobbesianischen Modell. Der Anachronismus von Carl Schmitt, der ihn als Theoretiker der modernen politischen Gesellschaft disqualifiziert, liegt in dieser Metaphysik des substanzhaft unterstellten „Volkes" und seines politischen Willens. In der *Verfassungslehre* heißt es:

„Ein geregeltes Verfahren, durch welches die Betätigung der verfassungsgebenden Gewalt gebunden wäre, kann es nicht geben ... Das Volk als Träger der verfassungsgebenden Gewalt ist keine feste, organisierte Instanz ... Es gehört zur Unmittelbarkeit dieses Volkswillens, daß er unabhängig von jeder vorgeschriebenen Prozedur und jedem vorgeschriebenen Verfahren geäußert werden kann." (1933, 82 f.)

Anders als in der herrschenden Verfassungslehre der Bundesrepublik Deutschland kann nach Carl Schmitt diese konstituierende Gewalt der Volkssouveränität durch keine Verfassung dauerhaft eingehegt werden, denn „das Volk bleibt immer souverän" (1951, 95) — auch gegen eine von ihm selbst früher als legitim anerkannte Ordnung.

Dieser substanzhafte Volksbegriff ist der manchmal unausgesprochene wesentliche Inhalt der in den Schriften der zwanziger Jahre verwendeten abstrakten Begriffe „Einheit" oder „Homogenität". Auch der Hinweis auf das „Gleichgeartete" in der Bestimmung des existentiellen Freund-Feind-Verhältnisses gehört in diesen Verweisungszusammenhang. In der Hypostasierung des substanzhaften Volkes als der unmittelbaren und unvermittelbaren Einheit setzt Carl Schmitt den wesentlichen, sich nicht nur politisch, sondern auch metaphysisch auswirkenden Gegensatz zum Liberalismus bzw. allen Ideologien, die einen Pluralismus zu begründen trachten. Der entscheidende Einwand, von Schmitt am Beispiel des Liberalismus vorgeführt, ist der, daß nur von der substanzhaften Einheit des Volkes her die in dem Eingangszitat dieses Abschnittes erwähnte „Entscheidung" als Manifestation der „Souveränität" begründet werden kann. Ein vom Individualismus ausgehender liberaler Utilitarismus ist dazu nicht in der Lage:

„Denn die Verneinung des Politischen, die in jedem konsequenten Idealismus enthalten ist, führt wohl zu einer politischen Praxis des Mißtrauens gegen alle denkbaren politischen Mächte und Staatsformen, niemals aber zu einer eigenen politischen Theorie von Staat und Politik ... Die politische Einheit muß gegebenenfalls das Opfer des Lebens verlangen ... Für den Individualismus des liberalen Denkens ist dieser Anspruch auf keine Weise zu erreichen und zu begründen und im Grunde empörend." (1933, 50 f.)

Die existentielle Entscheidung, Leben und Tod als der Grenzfall der politischen Feind-Erklärung und damit zugleich der Bestimmung der eigenen politischen Identität kann nach Schmitt niemals Ergebnis des parlamentarischen Interessenausgleiches und Kompromisses, sondern nur Ergebnis „der unmittelbaren Willensäußerung eines Volkes" (1983, 83) sein.

„Solange ein Volk in der Sphäre des Politischen existiert, muß es, wenn auch nur für den extremsten Fall — über dessen Vorliegen es aber selbst entscheidet —, die Unterscheidung von Freund und Feind selber durch eigene Entscheidung und auf eigene Gefahr bestimmen. Darin liegt das Wesen seiner politischen Existenz. Hat es nicht mehr die Fähigkeit oder den Willen zu dieser Unterscheidung, so hört es auf, politisch zu existieren." (1933, 32)

Natürlich ist dieser Satz auch ein zentrales politisches Urteil von Carl Schmitt über die Weimarer Republik. Die in verfassungstheoretischen Diskussion häufig zu hörende Ansicht, Carl Schmitt sei bis zum letzten ein „Verteidiger" der Weimarer Ordnung gewesen, wird durch solche Stellungnahmen erlich und, wie ich meine, auf der für Carl Schmitt am Ende entscheidenden Ebene relativiert. Nur beiläufig sei angemerkt, daß der Neonationalismus der Bundesrepublik unter Berufung auf Carl Schmitt eben hier ein Kriterium findet, um der Bundesrepublik nationale Souveränität abzusprechen (B. Willms 1982).

Carl Schmitt ist an der Realität und den Schwieirgkeiten des alltäglichen politischen Willensbildungsprozesses, der notwendigen Vermittlung prinzipiell heterogener Interessen und den sich funktionslogisch ergebenden Entscheidungsnotwendigkeiten — wie sie etwa Niklas Luhmann für das politische System analysiert —, gar nicht interessiert, sondern nur an der existentiellen Grundfrage der politischen Existenz eines Volkes im Grenzfall seiner kriegerischen Infragestellung. Die Frage, welchen theoretischen oder analytischen Wert seine Kategorien für das Begreifen des „Politischen" schließlich besitzen, kann angemessen nur beantwortet werden, wenn von diesem substanzhaften Kern nicht gegen die Intentionen von Carl Schmitt abgesehen wird. Geschieht dies aber nicht, so besitzen die Bestimmungen des „Politischen" von Carl Schmitt kaum noch Realitätstüchtigkeit.

6

„Souverän ist, wer über den Ausnahmezustand entscheidet."

(Carl Schmitt 1979, 11)

An dieser emblematischen Äußerung von Carl Schmitt hat alle Aufmerksamkeit dem Kriterium des Ausnahmezustandes gegolten, aber nur wenig der Tatsache, daß hier nicht von der Souveränität ‚des Staates' die Rede ist, sondern von einer konkreten Person, die im gegebenen Fall die Entscheidung trifft. Der Substantialität des Volksbegriffes korrespondiert vor allem in der *Politischen Theologie* ein politischer Personalismus. Die entscheidende Dezision im politischen Zusammenhang ist als säkularisierte creatio ex nihilo entweder die bereits im Kontext der Verfassungslehre angesprochene Unmittelbarkeit des geäußerten Volkswillens oder der „unmittelbare Eingriff des Souveräns in die geltende Rechtsordnung." (1979, 49) Anders freilich als in der berühmten Definition des modernen Anstaltsstaates als „legitimes Monopol physischer Gewaltsamkeit" von Max Weber ist die Bestimmung der Souveränität von Carl Schmitt nicht zugleich eine Bestimmung des Staates. Vielmehr wird die positive Rechtslehre gerade wegen ihrer Vermischung des aus der persönlichen Entscheidung stammenden Befehls mit aus dem allgemeinen Gesetzesbegriff resultierenden Zwang kritisiert.

„Die verschiedensten Theorien des Souveränitätsbegriffes — Krabbe, Preuß, Kelsen — verlangen eine solche Objektivität, wobei sie sich darüber einig sind, daß alles Persönliche aus dem Staatsbegriff verschwinden muß ... Nach Kelsen ist die Vorstellung vom persönlichen Befehlsrecht der eigentliche Irrtum der Lehre von der Staatssouveränität." (Carl Schmitt 1979, 40)

Die Art und Weise, wie Carl Schmitt gegen die positive Rechtslehre und den mit ihr verbundenen Versuch der Objektivierung und Entpersonalisierung des Souveränitäts- und Staatsbegriffes argumentiert, offenbart wiederum mehr eine indirekte Suggestion als ein klares explizites Votum für den Personalismus. Gleichwohl ist die Stellungnahme von Carl Schmitt eindeutig. Der Kontext seiner *Politischen Theologie* ist dadurch gegeben, daß Carl Schmitt zunächst die Kritik der positiven Rechtslehre vorträgt, es sei eine „juristische Verkleidung des Gottes-Gnadentums“ (H. Preuß), „wegen der notwendigen Einheitlichkeit und Planmäßigkeit allen staatlichen Willens die Vereinigung aller staatlichen Funktionen in einem einzigen Organ zu fordern.“ (1979, 52) Diese Kritik wird im wahrsten Sinne gesteigert und überholt, wenn Carl Schmitt im Kontext seiner *Politischen Theologie* konstatiert: „Alle prägnanten Begriffe der modernen Staatslehre sind säkularisierte theologische Begriffe.“ (1979, 49) Dieser Satz würde fundamental mißverstanden, würde er als eine methodologische Anweisung zur begriffsgeschichtlichen und genetischen Analyse begriffen und nicht als der fundamentale Begründungssatz einer heutigen „Politischen Theologie“. Diese „Politische Theologie“ hat im Personalismus des Souveränitätsbegriffes ihren (katholischen) Dreh- und Angelpunkt.

Die entscheidende Frage der Souveränität ist, „wer im Konfliktfall entscheidet“, es ist damit „die Frage nach dem Subjekt der Souveränität“ (1979, 12). Es ist nach Auffassung von Carl Schmitt der Fehler jeder positiven Rechtslehre zu glauben, diese Entscheidung könne aus Normen abgeleitet oder unter Berufung auf sie getroffen werden, denn: „Die Entscheidung ist, normativ betrachtet, aus einem Nichts geboren. Die rechtliche Kraft der Dezision ist etwas anderes als das Resultat der Begründung.“ (1979, 42) Der positive Rechtsstaat erscheint als die „Kruste einer in Wiederholung erstarrten Mechanik“ (1979, 22) der schieren Normanwendung und Subsumtion. „In der Ausnahme durchbricht die Kraft des wirklichen Lebens“ (ebd.) den gesetzlichen Normalzustand; der Rechtsstaat regle nur, „wie entschieden werden soll, aber nicht, wer entscheiden soll.“ (1979, 44) „Bei der selbständigen Bedeutung der Entscheidung hat das Subjekt der Entscheidung aber eine selbständige Bedeutung neben ihrem Inhalt. Es kommt für die Wirklichkeit des Rechtslebens darauf an, wer entscheidet“, es geht also um die „Eigenbedeutung des Subjekts.“ (1979, 46) An Hobbes hebt Carl Schmitt im Kontext seiner Souveränitätslehre vor allem das Argument hervor, „welches den Zusammenhang dieses Dezisionismus mit dem Personalismus enthält und alle Versuche, an die Stelle der konkreten Staatssouveränität eine abstrakte, geltende Ordnung zu setzen, ablehnt.“ (1979, 44)

Die Suggestion der Formeln von Carl Schmitt ist manchmal so groß, daß einfache Fragen gar nicht mehr gestellt werden, wie: Warum soll die politische Entscheidung, warum soll im Extremfall auch die Entscheidung über das Vorliegen des Ausnahmezustandes nicht von einem Gremium mit Mehrheit getroffen werden können? Allein diese Frage zu stellen heißt, sich der Suggestion des Personalismus im Souveränitätsbegriff von Carl Schmitt zu entziehen. Es wird deutlich, daß dieser Personalismus ein eigenständiges unbegründetes Moment der Souveränitätsformel von Carl Schmitt darstellt.

Der Personalismus ist für ihn die entscheidende Grundlage wirklicher Repräsentation, als deren Muster die katholische Kirche gilt. Es ist die Kraft zur wirklichen Repräsentation, die Carl Schmitt an der katholischen Kirche fasziniert, nicht allein ihre juristische Form, wie häufig unterstellt wird.

„Auch die Kirche ist ‚juristische Person', aber anders als eine Aktiengesellschaft. Diese, das typische Produkt des Zeitalters der Produktion, ist ein Rechnungsmodus, die Kirche aber eine konkrete, persönliche Repräsentation konkreter Persönlichkeit. Daß sie im größten Stil die Trägerin juristischen Geistes und die wahre Erbin der römischen Jurisprudenz ist, hat ihr noch jeder zugegeben, der sie kannte. Darin, daß sie die Fähigkeit zur juristischen Form hat, liegt eines ihrer soziologischen Geheimnisse. Aber sie hat die Kraft zu dieser wie zu jeder Form nur, weil sie die Kraft zur Repräsentation hat. Sie repräsentiert die civitas humana, sie stellt in jedem Augenblick den geschichtlichen Zusammenhang mit der Menschwerdung, Christus selbst, persönlich, den in geschichtlicher Wirklichkeit Mensch gewordenen Gott dar. Im Repräsentativen liegt ihre Überlegenheit über ein Zeitalter ökonomischen Denkens." (Carl Schmitt 1925, 26)

Dies ist die entscheidende Konfrontation in der geistesgeschichtlichen und metaphysischen Lage am Beginn des 20. Jahrhunderts in den Augen von Carl Schmitt. Der Parlamentarismus und auch der aus ihm hervorgehende Staat sind zu einer wirklichen Repräsentation nicht in der Lage, sondern nur Reflex ökonomischen Denkens, der manifesten Partialinteressen, die um Einfluß und Anteil an der Beute ringen. Am Ende ist nur die katholische Kirche als Institution mit der Fähigkeit zur wirklichen Repräsentation übriggeblieben — deren Vereinigung „mit der heutigen Form des kapitalistischen Industrialismus ist nicht möglich." (1925, 33)

Das ist die metaphysisch unentschiedene Situation des Weder-Noch, „das Zeitalter der Neutralisierungen und Entpolitisierungen" (1929). Die katholische Kirche mit ihrer Kraft zur Repräsentation von Christus als dem geschichtliche Wirklichkeit gewordenen Gott schaffte einmal eine Ordnung im metaphysischen Sinne, die gegen den Nihilismus eine Norm setzte und Halt gab. Aber mit der Säkularisation — Folge von Protestantismus und Kapitalismus — ist deren geschichtliche Kraft zerronnen. Mit der Jurisprudenz teilt der Katholizismus zwar das positive Verhältnis zu bestehenden konkreten Ordnungen, sie sind sich in ihrem „Universalismus" ähnlich, der gegenüber deren konkreter Ausformung gleichgültig bleibt.

„Aber trotz aller dieser Verwandtschaft im Formalen geht der Katholizismus weiter, und zwar deshalb, weil er etwas anderes und mehr repräsentiert als die weltliche Jurisprudenz, nämlich nicht nur die Idee der Gerechtigkeit, sondern auch die Person Christi. So kommt er zu seinem Anspruch, eine eigene Macht und Ehre zu haben." (1925, 41)

Der Personalismus im Kern der Souveränitätsidee ist die Glaubensvorstellung des präsenten persönlichen Gottes. Die große Sicherheit und Entschiedenheit, mit der Carl Schmitt seine Thesen und auch juristischen Sätze als Evidenzen formuliert, „rührt daher, daß die Wahrheit eines Satzes, der umformuliert lautet: ‚Gott ist Mensch geworden', das Fundament seiner Rechtstheorie ist; daß diese ‚veritas' des ‚präsenten Gottes' überhaupt erst jene Re-Präsentation der veritas in der auctoritas eam interpretanti et faciendi legem real möglich gemacht hat, die seine Rechtstheorie trägt." (F. Scholz 1983, 171 f.) Wer sich heute auf die Souveränitäts- und daraus abgeleitete Staatslehre von Carl Schmitt berufen will, der leugnet „das officium von Schmitt's Theologie: als Rechtslehre Katechon zu sein gegen den Antichrist, den Schmitt ... im desubstantiierenden Fortschritt erkennt" — oder er teilt diese theologische Prämisse. Tertium non datur!

7

„Der Führer schützt das Recht vor dem schlimmsten Mißbrauch, wenn er im Augenblick der Gefahr Kraft seines Führertums als oberster Gerichtsherr unmittelbar Recht schafft ... Der wahre Führer ist immer auch Richter ... In Wahrheit war die Tat des Führers echte Gerichtsbarkeit. Sie untersteht nicht der Justiz, sondern war selbst höchste Justiz ... Das Richtertum des Führers entspringt derselben Rechtsquelle, der alles Recht in jedem Volk entspringt. In der höchsten Not bewährt sich das höchste Recht und erscheint der höchste Grad richterlich rächender Verwirklichung dieses Rechts. Alles Recht stammt aus dem Lebensrecht des Volkes."

(Carl Schmitt 1934, 200)

Wer diese Sätze bloß für ein peinliches oder opportunistisches ‚Abirren' oder für „compromises with the Hitler regime" (J.W. Bendersky 1983, XI) des großen Rechtsgelehrten Carl Schmitt hält, der blendet den Zusammenhang der Politischen Theologie und der substantiellen Lehre von der Volkssouveränität aus. Carl Schmitts hymnische acclamatio schließt selbst eine messianistische Deutung nicht von vornherein aus; daß Hitler in ihr als Katechon gedacht wurde, ist aber näherliegend.

Die auf 1933 - 1936 bezogenen Selbstdarstellungen und unglaubwürdigen Distanzierungen in *Ex Captivitate Salus* (1950) sind selbst überzeugten Schmittianern peinlich, weil unglaubwürdig. Wenn Carl Schmitt Opportunist war, dann hier — und nicht 1933 - 1936.

6. Zu einer Kritischen Theorie des Liberalismus

„Effektiver und humaner Kapitalismus: Das ist das Losungswort des Sozialen Liberalismus der Zukunft" (Freiburger Thesen der F.D.P.)

I.

Kritische Theorie und Liberalismus verhalten sich zueinander nicht wie Gleiches, was man, sei's als Wissenschaft, sei's als Ideologie, vergleichen könnte; sie verhalten sich nicht wie etwa Liberalismus und Sozialismus oder Strukturalismus und Phänomenologie zueinander.

Kann man sie auch so nicht vergleichen, so könnten sie doch eine Beziehung aufeinander haben und haben diese in der gesellschaftlich-historischen Wirklichkeit auch in der Tat entwickelt. Diese reale und nicht bloß analytische Beziehung ist die von wissenschaftlicher Reflexion und Reflektiertem, von Kritik und Kritisiertem. Die Kritische Theorie ist historisch neben anderem vor allem auch als Kritische Theorie des Liberalismus betrieben und inhaltlich gefüllt worden.[1]

Dies freilich zu einer Zeit, in der Liberalismus als eine der maßgeblichen Ideologien des herrschenden Bürgertums sich dem siegreichen Faschismus kaum länger wirksam entgegenstellte, als der Liberalismus historisch erledigt und politisch-moralisch diskreditiert erschien. „Der Liberalismus ist nicht wieder einzurichten", stellte Horkheimer (1939/40, S. 121) apodiktisch fest.

Daß es eine Befreiung geben könnte und danach einen Zustand, in dem der Liberalismus erneut als Programm und ideologische Praxis maßgeblich die politische Kultur, wenn auch nur mehr eines Teils Deutschlands, bestimmen könnte, war seinen Kritikern in den dreißiger Jahren weder bewußt noch vorstellbar.

Dieser Mangel an Vorstellungskraft, der sich im Nachhinein als theoretischer erweist, ist vielleicht kritisierbar und bedarf, insofern er theoretisch in einem falschen Begreifen des Liberalismus und des Entwicklungsstandes der bürgerlichen Gesellschaft im Stadium des Faschismus besteht, auf jeden Fall der wissenschaftlichen Aufarbeitung.

Freilich ist politisch-moralische Kritik hier kaum angebracht, denn es war theoretisch nicht zu transzendierendes Zeitbewußtsein der dreißiger und vierziger Jahre, daß nach dem Faschismus die bürgerliche Welt nicht die gleiche sein könne wie vordem. Man kann nur schwerlich sagen, daß dieses Resultat historischer Kritik im Zeitbewußtsein nach dem Zweiten Weltkrieg Bestand gehabt hätte.

Der Liberalismus ist in der Bundesrepublik Deutschland als gewichtiger Bestandteil der offiziellen politischen Kultur neuentstanden und hat seinen Platz behauptet. Dabei ist nicht in erster Linie an seine parteipolitische Kontinuität und Präsenz gedacht, sondern vielmehr an seine gesellschaftliche und ideologische Wirkung, die weit über den engen Rahmen einer kleinen Partei hinausreicht. Seine Wertungen und ideologischen Positionen sind vielmehr ein gewichtiger Bestandteil aller relevanten politischen und gesellschaftlichen Organisationen sowie der offiziellen politischen Grundordnung und Kultur insgesamt.

Dies ist, gesellschaftstheoretisch und politisch-moralisch gesprochen, ein erstaunliches Phänomen, wenn man bedenkt, daß die sozial-ökonomischen Entstehungs- und Kontextbedingungen der liberalen Ideologie mit der strukturellen Weiterentwicklung der kapitalistischen Ökonomie sowie des Verhältnisses von Staat und Gesellschaft fundamentale Wandlungen erfahren haben und daß die politische Geschichte des Liberalismus in Deutschland nicht gerade eine Chronik des Erfolgs genannt werden kann. Es zeigt die gerade für das zwanzigste Jahrhundert in der bürgerlichen Gesellschaft neuartige und typische Verselbständigung und Loslösung der ideologischen Phänomene und der Politik von ihrem sozialstrukturellen und sozio-ökonomischen Kontext. Diese Loslösung, die man am Liberalismus besonders eindringlich studieren kann, hängt mit einer die gesamte Reproduktion der bürgerlichen Gesellschaft umfassenden Veränderung des Verhältnisses von Staat und Gesellschaft, von Wirtschaft und Privatheit zusammen, deren Inhalt hier nur formelhaft wiedergegeben werden kann: Im selben Maße, wie der Staat in die gesellschaftliche und ökonomische Reproduktion der Gesellschaft zunehmend gestaltend — und nicht nur durch formale Formgarantien des Gesetzes und bloß latente Machtpräsenz zur Sicherung — eingreift, wird die ehemals private Form der ökonomischen Reproduktion und der sozialen Beziehungen politisiert, das heißt, sie nimmt öffentlichen Charakter an. Die wertmäßigen Motive des traditionellen Liberalismus — insbesondere der gegen staatliche und gesellschaftliche Intervention gerichtete Freiheitsbegriff — bekommen damit eine Bedeutung in gesellschaftlichen Bereichen außerhalb des traditionellen Reservoirs dieser Ideologie gerade zu einem Zeitpunkt, da die historische Klientel zunehmend an Bedeutung verliert. „Die Auffassung, daß Liberalismus und Privateigentum an Produktionsmitteln in jedem Fall identisch seien, gehört zu den Grundirrtümern der jüngsten Geschichte, die in unserer Zeit fortleben." (Flach, 1971, S. 5) Selbstredend verliert damit die liberale Ideologie zunehmend oder zumindest tendenziell auch ihren in sozio-ökonomischer Interessenhinsicht historisch sehr spezifischen Inhalt, nämlich die Verteidigung des kleinen und mittleren Privateigentums an Produktionsmitteln gegen staatliche Intervention und ökonomische und gesellschaftliche Monopole oder Oligopole. Der sehr spezifische Freiheitsbegriff diffundiert mehr und mehr und wird in seiner sozioökonomischen Interessenbasis durch die Bindung an neue Klientelgruppen ersetzt, die zwar zunächst nicht über einen gemeinsamen sozio-ökonomischen

Status im traditionellen Sinne verfügen, die aber angesichts zunehmender Politisierung der Privatheit und sich ausweitender Staatsintervention über gemeinsame Erfahrungen und ideologische Verarbeitungsmuster verfügen. Schiller (1977, S. 133, 140 u. 147) hat mit Bezug auf die F.D.P. von einer Tendenz des Übergangs von der „Interessenintegration" zur „Ideenintegration" sowie von einem „funktionellen Idealismus" gesprochen, um diese Prozesse theoretisch im Rahmen einer ‚Theorie der Volksparteien' zu verarbeiten; er hat sich dabei im Ergebnis skeptisch gegenüber einer Strategie der „Abstraktion von konkreten gesellschaftlichen Interessenbezügen" geäußert. Die Frage ist ja tatsächlich, ob der Liberalismus in Zeiten einer konfliktorischen Reorientierung an sozialstrukturellen Interessenpositionen innerhalb des gesellschaftlichen Pluralismus einer bürgerlich-kapitalistischen Gesellschaft im zwanzigsten Jahrhundert in seiner jetzigen Gestalt und Funktion bestehen kann. Man darf vermuten, daß die oben angesprochene Verselbständigung ideologischer Handlungsmuster und Wertorientierungen an Phasen gesellschaftlicher Stabilität und ökonomischen Wachstums gebunden ist und daß eine Verschärfung von Verteilungskonflikten erneut die unterschiedliche sozio-ökonomische Verankerung derjenigen Hauptgruppen der Gesellschaft sichtbar macht, die sich momentan den liberalen Wertideen zugewandt haben.

Auf diesem Hintergrund erscheinen Versuche, den spezifischen historischen Legitimierungs- und Werthorizont des Liberalismus zugunsten einer Verallgemeinerung von Wertideen politisch und wissenschaftlich zu verschleiern, als besonderer Teil jener lange Zeit erfolgreichen ideologischen Integration in den postfaschistischen Basiskonsens der bundesrepublikanischen politischen Kultur, die in den Zeiten der ökonomischen und gesellschaftlichen Rekonstruktion der Bundesrepublik zu einem entscheidenden Stabilitätsfaktor geworden war.

Eine kritische Theorie des Liberalismus kann deshalb methodisch und inhaltlich an die Resultate der Kritischen Theorie und ihre ideologiekritischen und historischen Analysen zum Liberalismus anknüpfen.

II.

Der liberale Freiheitsbegriff ist naturrechtlich begründet. In ihm drückt sich ein spezifisches Verständnis von Geschichte und Subjekt, von Individuum und Gemeinschaft aus, wie es historisch der progressiven Phase der bürgerlichen Machteroberung im ancien régime entspricht. „Im Kampf des Bürgertums gegen das ancien régime bekam dieses Naturrecht die Funktion das politische Ziel der bürgerlichen Bewegung zu formulieren." (W. Rosenbaum, 1972, S. 285) Gegen die traditionellen Legitimationstheorien des Mittelalters und, in ihrer modernisierten Form, der feudalabsolutistischen Monarchie setzt das Bürgertum auf einen Begriff von menschlicher Freiheit, der, innerweltlich begründet und konstituiert, sowohl die faktisch bereits weitgehend realisierte

Funktion des bürgerlichen Wirtschaftssubjekts beschreibt als auch politisch seine Ansprüche auf machtrealistische Gestaltung der allgemeinen gesellschaftlichen Ziele dokumentiert.

In klassischer Weise kommt der naturrechtliche Freiheitsbegriff des liberalen Bürgertums in Rousseau's Diktum „Der Mensch wird frei geboren, und überall ist er in Ketten." (J.-J. Rousseau, 1971, S. 5) zum Ausdruck. Dieser Satz läßt sich nicht historisch oder empirisch interpretieren, denn zu allen Zeiten — und vor allem in der Mitte des 18. Jahrhunderts, als Rousseau diesen Satz schrieb — vor der bürgerlichen Revolution war der Mensch herrschaftlichen Verhältnissen der Unfreiheit unterworfen. Dieser Satz verweist vielmehr auf einen vorgeschichtlichen Naturzustand der Gattung und auf einen bloß gedachten Rechtszustand jeglichen Individuums vor seinem wirklichen Eintritt in historische und gesellschaftliche Verhältnisse; ein rein fiktiver Zustand also. Die Geschichte und die Gesellschaft sind nach dieser Auffassung vor der bürgerlichen Revolution immer schon Abfall von diesem Ideal und Negation der Idee der Freiheit. Die bürgerliche Revolution selbst wird begriffen als die gesellschaftlich-historische Wiederherstellung eines rechtlichen Naturzustandes und damit als Versöhnung von Naturzustand und Geschichte.

Freilich bedarf es zur Versöhnung neben der rechtlichen Konstituierung des Naturzustandes in der Anerkennung der gesellschaftlichen Autonomie des Subjekts, und damit der freien Konkurrenz der Wirtschaftssubjekte, auch der Gewährleistung der allgemeinen Ziele der Gesellschaft in praktischer Politik, im Staat. Angesichts eines unhistorischen Freiheitsbegriffs muß aber jegliche Realisierung gemeinschaftlicher oder allgemeiner gesellschaftlicher Ziele theoretisch und praktisch als Einschränkung, wiederum als Eingriff in das Naturrecht der Freiheit konzipiert werden.

Dies ist die grundlegende Antinomie des liberalen Freiheitsbegriffs: Einerseits das freie Individuum vor aller Geschichte und vor aller Vergesellschaftung und andererseits geschichtliche Vergesellschaftung als der Zwang und die Notwendigkeit, den Gebrauch der Freiheit der Individuen in die Richtung gesellschaftlicher Ziele und allgemeinen Nutzens zu richten. Die so gestellte Antinomie zwischen individueller Freiheit und gesellschaftlich erzwungener Allgemeinheit versuchen die liberalen Vertragstheorien zu lösen. Voraussetzung für die Möglichkeit der Lösung im Theoretischen ist aber die Annahme, der unbeschränkte Gebrauch der Freiheit in der gesellschaftlichen Konkurrenz führe automatisch zur Realisierung der allgemeinen gesellschaftlichen Ziele; der Nutzen des Einzelnen sei identisch mit dem Nutzen aller.[2] Es ist heute unmittelbar einsichtig, daß diese Annahmen gesellschaftliche Voraussetzungen über die tatsächliche Reproduktion der Individuen haben, die in den bestehenden gesellschaftlichen Verhältnissen nicht erfüllt waren und nicht erfüllt sind. Freilich ist dies eine spätere historische Einsicht der Kritik der politischen Ökonomie der bürgerlichen Gesellschaft. In ihr wird die liberale Annahme des „privates vices — public virtues" (Bentham) als ideologische Formel einer warenproduzierenden Wirtschaftsordnung entlarvt, in der insbesondere der Verkauf der Ware Arbeitskraft konstitutiv geworden ist. In ihr wird deutlich, daß gerade die vor-gesellschaftliche Konstituierung des naturrechtlichen Freiheitsbegriffs sowie seine gesellschaftliche und rechtliche Allgemeinheit dazu dienen, die gesellschaftlich besonderen Bedingungen der Unfreiheit in der Verfügung über die eigene Arbeitskraft und über deren Produkte, die durch die Privateigentumsordnung der bürgerlichen Gesellschaft historisch realisiert werden, zu verschleiern.

Allerdings kann diese Verschleierung nur in der Phase der bürgerlichen Machteroberung gegen das ancien régime gelingen, nur solange die Ideen der bürgerlichen Freiheitsbewegung als Ideen ‚der Vernunft', ‚des Menschen' ausgegeben werden können. Unmittelbar im Vollzug der bürgerlichen Ordnung in der Revolution tauchen aber sogleich die Beschränkungen auf, die gesellschaftlich dem Naturzustand der bürgerlichen Existenzweise geschuldet sind. Zwar sind nach der Verfassung alle Menschen frei und gleich geboren — aber deswegen haben sie noch lange nicht das Wahlrecht usw. Die Parolen der bürgerlichen Revolution sind samt und sonders vorrevolutionär. Nach der Revolution verkommen sie zur Ideologie der bürgerlichen Wirklichkeit, das heißt, sie beschreiben diese bloß von einem Klassenstandpunkt aus. Indem die gesellschaftlich konstituierte Ungleichheit der Mitglieder der bürgerlichen Gesellschaft in der ideologischen Selbstdarstellung als Gleichheit erscheint und — solange der Schein nicht durchbrochen ist — tatsächlich empfunden wird, verliert die Kategorie ihren utopischen Charakter, wird affirmativ und bleibt nicht länger revolutionär. Die Ungleichheit erscheint im alltäglichen Bewußtsein tatsächlich als Gleichheit, deren Gefährdung sich höchstens der immanenten Verletzung von Rechtsgrundsätzen oder des geltenden Rechts verdankt und insofern reparierbar und korrigierbar ist. Daß Recht und Gesetz, vor dem alle gleich sein sollen, selbst indem sie Ungleiche gleich behandeln, die soziale Ungleichheit nur ratifizieren, ist innerhalb des kategorialen Erkenntnisrahmens der bürgerlichen Ideologie ganz undurchschaubar. Die Kritik an diesem Zustand ist, wie schon gesagt, keine Sache der Moral sondern der politischen Ökonomie. (Zur politisch-moralischen Frage wird sie erst, nachdem politökonomische Kritik geleistet wurde.)

Was für die Gleichheit gilt, steht ebenso für die ‚Freiheit', das ‚Individuum' und die anderen Zentralbegriffe der bürgerlichen Weltanschauung. An ihnen ist in wertmäßiger Hinsicht nichts Falsches — allein falsch ist eine gesellschaftliche Wirklichkeit, die ihnen nicht entspricht und sie gleichwohl als Alltagsbewußtsein erzeugt. „Heute wird behauptet, die bürgerlichen Ideen Freiheit, Gleichheit und Gerechtigkeit hätten sich als schlecht erwiesen; aber nicht die Ideen des Bürgertums, sondern Zustände, die ihnen nicht entsprechen, haben ihre Unhaltbarkeit gezeigt. Die Losungen der Aufklärung haben mehr als je ihre Gültigkeit." (Horkheimer, 1933, S. 184f.)

Wie sofort ersichtlich, basiert der transzendentale Freiheitsbegriff auf einer ebenso unhistorischen Vorstellung des Individuums als dem Träger jener Freiheit. Jenseits aller konkreten Ansicht über die historisch-gesellschaftliche

Konstituierung des Individuums geht die naturrechtliche Vorstellung von einem solchen als unmittelbarem natürlichen Subjekt aus. Die Geschichte findet es bereits zu ihrem Beginn fertig ausgebildet und als Träger von Freiheitsrechten vor. Der Individuumsbegriff der liberalen Ideologie, der über das Naturrecht vermittelt ist, verdankt sich einer monadologischen Anthropologie[3], die viel mehr eine Rückprojektion der Situation des bürgerlichen Wirtschaftssubjekts in der Frühphase des Kapitalismus in die Gattungsgeschichte als eine angemessene Theorie des notwendig kollektiven Charakters gattungsgeschichtlicher Reproduktion darstellt. Der Satz von Horkheimer: „Ohne die Gesamtheit ist das Individuum nichts." (1970, S. 13) gilt aber sowohl in Hinsicht auf die naturnotwendige Weise menschlicher Reproduktion ganz materialiter als auch bezüglich der Konstituierung einer wissenschaftlichen Anthropologie. Die Kategorie des Individuums ist in einer kritischen Theorie der Gesellschaft historisch vermittelt, das heißt, sie ist zunächst unabhängig von ihrem wertmäßigen Gehalt in der Theorie selbst als historisches Resultat begriffen. Die Geschichte beginnt nicht beim Individuum, aber sie hat in der bürgerlich-idealistischen Philosophie der Aufklärung eine begriffliche Fassung des Einzelsubjekts erarbeitet, die sowohl analytisch die Situation des bürgerlichen Einzelsubjekts in der kapitalistischen Reproduktion erfaßt als auch — indem sie als allgemeine Kategorie der Aufklärung entfaltet wird, sich also nicht auf den Bürger, sondern den Menschen bezieht — utopische Elemente enthält, die über die kapitalistisch-bürgerliche Verfaßtheit hinausweisen. Der utopische Charakter der Kategorie ist demnach selbst wiederum bloß historisch, gebunden an die Fortdauer der Gesellschaft, in der ihre Verwirklichung durch einige wenige die Verweigerung für viele bedeuten muß.

Der utopische Charakter ist, wie gesagt, allein in der Kritik des affirmativen Verflechtungszusammenhangs der Kategorien zu entdecken; erst dessen Kritik weist über den status quo hinaus. Die siebziger Jahre haben in der Bundesrepublik den Versuch hervorgebracht, diesen historischen Verflechtungszusammenhang von Liberalismus und besitzbürgerlichem Interesse immanent aufzusprengen. Neben vielen Publikationen von K.H. Flach und W. Maihofer ist vor allem das auf dem Bundesparteitag der F.D.P. 1971 verabschiedete Programm „Freiburger Thesen der F.D.P. zur Gesellschaftspolitik" zum Dokument dieses Versuches geworden. In ihm hat die liberale Partei den Anspruch erhoben, in Fortsetzung der Revolution von 1789[4] die „Demokratisierung des Staates" durch die „Demokratisierung der Gesellschaft" zu ergänzen. „Diese neue Phase der Demokratisierung und Liberalisierung, im ursprünglichen und nicht dem heute oft mißbrauchten Sinne dieses Wortes, entspringt aus einem gewandelten Verständnis der Freiheit, das dem modernen Liberalismus die neue politische Dimension eines nicht mehr nur Demokratischen, sondern zugleich Sozialen Liberalismus erschließt ... Freiheit und Glück des Menschen sind für einen Sozialen Liberalismus danach nicht einfach nur eine Sache gesetzlich gesicherter Freiheitsrechte und Menschenrechte, sondern gesellschaftlich erfüllter Freiheiten und Rechte. Nicht nur auf Freiheiten und Rechte als bloß formale Garantien des Bürgers gegenüber dem Staat, sondern als soziale Chancen in der alltäglichen Wirklichkeit der Gesellschaft kommt es ihm an." (FT, Einleitung, S. 14)

Nimmt man diesen Anspruch in Hinsicht auf seine theoretische Konsistenz und mögliche gesellschaftspolitische Perspektive einmal ernst — und geht nicht davon aus, daß es sich bei diesem Programm um den bloß aufgesetzten und politisch-pragmatischen Versuch einer parteipolitischen Profilierung angesichts scheinbar veränderter gesellschaftlicher Wert- und Normeinstellungen bei maßgeblichen Bevölkerungskreisen handelt —, so ergeben sich aus politik-theoretischer wie politisch-soziologischer Sicht einige Fragen, die hier nicht weiter behandelt werden können, z.B.:

- Reflektiert die ideologische Umorientierung der liberalen Partei gesellschaftliche Prozesse bestimmter sozialer Gruppen, die sich damit im Parteiensystem durchsetzen und wenn ja, wie sind diese in Hinsicht auf ihre sozial-ökonomischen und sozio-kulturellen Merkmale zu bestimmen?
- Was geschieht mit der traditionellen Klientel der liberalen Partei oder wird davon ausgegangen, daß diese ‚historisch überholt' sei?
- Wenn die bereits zitierte Konzeption von der „ideenintegrierenden" statt „interessenintegrierenden" Repräsentationsbasis der liberalen Partei praktiziert werden soll, wie kann sie dann gewährleisten, daß die Anhänger bestimmter Ideen den Anspruch der Partei auf Repräsentation als exklusiven Anspruch verstehen?
- Wie und nach welchen Orientierungen wählt die Partei längerfristig aus dem gesellschaftlich definierten Problemhaushalt jene Bereiche aus, die ein gewisses Maß an Konsistenz des „Sozialen Liberalismus" als politisches Programm der Praxis, als Ideologie oder Weltanschauung gewährleisten?
- Vor allem aber: wieweit kann die programmatische Umorientierung der Partei auch als tatsächliche praktische Orientierung der Alltagspolitik nachgewiesen werden? Schließlich sind die Freiburger Thesen das Programm einer Regierungspartei!

Die letzte Frage zielt auf die faktische Existenz des „Sozialen Liberalismus"; in Teilbereichen, wie dem der Sozialpolitik, fällt die Antwort in vorliegenden Analysen deutlich negativ aus. (Greven, 1980, S. 161 ff.)

Hier soll es allein darum gehen, nach der theoretischen und ideologischen Konsistenz einer Konzeption eines ‚modernen Liberalismus', eines ‚Sozialen Liberalismus' ohne spezifisches Bourgoisinteresse zu fragen, wie er in den ‚Freiburger Thesen' angeblich vorliegen soll. Die Fragestellung richtet sich weiterhin darauf, inwiefern diese gegebenenfalls gewandelte Konzeption des Liberalismus der historischen Liberalismuskritik der Kritischen Theorie zu entgehen vermag, es handle sich beim Liberalismus stets um eine ideologische Interessenformation bestimmter bürgerlicher Fraktionen, eine Interessenformation, die den utopischen Gehalt ihrer zentralen Kategorien Freiheit, Gleichheit und Brüderlichkeit stets in der praktischen Affirmation ihres momentanen gesellschaftlichen Interesses verraten habe und verraten müsse.

Nach der „Einleitung", in der die Freiburger Thesen nicht gerade bescheiden in die historische Kontinuität der Großen Revolution gestellt werden, um den Eindruck zu erwecken, die geforderte „Demokratisierung der Gesellschaft" ergebe sich mit Zwangsläufigkeit als immanenter Fortschritt der bürgerlichen Revolutionsphilosophie, werden in vier Hauptthesen die wesentlichen Positionen entfaltet, aus denen später die Ziele in den Einzeldimensionen abgeleitet werden.

- Die erste These entwickelt aus den zentralen Grundrechten der „Menschenwürde" und der „Selbstbestimmung" den „Vorrang der Person vor der Institution" und leitet daraus als oberstes Ziel „die Erhaltung und Entfaltung der Individualität persönlichen Daseins und der Pluralität menschlichen Zusammenlebens" ab.
- Die zweite These „nimmt Partei für Fortschritt durch Vernunft" und leitet daraus als Ziele „geistige Freiheit und die Prinzipien der Toleranz und der Konkurrenz" ab.
- Die dritte These „fordert Demokratisierung der Gesellschaft" und tritt daher ein „für entsprechende Mitbestimmung an der Ausübung der Herrschaft in der Gesellschaft".
- Die vierte These schließlich bündelt die genannten Ziele in einer Strategie der „Reform des Kapitalismus", welche „die Aufhebung der Ungleichgewichte des Vorteils und der Ballung wirtschaftlicher Macht, die aus der Akkumulation von Geld und Besitz und der Konzentration des Eigentums an den Produktionsmitteln in wenigen Händen folgen", erstrebt.

Es besteht für mich kein Zweifel, daß die F.D.P. damit in der Konkurrenz der bundesrepublikanischen Parteien um das wohlklingendste Parteiprogramm momentan die Nase vorn hat.

Die Frage nach der inneren Konsistenz wie nach dem gesellschaftspolitischen Interesse der programmatischen Aussagen zu stellen, heißt aber, über den schönen Schein der Abstraktion hinweg auf die konkreten politischen Grundsätze des ‚modernen Liberalismus' zu achten, heißt, die Auslegung und Präzisierung der allgemeinen Grundsätze dort zu analysieren, wo in den zeitgemäßen gesellschaftspolitischen Konflikten die liberale Partei Stellung bezieht; angesichts der angesprochenen Einschränkungen der Fragestellung bleibt natürlich auch diese Analyse auf die erklärten politischen Absichten beschränkt und es bleibt die policy-analysis ausgespart.

Der erste Grundsatz folgert aus der Menschenwürde und dem Naturrecht der Selbstbestimmung den „Vorrang der Person vor der Institution". Das klingt im Zeitalter eines massenweisen Individualismus, d.h. eines Zeitalters, in dem die gesellschaftliche Zerstörung des Subjekts durch die konsumistisch aufgeherrschte Scheinindividualität der zweiten Natur ideologisch propagiert und zugleich der Durchbruch zum wahren Subjektsein verhindert wird, natürlich verlockend. Zugleich nimmt es gleichsam mit der linken Hand das Motiv der grassierenden populistischen Institutionenkritik in sich auf, damit dem Zwang zur flächendeckenden Motivansprache gehorchend, dem alle Massenintegrationsparteien unterliegen.

Allein, was zunächst so schön als Grundsatz klingen mag, führt schnell zu jener Antinomie zwischen der vor-gesellschaftlich gesetzten Freiheit des Individuums und dem notwendigen Zwang der Vergesellschaftung. Die Lösung bringt in der traditionellen Sicht des Liberalismus das Recht, „das Reich der verwirklichten Freiheit" (Hegel, Rechtsphilosophie, 1955, §4, S. 28), vermittels dessen aus dem Naturrecht der Freiheit der gesetzliche Rechtsanspruch auf freie Verfügung über solche Sachen wird, die nicht durch einen entgegenstehenden Rechtsanspruch davor geschützt sind.[5] So verwandelt sich die Freiheit des Individuums geschichtlich unversehens in die Freiheit des Eigentums, genauer: in die Freiheit des Eigentümers, mit seinem Eigentum nach Gutdünken zu verfahren. Wo im bloß gedachten Naturzustand der Vorrang der Person, die Freiheit des Individuums ganz unbestimmt bleiben kann, da wird die verwirklichte Freiheit des vergesellschafteten Individuums in der bürgerlichen Gesellschaft gebunden an die freie Verfügung über Eigentum; wer über solches nicht verfügt, kann diese nicht besitzen. Bei Hegel heißt es: „Die Seite aber, daß Ich als freier Wille mir im Besitze gegenständlich und hiermit erst auch wirklicher Wille bin, macht das Wahrhafte und Rechtliche darin, die Bestimmung des Eigentums aus. Eigentum zu haben, erscheint in Rücksicht auf das Bedürfnis, indem dieses zum Ersten gemacht wird, als Mittel; die wahrhafte Stellung aber ist, daß vom Standpunkt der Freiheit aus das Eigentum als das erste Dasein derselben, wesentlicher Zweck für sich ist." (Ebd., §45, S. 58) Daß diese Interpretation nicht bloß philosophische Konsequenzen hatte oder gar eine bloße nachträgliche Interpretation darstellt, ist hinlänglich erwiesen, so daß hier beispielhaft allein der Hinweis auf das Gebundensein des aktiven und passiven Wahlrechts an das Eigentum in jenen beiden Verfassungen verwiesen sein soll, auf die sich die Freiburger Thesen so emphatisch berufen.[6] Die Verbindung zur Hegelschen Rechtsphilosophie hat aber auch immanente Gründe. In fast wörtlicher Aufnahme der Hegelschen Phrase heißt es in der ersten These des Abschnitts über die Eigentumsordnung in den Freiburger Thesen: „Freiheit braucht Eigentum. Eigentum schafft Freiheit. Es ist Mittel zum Zwecke der Wahrung und Mehrung menschlicher Freiheit, nicht Selbstzweck ... Nicht die Freiheit hat im Eigentum, sondern das Eigentum findet in der Freiheit seine Begründung und seine Begrenzung." Da, wo Hegel also vom „Eigentum als dem Dasein der Persönlichkeit" spricht (Hegel, 1955, §51, S. 62), die wiederum in der politischen Sphäre der bürgerlichen Gesellschaft Rechte besitzen und Rechte wahrnehmen kann, was ihren Status als „Rechtsperson" ausmacht, da sieht der moderne Liberalismus die Freiheit durch Eigentum geschaffen, das Eigentum als Mittel zur „Wahrung und Mehrung menschlicher Freiheit."

Was nun den gewollten Vorrang der Person vor der Institution anbelangt, so ist nach allem klar, daß der Begriff der Institution hier nur ganz vordergründig und keineswegs im strengen Sinne gemeint sein kann, denn es ist ja gerade die Institution des Rechts, wodurch in der bürgerlichen Gesellschaft die Freiheit und das Eigentum des Menschen gesichert sind, und es ist die Institution des Privateigentums, worin sich die Freiheit der Person konstituiert. Wo es sich um die Konstituierung von Gesellschaft als einem Ordnungssystem handelt, kann nun aber niemand den Vorrang der Person, des Individuums vor der Institution behaupten, durch die es überhaupt sich historisch konstituiert und durch die es nach seiner realen Konstituierung rechtlich und faktisch geschützt wird, sondern er muß vielmehr, eben um des gewollten Ergebnisses willen, diesem System in der Form des Rechts den Vorrang zuerkennen. (Dazu grundlegend F. Neumann, 1980, S. 199-313).

Auch dies bleibt nicht allein im Philosophenhimmel wahr, sondern bestimmt in gewissen extremen Entscheidungssituationen, wo die Antinomie des liberalen Freiheitsbegriffs ganz auf ihren wesentlichen Gehalt gebracht wird, das politische Handeln unmittelbar. Wo blieb denn der Vorrang der Person des 1977 entführten Arbeitgeberpräsidenten Schleyer vor der Institution des Rechts, des Rechtsstaates, in jenen Tagen, als mit der nachdrücklichen Zustimmung des liberalen Innenministers sein Tod um der Wahrung der abstrakten Ansprüche des Rechtsstaates willen billigend in Kauf genommen wurde? Horkheimer sieht die Grundlage solchen Verhaltens, wie sie sich aus dem liberalen Staatsprinzip ergibt, voraus, wenn er schreibt: „Sacrifice can be rational when it becomes necessary to defend the state's power which is alone capable of guaranteeing the existence of those whose sacrifice it demandes." (1941, S. 372) Freilich bleibt angesichts des konkreten Ereignisses auch immanent die Frage, ob die Staatsautorität dermaßen bedroht war. Es entspringt aber dem Wesen der Antinomie der liberalen Konstruktion von individueller Freiheit und Vergesellschaftung in der Form des Rechts, daß auch ein entgegengesetztes Handeln, das um der Wahrung der natürlichen Rechte des Arbeitgeberpräsidenten Schleyer willen die Verletzung des gesetzlichen Rechtsanspruches auf Strafe gegenüber den freigepreßten Häftlingen in Kauf genommen hätte, zu einer Bestätigung der These geführt hätte. Darin besteht gerade die grundlegende Antinomie der liberalen Doktrin, daß sie nach keiner Seite hin auflösbar ist.

Nun hat die zitierte These über die freiheitsstiftende Rolle des Eigentums in den liberalen Thesen zur Gesellschaftspolitik mit ihren letzten beiden Worten bereits einen Hinweis darauf in sich aufgenommen, daß die ‚modernen' Liberalen sich von der von ihnen traditionell eingenommenen Position einer unbedingten Verteidigung des Privateigentums zu lösen, die Kritik an der freiheitsgefährdenden Rolle des Privateigentums an Produktionsmitteln in ihre Konzeption aufzunehmen gedenken. „... das Eigentum findet in der Freiheit seine Begründung und seine Begrenzung"; der damit gegebene Hinweis wird in der dritten These zum Eigentum sehr genau präzisiert mit der Feststellung: „Eigentum grenzt Freiheitsraum anderer ein"; nur konsequent, daß sich daraus die

Forderung ergibt, aus der die vierte These besteht: „Das Recht auf freie Verfügung des einzelnen über sein Eigentum und auf seinen persönlichen oder beruflichen Gebrauch muß daher da seine Grenze finden, wo dies zu unangemessenen und unverhältnismäßigen Einschränkungen der Freiheit anderer oder zu einer Beeinträchtigung des Wohles der Allgemeinheit führt ... Wo die Verfügungsgewalt über Eigentum an Produktionsmitteln zu Herrschaft über Menschen führt, ist ihre demokratische Kontrolle durch Mitbestimmung geboten."

Aus dem gesamten Kontext geht hervor, daß der moderne Liberalismus sich gerade durch die Aufnahme dieses Gedankens als modernisierter, als „Sozialer Liberalismus" dünkt und in der Tat scheint ja mit der Anerkennung der „Sozialbindung des Eigentums" (ebd.) ein historischer Schritt gegenüber einer auf unbedingte Eigentumsgarantie beruhenden Freiheits- und Gesellschaftskonzeption getan. Allem Anschein nach bedeuten die „Freiburger Thesen" die historische Anerkenntnis des Sozialstaates in seiner gleichrangigen, wenn nicht höherrangigen Stellung gegenüber dem Rechtsstaat durch die liberale Partei. Nun ist auf der programmatischen Ebene damit allerdings zunächst nicht mehr getan, als daß die verfassungsrechtliche Normierung des Grundgesetzes in Art. 14(2) expressis verbis übernommen und anerkannt worden ist. Und auch gegenüber Hegel besteht kein wesentlicher Fortschritt, insofern dieser feststellte: „Aber die Bestimmungen, die das Privateigentum betreffen, können höheren Sphären des Rechts, einem Gemeinwesen, dem Staate, untergeordnet werden müssen ... Jedoch können solche Ausnahmen nicht im Zufall, in der Privatwillkür, Privatnutzen, sondern nur in dem vernünftigen Organismus des Staates begründet sein." (Hegel, a.a.O. §46, S. 58f.) Hier wird nun allerdings auch schon deutlich, wo die Sozialbindung des Eigentums systematisch ihren Ort hat und daß es sich weder bei Hegel — wo dies natürlich nicht verwunderlich ist — noch bei den Liberalen um die Veränderung oder Übersteigerung der bürgerlichen Staatsvorstellung hin zu einem wirklichen ‚Gemeinwesen' handelt. Bei den modernen Liberalen heißt es: „Wo diese Sozialbindung des Eigentums als moralische Forderung an den verantwortlichen Eigentümer in der alltäglichen Wirklichkeit unwirksam bleibt, bedarf es einer Bestimmung der gebotenen Grenzen der Verfügungsmacht über Eigentum durch Gesetz." (FT, These 4 zur Eigentumsordnung) Deutlich wird: zwischen der individuellen (bürgerlichen) Moral und dem Staat gibt es ein Substitutionsverhältnis; diese ist primär verantwortlich für funktionierende Vergesellschaftung und jener hat sie nur in die Schranken zu verweisen, die ihrerseits nun nicht moralisch — oder wie es bei Hegel (ebd. §257) heißt: sittlich — bestimmt sind, sondern deren historisch relativer Gehalt sich aus den jeweils zu gewährleistenden Reproduktionsbedingungen des Gesamtkapitals ergibt. Was den zentralen Inhalt des Sozialstaates ausmacht, so muß es im historischen Interesse des Gesamtkapitals möglich sein, die ungehemmte Ausbeutung der Arbeitskraft einzuschränken, und zwar dann, wenn sie die Gefährdung der Reproduktion der Arbeitskraft im quantitativ und qualitativ ausreichenden Maße insgesamt gefährdet. Eine solche Begrenzung des freien Gebrauchs des Eigentums, ein solcher Eingriff in die Freiheit des besitzenden Bürgertums übersteigt aber den bürgerlichen Interessenrahmen nirgends. Und was die „Reform des Kapitalismus" in diese Richtung anbelangt, so führt sie nicht über diesen hinaus. Die kapitalistische Produktionsweise wird nicht überschritten, sondern die Reform bezieht sich auf diese selbst und richtet sich gegen negatorische Prozesse — Konzentration, Zentralisation, ungehemmte Ausbeutung, welche die Reproduktion der Arbeitskraft gefährden würden. Die Freiheit und der Vorrang der Person, die so verwirklicht werden können, bleiben stets auf das gesellschaftliche Grundverhältnis von Eigentum als dem uneingeschränkten Verfügungsverhältnis über Sachen gegründet, und es ist nur konsequent, daß die Vertreter eines „Sozialen Liberalismus" angesichts dieser ihrer Prämissen zu der Forderung kommen, daß der ‚Sozialstaat' seine Funktion nicht in der Einschränkung und Überwindung, sondern gerade in der „Verpflichtung ... zu einer Gestaltung der Eigentumsverhältnisse (realisiert), die Eigentum von einem Vorrecht Weniger zu einem Recht Aller macht" (FT, These 2 zur Eigentumsordnung).

Gesellschaftspolitisch scheint damit die Vision einer kapitalistischen Wirtschaftsgesellschaft aus Kleineigentümern[7], deren gemeinsames reales Interesse auf die Verhinderung ihrer Expropriation — durch das zentralisierende Großkapital einerseits, durch eine auf Gemeineigentum oder andere Formen nicht-kapitalistischer Vergesellschaftung orientierte politische Bewegung andererseits — gerichtet ist, die Grundlage des „Sozialen Liberalismus auszumachen. Eine rückwärtsgewandte Utopie also, deren aktueller gesellschaftlicher Kern allenfalls in der politischen Verklärung des Konsums als Surrogat des bürgerlichen Gebrauchs der Freiheit liegt; allein im privaten Konsum ist jener uneingeschränkte Gebrauch von Sachen, durch den sich die Freiheit auf der Basis von Eigentum und freier Verfügung konstituiert, in der ideologischen Verdinglichung der Massenkultur noch möglich. Die „reale Chance jedes Bürgers zur Eigentumsbildung" (FT, These 2 zur Eigentumsordnung) zielt auf seine Partizipationsmöglichkeit an diesem gesellschaftsimmanenten ‚Reich der Freiheit', wo jeder um den Preis der Perpetuierung von gesellschaftlicher Unfreiheit und Ausbeutung die Chance bekommen soll, auf seiner Privatyacht Kapitän zu spielen oder sich während der notwendigen Rekreationszeit seiner Arbeitskraft an den Stränden des Club Méditerranée als ‚freier Wilder' aufzuführen. Freilich ist auch dieses gesellschaftsimmanente ‚Reich der Freiheit' nicht für jeden erreichbar und verfügbar; die meisten müssen sich mit seiner Verheißung und der Sehnsucht begnügen, das Los möge auf sie fallen und die anderen ausschließen. Der großen Masse der Unglücklichen bleibt allein die Identifikation mit den Produkten der Kulturindustrie; bei ihnen wird selbst noch diese Freiheit zum idealistischen Schein der Identifikation, die endet, wo der Film abbricht und der Roman die Fortsetzung in der nächsten Illustrierten verspricht. (Horkheimer / Adorno, 1969, S. 128 - 176) Eine solche Umorientierung vom kleinen bis mittleren Eigentum an Produktionsmitteln hin zum breit gestreuten Privateigentum an konsumierbaren Gütern orientiert sich sozialstrukturell an der Veränderung gesellschaftlicher Schichtung und Arbeitsmarktstruktur in der Phase des hochentwickelten Kapitalismus; die Umorientierung ist in Hinsicht auf das permanente und unrevidierbare Schrumpfen des traditionellen Elektorats der liberalen Partei kein ‚historischer Schritt', sondern bewußt oder unbewußt eine reine Überlebensanpassung. Mit einem auf privaten Konsum hin orientierten Konzept von individueller Vermögensbildung kommt aber die in den Thesen drei und vier zur Eigentumsordnung geforderte Einschränkung der dispositiven Herrschaftsgewalt des Privateigentums an Produktionsmitteln noch gar nicht in die gesellschaftspolitische Perspektive. Hierzu bedürfte es vielmehr des Ausbaus tatsächlicher Demokratie im produktiven Sektor der Gesellschaft, der allerdings nach wie vor unnachgiebig durch den Vorrang des Privateigentums an Produktionsmitteln abgewiesen wird. Es ist wichtig, in diesem Zusammenhang nicht der Illusion zu erliegen, daß durch eine breite Streuung des Privateigentums an Produktionsmitteln die „Herrschaft über Menschen" (FT, These 4) in der nach wie vor privaten Wirtschaft abgeschafft würde. Es geht aber bei der Forderung nach Befreiung des Menschen auch in seiner Arbeitssphäre nicht bloß um den Kampf gegen die ‚großen Kapitalisten', wie es implizit in den liberalen Thesen verstanden wird, sondern das Privateigentum als Struktur, wie konzentriert oder verteilt auch immer, ist im produktiven Sektor für die Fortdauer von Herrschaft und ökonomischer Ausbeutung verantwortlich, und zwar nicht im moralischen, sondern im ökonomisch-technischen Sinne verstanden: im Sinne der Einbehaltung des Mehrwerts der produktiven Arbeit und dessen Verwendung im privaten oder kapitalorientierten Verwertungsinteresse. „Demokratisierung der Gesellschaft" kann, wenn damit im wesentlichen die Demokratisierung der materiellen gesellschaftlichen Reproduktion gemeint sein soll, in der Sphäre der gesellschaftlichen Arbeit immer nur die Aneignung und Verfügung der Produzenten hinsichtlich der Produktionsmittel wie der Produkte bedeuten. Erst auf der Basis solcher Eigentumsverhältnisse, deren öffentlich-gesellschaftlicher Charakter dem historisch erreichten Stand der faktischen Vergesellschaftung der Arbeit entspräche, wäre demokratische Selbstverwaltung der Reproduktion als Ergänzung und in Abstimmung mit politischer Demokratie möglich und realisierbar.

„Kapitalistische Ordnungen sind potentiell faschistisch", schrieb Anfang der siebziger Jahre der inzwischen verstorbene Wortführer des „Sozialen Liberalismus" K.H. Flach (zit. Flach, 1977, S. 75) und schien dabei auf den ersten Blick eine historische Erkenntnis der Kritischen Theorie positiv verarbeitet zu haben, die bei Max Horkheimer 1939 vorwurfsvoll zuerst einem Teil seiner jüdischen und ehemals marxistischen Mit-Emigranten entgegengehalten wurde: „Wer aber vom Kapitalismus nicht reden will, sollte auch vom Faschismus schweigen." (Horkheimer, 1939/40, S. 113) Einige von Horkheimers Schicksalsgenossen waren, wohl um ihren englischen und amerikanischen Gastgebern ideologisch nicht zu sehr auf die Nerven zu gehen, wie Horkheimer indirekt ebendort unterstellt, nach und nach dazu übergegangen, Faschismus und Antisemitismus als losgelöste zeitlose und gesellschaftsstrukturell unspezifische „Phänomene“ zu betrachten, deren Zusammenhang auch mit der Gesellschaftsordnung ihrer jeweiligen Gastländer möglichst wenig angesprochen werden sollte. Horkheimer hingegen insistiert aus theoretischen und politischen Gründen auf dem unauflöslichen Zusammenhang von gesellschaftsformationeller Grundstruktur des Kapitalismus und historisch-spezifischer politischer und sozialpsychologischer Form der Verarbeitung von Sozialproblemen, die diese Gesellschaft aus sich hervortreibt.

Im hier interessierenden Zusammenhang von privater Eigentumsstruktur und potentiellem Faschismus bleibt für Horkheimer, bleibt für alle maßgebenden Vertreter der Kritischen Theorie ganz eindeutig, daß der Faschismus eben nicht eine Denaturierung, eine historisch akzidentielle Entwicklung in der kapitalistisch-bürgerlichen Gesellschaft, sondern eben eine dem Wesen dieser Gesellschaftsstruktur gänzlich entsprechende, wenn auch nicht notwendige immanente Entwicklung darstellt.[8]

Dabei ist nun für den hier diskutierten Zusammenhang von großer Bedeutung, daß für die These des essentiellen Zusammenhangs von Kapitalismus und Faschismus in der Kritischen Theorie der Kapitalismus eben nicht nur als ökonomisches Verhältnis verstanden wird, sondern daß er in seiner ganzen Totalität als Grundprinzip einer Vergesellschaftungsform, als Gesellschaftsformation, die ihrem Wesen nach alle Bereich der gesellschaftlichen Produktion und Reproduktion umfaßt, verstanden werden muß. Die grundlegende Struktur des Privateigentums an Produktionsmitteln vermittelt sich in ihren a-sozialen, auf Trennung und Konkurrenz[9] mehr denn auf Vergesellschaftung und Assoziation angelegten Konsequenzen bis in alle sozialen Beziehungen hinein, prägt familiale Sozialisation ebenso wie Sexualität und infiltriert schließlich die Tiefenstruktur des personalen Charakters.

Kapitalismus, in diesem umfassenden Sinne als Totalität individueller wie gesellschaftlicher, ökonomischer wie sozial-psychologischer Reproduktion verstanden, birgt in sich die permanente Bedrohung gesellschaftlicher Freiheit und individueller Würde und Selbstbestimmung. Eine Strategie des „Sozialen Liberalismus“, deren sozial-ökonomischer Kern auf die tragende Rolle des Privateigentums, ja auf seine Vermehrung und staatliche Protektion angelegt ist, kann daher nur der schärfsten Kritik von seiten der Kritischen Theorie unterfallen. Seine Vorstellung, mit einer Ausweitung der Mitbestimmung, verstanden als „Demokratisierung der Gesellschaft“, könne die fortschrittsgefährdende Rolle des Kapitals ‚gebändigt‘ werden, läßt nur den Schluß eines fundamentalen ökonomistischen Mißverständnisses der kapitalistischen Vergesellschaftungsweise auf seiten der liberalen Analytiker zu. Seine Strategie der Schaffung von zusätzlichem Privateigentum in vielen Händen verkennt die politisch jederzeit gefährlichen Folgeeffekte, die damit für die sozialpsychische Disposition der betroffenen Bevölkerungsteile in Kauf genommen sind. Die Verteidigung des Privateigentums in gesellschaftlichen und politischen Krisensituationen durch bedrohte und aufgebrachte Kleineigentümer hat in der Vergangenheit niemals als „Demokratisierung der Gesellschaft“ gewirkt, sondern stets nach der Autorität eines starken Staates verlangt. Eine liberale Strategie, die das kleine Privateigentum zum dominierenden Gesellschaftsverhältnis einer zeitgenössischen kapitalistischen Gesellschaft machen will, kann der Antinomie nicht entgehen, daß sich die Privateigentümer in den absehbaren Reproduktionskrisen der kapitalistischen Ökonomie in ein populistisches Potential transformieren, dessen Fixierung auf autoritäre innergesellschaftliche Konfliktregelungsmuster und Institutionen im massiven Widerspruch zur liberalen Staats- und Gesellschaftsauffassung steht. „Heute gegen den Faschismus auf die liberalistische Denkart des 19. Jahrhunderts sich zu berufen, heißt an die Instanz appellieren, durch die er gesiegt hat." (Horkheimer, 1939-40, S. 132).

III.

Der historische Liberalismus ist als Ideologie wie als praktisch-politisches Programm aus dem — gegen den feudal-absolutistischen Staatseingriff gerichteten — Interesse an der freien gesellschaftlichen Entwicklung der kapitalistischen Akkumulationsmöglichkeiten erwachsen; gegenüber den tendenziell stagnierenden Entwicklungen des achtzehnten Jahrhunderts stellte er eine progressive Perspektive auf, auch und insbesondere dort, wo er sich gegen die ständischen und berufsständischen Einschränkungen der Wirtschafts- und Berufsfreiheit wendete. Es ist häufig übersehen worden, daß der Liberalismus historisch wesentlich auch an der Konstituierung des ‚freien Arbeitsmarktes', der freien Mobilität und Verfügbarkeit der Arbeitskraft als einer der zentralen Bedingungen für die Entwicklung der kapitalistischen Massenökonomie beteiligt war. Allerdings verlangt schon in dieser frühen Phase das populäre Bild vom ‚liberalen Nachtwächterstaat' eine kritische Überprüfung. Was den Arbeitsmarkt anbelangt, so hat der bürgerliche Staat frühzeitig eine regulative Intervention praktiziert und für notwendig erachtet, in der er keinen grundsätzlichen Widerspruch zur Ideologie der freien gesellschaftlichen Entwicklung unter einem bloß rahmensetzenden Rechtsstaat erkannte. Die Entwicklung der Sozialpolitik seit Mitte des neunzehnten Jahrhunderts ist bisher stets in sozialpolitischer Perspektivverkürzung dargestellt und theoretisch begriffen worden (z.B. Gladen, 1974); erst neuerdings versuchen erste Ansätze das interventionistische Element von Sozialpolitik als einer staatlichen Strukturpolitik zur Regulierung und Kontrolle des Arbeitsmarktes zu entwickeln. (Lenhardt / Offe, 1977; Guldimann, 1978; Greven, 1980) Die These von der freien gesellschaftlichen Entwicklung als Kernbestand der liberalen Doktrin war stets in erster Linie auf die freie Entwicklung und Entfaltung der kapitalistischen Akkumulation gerichtet; in ihrem Namen war man stets bereit, solche Entwicklungen in der freien Gesellschaft durch staatlichen Eingriff zu behindern oder zu ‚regulieren', die die Akkumulation hätten gefährden können.

Betrachtet man sich nun die Entwicklung und die Reproduktionsmöglichkeiten der kapitalistischen Wirtschaft im zwanzigsten Jahrhundert, so ist, ungeachtet aller theoretischen Differenzierungen und Erklärungsvarianten, empirisch der Tatbestand unbestritten, daß massive staatliche Intervention und eine aktive und qualitative Strukturpolitik Bedingungen ihrer relativen Stabilität und Entwicklung darstellen.

Es ist in der neueren politikwissenschaftlichen Diskussion weiterhin unumstritten, daß die politische Regulierung der gesellschaftlichen Reproduktion und insbesondere der wirtschaftlichen Akkumulation nicht mehr in dem vereinfachenden und ideologischen Bild eines autonom in die Gesellschaft intervenierenden Staates zu begreifen ist. Wie problematisch und ideologisch die Vorstellung eines von der Gesellschaft getrennten Staates zu jedem früheren Zeitpunkt der Geschichte der bürgerlichen Gesellschaft gewesen sein mag — darauf kann hier leider nicht eingegangen werden —, heute kann diese Sichtweise von niemandem mehr aufrechterhalten werden. Wenn man die eher problematische Begriffsstrategie einmal außer acht läßt, so wird doch in der heutigen Diskussion über den sog. Neo-Korporatismus (vgl. v. Alemann / Heinze, 1979) von der historisch und empirisch richtigen Erkenntnis ausgegangen, daß die lange Zeit die liberale Doktrin bestimmende Pluralismusthese von der gesellschaftlichen Entwicklung überholt ist, weil sich die gesellschaftlichen Interessenverbände heute keineswegs mehr nur auf die Vertretung singulärer oder partieller Interessen gegenüber dem Allokationsentscheidungen nach wie vor souverän treffenden Staat beschränken, sondern daß die wichtigsten unter ihnen bereits seit langem gesellschaftspolitische Gesamtinteressen vertreten. Die klassische definitorische Differenzierung zwischen Parteien und Verbänden, nach der allein die Parteien umfassende politische Programme vertreten, während sich die Verbände auf partielle Zielsetzungen beschränken, ist im Falle einer Reihe gesellschaftlicher Großorganisationen längst überholt — länger wohl auch, als dies die etwas in Mode gekommene politikwissenschaftliche Korporatismusdiskussion unterstellt.

Andererseits ist auch die in der These enthaltene souveräne Stellung des Staates „über" den Interessenverbänden und Parteien schon längst aufgegeben, wenn sie jemals so bestanden hat. Der Begriff des Neo-Korporatismus soll einen gesellschaftlich-politischen Zustand charakterisieren, in dem Verbände „dermaßen in den Staat ‚inkorporiert' (werden), daß ihre institutionalisierte Abstimmung Funktionen der Interessenaggregation übernehmen kann, die herkömmlicherweise dem traditionellen Staatsapparat oblagen". (Lehmbruch, 1979, S. 55)

Die systematische Steuerung und Kontrolle der gesamtwirtschaftlichen Reproduktion geschieht im entwickelten Kapitalismus, wie dies ganz unterschiedliche Theoriestränge von der Spätkapitalismustheorie (Habermas, 1973; Offe, 1972) bis zur Neo-Korporatismustheorie (Panitch, 1976) übereinstimmend gezeigt haben, im gesellschaftspolitischen Machtdreieck von staatlich-administrativem Apparat, politischen Parteien und gesellschaftlichen Großorganisationen. Staatstheoretisch von Interesse wäre dabei die Frage, inwieweit der traditionelle Staatsbegriff nicht längst durch die gesellschaftlichen Strukturentwicklungen auch theoretisch überholt ist; in der Tradition von L. Althusser (1973) und N. Poulantzas (1978) findet zum Beispiel seit langem der Begriff „ideologische Staatsapparate“ (für Parteien: Greven, 1977; allg. Hirsch, 1980) Verwendung, der allerdings das Problem der zunehmenden Verschränkung von staatlich-administrativem Apparat und gesellschaftlichen Organisationen nur nach der einen Seite hin auflöst.

Die Frage nach der möglichen gesellschaftspolitischen Bedeutung des „Sozialen Liberalismus“ angesichts dieser Situation zu stellen, heißt sich zu fragen, inwieweit der Liberalismus seine traditionell bloß wertend-negative Position gegenüber gesellschaftlichen Großorganisationen und hier insbesondere gegenüber den Gewerkschaften revidiert hat oder in der konsequenten Ausfüllung der Ideologie des „Sozialen Liberalismus“ zu revidieren in der Lage wäre. Wenn die oben dargelegten Funktionserfordernisse der gesellschaftlichen Reproduktion in dieser Entwicklungsphase des Kapitalismus richtig und angemessen begriffen sind, dann ist diese Frage keine beliebige, sondern die positive oder negative Antwort beschreibt den Spielraum des „Sozialen Liberalismus“, eine relevante Rolle bei der politischen Durchführung der objektiv notwendigen Abstimmung und Steuerung innerhalb des korporatistischen Machtblocks zu spielen. In der politikwissenschaftlichen Diskussion hat der Beitrag U. von Alemanns Zustimmung gefunden, der die Bemühungen der F.D.P. um ein Verbändegesetz als den Versuch begriffen hat, „aktiv über staatliche Intervention“ ein Staats- und Gesellschaftsmodell des „liberalen Korporatismus“ zu implementieren. Seiner Auffassung nach dient ein solches Verbändegesetz insbesondere dazu, die Gewerkschaften gesetzlich auf ihre korporatistische Rolle als ideologischer Staatsapparat zu verpflichten und ihnen eine im Sinne des korporativen Funktionsmodells dysfunktionale Wahrnehmung ihres organisationspolitischen Interesses zu erschweren (von Alemann, 1979, S. 120). Eine solche These übersieht aber gänzlich, daß die Perspektive einer gesetzlichen Beschränkung von oligopolistischer Organisationsmacht sich vollständig auch aus traditionellem liberalem Marktordnungsdenken ableiten läßt und daß die starke abwehrende Tendenz gegen die gewerkschaftliche Organisationsmacht auch gerade eine entscheidende Funktionsbedingungen des korporativen Modells gefährden würde. Wer in den letzten Jahren die Politik der sozialliberalen Koalition aufmerksam verfolgt und beobachtet hat und wer insbesondere die aktuelle und noch nicht ausgestandene Diskussion um die Beschränkung, Beibehaltung oder Ausweitung der paritätischen Mitbestimmung in Betracht zieht, der wird kaum zu der Einschätzung gelangen können, daß die liberale Position sich den Funktionserfordernissen einer korporatistischen Integration der Gewerkschaften in die staatliche Kontrolle der gesamtwirtschaftlichen Reproduktion besonders förderlich angepaßt hat. Es ist vielmehr so, daß die relativ erfolgreiche Politik der SPD in diesem Sinn seit Mitte der siebziger Jahre zunehmend durch die Intransigenz der F.D.P. gegenüber den Gewerkschaften gefährdet ist. Hier vor allem liegt die erkennbare Sollbruchstelle des sozialliberalen Bündnisses, das sich damit in der Zukunft in einem ganz anderen Sinne als „historisches Bündnis“ erweisen dürfte, als das W. Maihofer Anfang der siebziger Jahre gesehen hat. Der ‚moderne Liberalismus‘ entspricht mit seiner Tendenz zur Dezentralität, zur Rücknahme gesellschaftlicher Funktionserfordernisse in die individuelle Verantwortung, zur Propagierung eines Freiheitsideals, das vor allem personale Verwirklichung und nicht gesellschaftliche Realisierung meint, nach wie vor nur sehr ungenügend den objektiven Reproduktionsbedingungen einer hochintegrierten fortentwickelten bürgerlich-kapitalistischen Gesellschaft, die vor allem durch das hohe Maß ihrer faktischen Vergesellschaftung in Form von wirtschaftlichen und gesellschaftlichen Monopolen gekennzeichnet ist. Diese fehlende Übereinstimmung mit den Haupttendenzen der gesellschaftlichen Entwicklung ist verantwortlich für die politische Randständigkeit des Liberalismus in allen entsprechenden kapitalistischen Systemen; eine Randständigkeit, die durch die wahlsystembedingte Regierungsbeteiligung der Liberalen vordergründig verdeckt wird.

Faktisch ergibt sich für die Liberalen überraschenderweise eine Affinität zu den Positionen des zeitgenössischen Anarchismus, dessen Widerläufigkeit zu den Funktionserfordernissen des hochentwickelten Kapitalismus ihn bereits seit langem zu einer politisch-ideologischen Position hat werden lassen, die immanent nur als utopische Negation der bürgerlichen Wirklichkeit erfahren werden kann, als Subjektivismus. Angesichts der immer weiter voranschreitenden Zerstörung der sozialen Basis des traditionellen Liberalismus, — die natürlich der Schönheit der politischen Ideologie, der Zugkraft der liberalen Ideale nichts anhaben kann —, stellt sich die Frage, ob sich der Liberalismus nicht eines Tages in der historischen Position des Anarchismus wiederfinden wird, und zwar als bloß noch utopisches Ideal der Freiheit eines Individuums, das schon längst zum bloßen ‚Gehäuse der Hörigkeit‘ verkommen ist.

Postfaschistische Restauration und Kalter Krieg

7. Kritische Theorie und Sartrescher Existenzialismus

Odo Marquard stellte kürzlich fest: „Man kann keine Philosophie wirklich haben, ohne die Erfahrung zu haben, auf die sie eine Antwort ist."[1] Damit ist eine Perspektive angegeben, um von Existenzialismus und Kritischer Theorie in den fünfziger Jahren zu sprechen: nicht als Philosophiegeschichte, nicht als um die systematische Erkenntnis bemühter Dialog zwischen Philosophen-Schulen, sondern als philosophisch verarbeitete Zeit- und Welterfahrung interessieren hier die beiden Richtungen. Der Verzicht auf systematische Erörterung liegt in dem Interesse begründet, über sie nicht in erster Linie urteilen zu wollen, sondern vermittels ihrer Verarbeitung von Erfahrung etwas über die Zeit zu erfahren, um die es hier geht. Das Interesse an den fünfziger Jahren ist nicht fachphilosophisch, sondern soziologisch: es begreift Philosophie als eine Weise der Verarbeitung gesellschaftlichen Bewußtseins, das wiederum die objektive historische Situation in sich aufnimmt — freilich nicht einfach abbildet und widerspiegelt, sondern *verarbeitet.* Philosophieren ist als Teil des bewußten Reflexionsprozesses *Eingriff,* insofern es gegen die Übermacht der Verdinglichung, in der das Subjekt nur noch als bloßes Derivat objektiver Vergesellschaftung erscheint, an jenes Moment am Subjektiven erinnert, das sich der ‚totalen Vergesellschaftung' noch dann verschließt, wenn außer ihr nichts mehr zu bleiben scheint[2]: In der Fähigkeit zur Reflexion über die Wirklichkeit erweist sich der Intellekt als eine Instanz, die zwar in den Verhältnissen, die sie reflektiert, materiell befangen bleibt, insofern sie vom unfreien Individuum sich nicht lösen kann — es gibt keinen ‚Geist', der als solcher Subjekt wäre —, die sie aber zugleich als *Vorstellung,* als *Phantasie* zu übersteigen vermag, zu der sie sich in Differenz schon durch Reflexion befindet.[3]

Noch ein Wort zur Begründung des Themas, denn die Eingangsfeststellung von Marquard könnte ja auch als Warnung verstanden werden, daß wir, die Nachgeborenen, weder der Erfahrung, noch der Philosophie habhaft werden könnten, um die es hier gehen soll. Aber dieser Einwand bezieht sich auf ‚Erfahrung' nur als ein subjektives Erleben je individueller Zufallshaftigkeit, so wie heute allenthalben der Terminus ‚Betroffenheit' ganz subjektivistisch genommen wird. Richtig ist aber z.B.: die Bomben überall auf Vietnam trafen uns nicht — aber sie konnten uns betroffen machen und sie betrafen manche, die das noch heute erfahren. Wenn es also um die fünfziger Jahre geht, dann muß ‚Erfahrung' und ‚Betroffenheit' sich auf jene Aspekte der historischen Allgemeinheit beziehen, die hinter den Peripathien der Nierentisch-Gemütlichkeit, der Gummibaum-Exotik und des Capri-Tourismus verdrängt sein müssen. Das ist freilich nur eine These: aber eine, die als plausibel unterstellt werden darf: daß nämlich fünf Jahre Verdrängung nicht ausreichen können, die Traumata *dieser* Geschichte an ihrer Wiederkehr zu hindern. Wie in der Psychoanalyse geht es beim gesellschaftlichen Bewußtsein gerade um die Form, in der das wiederkehrt, was wiederkehren muß, solange es möglich auch im objektiven Sinne bleibt.

In der Erfahrung dieser Verdrängung sind wir Zeitgenossen. Jenen näher, die sich den Traumata stellen,als jenen, die zwar mit uns geboren, aber sich kaum der Gefahren bewußt sind, die in der unreflektierten, unverarbeiteten Geschichte noch liegen. Unverarbeitete Geschichte bleibt gegenwärtig, sofern auch die objektiven d.h. gesellschaftlichen Voraussetzungen geblieben sind. Das heißt in unserem Fall: Wir leben heute, wie in den fünfziger Jahren, in einer Gesellschaft, die Faschismus erfahren hat, ohne schon nachfaschistisch zu ein. Nach-faschistisch wäre eine Gesellschaft, die den Faschismus als ihre eigene Geschichte wie als ihre zukünftige Möglichkeit hinter sich gelassen hätte. Insofern wir aber weder von den objektiven gesellschaftlichen Voraussetzungen noch von unserer subjektiven Erfahrung und deren reflektierter Verarbeitung im Trauern eine nach-faschistische Gesellschaft geworden sind, bleiben wir auch nach dem ersten Faschismus prä-faschistisch; zumindest potentiell, zuweilen schon latent. Noch ist historisch nicht entschieden. Wichtig bleibt: wer wird Subjekt sein, wer kann Subjekt werden?

Es ist diese Frage, die in den fünfziger Jahren im Zentrum stand und die im Zentrum zu stehen hat, weil sich Faschismus nur gegen Subjekte, gegen Subjektivität als gesellschaftlichen Normalzustand verwirklichen kann. Er setzt an deren Stelle die Pseudo-Objektivität des Führer-Willens und der Masse. Es ist aber keineswegs noch selbstverständlich, was ‚Subjekt' meinen könnte; vor allem liegt der Verdacht nahe, es handle sich um einen Zirkel: soll doch das Subjekt schon so ‚eindimensional' vergesellschaftet sein,[4] daß von ihm nicht gut anderes erwartet werden kann,als eben die Reproduktion des Status quo, als die funktionsadäquate Wahrnehmung der ihm ansozialisierten Rollen zur Wahrung der systemisch prästabilisierten Harmonie; also längst schon ‚Rollenensemble', ‚Charaktermaske', bloßes ‚Gehäuse der Hörigkeit' und längst kein Subjekt im klassischen Sinne mehr. In dieser Preisgabe der Vorstellung von der geschichtlichen aktiven Rolle der Menschen an die Präponderanz eines sich selbst geschichts- und bewußtlos fortzeugenden Systems oder bloß Objektiven sind sich funktionalistische Systemmetaphysik wie bodentümelnde Existenzialontologie einig; so meinen sie beide die Aufklärung überwunden zu haben.

Die Vorstellung, die Phantasie, daß die Menschen ihre Geschichte auch einmal bewußt machen könnten, schütten sie mit dem Bade aus, in dem die abgestandenen Systeme des 19. Jahrhunderts in der Tat nur noch als alt-europäische Vernunftideen erscheinen, denen keine gesellschaftliche Wirklichkeit mehr entspricht. Schon systematisch wäre aber einzuwenden, daß mit den Vorstellungen des 19. Jahrhunderts, sollten sie denn als Modelle von Zukunft nicht mehr tauglich sein können, die Möglichkeit sich erneut etwas vorzustellen, was die bestehende Malaise überschreitet, nicht als solche widerlegt wäre. Es müßte ja sonst gezeigt werden können, daß die Rede von ‚totaler Vergesellschaftung' mehr als eine Metapher der momentanen Verzweiflung ist, daß sie das Ende einer Geschichte von Subjekten begründen könnte, ehe diese recht begann. Es ist aber der bisherigen Geschichte zu entnehmen, daß jede Zeit auf ihre Weise sich am Ende der Geschichte wähnte, mal als düstere Endzeit-Larmoyanz, mal als feierliche Apologie des bisher Erreichten. Stets ist Geschichte darüber hinweggegangen: ganz unabhängig davon, ob es eine Vorstellung vom Weiteren gab, ging es immer weiter. Wer freilich den historisch erhobenen Anspruch darauf nicht preisgeben will, daß es nicht nur irgendwie oder gar so immer weiter gehe, der muß an der Vorstellung eines Subjekts, daran, daß es möglich wäre und an der Möglichkeit einer vernünftigen Zukunft, die dieses anstreben könnte, festhalten.[5]

So begründet sich die hier gestellte Frage aus der historischen Situation der fünfziger Jahre ohne weiteres. Es wird sich aber noch zeigen, daß sie auch immanent ansetzen könnte, sofern sie sich Existenzialismus und Kritische Theorie als philosophischen Ausdruck dieser Jahre auswählt. In beiden ist die Frage nach dem Subjekt der Geschichte zentral. Beide gewinnen ihre Kernfrage aus der Erfahrung, daß die Vorstellungen zum Subjekt, wie sie das 19. Jahrhundert hinterlassen hatte, durch die gesellschaftliche und politische Entwicklung des 20. Jahrhunderts obsolet wurden. Beide reagieren darauf mit deren schonungsloser Kritik, die sich aber durchs *Festhalten am Anspruch* auf die Möglichkeit eines vernünftigen Subjekts auszeichnet. Nur daß sie darunter ganz Verschiedenes sich vorstellen. Diese ans Subjektive gebundene Zukunftsperspektive grenzt sich geschichtsphilosophisch nach der Seite der Existenzialontologie Heideggers einerseits, nach der Seite des objektivistischen Historischen Materialismus andererseits aus. Beide entwickeln sich dialektisch vorwiegend als Kritik dieser beiden Richtungen und bleiben — merkwürdig genug — bis auf Ausnahmen, die freilich auch biographisch solche sind, einander auf Distanz. Adorno hatte für Sartre stets nur Fußnoten übrig und Sartre seinerseits scheint die ‚Frankfurter Schule' nicht zu kennen. Einzig der Heidegger-Dissident Marcuse, dessen Zugehörigkeit zur ‚Frankfurter Schule' organisatorisch natürlich eindeutig, dessen wissenschaftliche Zuordnung aber lange diskutabel bleibt, vermittelt teilweise die Positionen.[6]

Man kann die gemeinsame Erfahrung, auf die, wie schon gesagt, diese Philosophien eine Antwort sind, nicht in der geschichtslosen Abstraktion belassen. Die Erfahrung, daß der Geschichte das Subjekt verloren ist, verbindet sich für die französischen Existenzialisten ebenso wie für die Mitglieder der Frankfurter Schule mit den besonderen historischen Erfahrungen und persönlichen

Erlebnissen dieses Jahrhunderts, insbesondere mit dreien: der Unfähigkeit des Proletariats, sich als transnationales Subjekt am Vorabend des Ersten Weltkrieges zu konstituieren, um diesen zu verhindert,[7] der Erfahrung, daß die Oktoberrevolution im Namen des Proletariats, nicht aber von diesem selbst fortgeführt wird und sich als neue Herrschaft auch gegen diese wendet, und schließlich die europäische Niederlage gegen den Faschismus, die auch und besonders eine Niederlage des Proletariats ist, dessen Fähigkeit zur Subjekthaftigkeit von diesem auf die Bewahrung der proletarischen Identität im Widerstand und im Leiden reduziert wird, wie Peter Weiss es in seiner „Ästhetik des Widerstandes" zu zeigen versuchte. Bei Adorno findet sich dieses letzte Motiv schon früher: daß nämlich die Fähigkeit zum Subjektsein in der Geschichte nicht an die freibewußte Praxis gebunden bleibt, sondern sich auch über die Bewahrung der Subjektivität als Opfer zu konstituieren vermag. Zuzeiten kann in einem strengen Sinne der Mensch nur noch als Opfer und im Leiden sich seine Identität als persönliches und historisches Subjekt bewahren; die Praxis des Widerstandes gegen die Übermacht von entmenschlichenden Verhältnissen vermittelt den passiven Zustand des Leidens mit der Vorstellung einer bewußten Praxis, an die der Begriff vom Subjekt gebunden bleibt.

Man muß sich vorstellen, was diese historischen Erfahrungen für eine Geschichtsphilosophie mit praktischer Absicht theoretisch wie existenziell bedeutet haben. Bei Sartre wird die Enttäuschung noch in der emphatischen Weise sichtbar, in der er die Darstellung des Proletariats als historisches Subjekt, als Kern des ‚Marxismus des 19. Jahrhunderts' in wenigen Sätzen bündelt:

> „Der Marxismus des 19. Jahrhunderts ist der gigantische Versuch, nicht nur Geschichte zu machen, sondern sich ihrer praktisch und theoretisch durch Einigung der Arbeiterbewegung und durch Erhellung des Proletariats vermittels der Erkenntnis des kapitalistischen Prozesses und der objektiven Realität der Arbeiter zu bemächtigen. Am Ende dieser Bestrebungen soll durch die Vereinigung der Ausgebeuteten und durch immer stärkere Verminderung der Zahl der Klassen, die am Kampfe teilnehmen, die Geschichte endlich einen Sinn für den Menschen bekommen. Das Proletariat wird damit, daß es Bewußtsein seiner selbst gewinnt, Subjekt der Geschichte, d.h., es kann sich in ihr wiedererkennen."[8]

Wo die Sinngebung der Geschichte so ans historisch konkrete Proletariat als Subjekt gebunden war, da muß dessen Niederlage über die Zeit die Absurdität der Zeitläufte begründen, die Sartre in seinen frühen Erzählungen und Romanen zum Ausgangspunkt wird[9]; da muß entweder der Anspruch auf die Möglichkeit, in der Geschichte Vernunft verwirklichen zu können, aufgegeben oder aber anders begründet werden. Sartre entscheidet: er *entscheidet* sich für den zweiten Weg, indem er an die Stelle des dort eigentlich für den Marxismus konstitutiven objektiv-subjektiven Klassensubjekts des Proletariats den einzelnen Menschen in seiner existenziellen Alltagssituation setzt; so gehen Marxismus und Existenzialismus dann angeblich zusammen:

> „Dagegen betrachten Existenzialismus und Marxismus ein und dasselbe Objekt, der Marxismus jedoch hat den Menschen in der Idee aufgehen lassen (in der ‚platonischen

Idee‘ des Klassensubjekts Proletariat, wie er anderswo sagt, M.G.), der Existenzialismus hingegen sucht ihn überall, wo er geht und steht, bei seiner Arbeit, zu Hause und auf der Straße (...) Man verstehe uns richtig (...), der Marxismus ist noch längst nicht erschöpft, er ist noch ganz jung, er steckt fast noch in den Kinderschuhen: er hat kaum begonnen, sich zu entwickeln. Er bleibt also die Philosophie unserer Epoche: er ist noch nicht überlebt, weil die Zeitumstände, die ihn hervorgebracht haben, noch nicht überlebt sind.“[10]

Sollen wir die hymnische Reihung in der Lobpreisung des ‚jungen Marxismus‘ als ein Zeichen von Gewißheit nehmen — oder preist hier einer gegen den eigenen Zweifel an?

Max Horkheimer kann 1937, für die Kritische Theorie dieselbe Enttäuschung theoretisch verarbeitend, an demselben Anspruch festhaltend, nur noch negativ formulieren:

„Allgemeine Kriterien für die kritische Theorie gibt es nicht. (...) Ebensowenig existiert eine gesellschaftliche Klasse, an deren Zustimmung man sich halten könnte. (...) Die kritische Theorie hat bei aller Einsichtigkeit der einzelnen Schritte und der Übereinstimmung ihrer Elemente mit den fortgeschrittensten traditionellen Theorien keine spezifische Instanz für sich als das *mit ihr selbst* verknüpfte Interesse an der Aufhebung der Klassengesellschaft. Diese negative Formulierung ist, auf einen abstrakten Ausdruck gebracht, der materialistische Inhalt des idealistischen Begriffs der Vernunft.“[11]

Damit ist die Verzweiflung über den Verlust des historischen Subjekts in beiden Fällen mit dem Festhalten am Anspruch einer Theorie der gesellschaftlichen Praxis, einer Theorie der Veränderung gesellschaftlicher Verhältnisse verknüpft. Dieses ‚Festhalten‘ ist in beiden Fällen mehr einer Entscheidung, oder wie Horkheimer sagt, einem ‚Verhalten‘[12] geschuldet, als daß es für die Richtung, die dadurch in die theoretische Reflexion hineinkommt, Gründe angeben könnte, die als allgemein-verpflichtende nach traditionellen philosophischen Maßstäben Geltung beanspruchen könnten.

Aber sowohl was die geschichtliche Konkretion der Richtung als auch was die Ersetzung des Subjekts ‚Proletariat‘ durch etwas anderes anbelangt, herrschen gewichtige Unterschiede vor. Sartre treibt einen ‚humanistischen Existenzialismus‘, eine Philosophie der Praxis, aus der immanenten Kritik einer bloß apologetischen Existenzialontologie hervor, bleibt dabei aber im Kontext unhistorisch-ontologischer Argumente über die ‚condition humaine‘. In der Kritischen Theorie verbinden sich die Rezeption der Kritik der politischen Ökonomie Marx’, eine besonders bei Horkheimer im Spätwerk deutlich werdende Wiederanknüpfung an Kant „als Verfechter einer „kritizistischen‘ Grenze von Erkenntnis“[13] sowie besonders bei Adorno eine kaum auf methodisch-theoretische Traditionen zurückzuführende Sensibilität und Subjektivität des essayistischen Analyse von gesellschaftlichem Allgemeinen im Alltäglichen. Was dieses Allgemeine auszeichnet, ist die Spannung, die unaufhebbar zwischen dem seit der Aufklärung überkommenen Freiheitsanspruch des Subjekts und der durch die kapitalistische Vergesellschaftung zur bloßen „Charaktermaske" ausgehöhlten Einzelperson besteht; also der Tendenz der bestehenden Gesellschaft, im Prozeß der Konzentration und Entpersonalisierung der materiellen Reproduktion mit den ökonomischen Voraussetzungen der Konstitution des bürgerlichen Subjekts auch die „wirklichen Menschen" (Marx) als Subjekte dieser Ideale zu beseitigen. Es ist diese Spannung zwischen historisch einmal artikuliertem Anspruch und fehlendem Subjekt zu seiner Verwirklichung, die der Theorie, als dem Bewahrer dieser Ansprüche eine so eminente historische Rolle zuschreibt: Theorie und Tradition als Verweser des historischen Subjekts, das der kritischen Reflexion mächtige Individuum als Verkörperung eines praktischen Anspruchs, dem es selbst nicht nachkommen kann.

Es ist offenkundig, daß dem Individuum und seinen konkreten Lebensverhältnissen da wieder eine bedeutendere Rolle und Aufmerksamkeit zugebilligt werden muß, wo das Vertrauen in das kollektive Subjekt, seine Fähigkeit sich zu konstituieren, seine Möglichkeit, bei der Verfolgung seiner spezifischen Klassen- und Allgemeininteressen auch die schon angesprochenen Ansprüche einer allgemein-menschlichen, einer vernünftigen Emanzipation zu realisieren, verloren ist. Diese Verschiebung, in der Kritischen Theorie wie im Existenzialismus gleichermaßen zu beobachten, ist da mehr von Bedeutung, wo es um die Rolle des verändernden Subjekts als um die desjenigen sich handelt, dem die einmal geglückte revolutionäre Veränderung schließlich zugute kommen soll. Wenn wir uns noch einmal den aktuellen historischen Kontext der fünfziger Jahre vergegenwärtigen, wird auch von daher verständlich, wieso das Glück des konkreten Einzelnen, auch seine Fähigkeit sich gegen den Zwang der aufgeherrschten Verhältnisse immerhin noch zu wehren, in der Philosophie so zentral werden. Es gibt ja einen wahren Kern in aller Totalitarismustheorie, der jenseits aller Logik des Kalten Krieges auch in den hier angesprochenen Philosophien seine Bedeutung erhält: daß nämlich die Totalität zusammenhängender Vergesellschaftung, die als qualitativ neues Moment im 20. Jahrhundert zunehmend auch noch die Reproduktionssphäre erfaßt[14], den Gegensatz Individuum / Gesellschaft quasi aus sich vertreibt. War dieser in seiner durch die bürgerliche Vergesellschaftung zunächst gesetzten Form als der Gegensatz zwischen der der Produktion durch den Verkauf der Arbeitskraft entsubjektiviert unterworfenen Charaktermaske und dem in der Freizeit als Individuum mit seinen Bedürfnissen und konkret-sinnlichen Fähigkeiten ausgestatteten Einzelmenschen bestimmt, so verschwindet mit der reellen Subsumption auch der Reproduktionssphäre unter die Verwertungslogik des Kapitals selbst noch die scheinhafte Subjektivität des ‚Freizeit-Menschen'. So wie in seiner Arbeit schon lange, wird er im 20. Jahrhundert auch in den Formen und Inhalten seiner Reproduktion, sei es in der Liebe, in der Bildung oder sei es in der Ausübung kreativer Fertigkeiten, die heute als ‚Basteln' und ‚Heimwerken' längst den vorgestanzten Mustern und den Zwängen zur materiellen Kompensation des vorenthaltenen Arbeitseinkommens folgen, als Subjekt negiert und zum unfreiwilligen Vollstrecker des Profitprinzips auch hier gemacht. Noch die Befriedigung des sublimsten ästhetischen Bedürfnisses, wie des Musikgenusses, wird zum vollerschlossenen Markt der Industrie, die, ob Solti, Karajan oder Cash, gleichgültig gegenüber jedem konkreten Inhalt, nur an den Absatzzahlen sich orientiert, so wie der ‚Musikhörer' nur am stilvollen ‚background', an Atmosphäre, nicht aber an Kunst interessiert ist.

Um so skeptischer muß angesichts dieser Analysen, die sich dem Kontext Kritischer Theorie freilich mehr verdanken als den Überlegungen eines Sartre, jeder Entwurf geprüft und beurteilt werden, der unvermittelt bei der Fähigkeit des Subjekts ansetzt, sich zu widersetzen; der eine Perspektive behauptet, die über die eindimensionale Verwertungslogik hinausreicht. Offenkundig ist ja der Widerspruch zwischen der analytischen Mikroskopie der ‚totalen Vergesellschaftung', die bis in die feinsten Regungen des Einzelmenschen hinein noch die Mechanik der Kapitalverwertung sichtbar macht, und dem in die Theorie als praktische Absicht eines Subjekts hineingelegten Anspruch auf Veränderung unter dem Gesichtspunkt emanzipatorischer Ideale. Die Zerstörung des Subjekts wird zugleich mit einer Hoffnung verbunden, daß an ihm die emanzipatorischen Ansprüche einen Interessenten fänden, der sich ihrer annimmt. Das hat gerade bei der Kritischen Theorie zunächst etwas vom rettenden Strohhalm an sich; Horkheimer spricht in ähnlichem Zusammenhang von einem Gehalt der Theorie, „dem bei aller Veränderung die *Treue* zu wahren"[15] sei — damit unwillkürlich einen Begriff wählend, der über den Mangel an theoretischen Gründen und verbliebener realhistorischer Perspektive ebensoviel aussagt, wie über die außertheoretische existenzielle Absicht, es auf jeden Fall bei der damit gegebenen Hoffnung zu belassen.

Einige Bemerkungen zur historisch in der Philosophie ausgebildeten Anspruchslogik des Subjektbegriffs sollen verdeutlichen, inwieweit die entsprechenden Ideen der beiden hier benannten Schulen im Kontext klassischer philosophischer Tradition verbleiben.

Seit der Ablösung des mittelalterlichen Weltbildes war im Denken der europäischen Aufklärung an die Stelle des deistischen Weltbildes eine anthropozentrische, bei Descartes auch schon subjekt-zentrierte Weltanschauung getreten. Erkenntnistheoretisch und moralphilosophisch hatte diese Entwicklung einen gewissen Kulminationspunkt in der deutschen Transzendentalphilosophie des klassischen Idealismus. Es ist hier nicht der Raum, von den gesellschaftlichen Voraussetzungen einer solchen Umorientierung gesellschaftlichen Bewußtseins und philosophischer Weltbilder zu sprechen; aber diese Voraussetzungen in der Form der endgültigen Durchsetzung einer warenproduzierenden Tauschgesellschaft mit Privateigentum an Produktionsmitteln als dominantem Produktionsverhältnis müssen jederzeit mitgedacht werden, wenn es um die Inhalte des philosophischen Gedankens geht. Diese waren ihnen genausogut materielle Voraussetzung wie jener diesen zugehörige kategoriale Gedankenform; d.h. dieses Verhältnis ist nicht als bloß einseitige ‚Widerspiegelung' zu fassen, sondern als wechselseitige Konstitution und notwendiges Verhältnis nach beiden Seiten hin.

In diesem gesellschaftlich-konstitutiven Zusammenhang, aber von ihr selbst bis Hegel weitgehend unbegriffen, entfaltet die idealistische Transzendentalphilosophie den Begriff des Subjekts als den der Freiheit. Kant deduziert die Notwendigkeit der Freiheit in der Kritik der praktischen Vernunft als einen für die Geltung des Sittengesetzes ‚apriorischen Glauben', in dem die Selbstbestimmung des vernünftigen Willens als die einzige, ganz formale Voraussetzung der Sittlichkeit angesehen wird. „Nach Kant ist die Realität der Sittlichkeit die Tatsache der praktischen Vernunft, und darum muß an die Freiheit als die Bedingung ihrer Möglichkeit geglaubt werden."[16] In Kauf genommen wird von solcher formalen Bestimmung die Zerfällung der Welt in die Naturordnung, in der der Mensch unfrei den Gesetzen der Kausalität unterworfen bleibt, und in die sittliche Ordnung, die als ‚übersinnliche' bei Kant kein Erfahrungsurteil erlaubt, sondern in der der ‚intelligible Charakter' des Menschen herrscht. Dieser ‚intelligible Charakter', also die Fähigkeit des Menschen, sich selbst nach den Maßstäben der allgemeinen kritischen Vernunft als Subjekt zu denken, ohne dabei andere Einschränkungen ‚von außen' hinnehmen zu müssen, als sie sich aus der transzendentalen Bestimmung der Vernunft selbst ergeben, heißt bei Kant ‚Subjekt-Sein'.

Das Subjekt und die Freiheit sind also bei Kant vor allem erkenntnistheoretisch bestimmt und stehen der Sphäre von Geschichte und Gesellschaft logisch voraus: letztere sind dem Menschen allein in der empirischen Erfahrung, in der Anschauung zugänglich. Bei Kant ist damit trotz des transzendentalen und also inter-subjektiven Charakters der Vernunftbestimmung die Subjektivierung der Vernunft auf die Spitze getrieben; und zwar zu jenem Punkt, an dem sie unter gesellschaftlichen Gesichtspunkten kaum noch den funktionalen Anforderungen der bürgerlichen Gesellschaft zu entsprechen vermochte. Einer Gesellschaft, die mit der Entfesselung der kapitalistischen Akkumulation zugleich die Entfesselung der Konkurrenz der Individuen gesetzt hatte und die damit die Kraft gesellschaftlicher Synthesis, die Zusammenfassung zu einer Ordnung nicht aus der subjektiven Vernunft länger herzuleiten und zu legitimieren vermochte. Hegel bestimmt denn auch konsequent die bürgerliche Gesellschaft als ein ‚System von Bedürfnissen', in dem sich empirisch der aus dem Bedürfnis stammende Wille der Subjekte, also ihre Freiheit, entfaltet. Wie Marcuse gezeigt hat[17], steht diese Freiheit des Willens im System der Bedürfnisse nicht im Gegensatz zu der Bestimmung in der ‚Logik', daß nämlich, wie Hegel in der ‚Rechtsphilosophie' (§4) ausführt, das denkende Subjekt das freie Sein, die Freiheit aber ein Attribut seines Willens und dieser ein Derivat seiner Bedürfnisse ist.

Die Frage, die sich stellt, ist: wie wird Gesellschaft als die *Allgemeinheit* des Willens möglich, die aus der Anarchie der Einzelwillen im System der Bedürfnisse nicht gefolgert werden kann. Hegel kritisiert die frühere ‚Lösung' des Problems durch die vertragstheoretischen Gesellschaftsmodelle mit dem Argument, daß der Vertrag zwischen den Subjekten stets privater bzw. privatrechtlicher Natur bleiben müsse, daß folglich die Einbeziehung des Staates in einen solchen Vertrag diesen notwendig nur einem oder mehreren partikularen Willen unterwerfen würde, daß sich daraus aber kein allgemeiner Wille ergeben könne, sondern allenfalls die Durchsetzung eines besonderen zum herrschenden. Der Schritt, der Hegel die synthetische Aufhebung der Freiheit des Subjekts als Willkür im System der Bedürfnisse (Gesellschaft) erlaubt, ist der, daß er dieses System nicht nur als ein System der Konkurrenz (Getrenntheit), sondern in der dialektischen Einheit der Gegensätze zugleich auch als ein System der wechselseitigen Abhängigkeit (Einheit) begreift. Das empirisch-historische Faktum der arbeitsteiligen Vergesellschaftung erlaubt die freie Befriedigung der Bedürfnisse nur im System wechselseitiger Abhängigkeit. Subjekt und Gesellschaft stellen in ihrem Widerspruch zugleich eine Einheit dar. Die Folge: der Begriff des vernünftigen Subjekts und seiner Freiheit kann nur zusammen mit dem Begriff einer vernünftigen Gesellschaft, d.h., einer, in der die Freiheit des Subjekts in der allgemeinen Freiheit ‚aufgehoben' ist, gedacht werden. Das ist, wenn man so will, der progressive, die bürgerlich-kapitalistische Gesellschaft im strengen Sinne transzendierende Zug in Hegels Gesellschaftstheorie, der aber sogleich durch seine immanente Bestimmung der konkreten Realisierung der Freiheit als der ‚absoluten Verfügung über Eigentum' regressiv eingeschränkt bleibt. Auch ist in der bürgerlichen Gesellschaft das Eigentum nicht allgemein und deshalb die daran gebundene Bestimmung von Freiheit stets partiell. In diesem Zusammenhang bleiben diese sich vor allem aus der späteren politischen Philosophie Hegels zur Vergötzung des gegebenen Staates als ‚Wirklichkeit der sittlichen Idee' entfaltenden repressiv-affirmativen Denkzüge aber unerheblich. Bedeutsam ist, daß bei ihm für die philosophische Tradition des Subjekt- und des Freiheitsbegriffs neben die vollständige Subjektivierung bei Kant die Tradition des objektiven Zusammenhangs von Gesellschaftlichkeit und Subjektivität gesetzt ist, wie sie vor allem für die dialektisch-materialistische Tradition bestimmend geworden ist.

In der Berufung auf diese beiden Traditionen ist damit ein Ordnungsschema für Theorien des historischen Subjekts angedeutet, das nun für die Darstellung der Subjektrolle in Kritischer Theorie und Existenzialismus verwandt werden kann, und zwar im Hinblick auf die hier interessierende gesellschaftstheoretische Perspektive fruchtbarer, als dies mit der Unterscheidung von (Existenzial-)Ontologie und Kritischer Theorie bzw. dialektischem Materialismus möglich wäre. Der Subjektbegriff Sartres steht ebenso wie seine Vorstellung von dessen Freiheit gänzlich in der Tradition, die hier als die Subjektivierung der Vernunft bezeichnet ist.[18] Das mag bei einem Philosophen, dessen gesellschaftliches und politisches Engagement mehr die Weltpresse beschäftigte, als seine Philosophie es schließlich noch tat, überraschen. Aber den Philosophen als Philosophen ernst genommen, kann kein Zweifel daran bestehen, daß die Begründung dieses Engagements sich einer existenzialistischen Phänomenologie des Subjekts verdankt, die über die Inhalte und historisch-gesellschaftlichen Perspektiven des jeweiligen Engagements zunächst Konkretes noch nicht auszusagen vermag. Als erstes ergibt die Analyse der Sartreschen Philosophie, daß die Freiheit des Subjekts, die in ihr zentral steht, sich mehr als Schicksal, mehr, um es nicht zufällig mit Heidegger auszudrücken, der ‚Geworfenheit' ins

Da-Sein verdankt, als einer historischen Vorstellung von Freiheit, die auch ein ‚wozu' und ein ‚wohin' enthält. Sofern das gesellschaftliche und politische Engagement von Sartre eine besondere Richtung enthält, und wer wollte das trotz aller Deviationen über die Zeit bestreiten, sofern kommt es von jenseits seiner Philosophie und ist allenfalls nicht im direkten Widerspruch mit ihr.

Schon der erste Satz von „Das Sein und das Nichts" zeigt Sartres nirgends wieder zurückgenommene Stellungnahme im grundsätzlichen Streit, der die Geschichte der Philosophie und die der philosophischen Begründungen politischer Weltanschauungen der Neuzeit durchzieht: „Dem Denken der Gegenwart ist ein beträchtlicher Schritt nach vorwärts gelungen, indem es das Seiende auf die Reihe derjenigen Erscheinungen zurückführte, die von ihm Kunde geben."[19] Es ist dies bekanntlich der Schritt Husserls,[20] hinter dem noch der letzte Rest an Objektivem, wenn auch als bloßes Residuum des prinzipiell Unerkennbaren, zurückbleibt, der bei Kant mit dem von Erfahrung unabhängigen ‚Ding an sich' geblieben war.

Der Sartresche Ausgangspunkt, davon nicht prinzipiell unterschieden, ist mit Descartes ‚cogito' gesetzt;[21] dieses ‚cogito' freilich schon gleich als ‚Zweifel' begriffen, und zwar als Zweifel eines individuell-konkreten Subjekts (Ich[22] zweifle (...), geht stets über die bloße Wahrnehmung, oder wie Kant sagt: ‚apperception', hinaus. Dieser ego-zentrische Anfang bekommt bei Sartre eine spezifische Wendung: durch das ‚cogito' kommt das ‚Nichts' und die Negation in die Welt;nicht als ein zeitliches Nacheinander, sondern als logisch vorausgesetzt, als ontologische Bedingung. Das Sein kann bei Sartre nur Gegenstand des ‚cogito' werden, weil es vom ‚Nichts' unterschieden ist, weil also, indem das ‚Sein' ist auch schon das ‚Nichts' sein muß. Das Logische vollzieht hier freilich das Ontologische nur nach, nicht, daß dieses durch jenes begründet wäre. Bei Sartre klingt das so:

> „(...) der Mensch ist das Sein, durch das das Nichts in die Welt kommt. Aber diese Frage ruft sofort eine andere hervor: was muß der Mensch in seinem Wesen sein, damit durch ihn das Nichts in die Welt kommen kann?"[23]

Sartre stellt Fragen, um sie zu beantworten, und die Antwort zeigt zugleich, daß Sartre sich selbst in jener Tradition sieht, die ihm schon beigemessen wurde:

> Dieser für die menschliche Realität bestehenden Möglichkeit, ein Nichts aus sich (sic!) hervorzubringen, was sie von anderem absondert, hat Descartes, nach den Stoikern, einen Namen gegeben: es ist die *Freiheit* (...)
> Die menschliche Freiheit geht dem Wesen des Menschen voraus und ermöglicht es, das Wesen des menschlichen Seins ist hineingehalten in dessen Freiheit. Was wir Freiheit nennen, kann also unmöglich vom Sein der ‚menschlichen Realität' unterschieden werden. Der Mensch ist keineswegs zunächst, um dann frei zu sein, sondern es gibt keinen Unterschied zwischen dem Sein des Menschen und seinem ‚Freisein'.[24]

Damit stellt sich sogleich die Frage, was denn die Freiheit wäre, wenn das Wesen des Menschen seine Freiheit oder besser sein ‚Freisein' sein soll. Sartre kommt darauf 500 Seiten später zurück, und er beginnt bei der Analyse von ‚Tätigkeit' als der ‚ersten Bedingung der Freiheit'. Wer nun erwartet hätte, daß sich hier vielleicht Verbindungen zur historisch-dialektischen Analyse des Gattungsmenschen bei Marx ergeben könnten, in der ja auch die Fähigkeit des Menschen, durch Praxis sich selbst und seine gesellschaftliche Existenz hervorzubringen und zu verändern, zentral gedacht und im gattungsgeschichtlichen Kontext das eigentliche Merkmal seiner Undeterminiertheit, seiner Freiheit ist, der sieht sich getäuscht. Sartre bleibt konsequent im Kontext seiner phänomenologischen Existenzialontologie, also vor aller Geschichte und vor aller historischen Konkretion von Praxis stecken. Ihn interessieren phänomenologisch die „in der Idee der Tätigkeit selbst enthaltenen Strukturen."[25] Es sind dieses nach langer Analyse im wesentlichen zwei: daß durch Tätigkeit grundsätzlich Veränderung erfolgt und daß Tätigkeit grundsätzlich intentional sein soll. Da es um anderes geht, kann ich die Kritik der zweiten These vernachlässigen, die mir im Hinweis auf viele Formen des alltäglichen Verhaltens, im Hinweis aufs ‚Unbewußte' sowie im Hinweis auf die objektiven Folgen nicht-intentionalen Handelns nahezuliegen scheint. Hier geht es um die Analyse von Freiheit als dem Da-Sein des Menschen. Sartre denkt hier so: Indem Handeln verändert und intentional ist, ist es notwendigerweise auch Negation von Bestehendem; damit diese Notwendigkeit eintreten kann, muß Freiheit herrschen. Es hätte hier auch der Begriff ‚Kontingenz' ausgereicht, um das logische Desiderat, das sich aus der geforderten Voraussetzung ergibt, zu erfüllen; aber Sartre will ja auf die ‚Freiheit' hinaus, sie als das ‚Dasein des Menschen' beweisen. Allerdings gibt es eine Stelle in den fast 800 Seiten, wo Sartre sich verrät, selbst von Kontingenz spricht, um sich sogleich zu korrigieren und den Mangel des logischen Nachweises zu verbergen, daß aus seiner Analyse des tätigen Menschen vielleicht die Notwendigkeit der Kontingenz seines Tätigkeitsraumes (das Seiende außer ihm), nicht aber gleich ‚Freiheit' erwächst. Es sei denn man meint es identisch, und unter Freiheit nur die subjektlose Offenheit des Da-Seins als eine Vielfalt von Möglichkeiten.[26] Dann aber hätte man den Zusammenhang von Subjekt und Freiheit aufgelöst und diese Art Freiheit zu einer Qualität der Welt, des Seienden überhaupt gemacht, was aber Sartre gerade nicht will.[27] Für ihn soll sich ja alles Seiende außerhalb der Freiheit des Subjekts gerade durch die Abwesenheit der Freiheit unterscheiden. Also muß man wohl schon um der Sartreschen Intentionen willen bei der ersten Interpretation verbleiben, die logische Notwendigkeit der Freiheitsbegründung aus der phänomenologischen Analyse von Tätigkeit also bestreiten.

Sartre läßt aber an den beabsichtigten Zielen seiner Überlegungen keinen Zweifel: aus der Fähigkeit des ‚cogito' zu zweifeln und mit dem jeweiligen Sein auch das Nichts denken zu müssen, soll die Freiheit begründet werden. Das liest sich im Ergebnis so:

> „Vom ersten Kapitel haben wir nachgewiesen, daß, wenn Verneinung durch die menschliche Realität zur Welt kommt, diese sein Sein sein muß, daß einen nichtenden

Bruch mit der Welt und mit sich selbst herbeiführen kann (...) Dann haben wir, von Analysen wie der der Unwahrhaftigkeit ausgehend, ermitteln können, daß die menschliche Realität ihr eigenes Nichts ist. ‚Sein' heißt für das Für-sich, das An-sich, das es ist, nichten. Unter diesen Umständen kann die Freiheit nicht anderes sein als diese Nichtung (...)".[28]

Und er fährt fort, und dabei wird noch einmal die oben schon angesprochene These von der gänzlich unhistorischen, vollständig subjektivistischen und über die Existenzialontologie vermittelten Freiheitsphilosophie Sartres[29] bestätigt:

„Schon aufgrund der Tatsache, daß ich Bewußtsein der meine Tätigkeit in Gang bringenden Anlässe habe, sind diese Anlässe für mein Bewußtsein transzendente Objekte, sind sie draußen; vergeblich würde ich versuchen, mich wieder an sie anzuhängen: ich entziehe mich ihnen gerade durch mein Dasein. Ich bin dazu verurteilt, für immer jenseits meines Wesens zu existieren, jenseits der Antriebe und Anlässe meines Tuns: ich bin dazu *verurteilt,* frei zu sein. Das bedeutet, daß wir für unsere Freiheit keine anderen Grenzen als sie selbst finden können oder, wenn man lieber will, daß wir nicht die Freiheit haben, aufzuhören, frei zu sein (...). (Dies zeigt,) daß die Freiheit in ihrem Grunde mit dem Nichts zusammenfällt, das im Menschen drinsteckt. Weil die menschliche Realität nicht genug ist, ist sie frei; weil sie fortwährend sich selbst entrissen wird und weil das, was sie gewesen ist, durch ein Nichts von dem getrennt ist, was sie ist und sein wird (...) Also ist die Freiheit nicht *ein* Sein: Sie ist das Sein des Menschen, das heißt sein Nichts an Sein (son néant d'être)."[30]

Also: weil der Mensch kein fertiges Sein ist und werden kann, weil er also immer Möglichkeiten hat, die sein jeweiliges Sein negieren, deshalb ist er frei; seine Freiheit liegt darin, daß er nicht so bleiben muß, ja bleiben kann, wie er ist, sondern daß er stets noch etwas wird, werden muß, was er noch nicht ist.

Kehren wir einen Moment zu der Ausgangsthese zurück, daß Philosophie ihre Wahrheit aus einer Erfahrung zieht, die sich in ihr bestätigt, und fügen wir meine These hinzu, daß wir es hier mit dem Dilemma einer praktischen Theorie ohne traditionelles historisches Subjekt zu tun haben,[31] so erscheinen mir die Vermittlungen zu den fünfziger Jahren recht plausibel. Der Erfolg dieser Philosophie, und um den handelt es sich ja mehr als um ihre autorenzentrierte individualitätsbezogene Genese, wird auf dem Hintergrund verständlich, wie in ihr die Freiheit des Subjekts als unveräußerlich proklamiert wird, geradezu so, daß auch die unmittelbar schlimmsten Erfahrungen mit der realen Auslöschung des Subjekts, die ja seiner bloßen Hinmetzelung oder Vergasung noch vorausgehen, daran nicht zu rütteln vermögen. Noch als Sklave des Faschismus, noch als Opfer des Brennofens und der Gaskammern bleibst du bis zum letzten Augenblick deiner Existenz frei; alles kann dir genommen werden, nicht aber die Negation, die in deiner bloßen Existenz liegt, solange du bist. Das ist die Erfolgsbotschaft dieser Philosophie in einer Zeit, in der die Menschen ihre konkrete Freiheit als gesellschaftliche und politische Subjekte durch die Niederlage des Faschismus zwar zurückbekommen glaubten, in der sich aber die Erfahrung gesellschaftlicher Entfremdung schnell als kontinuierlich erwies. Hier wird nicht die Kontinuität von Faschismus und nachfolgender Demokratie behauptet, sondern nur die Kontinuität der Erfahrung von Entfremdung in ihnen, auf die der Erfolg der Sartreschen Philosophie aufsitzt und die sie zum philosophischen Ausdruck bringt. Der Erfolg liegt nicht in der Verheißung, diese Entfremdung könne als gesellschaftlich konstituierte durch gesellschaftliche Aktion auch überwunden werden, sondern sie liegt in der Ontologisierung der Entfremdung zu einem unaufhebbaren Verhängnis:

„In einer Welt der Entfremdung erkennt sich der geschichtlich Wirkende niemals gänzlich in seinem Handeln wieder. Das besagt nicht, daß die Historiker ihn dabei nicht gerade *als* entfremdeten Menschen erkennen sollen. Wie auch immer: die Entfremdung steht am Ausgangs- und am Endpunkt: und der Handelnde vermag niemals etwas zu unternehmen, das nicht Negation der Entfremdung und ineins damit Rückfall in eine entfremdete Welt wäre; aber die Entfremdung des objektivierten Resultats ist nicht die nämliche wie zu Anfang. Der Übergang von der einen zur anderen definiert geradezu die Person.“[32]

Diese in den fünfziger Jahren im Dialog mit den Marxisten geschriebenen Sätze Sartres machen deutlich: Entfremdung ist ontologisch begründete Seinsweise des Menschen, unaufhebbar, unhistorisch. Was der Mensch auch tut, er produziert sie nur neu. Der Gebrauch seiner Freiheit, d.h., seiner Fähigkeit zur Negation des Bestehenden ist daher als unhistorisches Tun zu begreifen; es bringt keine Geschichte voran, kein Subjekt in ihr anderswohin, als wo es sich nicht immer schon befand. Nur für dieses selbst macht sein Tun und was es dabei von sich weiß einen Unterschied aus.[33] Hier liegt der Kern des aktivistischen Postulats von Sartre,[34] das sich aus der phänomenologischen Ontologie aber gerade nicht zwingend ergibt. Das Subjekt selbst kann in der Richtung seiner Negation und in deren Bewußtheit immer nur seine Freiheit bestätigen, die ihm als unveräußerliche Bedingung schon vorausgesetzt ist, aber es kann zugleich auf die gesellschaftlichen Verhältnisse einwirken, die ein historisch und ontologisch nicht notwendiges Ausmaß von Entfremdung bedingen. Hier, unter philosophisch-systematischen Gesichtspunkten gesehen, sehr spät erst, schwenkt Sartre in einen Kurs ein, der in gewissem Sinne mit dem Marxismus parallel verläuft. Die soziologische Analyse von Entfremdung, die sich kapitalistischen Strukturen verdankt, wird von ihm übernommen, deren Überwindung in einer sozialistischen Ordnung wird als notwendiger Schritt zur Humanisierung gesellschaftlicher Beziehungen begriffen — aber die ontologisch begründete Existenzweise als ein ins Dasein geworfenes, zur Freiheit wie zur Entfremdung verurteiltes Wesen bleibt davon ganz unbenommen. Es fehlt Sartre, um es kurz zu sagen, die Vorstellung von der Versöhnung, wie sie als philosophischer Dreh- und Angelpunkt im objektiven Idealismus Hegels, im historischen Materialismus Marx'[35] wie in der Kritischen Theorie nach der ‚Dialektik der Aufklärung' als Perspektive der Geschichte mit ganz unterschiedlichem Stellenwert aber identischem Gewicht vorhanden ist. Es fehlt diese Vorstellung, weil sowohl die Konstitution der Freiheit wie auch die Ubiquität der Entfremdung nicht als historisch-gesellschaftliches Dilemma im Widerspruch zwischen Subjekt und Gesellschaft, sondern in der Existenzweise des Subjekts selbst ontologisch, d.h. unaufhebbar begriffen werden. Der Einzelne kann damit nur für sich selbst Subjekt sein, er kann es, nach allem was wir gehört haben, gar nicht *nicht* sein, und er ist es nicht im Kontext einer Philosophie der Geschichte, die vom Widerspruch zwischen Individuum und Gesellschaft sowie von der Möglichkeit seiner Aufhebung handelt.[36]

Ganz anders die Kritische Theorie, bei der nur auf den ersten Blick das Subjekt, der Einzelne, denselben philosophischen Zentralplatz besetzt. Der Kontext aber verschiebt die Gewichte; letztlich verweist die Gemeinsamkeit von Kritischer Theorie und Existenzialismus, wenn sie von der Freiheit des Subjekts sprechen, auf gänzlich verschiedenes. Das wird schon an den wenigen Bemerkungen deutlich, in denen sich etwa Adorno kritisch auf Sartre bezieht: die idealistische Grundlage, das dezisionistische Tat- und Politikverständnis wird trotz aller offenkundigen Sympathie gegenüber den Inhalten des politischen Engagements scharf betont.[37] Die Kritik am Existenzialismus, an dessen Theorie vom Subjekt als vom Menschen gipfelt im Vorwurf der Ontologie als verfehlter Philosophie von Geschichte und Praxis.

„Das absolute Subjekt kommt aus seinen Verstrickungen nicht heraus: die Fesseln, die es zerreißen möchte, die der Herrschaft, sind eins mit dem Prinzip absoluter Subjektivität (...) Der Existenzialismus befördert das Unvermeidliche, das bloße Dasein der Menschen, zu einer Gesinnung, die der Einzelne wählen soll ohne Bestimmungsgrund der Wahl, und ohne daß er eigentlich eine andere Wahl hätte. (...) Ideologisch ist die heute (...) populäre Frage nach dem Menschen darum, weil sie der puren Form nach das Invariante der möglichen Antwort, und wäre es Geschichtlichkeit selbst, diktiert. Was der Mensch an sich sein soll, ist immer nur, was er war: er wird an den Felsen seiner Vergangenheit festgeschmiedet. Er ist aber nicht nur, was er war und ist, sondern ebenso, was er werden kann; keine Bestimmung reicht hin, um das zu antizipieren.[38]

Schien es nicht eben bei Sartre anders, so als wäre die Kontingenz nach vorne, als Freiheit des Daseins des Menschen verstanden, eben jene nicht-antizipierbare inhaltliche Bestimmung der Negation, auf der Adorno besteht? Die Differenz liegt nicht in dem was Adorno zuletzt sagt, sondern in dem womit er beginnt: die Rede vom historischen Gattungsmenschen begreift diesen als Ergebnis geschichtlicher Selbstzeugung, unabgeschlossen und nur im begrenzten Kontext einer jeweils historisch erreichten Weltsicht abschließbar, und sie begreift den Menschen nicht als in die ontische Vereinzelung ‚geworfenes' oder ‚gestelltes' Individuum mit historisch invarianten Existenzialien wie Liebe, Tod und Freiheit. Das Subjekt ist vielmehr vermittelte Totalität historischer Gesellschaft:

„Ist das Individuum gesellschaftlich vermittelter Schein, so auch dessen erkenntnistheoretische Reflexionsform. (...) Gesellschaft ist vor dem Subjekt. Daß es sich verkennt als vor der Gesellschaft Seiendes, ist eine notwendige Täuschung und sagt bloß Negatives über die Gesellschaft.[39]

Und ebenso gesellschaftlich und historisch wird die Freiheit bestimmt:

„Ehe das Individuum in dem für Kant selbstverständlichen, neuzeitlichen Sinn sich bildet, der nicht einfach das biologische Einzelwesen, sondern das durch dessen Selbstreflexion als Einheit erst konstituierte meint, das Hegelsche ‚Selbstbewußtsein', ist es anachronistisch von Freiheit, von realer wie von geforderter zu reden. (...) Das Übel ist nicht, daß freie Menschen radikal böse handeln, so wie über alles von Kant vorgestellte Maß hinaus böse gehandelt wird, sondern daß es noch keine Welt ist, in der sie, wie es bei Brecht aufblitzt, nicht mehr böse zu sein brauchten. Das Böse wäre demnach ihre eigene Unfreiheit: was Böses geschieht, käme aus ihr. Gesellschaft bestimmt die Individuen, auch ihrer immanenten Genese nach, zu dem was sie sind; ihre Freiheit oder Unfreiheit ist nicht das Primäre, als das sie unterm Schleier des principium individuationis erscheint."[40]

Hier also nun vollständig ausformuliert die schon angesprochene, schon andeutungsweise kritisierte These von der ‚totalen Vergesellschaftung': „Gesellschaft ist vor dem Subjekt. (...) Gesellschaft bestimmt die Individuen (...) zu dem, was sie sind." Leicht könnte hier angesichts der Abstraktheit der Begriffe ein falscher Eindruck entstehen: *die* Gesellschaft bestimmt *das* Individuum.[41] So ist es aber nicht. *Diese* Gesellschaft ist zwar über die Produktions- und Tauschverhältnisse total vermittelter Zusammenhang, nichts steht außerhalb ihrer vermittelten Totalität, aber in einer unversöhnten Gesellschaft heißt Totalität nicht, kann sie nicht heißen: *Einheit.* Diese Totalität ist eine von stets reproduzierten Widersprüchen, nicht zuletzt vom Widerspruch zwischen dem was im Individuum, im Subjekt an Allgemeinheit, was in der geschichtlichen Totalität der Gesellschaft an Partikularem teils angelegt, teils kraft geschichtlicher Herrschaft dominant ist. Auch daß Gesellschaft vor dem Subjekt sei und dieses bestimme, ist gegenwärtig dialektisch aus der Einheit dieser Widersprüche zu begreifen, so daß in einer Gesellschaft, in der sich das Partikulare über das Allgemeine zwingt, kraft Produktionsverhältnis und vermittelt über den Tausch, die Reflexion des Allgemeinen noch als das Negierte bloß im individuellen Subjekt aufbewahrt werden kann, sofern es als Anspruch einmal historisch erworben wurde:

„Das Individuum überlebt sich selbst. Bei seinem Residuum aber, dem geschichtlich Verurteilten, ist allein noch, was nicht der falschen Identität sich opfert. Seine Funktion ist die des Funktionslosen; des Geistes, der nicht einig ist mit dem Allgemeinen und darum ohnmächtig es vertritt. Nur als das von der allgemeinen Praxis eximierte ist das Individuum des Gedankens fähig, dessen verändernde Praxis bedürfte. (...) Durch Erfahrung und Konsequenz ist das Individuum einer Wahrheit des Allgemeinen fähig, die dieses, als blind sich durchsetzende Macht, sich selbst und den anderen verhüllt."[42]

Konkret gesagt: wo der historische Prozeß, wie oben bei Horkheimer schon für 1936/37 konstatiert, zur Zerstörung des traditionell als die absolute Negation des Bestehenden gedachten historischen Kollektiv-Subjekts fortschreitet, verschwindet mit ihm nicht zugleich der historische Anspruch, der damit einmal in der Welt war, aus der Geschichte. Er bewahrt sich in der Theorie auf, und er ist verwiesen aufs theoretisch reflektierende Subjekt, das es in diesem historischen Sinne besser weiß. Freilich ist dies die Preisgabe des praktischen

Anspruchs, der doch ebenso sehr wie das mögliche Glück der Menschen in einer freien Gesellschaft in ihr aufbewahrt war. Jedenfalls temporär, wie Adorno schreibt:

„Der gängige, aus den Feuerbachthesen extrapolierte Einwand, das Glück des Geistes sei inmitten des ansteigenden Unglücks (...) unerlaubt, hat gegen sich nicht bloß, daß er meist aus der Impotenz eine Tugend macht. (...) Daß an Erkenntnis, deren mögliche Beziehung auf verändernde Praxis zumindest temporär gelähmt ist, auch in sich kein Segen sei, dafür spricht vieles. Praxis wird aufgeschoben und kann nicht warten; daran krankt auch Theorie. Wer jedoch nichts tun kann, ohne daß es, auch wenn er das Bessere will, zum Schlechten auszuschlagen drohte, wird zum Denken verhalten. (...) Dessen Horizont muß keineswegs der einer durchsichtigen Beziehung auf später mögliche Praxis sein. (...) Was einmal einer besseren Praxis obliegt und zuteil wird, kann Denken, der Warnung vorm Utopismus gemäß, jetzt und hier so wenig absehen, wie Praxis, ihrem eigenen Begriff nach, je in Erkenntnis aufgeht. (...) Das Verzweifelte, daß die Praxis, auf die es ankäme, verstellt ist, gewährt paradox die Atempause zum Denken, die nicht zu nutzen praktischer Frevel wäre. Dem Denken kommt heute ironisch zugute, daß man seinen eigenen Begriff nicht verabsolutieren darf: es bleibt als Verhalten, ein Stück Praxis, sei diese sich selbst noch so sehr verborgen.“[43]

Fazit: wo, wie eingangs behauptet, Philosophie Antwort auf Erfahrung ist und nur als solche wahr, da haben wir hier auf eine sehr ähnlich definierte geschichtliche Erfahrung nach dem Zweiten Weltkrieg zwei sehr verschiedene Antworten. Die eine geht vom Verlust des historischen kollektiven Subjekts unmittelbar über auf ein anderes, begreift dieses freilich nicht mehr im Kontext befreiender Geschichte, sondern im Verhältnis unaufhebbarer Entfremdung. Veränderung ist in dem angelegt und intendiert, aber sie geht, um es mit einem Wort von Adorno zu sagen, perennierend nur aufs existenziell immer Gleiche aus. Die andere, die Kritische Theorie gibt mit dem Verlust des konkreten historischen Subjekts den geschichtlichen Anspruch auf gesellschaftliche Versöhnung nicht ganz auf,[44] sie orientiert von daher die Kritik des Bestehenden; dem Einzelsubjekt kommt dabei „temporär“ die Funktion des Verwesers zu, der den Platz des historischen Subjekts im kritischen Bewußtsein besetzt hält, den Anspruch verkörpert und als kritische Reflexion tradiert, ohne doch selbst historisches Subjekt werden zu können.

Beide Philosophien beziehen ihre ungebrochene Aktualität aus der Kontinuität der Situation, in der ein historisches Subjekt fehlt: dabei ist aber in der kritischen noch der Gedanke ihrer Aufhebung vorgestellt. Wenn sie, wie Hans-Jürgen Krahl einmal feststellte, um die Trauer des bürgerlichen Subjekts, daß es nicht so bleiben konnte, wie es einmal war, zentriert ist, so ist in ihr doch auch noch eine Hoffnung übermittelt, daß dessen auf Glück und Allgemeinheit gehende Tendenzen einst ‚aufgehoben‘ werden könnten. Vielleicht aber muß zuvor die Vorstellung eines historischen Subjekts, als kollektivem Demiurg dieser Aufhebung als rational-aufgeklärte Machtphantasie bürgerlicher Emanzipation begriffen werden, die noch in deren Negation, dem Proletariat und seinen Denkern, wirkte. Die Möglichkeit über das Bestehende hinaus eine Zukunft zu denken, bleibt in den Fesseln des Paradoxes gebunden, daß Subjekte mit der Hoffnung auf Versöhnung die Notwendigkeit ihrer Aufhebung selbst zu denken haben.

8. Parteilichkeit im Kalten Krieg
Lukács über Sartre. Zum Verhältnis von Marxismus, Existenzialismus und Ontologie

Der verpaßte Dialog

Zwischen Lukács und Sartre hat ein wirklich philosophischer Austausch nie stattgefunden, obwohl sie beide in philosophischer und politischer Hinsicht erstaunliche Gemeinsamkeiten und Ähnlichkeiten aufweisen, wenn man ihr jeweils umfangreiches Werk *unhistorisch* und *systematisch* auf Probleme und Grundlagen durchsieht: für beide spielen Fragen der Ontologie, des Marxismus — hier wiederum die der Praxis und Entfremdung —, der Ethik und der Ästhetik eine zentrale Rolle in ihrem philosophischen Werk, für beide ist die individuelle und kollektive Haltung der Intelligenz, die Frage des politischen Engagements des Philosophen im 20. Jahrhundert, ja ganz konkret das individuelle Verhältnis zur kommunistischen Weltbewegung eine Zeit lang von konstitutiver Bedeutung — und in nicht wenigen Aspekten kommen sie zu erstaunlich gleichgerichteten und inhaltlich verwandten Positionen.

Und doch ist das vorherrschende Bild einer tiefen Kluft und wechselseitigen Ablehnung bei aller gelegentlichen Überzeichnung nicht ohne Berechtigung; kaum jemanden hat Lukács, in Sachen ideologischer Auseinandersetzungen gewiß niemals zimperlich, jemals so heftig angegriffen, ja denunziert, wie Sartre in seinen Schriften aus der zweiten Hälfte der vierziger Jahre, während Sartre in jenen Schriften, die eine große Problemnähe zu den Werken von Lukács aufweisen, ihn so selten und beiläufig erwähnt, daß man davon sprechen kann, er habe ihm die kalte Schulter gezeigt.

Diese eigentümliche und seltene Mischung von Gemeinsamkeiten und — jedenfalls von der einen Seite — heftigster Ablehnung und Kritik wird nur verständlich, wenn man eine *zeitliche* Dimension in die Darstellung des wechselseitigen Verhältnisses einbringt und sich klar macht: in den entscheidenden Fragen waren Lukács und Sartre sich kaum jemals *zum gleichen Zeitpunkt* philosophisch nahe oder politisch auf einem ähnlichen Standpunkt; Sartres überraschendes und heftiges Engagement an der Seite der KPF und im Kontext der kommunistischen Weltfriedensbewegung dauert zu Beginn der fünfziger nur vier Jahre[1] und kommt fast fünfunddreißig Jahre später als der „Klassenverrat" des freilich auch früher geborenen Lukács, der ihn für den Rest seines langen Lebens, bei allen subtilen Schwankungen, an die Seite der Sowjetunion und der kommunistischen Weltbewegung stellt. Lukács Kritik an Sartre stammt selbstverständlich nicht aus dieser kurzen Zeit politischer Gemeinsamkeit — aber so, wie er, der nun mit Sartre auf dem Kongreß der Weltfriedensbewegung in Wien shake-hands als comrads austauscht, seine Anti-Sartre-Aufsätze nicht wieder aus der Welt schaffen kann, so jener nicht seine Attacken gegen die sowjetischen Straflager und Unrechtsprozesse sowie den „zum bloßen Idealismus, ja zur Metaphysik verkommenen Marxismus der Kommunistischen Partei", von dem sich gewiß auch Lukács getroffen fühlen konnte, falls er sich jemals von „bürgerlicher" Kritik betroffen gefühlt haben sollte. Und da beide — auch dies natürlich eine Gemeinsamkeit — in großen Phasen ihres Lebens dazu tendierten, als *engagierte Philosophen* ihre publizistische Tätigkeit und die generelle Tendenz ihres philosophischen Werkes in den Dienst ihres Engagements zu stellen, überwiegt in der Rezeption zu Recht der Eindruck von Gegnerschaft und Polemik.[2]

In diesem begrenzten Beitrag geht es eingedenk der angesprochenen Problematik nicht um einen systematischen Lukács-Sartre-Vergleich, sondern Thema ist die Sartre-Kritik von Lukács[3] bis zum Beginn der fünfziger Jahre sowie die wenigen Bemerkungen, die Lukács später in seiner Ontologie Sartre widmet; auch wenn von Sartre zu reden sein wird, so bleibt Lukács das Thema. Interessant ist diese Kritik im Hinblick auf die Entwicklung von Lukács späterem Werk, vor allem seiner Ontologie. War es doch nicht zuletzt die Ontologie Sartres, die Lukács grundsätzliche, ja prinzipielle Kritik herausforderte und seine Polemik anstachelte. Marxismus(-Leninismus) und Ontologie und erst recht Existenzialismus schlossen sich für den Lukács der Sartre angreift und kritisiert prinzipiell aus wie Feuer und Wasser, oder besser noch, wie Fortschritt und Reaktion in der Weltgeschichte. Und dann beginnt der alte Lukács selbst auf Umwegen mit der Niederschrift „seiner" Ontologie — zu einer Zeit, als Sartre „seine" Synthese von Ontologie und Marxismus bereits vorgelegt hat, so daß Lukács darauf hätte eingehen können; wie sich zeigen wird, bleibt er bei seiner *philosophischen* Kritik, ohne sie freilich durchzuführen und zu begründen. Ging es in seiner eigenen, späteren Ontologie also um etwas anderes, trotz der Verwendung des gleichen Wortes? Oder waren grundsätzliche Positionen von Lukács, die ihn früher zur Kritik gebracht hatten, geräumt und modifiziert? Gibt es vielleicht zwei Wege für das eine Problem? Ist die heftige Polemik von Lukács etwa nur politisch bedingt gewesen und ändert sich mit der politischen Haltung Sartres Lukács philosophisches Urteil?

Viele dieser Fragen werden im Folgenden eher explorativ aufgeworfen als systematisch abschließend beantwortet. In meinem Beitrag gilt auch nicht die parteiliche Entweder-oder-Logik von Lukács, das Nullsummenspiel zwischen Kritik und Zustimmung in entsprechenden Beiträgen: die hier teilweise vorzutragende Kritik an Lukács impliziert nicht automatisch eine Rechtfertigung von Sartre — ja diese von Lukács aus seinen außerwissenschaftlichen, politischen Positionen her reklamierte und in die fachphilosophische Diskussion implizierte Freund-Feind-Logik soll mit zum Problem werden. Mit ihr stellt sich, gerade heute angesichts der überall zu beobachtenden Verunsicherung jeglicher Art engagierten Denkens eine Frage, die über den historischen Anlaß und Kontext hinausweist. Lukács wie Sartre waren zu bestimmten Zeiten für Generationen von Studierenden Idealtypen und Vorbilder des engagierten Philosophen und Intellektuellen. In beider Werk hat dieses Engagement peinliche Spuren eines *sacrifice intelectuel*[4], ja auch der jeweils beanspruchten ethischen und moralischen Maßstäbe hinterlassen; von einigen wird zu sprechen sein, nicht um damit die historische Bedeutung und Leistung nachträglich in Frage zu stellen oder sich „auf den Schultern von Riesen" auch noch moralisch aufzuspielen, sondern um zum Verständnis wenigstens einiger der Gründe beizutragen, die zu solchen Fehlurteilen und moralischen Anfechtungen geführt haben mögen und deshalb auch jetzt und in Zukunft eine Verführung und Gefahr für intellektuelles Engagement darstellen.

Lukács greift an

Der martialische Wortgebrauch ist kein Zufall und angesichts der Intention und des Vorgehens von Lukács in der zweiten Hälfte der vierziger Jahre vollauf gerechtfertigt. Lukács versteht in seiner dichotomischen Weltsicht diese Art von Beiträgen als seinen persönlichen Beitrag zum Kalten Krieg, die ideologische Auseinandersetzung ist für ihn Teil des internationalen Klassenkampfes, seine, die aktive Beteiligung des Philosophen ethische und politische Verpflichtung, philosophische Kritik und Polemik die spezifische Waffe des Gelehrten. Die Texte haben eindeutig propagandistische Funktion, wie fachgelehrt und — wie sich noch zeigen muß — philosophisch substantiell sie gleichwohl sind; sie verraten ein sich seiner selbst bewußtes und gewähltes instrumentelles Verhältnis von Politik (Klassenkampf) und Philosophie. „Die Philosophen haben die Welt nur interpretiert ..." — für Lukács kommt es seit langem darauf an, sie mit seinen Texten zu verändern. Was diesem Ziel dient ist auch im philosophischen Text gerechtfertigt; die persönliche Diffamierung und Denunziation geeignetes Mittel zum Zweck. Noch immer scheint der ‚kategorische Imperativ' der Weltrevolution aus „Taktik und Ethik" auch Lukács' persönliche Verhaltensmaxime zu sein:

> „Der wahre Maßstab (der sozialistischen Weltrevolution, M.G.) kann *nur* sein, ob das *Wie* des Handelns in einem gegebenen Fall zur Verwirklichung dieses Zieles, des Sinnes der sozialistischen Bewegung taugt ... Die Ethik wendet sich an den einzelnen, und als notwendige Konsequenz dieser Einstellung stellt sie vor das individuelle Gewissen und Verantwortungsbewußtsein jenes Postulat, daß er so handeln müsse, als ob von seinem Handeln oder von seiner Untätigkeit die Wendung des Schicksals der Welt abhinge, dessen Heraufkunft die aktuelle Taktik begünstigen oder verhindern muß. (Denn in der Ethik gibt es keine Neutralität und keine Parteilosigkeit ...)" (1975, 47 und 50, Hervorhebungen i.O.).

So war also offenkundig klar, worum es in einer Kritik an Sartre *nur* gehen konnte, nämlich um die Verteidigung des „realen Sozialismus", die Sowjetunion Stalins und der Moskauer Prozesse — offenkundig um jeden Preis, denn:

„Je mehr die ökonomische, politische und kulturelle Entwicklung den Sozialismus als Perspektive in den Mittelpunkt des Interesses rückt, desto mehr wird die Stellungnahme zur Sowjetunion ein Probierstein nicht nur für alle politischen, sondern auch für alle weltanschaulichen Fragen" (1951, 119).[5]

Und gegen Sartre und Konsorten wird klargestellt, was im Übrigen für alle hier zitierten Texte ohne weitere Erläuterung gilt, daß Lukács, wann immer er vom „Sozialismus" redet, die Sowjetunion meint. In dieser Phase, in diesen Texten ist die Deckung zwischen Ideal und Wirklichkeit so groß, daß kein Barthaar von Marx dazwischen passen würde:

„Es konnte vor 100, ja vielleicht noch vor 50 Jahren bei einem Intellektuellen eine für die ganze Struktur seines Denkens entscheidende Wendung bedeuten, wenn er sich zum Sozialismus überhaupt bekannte. In einer Periode aber, in der der Sozialismus 30 Jahre konkreter Entfaltung hinter sich hat, in einer Periode, in der es abstrakte ‚Bekenntnisse' zum Sozialismus von Hitler bis Tito, von Spengler bis Köstler gibt, besagt die abstrakte Proklamierung des Sozialismus als ‚Endziel' nichts oder so gut wie nichts. Die Wahl, vor die die gesellschaftliche Wirklichkeit unserer Zeit die ehrlichen Denker stellt, die ‚Situation', in der sie sich befinden, ist die, zum Sozialismus, so wie er wirklich existiert, so wie er sich in der Sowjetunion entwickelt hat und weiterentwickelt, konkret Stellung zu nehmen. Ein Standpunkt: ich bin für den Sozialismus, lehne aber den in der Sowjetunion ab, ... ein solcher Standpunkt hat ... ungefähr den moralischen Wert, als wenn eine Frau sagen würde: ich glühe vor Mutterliebe, ich bin eigentlich die verkörperte Leidenschaft der Mutterliebe — aber mein eigenes Kind lehne ich ab zu lieben, denn es hat krause Haare" (1951, 123).

Man fragt sich angesichts solcher gemeinen Insinuierungen, solcher durchsichtigen polemischen Tricks, solcher Geschmacklosigkeiten, ob man Lukács wirklich noch einen Meister der Polemik nennen darf. Klar wird in diesen wünschenswert eindeutigen Stellungnahmen, in denen Lukács durch die Zeitläufe ungebrochen sein moralisch und politisch *entscheidendes* Kriterium formuliert, daß es eine Legende wohlmeinender Lukács-Schüler und -Freunde ist, die davon rechtfertigend oder zumindest verständnisvoll spricht, Lukács' Stellungnahmen zur Sowjetunion reagierten auf die tödliche Bedrohung und auch moralisch zu rechtfertigende Alternative des nationalsozialistischen Angriffskrieges und Ausrottungsprogrammes gegen die Sowjetunion. Aber Hitler ist zum Zeitpunkt dieser und späterer Äußerungen längst besiegt, die bipolare Weltordnung, das „sozialistische Weltlager" etabliert und bei allem containment, ja roll-back der westlichen Kalte-Kriegs-Strategie doch nicht vergleichbar in seiner Existenz gefährdet. Und Lukács wußte ja von den Lagern, aus denen kaum einer wiederkam und um die Prozesse und Verfolgungen der dreißiger Jahre.[6] Mochte Stillhalten, ja Rechtfertigung während des Krieges *ein* ethisches Moment auf seiner Seite haben,nach 1945 lassen sich Aussagen und

Sätze, wie sie sich in der Kritik an Sartre und der Auseinandersetzung mit den französischen Existenzialisten finden, nur noch unter Berufung auf die dogmatisch durchgehaltene Position des oben wiedergegebenen ‚kategorischen Imperativs der Weltrevolution' begründen.

> Die „Moskauer Prozesse — was waren sie anderes als die Enthüllung des Wesens des Trotzkismus als Revolutionsverrat bis in das Banditen- und Spitzeltum hinein? Eine Enthüllung, in welcher das ‚nichtende Nichts' als das Wesen der Welt und Persönlichkeit der Trotzkisten als ihr vollendeter geistig-moralischer Bankrott, ihre ‚Situation' vis-à-vis de rien vollständig zum Ausdruck kam ... die Welt der bankrotten Bucharin, Rykow, Rakowskij, Jagoda". (1951, 122)

Es sind für Lukács die „blödesten Verläumdungen gegen die Sowjetunion ... deren Verbreitung nur eines Köstler würdig ist", die er den Existenzialisten vorwirft (1951, 118) und daß mit dem Bezug und Vergleich zu Arthur Koestler das unübersteigbare moralische Verdikt gesprochen ist, wird durch die zahlreichen Invektiven diesem gegenüber, die über das ganze Buch verteilt sind, deutlich.[7] Dienten die bisherigen Zitate — eine quantitativ kleine Auswahl aus der redundanten Polemik Lukács' — dem Nachweis, daß das Verhältnis zur Sowjetunion auch nach der endgültigen Niederlage des Nationalsozialismus und des internationalen Faschismus und in Kenntnis der verbrecherischen und unterdrückerischen Natur der Sowjetunion den „Probierstein" abgibt, so zeigen bereits die Eingangsbemerkungen des 1951 nachträglich von Lukács geschriebenen kleinen Vorwortes, worin Lukács die politische und moralische Rechtfertigung seiner Angriffe zu finden glaubt:

> „Heute hat sich der Existentialismus entschieden: er ist eine der wichtigen Ideologien der Konterrevolution geworden: die Verleumdung der Sowjetunion, die Verherrlichung der Titobanditen usw. sind heute entscheidende Momente seiner Publizistik. Freilich, auch heute noch unter der Maske einer ‚erhabenen Überparteilichkeit', eines ‚ehrlichen' Suchens nach einem ‚dritten Weg' zwischen USA und Sowjetunion. Heute handelt es sich um reine Heuchelei und Demagogie. Sartre und seine Schule sind zu literarischen Agenten des Imperialismus geworden" (1951, 5).

Zusammen mit der bereits früher zitierten Zusammenstellung von Hitler und Tito durch Lukács machen diese Eingangsbemerkungen seiner Auseinandersetzung mit dem Existenzialismus deutlich, daß neben dem Imperialismus selbst die Position des „3. Wegs", konkret in jenen Jahren, Titos Versuche eines nationalen und mit dem Selbstverwaltungsgedanken auch theoretisch-praktisch eigenständigen Sozialismusmodells den zweiten Hauptangriffspunkt von Lukács' Kritik abgeben. Auch hier liegt der Philosoph also ganz auf der aus Moskau vorgegebenen Linie und verschließt sich damit offenkundig aus Überzeugung gerade jenem grundlegenden Problem, aus dem heraus die meisten der französischen Existenzialisten und viele andere kritische Intellektuelle im Westen jener Jahre zu Anhängern irgendwelcher "3. Wege" wurden: ihr Antikapitalismus und nicht selten auch ihre fundamentale Kritik der „bürgerlichen Demokratie" stand den marxistisch-leninistisch begründeten Positionen von Lukács zumeist an Radikalität in nichts nach, nur daß sie eben aus unterschiedlichen Gründen, aber zumeist doch wenigstens auch wegen des seit langem unübersehbaren, kontinuierlichen und weder allein mit der Person Stalins erklärbaren noch angesichts der in der Sowjetunion etablierten Institutionen und Strukturen zufälligen und kontingenten Praxis brutaler Unterdrückung sich abfinden konnten.[8] Ihre Position des „3. Weges" konnte sich bei der gleichzeitigen Ablehnung „bürgerlicher Demokratie" und des Kapitalismus sowie der politischen Herrschaft der KPDSU in der Sowjetunion wenigstens theoretisch auf *einen normativ identischen* Gesichtspunkt berufen, nämlich den der politischen Freiheit und der Geltung der Menschenrechte, während Lukács, konsequent wie er argumentativ zu sein beansprucht, hier stets einen zweifachen Maßstab[9] anlegen mußte. Mit einer gewissen Zwangsläufigkeit ließ ja die ehrliche Verarbeitung der seit den dreißiger Jahren bekannten Fakten über die reale Situation in der Sowjetunion für Kritiker des Kapitalismus, die keinen Anlaß sahen, diese Kritik wegen jener Zustände aufzugeben, die Frage nach den anderen Möglichkeiten, nach 3., 4. und weiteren Wegen entstehen. Die Vehemenz mit der Lukács bis in seine letzten Schriften jenes dogmatische „tertium non datur" (K. Heinrich, 1981, passim) seiner politischen und philosophischen Existenz verteidigt und aufrechterhält (1987, 37 ff. und passim), *obwohl* er nach der von der Sowjetunion zusammengeschlagenen ungarischen Revolution und nach der Niederschlagung des „Prager Frühlings" „im Selbstbestimmungsrecht der Völker eine große, prinzipielle Frage der proletarischen Revolution, des sozialistischen Aufbaus" (1987, 114) zu erblicken gelernt hat, lädt zu einer jener Lukács so verhaßten psychologischen Deutungen ein, die hier aber unterbleiben soll. Fest steht, daß „Selbstbestimmung des Volkes" beim Aufbau des Sozialismus argumentativ zwangsläufig zur Position seiner früheren Feinde, zur Anerkennung polyzentrischer und pluralistischer Sozialismusentwicklungen führen müßte; aber Lukács scheut diesen Widerspruch nicht und bleibt bei seiner Ablehnung jeglichen Pluralismus bis in diese, auch als sein politisches Testament bezeichnete, Schrift (1987, 115).

Ich begnüge mich mit den zitierten Beispielen der politischen und moralischen Kritik, die Lukács gegen die Existenzialisten allgemein und Sartre im Besonderen vorbringt und wende mich der philosophischen Auseinandersetzung zu. Dabei ist mir bewußt, daß der Versuch einer Trennung methodische Probleme aufwirft, daß nicht zuletzt Lukács' beanspruchte Methode einem solchen Vorgehen heftigst widersprechen müßte. Allerdings können philosophische Einwände gegen den Existenzialismus ja auch dann substanziell sein, wenn die politisch-moralische Kritik, die Lukács damit verbunden hat, unhaltbar ist; und vor allem ermöglicht diese Vorgehensweise folgendes Gedankenexperiment: würde Lukács seine Kritik an Sartre lediglich weltanschaulich-politisch mit der Stellungnahme zur Sowjetunion (und zum Marxismus) begründet haben, also seine philosophische Kritik nur als Mittel zum Zweck betrachten, so könnten wir erwarten, daß er, nachdem er später politische Zustimmung zu Sartre, ja persönliche „Hochachtung" artikuliert, die Kritik entscheidend modifiziert, abschwächt oder gar unterläßt. Wir werden aber sehen, daß Lukács bei allen Problemen, die hier deutlich werden, wenigstens diesen Test *als Philosoph* besteht: seine Kritik an Sartre gilt bei aller späteren persönlichen Hochachtung für den neuen politischen comrad nahezu uneingeschränkt weiter.[10]

Lukács kritisiert den Philosophen Sartre

Die philosophische Kritik an Sartre rankt sich um die Motive Ungeschichtlichkeit statt historischem Materialismus, Idealismus statt Objektivität, Subjektivismus statt Klassentheorie, existenzielle Psychoanalyse statt Gattungsentwicklung, abstrakte Freiheit statt Sozialismus; Ungeschichtlichkeit, Idealismus, Subjektivismus, Psychoanalyse und abstrakte Freiheit konstituieren für Lukács die spezifische Variante von Sartres Existenzial-Ontologie. Nicht alle Einzelstränge der wortreichen und teils redundanten Kritik können hier verfolgt werden.

Von besonderem Gewicht ist für Lukács die Kritik an Sartres Begriff „abstrakter Freiheit" aus zwei Gründen: einmal versucht er nachzuweisen, daß Sartres Freiheitsbegriff lediglich als Kampfbegriff und demagogisches Instrument gegen die im realen Sozialismus verwirklichte sozialistische Freiheit, nicht aber als kritische Bestimmung der Unfreiheit im Kapitalismus beziehungsweise Imperialismus taugt und zweitens versucht er zu zeigen — und aus seiner manichäischen Weltsicht folgt das eine schon mehr oder weniger aus dem anderen —, daß die Beteiligung der Existenzialisten am antifaschistischen Widerstand gegen das nationalsozialistische Deutschland nicht darüber hinwegtäuschen könne, daß sie philosophisch letztlich dieselben Grundlagen wie die von ihnen bekämpften Feinde hätten und deswegen „objektiv-philosophisch" wehrlos seien und jederzeit die Seite wechseln könnten. Dabei konstruiert Lukács, in völliger Ignoranz gegenüber dem nichtkommunistischen Antifaschismus bürgerlich-demokratischer Provenienz, über die Niederlage des europäischen Faschismus von 1945 hinaus eine Kontinuität zwischen Nationalsozialismus und Faschismus einerseits und der westlichen Partei des Kalten Krieges andererseits, die zumindest latent faschistisch sei.

So eindeutig politisch der Zweck von Lukács' Kritik an Sartres abstraktem und bloß negativen Freiheitsbegriff ist und so sehr sich gerade bei diesem Thema zeigt, wie schwer die Trennung zwischen polemischer Auseinandersetzung und philosophischer Kritik ist, so wenig ist durch die Benennung der im Übrigen bei Lukács stets offen zu Tage liegenden Intention die Kritik selbst schon widerlegt. Lukács schreibt bei der „Frage von Freiheit und Notwendigkeit", die bei Hegel im Sinne einer dialektischen Vermittlung gegenüber einer bloß formalen Dualität bereits „gelöst" gewesen sei, stünde

> „jetzt wieder ein abstrakter, absoluter und in dieser seiner Absolutheit sinnlos gewordener Freiheitsbegriff einem starren und mechanischen Fatalismus gegenüber. Das se-

hen wir am deutlichsten bei Nietzsche[11], Spengler, neuerdings bei Sartre ... eben deshalb hat in den Weltanschauungskämpfen mit dem Faschismus einzig der dialektische Materialismus einen ernsten kämpferischen Widerstand geleistet. Der antifaschistische Humanismus bürgerlicher Ideologen hat zwar gegen einzelne Tatsachen des Faschismus, ja sogar gegen die barbarische Tatsache des Faschismus selbst Protest erhoben, aber er war nie imstande, der angeblichen Weltanschauung des Faschismus, dem zur Weltanschauung aufgeblähten irrationalistischen Mythos eine neue, echte progresssive Weltanschauung entgegenzustellen. Der französische Existenzialismus unterscheidet sich gesellschaftlich von dem präfaschistischen Heidegger darin, daß der erstere sein abstraktes ‚Nein' nicht zur ganzen Wirklichkeit der Krise ausspricht, sondern zum Faschismus ... Das ist kein Zufall. Denn der überwiegende Teil der antifaschistischen Denker ging in seiner Methode von der gleichen Position aus, von der der Gegner ausgegangen war ... Die bürgerliche Philosophie setzt ihren Weg dort fort, wo sie vor dem Faschismus stehen geblieben war" (1951, 31 und 32).

Philosophisch begründet Lukács seinen Vorwurf damit, daß die Phänomenologie Husserls und in ihrer Nachfolge ohne wesentlichen Unterschied Heidegger und Sartre

„alle gesellschaftlichen Elemente aus der gegenständlichen Analyse ausschaltet, das isolierte individuelle Bewußtsein dem angeblichen Chaos der Dinge und Menschen gegenüberstellen ... Die Phänomenologie und die aus ihr erwachsende Ontologie gehen *nur scheinbar* über den erkenntnistheoretischen Solipsismus des subjektiven Idealismus hinaus. Eine formell neugefaßte Fragestellung setzt den ontologischen Solipsismus an seine Stelle" (1951, 39, Hervorhebungen i.O.).

Darin stecken zwei sachliche Behauptungen, nämlich: fehlender Gesellschaftsbegriff und ontologischer Solipsismus. Die erste Kritik ist nach meinem Urteil zumindest problematisch, die zweite schlicht falsch.[12]

Problematisch ist die erste Kritik, weil Lukács selbstverständlich ein spezifisches, sein spezifisches Verständnis von „gesellschaftlich" zugrundelegt; zentral ist für Lukács hier die durch Arbeit sich geschichtlich vollziehende Selbsterschaffung der Gattung Mensch; der gesellschaftliche Prozeß in seinen jeweiligen, durch historische Produktionsverhältnisse bestimmten Formen ist stets nur eine Etappe dieser Selbsterzeugung und Entwicklung durch Arbeit.[13] Wenn Lukács Sartre und den anderen vorwirft, sie berücksichtigten „gesellschaftliche" Aspekte nicht, so meint er im philosophischen Zusammenhang dieses und weniger — was natürlich auch zutreffen würde und damit im Zusammenhang steht —, daß Sartre den konkreten Klassencharakter der kapitalistischen Produktionsverhältnisse in seiner Auswirkung auf die Lebensbedingungen der Menschen außer acht lasse.

Indem aber Lukács Sartre nur das Fehlen eines *bestimmten* Gesellschaftsbegriffes ankreidet und der Frage gar nicht nachgeht — was natürlich die undogmatische Perspektive der Revision eigener Ansichten mindestens als Möglichkeit berücksichtigen müßte —, ob Sartre über eine andere theoretische und begriffliche Grundlage von Gesellschaft verfügt, in die seine Analyse eingebettet ist, kann seine Kritik schon allein methodisch nicht überzeugen. Inhaltlich ist in jüngeren Analysen zurecht auf die Ähnlichkeit des Gesellschaftsbegriffs von Sartre mit den Arbeiten des amerikanischen Soziologen G.H. Mead hingewiesen worden, den Begründer des „symbolischen Interaktionismus", den Sartre nicht kannte (M. Suhr, 1987, 65). Sartres Existenzial-Ontologie der dreißiger Jahre beschäftigt sich ja intensiv mit den jeweiligen Beziehungen von Alter und Ego, oder von Subjekt und Subjekt, die sich, wie Sartre mit Hegel sagt, *zunächst* wechselseitig als Objekt erfahren und erst über die „Dialektik der Anerkennung" sowohl sich selbst als auch den anderen als Subjekt erkennen können, so wie das Hegel in der „Phänomenologie" erläutert hatte. Im Zentrum dieser Analysen stehen bei Sartre die die Beziehung zwischen den Subjekten konstituierenden und vermittelnden Verhältnisse wie Liebe, Sprache, Masochismus, Gleichgültigkeit, Sehnsucht, Haß, Sadismus. „Punkt. (Auch die Reihenfolge der Kategorien stammt von Sartre)", wie Lukács triumphierend feststellt (1951, 40), als läge in diesem Hinweis schon ein theoretisches Argument. Aber jede wirkliche Existenzbestimmung müßte nach Lukács natürlich logisch und historisch mit der Arbeit anfangen und hier fehlt sie scheinbar ganz.

Aber Vorsicht, Lukács, möchte man ihm zurufen, wenn man bei Sartre gleich zu Beginn des letzten Teils von „Das Sein und das Nichts" im Kapitel „Sein und Machen: die Freiheit" unter der Zwischenüberschrift „Die erste Bedingung der Tätigkeit ist die Freiheit" liest:

> „Es ist seltsam, daß man unabsehbar über den Determinismus und die Wahlfreiheit diskutiert, daß man Beispiele für beide Thesen anführen konnte, ohne vorher zu versuchen, die in der Idee der *Tätigkeit* selbst enthaltenen Strukturen explizit zu machen ... tätig sein heißt, daß *Antlitz* der Welt verändern, heißt über Mittel im Hinblick auf Zwecke zu verfügen, heißt ein werkzeug- und gebildeartiges Insgesamt hervorbringen, dergestalt, daß in der Reihe von Verkettungen und Verbindungen die Veränderung eines Kettengliedes Veränderungen in der ganzen Reihe herbeiführt ... Zunächst muß man nämlich darauf aufmerksam machen, daß die Tätigkeit grundsätzlich *intentional* ist" (1980, 552, Hervorhebungen i.O.).

Die Intention ist nicht determiniert, sie verfolgend greift die Tätigkeit in die bestehenden Kausalverhältnisse ein und verändert sie, neue schaffend. Marx spricht, von Lukács oft zitiert, von „Lebenstätigkeit", Lukács später in seiner Ontologie von „teleolgischer Setzung" durch die „neue Kausalitäten" geschaffen werden[14]— es bliebe einer sorgfältigen systematischen Analyse vorbehalten, zu prüfen, wie groß die theoretischen Differenzen hier zwischen Sartres Analyse der Tätigkeit und Lukács' späterer Ontologie tatsächlich sind. Lukács' Vorwurf von 1951, Sartre habe keinen Gesellschaftsbegriff, weil er die Analyse der Arbeit nicht zentral vornehme, beruht, vorsichtig gesagt, zumindest auf einer unzureichenden Auseinandersetzung mit Sartres Handlungstheorie, die, was bei dem gemeinsamen Bezug auf Hegel ja auch gar nicht verwundern kann, prima vista erstaunliche Ähnlichkeiten mit der späteren Fassung von Lukács aufweist.

Aber der andere Aspekt der Kritik, der Vorwurf der Geschichtslosigkeit ist damit noch nicht vom Tisch — und hier hat Lukács bessere Karten, wenn man mit mir ohne Weiteres unterstellt, daß keine Philosophie der Gesellschaft, auch keine Ontologie geschichtslos bleiben darf, will sie nicht Wesentliches verfehlen. Für eine historische Dimension finden sich aber in Sartres frühem Hauptwerk *keine* wesentlichen Anhaltspunkte und man muß wiederum nicht die für Lukács mehr oder weniger selbstverständlichen Implikationen — jedenfalls in dieser Phase seines Werkes — wie zum Beispiel die Annahme einer gesetzmäßigen Entwicklung und Teleologie des Geschichtsprozesses, teilen, um dieser Kritik zuzustimmen. Sartre selbst wird in seinem zweiten Hauptwerk diesem inzwischen von ihm zugestandenen Mangel abzuhelfen versuchen — so daß wir am Ende wiederum die Gemeinsamkeit von Lukács und Sartre sehen, die Marxismus, das heißt zumindest auch eine Theorie historischer Praxis, und Ontologie zusammenzubringen sucht. Freilich wird auch dann eine fundamentale Differenz bestehen bleiben, weil Sartre niemals die Geschichtlichkeit der menschlichen Praxis den ehernen Gesetzmäßigkeiten einer notwendigen Entwicklung unterworfen sieht, sondern ganz im Gegenteil in der prinzipiellen Kontingenz das Moment von Freiheit und Verantwortung aufspührt.

Bleibt Lukács Einwand des ontologischen Solipsismus; die Berechtigung eines solchen Einwandes würde als Beschreibung voraussetzen, daß Sartre tatsächlich das abstrakte, isolierte Individuum zum tragenden Bestandteil seiner früheren Schriften gemacht hätte und daß dies als Ansatzpunkt einer Gesellschaftstheorie oder philosophischen Bestimmung der Existenz der Menschen ungeeignet sei. Ich will das zweite hier zur Verkürzung der Argumentation einfach beiseite lassen[15], weil im gewissen Sinne schon bisher deutlich geworden ist, daß die Beschreibung, das heißt, Lukács Rezeption von Sartre einfach nicht stimmt. Wie schon früher angesprochen, konstituiert sich bei Sartre das Subjekt / Individuum dialektisch über die Vermittlung / Anerkennung des anderen; ohne diesen anderen gäbe es für das Für-Sich-Sein nur das von Satre sogenannte „praereflexive cogito", das von sich nichts weiß, sondern nur ist, wie der Schmerz (1980, 15 ff). Bewußtsein, das „reflexive cogito", das „Bewußtsein von Bewußtsein" (1980, 17) setzt aber den „Blick" eines anderen voraus (1980, 338 ff).[16] Der Einfachheit halber zitiere ich die schematisierende Zusammenfassung der Analyse von Hegels und Sartres Argumentation, wie sie M. Suhr herausgearbeitet hat. Zunächst stellt er fest, daß bei Sartre gilt:

„Der andere ist das Sein, durch das ich meine Gegenständlichkeit gewinne. Eine Objektivierung meiner selbst ist nur durch die Subjektivität eines anderen möglich ..." (1987, 76) und vice versa; man könnte eher von einem ontologischen Intersubjektivismus als von dem von Lukács polemisch behaupteten ontologischen Solipsismus reden. Dabei ergeben sich nach Suhr folgende Parallelen für die drei Schritte der „Dialektik der Anerkennung";

„1. Hegel: Das Selbstbewußtsein ist außer sich gekommen: Sartre: Der Blick entfremdet mich mir.
2. Hegel: Das Selbstbewußtsein muß sein Anderssein aufheben; Sartre: Ich lehne mein abgelehntes Ich ab, ich bestimme mich als Ich-selbst durch Ablehnung des abgelehnten Ich.

3. Hegel: Das doppelsinnige Aufheben seines doppelsinnigen Andersseins ist ebenso doppelsinnige Rückkehr in sich selbst; Sartre: In der Übernahme des entfremdeten Ich bestimme ich mich selbst als frei (— und mache den anderen zum Objekt)" (1987, 79).

Das muß genügen, um für diesen Zweck zu überzeugen, daß Lukács — aus welchen Gründen auch immer — Sartre hier in seiner Kritik entstellt.

Der Hauptpunkt für Lukács' polemische Kritik ist aber zweifellos die Auseinandersetzung mit Sartres angeblicher Vorstellung von Freiheit, die er „vollkommen irrational, unkontrollierbar, willkürlich" nennt; hier „gibt es weder einen moralischen Inhalt noch eine moralische Form, die als Magnetnadel, als Richtschnur dienen könnte" (1951, 54); den „gedanklichen Bankrott des Sartreschen Freiheitsbegriffs" sieht Lukács schließlich in „Frivolität", in „Zynismus" münden (1951, 57). Und doch findet sich inmitten dieser maßlosen Philippika, die trotz aller denunziatorischen Beschimpfung kaum ein echtes Argument vorbringt und sich mit wenigen zum Teil absurd aus dem Zusammenhang gerissenen Zitaten von Sartre begnügt, eine Kritik, mit der man sich deshalb kaum argumentativ auseinandersetzen kann, überraschend die *einzige* positive Bemerkung von Lukács über die Philosophie Sartres:

„Wo ist nun aber bei Sartre dieses relativ berechtigte Moment? Unzweifelhaft in der Betonung der Entscheidung des Individuums, des individuellen Entschlusses, dessen Wichtigkeit der bürgerliche Determinismus und der vulgäre Marxismus gleichermaßen zu unterschätzen pflegten. Jede gesellschaftliche Tätigkeit setzt sich aus Handlungen von Individuen zusammen, und so entscheidend in diesen ihren Entschlüssen auch die wirtschaftliche Grundlage sein mag, so kommt dies, wie Engels oft hervorhebt, nur ‚letzten Endes' zur Geltung. Das bedeutet, daß für die Entschließungsmöglichkeit der einzelnen Menschen immer ein gewisser konkreter Spielraum existiert, in dem dann die Notwendigkeit der Entwicklung in der Mehrzahl der individuellen Entschließungen früher oder später auch zur Geltung kommen wird ... Die Hauptrichtungen der Entwicklung sind auch hier vorauszusehen ... Die Notwendigkeit der Entwicklung setzt sich immer über innere und äußere Zufälligkeiten durch" (1951, 55).

Diese Passage verdient besondere Beachtung, nicht nur, weil Lukács hier gewissermaßen für einen Moment die manichäischen Freund-Feind-Linien des ideologischen Klassenkampfes verwischt und sicher beabsichtigt einen Schlag nach hinten, in die eigenen Reihen führt, sondern auch und für uns bedeutsamer, weil Inkonsistenz und Schranke von Lukács' *eigenem* Freiheitskonzept hier für einen Moment aufblitzen. Lassen wir die Überlegung beiseite, welche bürgerlichen Philosophien, die eben noch unentwegt des Zufalls, der Willkür, des Dezisionismus[17], des Irrationalismus, der abstrakten Freiheit geziehen wurden, gemeint sein könnten, wenn nun beiläufig vom „bürgerlichen Determinismus" die Rede ist, von dem man bei Lukács noch nie etwas hörte; ich glaube, auf diesen Teil des Satzes kommt es Lukács gar nicht an, denn am „berechtigten Moment" von Sartres Freiheitsbegriff kann ihn ja nur das interessieren, was für die eigene Seite Gewinn und Korrektur verspräche. Daß Lukács beim „vulgären Marxismus" nicht an sich selber denkt, dürfte auch ohne weiteres klar sein. Wichtiger aber als die Frage, an wen er dabei gedacht haben könnte, ist der Hinweis, den Lukács uns beiläufig auf seine eigene Konzeption gibt: „Die Notwendigkeit der Entwicklung setzt sich immer über innere und äußere Zufälligkeiten durch", *immer* also ist das Ergebnis des Entwicklungsprozesses festgelegt und natürlich für die, die den rechten Gebrauch vom Marxismus-Leninismus machen, wozu sich Lukács rechnen dürfte, auch „vorauszusehen". Und die Freiheit, die Entschlüsse, die den Handlungen von Individuen zugrunde liegen, können sie den Lauf der Dinge nicht ändern? Logisch, daß hier nur eins von beiden gelten kann und klar, daß Lukács die Priorität, die „letzte Instanz" bei der Notwendigkeit, bei der gesetzmäßig ablaufenden Geschichte und nicht bei der Freiheit sieht. Diese Konzeption von „Freiheit" möchte man „kleine Freiheiten" nennen, die sich die Individuen für ihre individuellen Handlungen nehmen können, ihre große, ihre eigentliche, ihre durch den Marxismus-Leninismus eines Lukács aufgeklärte Freiheit besteht in der Einsicht in die Notwendigkeit der Entwicklung zum Sozialismus. Wie sagte doch ein andrer weniger großer Repräsentant des Marxismus-Leninismus: „Den Sozialismus in seinem Lauf hält weder Ochs noch Esel auf..."

So wird also nun im Zusammenhang deutlich, was der abstrakte Vorwurf Lukács' bedeutet, bei Sartre würde die bei Hegel schon einmal erreichte Vermittlung von Freiheit und Notwendigkeit zugunsten eines schlechten Dualismus wieder preisgegeben: die „Notwendigkeit" bei Hegel ebenso wie bei Lukács steht für die Annahme eines unabhängig von der kontingenten Praxis handelnder Menschen preadeterminierten teleologischen Geschichtskonzepts, bei Lukács in Gestalt eines dogmatischen Glaubens an die Zwangsläufigkeit des Übergangs vom Kapitalismus zum Sozialismus im konkreten Sinne der marxistisch-leninistischen Konzeption von Gesetzmäßigkeiten der Formationsabfolge.[18] Ebenso wie bei dem um ethische Fundierung bemühten bereits angesprochenen „kategorischen Imperativ" vom Beginn der zwanziger Jahre kann man auch seine Freiheitskonzeption nur als eingebettet und begrenzt durch diesen geschichtsphilosophischen Dogmatismus begreifen. Der Vorwurf an Sartre, er habe einen „absoluten, willkürlichen Freiheitsbegriff" ohne Berücksichtigung der „Notwendigkeit", die sich aus der Gesellschaft ergäbe, lautet ins Konkrete übersetzt, Sartre anerkenne nicht den gesetzmäßigen Verlauf der Geschichte — ein „Vorwurf", der in seinem Sachgehalt, wie schon bemerkt zutreffend ist, dessen pejorative Intention sich freilich — nicht erst heute, nach dem Zusammenbruch des „realen Sozialismus" — gegen Lukács, gegen seinen eigenen Dogmatismus zurückwendet.

Bleibt immer noch der Vorwurf, Sartre habe deswegen einen „absoluten, willkürlichen Freiheitsbegriff", weil bei ihm keine moralischen Implikationen, sondern nur, wie schon erwähnt, „Frivolität" und „Zynismus" sichtbar würden. Zu diesem „Ergebnis" kann Lukács nur aufgrund einer Manipulation kommen. Sartre entwickelt im Schlußteil von „Das Sein und das Nichts" das Problem der Freiheit in drei aufeinander aufbauenden Schritten: zunächst in Ablehnung jeglicher Form von Determination durch den Nachweis, daß die untrennbar zur Tätigkeit, zur Handlung gehörende „Intention" keiner Kausalität unterliege, „sie kann nur Überschreiten des Gegebenen auf ein zu erlangendes Ergebnis hin sein" (1980, 605), was natürlich sehr an Lukács' spätere eigene Konzeption von der „teleolo-gischen Setzung" erinnert; durch die Verwirklichung von Intentionen in Handlungen kommt — selbstverständlich nicht immer — Neues in die Welt, Veränderungen, die sich in die Kette der Kausalitäten einfügen und ihnen natürlich danach auch unterliegen, die aber zunächst einmal auf einer „Wahl" beruhen, von der Sartre — und das sind die Partien, die Lukács aus dem Zusammenhang gerissen gegen ihn ausspielt — sagt, sie sei „immer ohne Vorbedingungen" und „absurd" (1980, 607). Sartre argumentiert hier auf der ersten Stufe des unvermittelten „Für-sich", auf der die Freiheit zu wählen auch ein Zwang ist; *darin* — und nicht wie Lukács aus Unverständnis oder Absicht immer unterstellt — nämlich in dem Zwang zu wählen, der doch gleichzeitig die Freiheit des Für-sich also des *zunächst* noch ganz vermittlungslos betrachteten seienden einzelnen ist, besteht nach Sartre die Absurdität: der Zwang zur Wahl, zur Freiheit ist die ontologische Struktur, jene „Geworfenheit in die Freiheit", die Lukács, wohl allein schon wegen der heideggerschen Konnotationen so erregt.

„Für den Augenblick genügt uns die Feststellung, daß die menschliche Realität sich wählen kann, wie sie es versteht, aber daß sie nicht an sich nicht wählen kann, sie kann sich nicht einmal weigern zu sein: der Selbstmord ist nämlich Wahl und Bejahung: des Seins. Durch dieses Sein, das ihr *gegeben* ist, nimmt sie an der allgemeinen Kontingenz des Seins Teil und dadurch an dem, was wir Absurdität nannten. Diese Wahl ist absurd, nicht weil sie ohne Grund ist, sondern weil es keine Möglichkeit gab, nicht zu wählen" (1980, 607).

Lukács' Manipulation liegt darin, daß er unterstellt, daß Sartre behaupte, die Wahl des Individuums in der *konkreten* Handlung erfolge „ohne Vorbedingungen", sei willkürlich wegen der von Sartre ja behaupteten „Absurdität", wo für Lukács auf *dieser* Ebene doch, wie wir gesehen haben, die Einschränkung und Bestimmung des Handelns durch die gesellschaftlichen Verhältnisse und deren unterstellte Entwicklung als vernünftig und gut das entscheidende Merkmal der condition humaine sind. Wenn Sartre an dem Grenzfall des Selbstmordes verdeutlicht, daß sich auch in ihm die Seinsvoraussetzung des Wahlzwanges unvermeidlich ausdrücke, also die „ontologische Freiheit", so dreht ihm Lukács polemisch einen Strick daraus, indem er immer wieder insinuiert, hier zeige sich das sinnlos gewordene Schicksal einer auf der falschen Seite des Kampfes stehenden Intelligenz gerade darin, daß sie den Selbstmord als Verwirklichung der Freiheit propagiere (1951, 49 ff und 58 ff).

Wenn Lukács, um ihn mit seinen manipulierten Argumenten noch einmal in anderer Form zu zitieren, seine Grundthese, daß Sartre das Individuum völlig isoliert von den anderen Menschen und den objektiven Bedingungen, die es gesellschaftlich vorfindet, betrachtet, sagt,

„er leugnet den wahren Zusammenhang des Individuums mit der Gesellschaft; er macht aus den den Menschen umgebenden dinglichen Zusammenhängen eine ‚Welt' für sich, deren Wechselwirkung mit dem Individuum ganz anders geartet ist als bei seinen Mitmenschen" (1951, 55),

dann wissen wir inzwischen, was hinsichtlich des Freiheitsproblems bei Lukács den „wahren Zusammenhang" ausmacht.

Aber wiederum unterschlägt er, daß Sartre, wenn auch nicht dieselbe so doch eine eigene Konzeption für dieses Problem besitzt und ausführlich erörtert, indem er nunmehr im zweiten Schritt seiner Analyse der ontologischen Freiheit sich der „Situation" zuwendet, in die sich das handelnde und deshalb zwangsläufig wählende Subjekt *immer* gestellt sieht. Das von Lukács Sartre untergeschobene isolierte Individuum gibt es nur als einen methodischen Zwischenschritt der Analyse; das wirkliche Individuum, das macht der nächste Schritt der Analyse in ausführlichen Erörterungen, auf deren Details es hier nicht ankommt, deutlich, handelt und wählt immer unter vorgefundenen objektiven Bedingungen, also in Situationen, in die es sich in Sartres Sprache wieder „geworfen" findet. Worauf es Sartre gerade ankommt, will Lukàs nicht wahrhaben, wenn er ihm reinen „subjektiven Idealismus" unterstellt, für den die Welt nur als Eindruck und Wahrnehmung existiert, und den nach Lukács bereits Lenin in seinen Schriften auf bis in unsere Zeit unübertroffene Art und Weise philosophisch ad acto gelegt habe (1951, 127 ff.). Das mag man für den Augenblick so gelten lassen — nur daß von Sartre und seinen „Situationen" gerade nicht die Rede sein kann, weil die eigentliche Pointe bei Sartre die Zurückweisung der Alternative Materialismus — Idealismus ist, also wieder jenes philosophische „tertium datur" (K. Heinrich, 1981), das Lukács politisch und philosophisch ein Greuel war. Bei Sartre aber heißt es:

„Infolgedessen kann die Situation weder objektiv noch subjektiv genannt werden" (1980, 690). „Die Situation kann nicht *subjektiv* sein, denn sie ist weder die Summe noch die Einheit der *Eindrücke,* die die Dinge uns machen, sie ist die *Dinge selbst* und ich selbst unter den Dingen ... Aber die Situation kann auch nicht *objektiv* in dem Sinne sein, in dem sie ein rein Gegebenes wäre, das das Subjekt feststellt, ohne im geringsten in das so konstituierte System verwickelt zu sein" (1980, 691).

Hätte man nicht Anlaß, dies im Gegensatz zu Lukács' sachlich unhaltbaren Aussagen eine tatsächlich Subjektivität und Objektivität dialektisch vermittelnde Konzeption zu nennen?

Und schließlich der dritte Schritt der Analyse der „ontologischen Freiheit" bei Sartre, um zu zeigen, daß Sartres nach Lukács angeblich „die Grenzen des Wahnsinns streifender Nihilismus" (1951, 54) nicht „Zynismus", sondern vielmehr „Verantwortung" als konstitutives Element in die Existenzial-Ontologie der Freiheit einführt. Das heißt, die „Verantwortung" ist nach Sartres Bestimmung Element der objektiven Seinslage, in die sich das handelnde Individuum gestellt sieht, kein Luxus, den es sich zusätzlich auferlegen kann oder eben nicht; es kann also auch die „Verantwortung" nicht leugnen oder ablegen. Gerade angesichts seiner vehementen Zurückweisung jeglicher Form des Determinismus kommt es Sartre sehr darauf an, die „Verantwortung" für das Handeln oder *auch* das Nichthandeln — beidem liegt ja eine Wahl zugrunde — zurechenbar zu machen. Darin kommt ein ethischer Rigorismus zum Ausdruck, dessen Praxisgerechtigkeit man wohl eher zum Problem machen könnte, als daß man Sartre Nihilismus vorzuwerfen hätte. Auch gibt es manche überraschende Anklänge an die bereits dargestellte frühe Konzeption von Lukács „kategorischem Imperativ" revolutionärer Ethik, wenn es zum Beispiel bei Sartre heißt:

„Die wesentliche Folgerung aus unseren vorhergehenden Darlegungen ist, daß der Mensch, der verurteilt ist, frei zu sein, das ganze Gewicht der Welt auf seinen Schultern trägt: er ist, was seine Seinsweise betrifft, verantwortlich für die Welt und für sich selbst" (1980, 696).

Was die beiden trennt ist also nicht ihr überspannter ethischer Rigorismus, sondern der Unterschied von „Welt" und „Weltrevolution" als normativem Bezugspunkt ethischen Handelns des Einzelnen — und diese Differenz ergibt sich wiederum, wie sollte es auch anders sein, aus dem Gegensatz von Kontingenz und Notwendigkeit des Geschichtsverlaufs.

Da wo Sartre explizit und offenkundig an Kant angelehnt seine ethische Maxime im Zusammenhang seiner Freiheitskonzeption begründet, Lukács aber seine moralische Disqualifikation ebensowenig wie sein sachliches Urteil aufgeben will, erreicht seine Demagogie praktisch einen Höhepunkt, indem er nunmehr nicht unterschlägt, sondern vielmehr zunächst Sartre korrekt zitiert:

„zur selben Zeit, wo ich meine eigene Freiheit will, ist es meine Pflicht, auch die anderer zu wollen; ich kann nicht meine Freiheit als Ziel setzen, wenn ich nicht auch die der anderen als Ziel setze", nur um dann fortzufahren: „Das klingt sehr schön. Aber dies ist bei Sartre nur eine eklektische, irreführende, demagogische Konzession an die moralischen Prinzipien der Aufklärung und der kantschen Philosophie" (1951, 53),

denn daß Sartre eine

„abstrakte und überspannte, vollkommen entleerte und irrationell gewordene Konzeption der Freiheit und der Verantwortung ... besonders für Bedürfnisse von Snobs" (1951, 57)

besitzt, stand und steht für Lukács offenkundig sowieso ein für allemal fest und kann durch anderslautende Sartretexte nicht einfach widerlegt werden.

Diese Passagen sind eines wahren Philosophen einfach unwürdig; Lukács leistet hier im Übersoll die Dienste eines *Kaderphilosophen*"[19], für den die philosophische Form nur die Arena für die politische und moralische Disqualifizierung des Feindes abgibt.

Obwohl noch viele andere Aspekte in der polemischen Kritik von Lukács an Sartre eine Rolle spielen, würde ihre Darstellung und Analyse nun kaum noch etwas neues offenbaren. Erinnert werden soll freilich daran, daß die Kritik der Kritik und Vorgehensweise von Lukács an Sartre viel über diesen, aber wenig über jenen zu sagen vermag. Sartres Positionen sind dabei nicht unabhängig von den unqualifizierten Angriffen verteidigt worden; die Tatsache, daß sie *die-*

ser Art von Kritik und Polemik weitgehend standhalten, sagt über ihren Wert und ihre Triftigkeit noch wenig aus; dazu ist die hier verwandte Methode der Prüfung Sartre gegenüber gewissermaßen zu formal.[20]

Lukács besteht trotzdem allem einen Test

Für die Frage, ob Lukács immer und wie in den vorgeführten Beispielen seine Standards als Philosoph seinem politischen Ziel oder Auftrag unterordnet, also die Philosophie für die Politik instrumentalisiert, gibt es angesichts der mehrfach angesprochenen Nähen und Gemeinsamkeiten zwischen Lukács und Sartre, die darin gipfeln, daß sie beide mit ihrem Versuch, Ontologie und Marxismus zusammenbringen, ziemlich erratisch und singulär aus dem Marxismus des 20. Jahrhunderts herausragen[21] *und* angesichts des kontingenten Faktums, daß sie in Lukács expliziter Perzeption nach Sartres Wendung zum Marxismus und *realen* Sozialismus in Gestalt der kommunistischen Weltfriedensbewegung und der Sowjetunion zu politischen „Freunden" — im Sinne des marxistisch-leninistischen Freund-Feind-Schemas —, mindestens zu „Bündnispartnern" geworden sind, einen gewissermaßen (gedanken-)experimentellen Versuchsaufbau. Wäre Lukács immer und zu allen Zeiten, wäre er vor allem auch in seinen eigenen systematischen Hauptwerken vor allem „Kaderphilosoph", so müßte sich nach Sartres vorübergehender Saulus-Paulus-Wandlung die neuentstandene politische „Freundschaft" in einer substanziellen Umwertung auch der philosophischen Arbeit niederschlagen.

Daß sich dies in der „Ontologie des gesellschaftlichen Seins" im großen und ganzen nicht aufweisen läßt, spricht in diesem Fall für den Vorrang der professionellen Ethik vor der politischen bei Lukács; allerdings wird sie offenkundig erkauft mit dem Ausweichen vor der Frage, welche Konsequenzen eine echte philosophische Auseinandersetzung mit dem Versuch Sartres, vor allem mit dessen zweiten Hauptwerk „Kritik der dialektischen Vernunft" haben könnte und müßte.

Bereits Lukács' Einleitungssatz des 1. Halbbandes, also der nachträglich geschriebenen „Prolegomena", die eigentlich mehr einer weitertreibenden Zusammenfassung des ganzen Werkes gleichen, reflektiert auf die Verwunderung, ja den „Widerstand", die eine Ontologie aus der Feder von Lukács bei all jenen auslösen müßte, die sein nahezu lebenslanges Schimpfen und Schreiben gegen die Ontologie mitbekommen hatten. Nie war die Rede davon, daß es zwei grundsätzlich verschiedene Arten der Ontologie geben könnte, immer schien das Verdikt der Ontologie überhaupt zu gelten. Nun sieht es plötzlich anders aus, denn „die hier folgenden Betrachtungen haben mit solchen Tendenzen nichts zu tun" (1984, 7), wenn sie die „Koexistenz der drei großen Seinsarten — ihre Wechselwirkung sowie ihre wesentliche Verschiedenheit miteinbegriffen" (1984, 9) darlegen wollen. Es ist ganz der alte Lukács, der hier

„nichts" schreibt, nicht „wenig", nicht „kaum etwas", sondern eben gar nichts hat seine marxistische Ontologie mit jenen prinzipiell zum Scheitern verurteilten, aber gleichwohl unausrottbaren bürgerlichen Versuchen zu tun, einige derselben Fragen zu stellen und zu beantworten. Es gibt nur Marx, Lenin — und jetzt eben Lukács, was dieses Thema anbelangt.[22]

Und Sartre, wohl gemerkt nunmehr der politische „Freund" und der, wenn auch aus der Sicht von Lukács vielleicht noch etwas unerfahrene, aber immerhin nunmehr den Marxismus voll reklamierende Sartre mit seiner ontologischen Synthese von Existenzialismus und Marxismus?

Dem „Freund" Sartre wird eine politische Referenz erwiesen:

„Daß sein Ausgangspunkt der Existentialismus von Heidegger und Jaspers war, ist allgemein bekannt. Ebenso bekannt ist es, daß er sich in letzter Zeit sehr energisch dem Marxismus angenähert hat und diese seine Überzeugung — darin unterscheidet er sich scharf und sehr zu seinem Vorteil von der Masse der gewöhnlichen Unzufriedenen — mit großer Tapferkeit und Entschiedenheit in die Praxis umgesetzt hat.[23] Man kann also diese Wendung Sartres zum Marxismus, die sich in wichtigen und gefährlichen Taten bewährt hat, nur mit der größten Hochachtung verfolgen. Sein Verhalten in der Praxis hat weder mit der Manager-Selbstgefälligkeit der Neopositivisten noch mit der Apologie der a priori ohnmächtigen Revolte gegen die Entfremdung im ‚klassischen' Existentialismus etwas zu tun" (1984, 395).

Das, was hier wie eine laudatio bei der Verleihung des Lenin-Ordens klingt und sich in einem systematisch-philosophischen Werk doch etwas deplaziert ausnimmt, ist aber vielleicht nur deswegen so schwülstig geraten, um die Heftigkeit des philosophischen Verdikts und die Tatsache, daß es eingestandener Maßen ohne sorgfältige „Analyse oder Kritik" (1984, 395) erfolgt, zu kaschieren. Und das Verdikt fällt auch über Sartres Schriften aus der marxistischen *und* Bündnisphase barsch aus:

„In diesem Zusammenhang muß also darauf hingewiesen werden, daß auch Sartres neues Werk ontologisch sich nicht von den Vorurteilen des Neopositivismus und des Existentialismus losgelöst hat. Übereinstimmung mit dem Marxismus in Fragen, die rein gesellschaftliche und geschichtliche Phänomene betreffen, können diese ontologische Gegensätzlichkeit nicht aus der Welt schaffen" (1984, 395).

Sartres Schrift zeige,

„daß er in manchen Fragen nicht nur seine existentialistischen Voraussetzungen unverändert aufbewahrt hat, sondern dementsprechend auch vielfach neopositivistischen Vorurteilen befangen bleibt" (1984, 396)

— so, wenn die Schriften Sartres

„jede ontologische Objektivität der Zeit leugnen" (1984, 397).

Der zentrale Punkt der Kritik ist aber, ohne daß im mindesten von Lukács darauf hingewiesen würde, gerade einer, der in der ausführlich vorgeführten scharfen Lukácskritik der vierziger und fünfziger Jahre *niemals* eine Rolle gespielt hat oder auch nur vorgekommen war, nämlich die Frage der Dialektik der Natur. Sartre hatte diese Möglichkeit in der Kritik der dialektischen „Vernunft“ ebenso wie in seinen früheren kleineren Schriften zum Verhältnis von Marxismus und Existenzialismus *immer* scharf zurückgewiesen, niemals war Lukács, der keine Nebensächlichkeit in der Polemik auslies, auf diesen Punkt gekommen, obwohl der Anlaß bestand. Nun aber heißt es ohne Hinweis auf den Bruch in seinem eigenen Denken:

„Der Zentralpunkt solcher Kontroversen ist der Komplex einer Dialektik in der Natur ... Die ontologisch aufgefaßte Dialektik ist sinnlos, wenn sie nicht universell ist ... ohne eine dialektische Ontologie der Natur kann keine Ontologie des Menschen und der Gesellschaft begründet werden“ (1984, 395 f).

Wer nun vermutet hätte, daß Lukács sich bei dem Versuch, eine marxistische Ontologie auf diesen Grundlagen zu entwickeln, mit dem einzigen marxistischen Versuch, der in diesem Punkt die Gegenthese vertritt, inhaltlich auseinandergesetzt hätte, der wird enttäuscht. Zwar hat das umfangreiche Werk Platz für den wiederholten Aufguß seiner Kritik am Existenzialismus vor Sartres zweitem Hauptwerk (1984, 376 ff), in dem sich nunmehr kein neuer Gedanke mehr findet, zwar bekommt Nikolai Hartmann mit seinem idealistisch scheiternden „Vorstoß zur echten Ontologie“ ein eigenes Kapitel (1984, 421 ff), aber der echten Herausforderung einer innermarxistischen Diskussion um diese zentrale Frage weicht Lukács offenkundig aus. Insgesamt sieben mal wird Sartre auf den 1 200 Seiten beiläufig erwähnt. Dem Leser drängen sich an vielen Stellen von Lukács' Ontologie die Paralellen zu Sartre förmlich auf — aber der wahre philosophische Dialog unterbleibt.

Es muß einer systematischen vergleichenden Analyse der beiden marxistischen Ontologien vorbehalten bleiben, herauszufinden, was an den Ähnlichkeiten und Parallelen wirklich dran ist und wer in der Frage der Dialektik der Natur *wirklich* die besseren Argumente hat. Ich glaube, daß es Sartre sein wird.

Angesichts des Fehlens eines philosophisch-theoretischen Ertrages kann man natürlich die Lukácstexte, die sich mit Sartre beschäftigen, als schiere Episode betrachten und sich fragen, ob sie überhaupt wert seien, zum Thema heutiger Diskussionen zu werden. Klar ist, jedenfalls in meinen Augen, daß die wissenschaftlich und ethisch zweifelhaften und peinlichen Aspekte dieser Beziehung, nicht eo ipso dazu geeignet sind, das philosophisch-theoretisch Werk von Lukács insgesamt zu desavouieren. Aber für mich stellen sie nach wie vor unbeantwortete Fragen, wie es bei Lukács und so vielen anderen an sich bedeutsamen und ethisch bewußten Intellektuellen und Wissenschaftlern unseres Jahrhunderts immer wieder dazu kommen konnte, daß sie sich in eine freigewählte Loyalität begaben, die ihr Urteil und ihre öffentliche Praxis beschränkten und die sie die bekannten Greuel dieses oder jenes Lagers zumindestens stillschweigend hinnehmen, im Falle Lukács auch offensiv verteidigen ließ.

9. Über die Wertentscheidung in der Kritischen Theorie*

Daher bleibt Philosophie nur solange wirksam, wie die Praxis, der sie entstammt, vorhanden ist und sie trägt und erhellt.

(Jean-Paul Sartre)

An Idealen fehlt es dem Materialismus daher nicht.

(Max Horkheimer)

Marx denkt von Anbeginn als Handelnder.

(Henri Lefebvre)

Die bisherige Theorie des Kapitalismus, allgemeiner der Geschichte der menschlichen Gattung mit ihrem vorläufig letzten erreichten Stadium, ist in der Tradition, die Marx gesetzt hat, unter dem Gesichtspunkt der *Bedingung der Möglichkeit des Kommunismus* geschrieben worden.

Diese bei Marx explizierte, bei manchen Epigonen mangels Klarheit oder aus anderen Gründen implizite Geschichtsthese nimmt auf verschiedene Weise Einfluß auf die Theorie der bürgerlich-kapitalistischen Gesellschaftsformation, auf die Anschauung über Gattungsgeschichte, die Formationsgeschichte und auf die politische Theorie der Revolution.

Die bisherige Geschichte der bürgerlich-kapitalistischen Gesellschaftsformation sowie die der nicht-kapitalistischen Gesellschaften seit 1918 hat die Marxsche These von der „objektiven Möglichkeit *und* Notwendigkeit des Kommunismus" nicht widerlegt, sofern dafür die Kriterien eines strengen wissenschaftlichen Arguments angelegt werden. Historisch und politisch mag man aber aufgrund der bekannten Entwicklungen die bisherige These sehr wohl unter dem Gesichtspunkt prüfen, was sich für die historisch-materialistische Theorie der Gesellschaftsgeschichte für den Fall ergibt, daß die bekannten Faktoren (über die ich hier der Kürze halber auf der empirischen Ebene nichts weiter sagen will, weil dies auch für die theoretische Frage keinerlei Gewinn erbrächte) die Notwendigkeit des Eintritts des Kommunismus verhindern oder sich aber unter diesem Programm Entwicklungen vollziehen, die Marx *so* nicht gemeint haben kann — und die auch wenig taugten, einen allgemeinen Wertbegriff von historischer Entwicklung zu konstituieren.

Kommunismus ist als *allgemeiner Wertbegriff* bei Marx sehr wohl expliziert. Die bei Marx primäre wertende Kategorie ist „die Kategorie des gesellschaftlichen Reichtums. ‚Reichtum' ist die allseitige Entfaltung der gattungsmäßigen Wesenskräfte... '('die')' Geschichte ist kein notwendiger Prozeß ..., aber insofern die menschliche Gattung ihre eigene Dynamik entfaltet, entfaltet sie die von Marx beschriebene Wesenskräfte ... Die Interpretation der Wesenskräfte bedeutet daher bei Marx zugleich eine Wertentscheidung. Insofern ist Reichtum ein Wertaxiom a priori und a posteriori"[1]. Diese Wertaxiomatik ist bei Marx in dem Gesellschaftsbegriff des Kommunismus zur Synthese gebracht. Er bezeichnet ein Stadium gattungsgeschichtlicher Entwicklung, in dem zum erstenmal in der Geschichte die individuellen Möglichkeiten der Entfaltung und Aneignung des gesellschaftlichen Reichtums dem gesellschaftlich erreichten Zustand der höchstmöglichen Entfaltung der Produktivkräfte und Produktionsverhältnisse entsprechen. Dabei ergibt die Analyse von Agnes Heller, daß die Einzelmomente des Gattungswesens, die geschichtlich entfaltet werden, in „Gesellschaftlichkeit — Arbeit (Produktion, Objektivierung ganz allgemein) — Freiheit — Bewußtsein — Universialität" fundiert sind; „dies sind die ‚Wesenskräfte' des Menschen"[2].

Die Überprüfung der historisch-materialistischen Geschichtsthese unter der angenommenen Voraussetzung, daß der Kommunismus nicht (oder vielleicht nicht mehr) die „notwendige Alternative" zur bisherigen Geschichte ist, ergibt folgendes Programm für die Argumentation:

- zu zeigen, daß bei Marx bei der Konstituierung des historischen Materialismus eine *Wert*entscheidung für den Kommunismus unter der Voraussetzung seiner objektiven Möglichkeit und Notwendigkeit vorlag;
- zu überlegen, welche Konsequenzen in den verschiedenen Dimensionen des historischen Materialismus die Annahme einer gegenteiligen oder andersartigen Entwicklung bedeuten würde;
- den dabei sich ergebenden zentralen Punkt, eine Theorie mit praktischer Absicht der Veränderung bürgerlich-kapitalistischer Vergesellschaftung, die *ohne* ein notwendig sich ergebendes historisches Subjekt aber unter Festhalten der im Marxschen Wertbegriff des Kommunismus enthaltenen Bestimmungen auskommen muß, zu erörtern.

Den begrenzten Möglichkeiten des Anlasses entsprechend wird dabei die ihrem Wesen nach systematische Frage nur mit gelegentlichen Hinweisen auf theoriegeschichtliche Inhalte bereichert, obwohl schon ein flüchtiges Überlegen zeigen könnte, daß nahezu die gesamte Marxismusdiskussion spätestens nach dem Ersten Weltkrieg sich unter den aufgeworfenen Fragen darstellen ließe.

Zur Frage der *Wert*entscheidung für eine kommunistische Gesellschaft: In den letzten Jahren, insbesondere unter dem Einfluß der strukturalistischen Marxinterpretation von Althusser und Balibar (1972), dominiert in der Marxdiskussion die Auffassung, daß die eigentlichen Schriften von theoretischer Relevanz von Marx — und seltener die von Engels — in den „Grundrissen" sowie in ausgewählten Abschnitten des „Kapitals" bestünden, nämlich dort, wo er die „reine" Theorie der kapitalistischen Produktionsweise unabhängig von aller historischen Analyse „auf den Begriff gebracht" habe; dazu verhalte sich alle Darstellung der wirklichen Geschichte, der Kämpfe der Arbeiterklasse ebenso wie der sinnlichen Entfaltung der Arbeitsvermögen, als bloße Illustration. Die Geschichte als Wissenschaft sei überhaupt irrelevant, worum es gehe, sei, die „Determination", gar „Über-Determiniertheit" von Prozessen durch *die* Struktur *des* Kapitals zu rekonstruieren. Die Vorstellung von Handlung, gar der emphatische Begriff von Praxis sei bei Marx lediglich unbewältigtes Erbe idealistischer Geistphilosophie, hegelianischer Schnick-schnack. Die eigentliche Theorie des Kapitals sei nur rudimentär vorhanden, umgeben von „Zonen des Schweigens" im Marxschen Werk, die allein von Althusser in seiner unermüdlichen Beredsamkeit angemessen ausgefüllt werden könnten.

E.P. Thompson (1980) hat zu Althusser ganz in der Tradition der großen Marx / Engelschen-Polemiken alles Notwendige gesagt und dabei resümiert: „Zuerst müssen wir aber festhalten, daß ein Teil der Stärke des Werks (die Rede ist vom „Kapital". M.G.) sich nicht aus einem expliziten Vorgehen oder der Enthüllung seines Gegenstandes ergibt, sondern aus seinen Wertentscheidungen (und ihrer entschlossenen und treffenden Artikulation), die nicht aus dem begrifflichen Vorgehen abgeleitet werden konnten und auch selbst gar nicht Gegenstand der Untersuchung sind. Das heißt, Marx legt nicht nur die ökonomischen Prozesse der Ausbeutung frei, sondern äußert auch (bzw. provoziert durch die Darbietung seines Materials) Empörung über Leiden, Armut, Kinderarbeit, Verschwendung menschlicher Möglichkeiten und Verachtung gegenüber intellektueller Mystifikation und Apologetik"[3]. Wer diese moralische Wertprämisse, etwa in der Analyse der „ursprünglichen Akkumulation", in den Passagen über Kinderarbeit oder ganz allgemein in der Darstellung der Fabriksituation, der Entfremdung und in der Entmystifizierung des Warenfetischs nicht zur Kenntnis nehmen will, der muß bei seiner Marxlektüre eine Selektion vollbringen, die aus dem revolutionären Kritiker der bürgerlich-kapitalistischen Gesellschaft einen kritischen Volkswirtschaftler des Kapitals macht. Marx selbst war sich, wie dies einige Briefe zeigen, die die Entstehung des „Kapitals" kommentieren, der Begrenztheit einer Analyse des Kapitals unter dem Gesichtspunkt einer historisch-materialistischen Theorie der bürgerlich-kapitalistischen Gesellschaft und auch der Tatsache, daß er in der Anstrengung um die kategoriale Analyse, wie sie die Arbeitsaufzeichnungen in den „Grundrissen" dokumentieren, häufig zu einer abstrakt-unhistorischen und idealistischen Kategorialanalyse in zu große Nähe geriet, wohl bewußt (siehe sein Brief vom 15. August 1863, der von seinen Zweifeln über die ursprünglich in den „Grundrissen" entwickelte unhistorische Methode sowie seiner Bemühung, noch im letzten Augenblick „alles umzuschmeissen", zeugt). Ich teile die Auffassung Thompsons, daß das Ergebnis von „grandioser Inkonsistenz" ist[4], weil die unhistorische Kategorialanalyse des Kapitals, der „Logik" seiner Reproduktion, im „idealen Durchschnitt" wie Marx einmal feststellt, im unüberbrückbaren Widerspruch zur Analyse der wirklichen Geschichte des Kapitalismus, d.h. der konkreten bürgerlich-kapitalistischen Gesellschaft mit ihren Klassenkämpfen und Kontingenzen bleibt.

Es ist dieser Widerstreit zwischen einer abstrakten Entwicklungslogik des Kapitals, einer Teleologie des kapitalistischen Zusammenbruchs und der aus der Krise geborenen notwendigen Alternative des Sozialismus / Kommunismus einerseits und der die materialistische Dialektik konstituierenden Berufung auf die gattungsgeschichtliche Praxis der Selbsterzeugung durch die Produktion der objektiven Bedingungen der gesellschaftlichen Existenz andererseits, die bei Marx durch eine Wertentscheidung begründet und zusammengehalten werden müssen.

Eine Zwischenbemerkung: Nur dogmatische Vertreter eines „Historischen Materialismus" mit großem „H" und Gefolgsleute der Weberschen Wissenschaftsauffassung können sich durch die These getroffen fühlen, Grundlage der Marxschen Wissenschaft sei eine durch diese selbst nicht begründete — im strengen philosophischen Sinne nicht begründbare — Wertentscheidung, weil von ihren Prämissen her dadurch der „objektive" und damit der Wissenschaftscharakter des „Wissenschaftlichen Sozialismus" geleugnet werde. Dabei handelt es sich aber um ein gemeinsames Mißverständnis von heimlichen Positivisten verschiedener Couleur, denn, allgemein anerkannte Regeln des Argumentierens und der Logik eingehalten, führt eine Analyse, die von explizierten Wertprämissen ausgeht, nicht zu unwahren Ergebnissen, sondern zu Ergebnissen, die im Rahmen der eingeführten Prämissen wahr sein können oder ggf. wahr sind.[5].

Die Marxsche Wertprämisse, an vielen Stellen expliziert, stets auch im „Kapital" implizite vorausgesetzt, hat er selbst sehr früh in seiner allgemeinsten Fassung in der 10. und 11. Feuerbachthese ausgesprochen, die hier zur Erinnerung angesichts der Allgegenwärtigkeit der Althusserschen Strukturalismen und Denunziationen der menschlichen Praxis zitiert werden sollen:

> „Der Standpunkt des alten Materialismus ist die bürgerliche Gesellschaft, der Standpunkt des neuen die menschliche Gesellschaft oder die gesellschaftliche Menschheit. Die Philosophen haben die Welt nur verschieden interpretiert, es kömmt darauf an, sie zu verändern."[6]

Wieso denn? Ergibt sich der „Standpunkt" des „neuen Materialismus", der Aufruf und die Selbstverpflichtung, der Interpretation den Kampf um die Veränderung folgen zu lassen, etwa aus der Analyse der „Logik des Kapitals"? Was sollte einen bürgerlichen Theoretiker selbst nach einer sorgfältigen Analyse der Klassenkämpfe seiner Zeit dazu bringen können, die „Partei" der Arbeiter, oder auch die Parteilichkeit im Sinne der „gesellschaftlichen Menschheit" zu wählen? Eben allein seine Wahl als eine begründbare Entscheidung. Eine Entscheidung mit guten Gründen, wie ich meine — aber eben doch eine Entscheidung, der mit schlechten Gründen widersprochen werden kann. Was bliebe angesichts der alternativen Entscheidung für gesellschaftliche Ungleichheit, für die kulturelle und menschliche Entwicklung einiger Weniger auf Kosten vieler Anderer als die moralische Empörung, die aber ihrerseits schon eine Entscheidung für die egalitäre Moral voraussetzt, eine Entscheidung, die ja gerade von der Gegenposition nicht getroffen, nicht akzeptiert wurde. „Es gibt", so Max Horkheimer, „kein ewiges Wertreich ... Verbindliche moralische Gebote bestehen nicht. Der Materialismus findet keine den Menschen transzendierende Instanz, die zwischen Hilfsbereitschaft und Profitgier, Güte und Grausamkeit, Habgier und Selbsthingabe unterschiede. Auch die Logik bleibt stumm, sie erkennt der moralischen Gesinnung keinen Vorrang zu."[7]

Moralisches Argumentieren setzt eine Moral voraus, begründet sie aber nicht. An diesem Dilemma scheitern letztlich alle Versuche seit Kant, eine Moral als allgemeine zu begründen. Daran konnten schon zeitgenössische Versuche zu Horkheimers Position, wie die „Ethik" Nicolai Hartmanns oder die „Wertlehre" Max Schelers nur um den Preis einer abstrakt bezogenen „Vogelschau"-Perspektive[8] und einer vollständigen Abkehr von den konkreten gesellschaftlichen Inhalten und Konsequenzen möglicher moralischer Wertentscheidungen scheinbar vorbeisehen, und daran können auch zeitgenössische Versuche einer Evolutionstheorie mit eigenständigem Strang der Entwicklung von Rechtfertigungsniveaus normativer Strukturen[9] nur um den Preis selbst nicht als notwendig oder allgemein gerechtfertigter Prämissen vorbeisehen; und alle Versuche, eine notwendig von allen anzuerkennende Moral in einer „Theorie kommunikativer Kompetenz" zu verankern, scheitern bisher schlicht an der empirischen Erfahrung, die auch für die Zukunft wenig Aussichten verspricht. (Es mag ja sein, daß es schließlich gelingt, theoretisch alle Bedingungen aufzuzeigen, unter denen die Kommunikation aller (!) zum Konsens führen muß — aber was wäre damit für die wirkliche Geschichte gewonnen, die Wahrscheinlichkeit des Eintretens dieser Bedingungen, selbst wenn sie überhaupt objektiv denkbar wären?)

Schon Hans-Joachim Giegel hat im Hinblick auf die von Gadamer behauptete konsensstiftende Funktion von Dialogen die skeptische Bemerkung vorgebracht: „Angesichts spezifischer Schranken dialogischer Verständigung, die auch durch die hartnäckigsten hermeneutischen Anstrengungen nicht niederzureißen sind, wird die Hoffnung, soziale Interaktion allein auf Kommunikation stellen zu können, zur Illusion"[10] — eine Bemerkung, die die fortentwickelten Modelle von Habermas um so mehr betrifft, als sie sich auf tendenziell gesamtgesellschaftliche Kommunikation beziehen. Eine Bemerkung aber auch, die schließlich doch in Argumenten endet, die die Legitimität avantgardistischer revolutionärer Zielsetzungen in der Möglichkeit postrevolutionärer kommunikativer Übereinstimmung zwischen Avantgarde und den zur Revolution Geführten begründen sollen.[11]

Zurück zu Marx, zurück zum dialektischen Materialismus, der wie Marx sagte, die rücksichtslose Kritik alles Bestehenden einschloß, oder, wie es bei Theodor W. Adorno, eine Formulierung von Hegel aufnehmend, heißt: dialektischer Materialismus kritisiert die Wirklichkeit unter dem Gesichtspunkt dessen, was nicht ist — aber sein könnte. Dialektisch daran ist die erkenntnispraktische Berücksichtigung des Wissens, daß Veränderung das unvermeidbare Ergebnis von menschlicher Praxis, daß alle Veränderung zuerst Negation des Bestehenden ist. Bei Jean-Paul Sartre heißt es: „Mit Bezug auf das Gegebene ist die Praxis Negativität: aber es handelt sich immer um die Negation einer Negation; mit Bezug auf das intendierte Objekt (die Intention ganz allgemein, M.G.) ist sie Positivität; aber diese Positivität führt geradewegs zum ‚Nichtseienden', zu dem, was *noch nicht ist.*"[12] So formuliert also, bleibt die Negation noch ganz unbestimmt oder hat als einzige Bestimmung die Intention, den wirklichen Inhalt des Willens. Allein, daß die bestehende Wirklichkeit geschichtlich negiert wird — das eben macht ja die Voraussetzung von „Geschichte" aus — sagt also noch nichts über den möglichen Sinn der Veränderung, über Richtung oder Teleologie. Für Marx selbst waren Vico und Hegel entscheidend, um zu einer eigenen Position zu gelangen; bei Vico der Gedanke, daß Geschichte nur insoweit erkannt werden könnte, wie sie das Ergebnis menschlicher Praxis sei, und daß es daher darauf ankomme, auch diese Praxis noch zur bewußten Praxis zu entwickeln, damit sich aus dem a posteriori der nach Vico möglichen Geschichtserkenntnis das a priori bewußter Gestaltung der Gattungsgeschichte, damit das Ende der Vorgeschichte und der Eintritt in die eigentliche menschliche Geschichte ergebe. Was Marx an Vico kritisierte, war, daß sich der Ablauf wie die Erkennbarkeit der Geschichte bei ihm aus dem „Gottesplan" ergab, daß also hier die prometheusische Rolle des Menschen im Verhältnis zu seiner eigenen Geschichte noch an seine „Gottesbestimmtheit" rückgebunden bleibt. Bei Hegel dann, daß die Geschichte als Inkarnation des absoluten Geistes — und dazu noch als bereits vollendet — erscheint, für den die Menschen lediglich als ausführende Organe, ungewollte Träger fungieren; am Beispiel des objektiven Idealismus Proudhons kritisiert Marx diese Vorstellung am deutlichsten: „Seiner Ansicht nach ist der Mensch bloß das Werkzeug, dessen sich die Idee oder die ewige Vernunft bedient." Demgegenüber aber insistiert Marx auf der wirklichen Lebenspraxis: „Was ist die Gesellschaft, welches immer auch ihre Form sei? Das Produkt des wechselseitigen Handelns der Menschen. Steht es den Menschen frei, diese oder jene Gesellschaftsform zu wählen? Keineswegs ... Dank der einfachen Tatsache, daß jede neue Generation die von der alten Generation erworbenen Produktivkräfte vorfindet, die ihr als Rohmaterial für neue Produktion dienen, entsteht ein Zusammenhang in der Geschichte der Menschen, entsteht die Geschichte der Menschheit, die um so mehr die Geschichte der Menschheit ist, je mehr die Produktivkräfte der Menschen und infolgedessen ihre gesellschaftlichen Beziehungen wachsen. Die notwendige Folge: *Die soziale Geschichte der Menschen ist stets nur die Geschichte ihrer individuellen Entwicklung,* ob sie sich dessen bewußt sind oder nicht. Ihre materiellen Verhältnisse sind die Basis aller ihrer Verhältnisse. Diese materiellen Verhältnisse sind nichts anderes als die notwendigen Formen, in denen ihre materielle und individuelle Tätigkeit sich realisiert."[13] Wenn aber die Geschichte — ich erlaube mir hier eine ironische Wendung — in „letzter Instanz" durch das „Produkt wechselseitigen Handelns der Menschen" bestimmt ist, die dabei zwar nicht frei sind, zu tun oder zu lassen,was ihnen beliebt, weil sie nämlich zur ihre Praxis eingrenzenden Voraussetzung die von der vorangegangenen Praxis der Menschen geschaffenen Produktivkräfte und Produktionsverhältnisse „als Rohmaterial" vorfinden, so heißt dies keineswegs, daß ihr Handeln dadurch „determiniert" sei, sondern nur, daß es seiner momentanen Möglichkeit nach eingeschränkt ist durch die vorhandenen Mittel und Formen. Es heißt aber nicht, daß diese nicht selbst „in letzter Instanz" durch menschliche Praxis verändert werden könnten. Es macht ja gerade die grundlegende Wertentscheidung bei der Marxschen Analyse des Kapitalismus, d.h. der kapitalistischen Produktionsweise sowie der bürgerlich-kapitalistischen Gesellschaft aus, daß diese unter dem Gesichtspunkt ihrer Veränderung analysiert, also kritisiert wird. Und hier, wo dieser Punkt nun klar sein dürfte, kommen wir zu dem grundlegenden soziologischen Inhalt dieser Wertentscheidung, nämlich, daß die Herbeiführung der „Kommunismus" genannten Gesellschaft, auf die sich die Wertentscheidung richtet, für möglich erachtet wird, weil das reale Proletariat als Träger der vergesellschafteten Arbeit, als reale „soziale Bewegung" innerhalb der kapitalistischen Klassengesellschaft seine eigenen Interessen, nämlich die freie Selbstverwaltung der Arbeitskraft sowie die Aneignung der Ergebnisse derselben, nur in einer Gesellschaft verwirklicht sehen könnte, in der aufgrund des gesellschaftlich-allgemeinen Eigentums an den Produktionsmitteln die genannten allgemeinen Bestimmungen des Kommunismus für diese Klassen der bisher ausgebeuteten, aber ebenso wie für alle anderen Mitglieder der Gesellschaft gewährleistet würden. Der Begriff des Eigentums ist hier im gewissen Sinne nur noch als Analogie zu gebrauchen, er verliert streng genommen als allgemeines Eigentum seinen spezifischen Sinn, die irgendwie oder für irgendwen exklusive Verfügungsgewalt nämlich.

Der Marxismus *als* revolutionäre Weltanschauung bleibt damit konstitutiv an seinen Anspruch gebunden, theoretisch und praktisch die Arbeiterklasse als revolutionäres Subjekt gegen die bürgerlich-kapitalistische Klassenherrschaft zu einigen und in ihrem Sieg, das heißt durch die revolutionäre Praxis selbst den intentionalen Teil der Analyse zur Wahrheit werden zu lassen. Ich betone, daß der Marxismus, genauer: die Marxsche *Analyse* der bürgerlich-kapitalistischen Gesellschaft, unabhängig von diesem Anspruch die fortentwickeltste wissenschaftliche Erklärung des Kapitalismus als Gesellschaftsformation entworfen und teilweise ausgeführt hat, daß sie aber ohne den konstitutiv-praktischen Zugang der dialektischen Methode als wirkliches Bewußtsein des revolutionären Proletariats unter ihren *eigenen* Prämissen betrachtet nichts anderes sein kann, als der fortgeschrittenste Entwurf bürgerlicher Selbstreflexion und Selbstkritik, also eben ohne jene gesellschaftliche Transzendenz bleibt, die die Wertentscheidung zugunsten des Kommunismus subjektiv begründet, aber nicht objektiv vollziehen kann.

Auf diesen Stellenwert der Marxschen Kategorien hat schon Karl Korsch in seinen immer noch vorbildlichen Marxstudien in den zwanziger Jahren hingewiesen. In seiner Analyse des „Kapitals" unterscheidet er drei Stufen der Kritik, von denen die „normale und typische Form der ‚Kritik' im Kapital die transzendentale Form" sei. Danach sind die „ökonomischen Kategorien ...

zwar nicht, wie die großen bürgerlichen Klassiker der Politischen Ökonomie geglaubt haben, zeitlos gültige Formen für die Erkenntnis ökonomischer Dinge an sich, wohl aber ‚gesellschaftlich' gültige, also objektive Gedankenformen für die Produktionsverhältnisse dieser historisch bestimmten gesellschaftlichen Produktionsweise, der Warenproduktion! Als solche stehen sie nach dem Prinzip der materialistischen Geschichtsauffassung und Ideologiekritik in einem unlösbaren Zusammenhang mit der materiellen Wirklichkeit dieser bürgerlichen Produktionsweise selbst. Solange diese Produktionsweise durch den praktisch revolutionären Kampf des Proletariats nur angegriffen und erschüttert, aber nicht umgestürzt ist, können daher auch diese gesellschaftlich befestigten Gedankenformen der bürgerlichen Epoche durch die revolutionäre Theorie des Proletariats nur kritisiert, aber nicht endgültig überschritten werden. Die theoretische Kritik der Politischen Ökonomie, die Marx im Kapital begonnen hat, kann also nur zu Ende geführt werden durch die proletarische Revolution, welche mit der Wirklichkeit der bürgerlichen Produktionsweise zugleich auch die zugehörigen Bewußtseinsformen verändert."[14] Marx mußte bekanntlich, um den nicht-partikulären Charakter der Bewegung des Proletariats gegenüber anderen, bloß spezifischen Klasseninteressen geschuldeten Gesellschaftsvisionen behaupten zu können, Voraussetzungen machen,die sich zum Teil aus einem problematischen Verständnis der „produktiven Arbeit" ergeben, in das hegelianische ebenso wie romantische Begriffsinhalte eingehen, die zum anderen auf der soziologischen Prognose einer zunehmenden Proletarisierung der Bevölkerung in der bürgerlichen Gesellschaft und einer zunehmenden Verelendung dieses Proletariats beruhen; Prognosen, von denen wir inzwischen wissen können, daß sie zum Teil falsch waren, zum Teil nur in recht modifizierter Weise mit der heutigen Wirklichkeit in Einklang zu bringen sind und zum Teil schließlich ganz andere politische Konsequenzen als die von Marx prognostizierten hervorriefen.

Halten wir also zunächst fest: Die radikale Kritik der bestehenden bürgerlich-kapitalistischen Vergesellschaftung geschieht nicht allein als immanente Kritik — als Aufzeigen der Differenz zwischen Anspruch und Wirklichkeit etwa —, sondern unter der transzendierenden Annahme der Möglichkeit einer kommunistischen Vergesellschaftung. Auf der Wertebene ist diese charakterisiert durch Universalität und humane Priorität. Das letzte bedeutet, daß die menschlich-gesellschaftlichen Beziehungen nicht länger ein Mittel zum Zweck — etwa Herrschaft, einschließlich Naturbeherrschung — sondern Selbstzweck, den eigentlichen Inhalt der Geschichte, bilden. Bei Miladin Zivotič heißt es: „Der Marxsche Humanismus ist die philosophisch begründete Theorie über die Möglichkeit zur Erlangung einer vernünftigen Rationalität menschlicher Praxis, durch die der Mensch, indem er die Natur verändert, zur maximalen technischen Rationalität vordringt und gleichzeitig seiner Freiheit und Kreativität einen wachsenden Spielraum verschafft, in deren Folge der Mensch sich immer mehr von unmittelbar nützlichen Zielen und Zwecken befreit und die Resultate technischer Rationalität allein als Voraussetzung für die unbehinderte Entfaltung seiner kreativen Energien verwendet, indem er autonome menschliche Werte bildet."[15] Nebenbei gesagt, ergibt sich für die Entwicklung der Technik hier der zwingend notwendige Maßstab: sie hat der Entfaltung menschlicher autonomer Kreativität die Voraussetzung zu liefern, und sie pervertiert dort, wo sie sich als deren Schranke erweist.

Dieser transzendierende Wertcharakter ergibt sich einerseits aus dem politökonomischen Nachweis, daß die Prinzipien einer auf dem Privateigentum basierenden Tauschgesellschaft ungeachtet des universellen Anspruchs der bürgerlichen Revolutionsparolen „Freiheit — Gleichheit — Brüderlichkeit" den Wertaxiomen Universalität und Humanität (verstanden als die Priorität des Humanen) nicht entsprechen können, also auf dem Nachweis ihres ideologischen Charakters als notwendig falschem Bewußtsein. Aus dieser Analyse ergibt sich aber nicht — kann sich nicht ergeben — der Nachweis der Notwendigkeit des Kommunismus; diese ergab sich für Marx erst aus der Verbindung seiner Analysen und Kritiken mit der praktisch-revolutionären Bewegung des Proletariats und dem Glauben, dessen Sieg über die bürgerliche Herrschaft würde den Kommunismus setzen, die Partikularität der historisch erworbenen Wertchancen überwinden, die Geschichte durch Überwindung der instrumentellen Vernunft wahrhaft humanisieren. Unerheblich für den Gang meiner Argumentation ist, wie plausibel die Hypothese zu Marxens Zeiten gewesen sein mag; sicher ist nur: im Zuge einer hundertjährigen Geschichte hat sie ihre „revolutionäre Unschuld" verloren, ist selbst zu einem konstituierenden Faktor der Wirklichkeit geworden, die es zu überwinden gilt, um die grundlegenden Werte geschichtlich zu realisieren. Für Marx stellt sich das Problem als reine Machtfrage: Wie kann die proletarische Revolution siegen? Würde sie es tun, so gab es für ihn keinen Anlaß, über den humanen Inhalt dieses Sieges zu zweifeln. Für uns heute stellt sich die Frage anders: Wir haben die Schrecken der Siege ebenso wie den Schrecken der Niederlage als Erfahrung vor Marx voraus, wir können seinen Glauben nicht länger teilen, ohne historisch verantwortungslos zu werden, ohne die Maßstäbe derselben politischen Moral preiszugeben, die wir mit Marx teilen.

Wir müssen bei der aktuellen Analyse der geschichtlichen Situation unter dem Gesichtspunkt ihrer Verbesserung für das Leben der Menschen davon ausgehen, daß die Berufung auf die revolutionäre Rolle des Proletariats ein Element des Positivismus enthält, wie ihn Max Horkheimer in „Materialismus und Metaphysik"[16] kritisiert und als zeitgenössische Erscheinung der Metaphysik jedem Materialismus strictu sensu entgegengestellt hat. Nach dieser Analyse erweist sich der metaphysische Kern jedes Positivismus — und ich möchte ausdrücklich betonen, daß ich in diesem Zusammenhang vom Historischen Materialismus mit dem großen „H" als einem letztlich metaphysischen Positivismus spreche — aus der prinzipiellen Unbeweisbarkeit, Unbegründbarkeit praktischer Forderungen für geschichtliches Handeln aus einer prämissenlosen Analyse der Gegenwart oder Geschichte. Metaphysisch ist die philosophische Grundlage des „Historischen Materialismus", insofern sie davon ausgeht, daß die Analyse der bisherigen Geschichte als „Geschichte von Klassenkämpfen" oder auch als Widerstand der Unterdrückten gegen ihre jeweiligen Unterdrücker das allgemeine Urteil begründen könnte, das für zukünftiges Handeln im strengen Sinne notwendig sei. Für eine solche Orientierung ist aber vielmehr die *individuelle oder kollektive Entscheidung letzter Grund*, sich nicht mit der bestehenden Not, sich nicht mit der Not begründenden Wirklichkeit zufrieden zu geben — eine Entscheidung freilich, die, wie schon oben gesagt, konstitutiv in die „Erkenntnislehre" des dialektischen Materialismus mit eingeht, ihr nicht, wie bei den verschiedenen Varianten des Positivismus oder des Kritischen Rationalismus als bloßes subjektives Urteil äußerlich und ohne Einfluß auf den Inhalt der jeweiligen Erkenntnis bleibt. Diese individuelle Entscheidung ist freilich, vor allem als kollektiver Akt, ein objektives geschichtsmächtiges Faktum und kein subjektivistisches Epiphänomen. In solchen Entscheidungen konstituiert sich das historische Subjekt und reklamiert gegenüber der bestehenden Wirklichkeit die Einlösung seiner Lebensansprüche, für deren allgemeinste Bezeichnung in der Kritischen Theorie der Topos des „Glücks" mir nicht schlecht gewählt zu sein scheint. Wie schon der eingangs erwähnte Wertbegriff des Kommunismus bei Marx ist dieser Topos des „Glücks" keine metaphysische Kategorie, deren Inhalt geschichtsunabhängig und gegenüber dem wirklichen Bewußtsein der kämpfenden Menschen neutral definiert werden könnte. Die geschichtliche Artikulation des menschlichen Anspruchs auf Glück ist vielmehr Teil eines politischen Prozesses, in dem konkrete Menschen gegenüber der von ihnen im Leiden erfahrenen Wirklichkeit ihre im Kampf und in der Solidarität des Leidens und des Widerstandes gewonnenen Hoffnungen beschreiben. Ebenso wie die Marxsche Fassung des Kommunismusbegriffs zwar abstrakte Voraussetzungen benennt, nicht aber den vergeblichen Versuch unternimmt, aus den Ansprüchen und Bedürfnissen einer bestimmten geschichtlichen Lage heraus die Konkretisierung des möglichen Inhalts des Gebrauchs der zu erwerbenden Freiheit und Kreativität zu versuchen — ein Versuch, der nur im Paradoxon der in ihrem Ergebnis vorausgewußten Kreativität, der in ihrem Vollzug bestimmten Freiheit enden könnte — ebenso bleibt der Topos des „Glücks" außerhalb der wirklichen Kämpfe und unabhängig von den Inhalten der wirklich Kämpfenden ein U-Topos, eine Utopie. Das gilt insbesondere für die Wissenschaft, deren Aufgabe und Vermögen auch als praktische Wissenschaft nur in der Beschreibung der Bedingungen des Widerstandes und des Kampfes liegen kann, in dem die jeweilige Hoffnung auf Glück erst in ihrem Inhalt als die sich wirklich herausbildenden Ziele der wirklich sich wehrenden, der wirklich um die Überwindung ihrer Not kämpfenden Menschen geschichtlich konkret zu werden vermag.

„Es ist so," sagt Walter Benjamin in seinem geschichtsphilosophischen Testament, „daß ein Bild von Glück, das wir hegen, durch und durch von der Zeit tingiert ist, in welche der Verlauf unseres eigenen Daseins uns nun einmal verwiesen hat. Glück, das Neid in uns wecken könnte, gibt es nur in der Luft, die wir geatmet haben, mit Menschen, zu denen wir hätten reden, mit Frauen, die sich uns hätten geben können. Es schwingt, mit anderen Worten, in der Vorstellung des Glücks unveräußerlich die der Erlösung mit."[17] Philosophisch-wissenschaftlich ist dieser Inhalt also nicht zu definieren, sondern allenfalls post festum zu begreifen oder in der Teilnahme am Kampf, in der Erfahrung der Solidarität des Widerstandes mitzubegründen. Bei Horkheimer lauten die zentralen Sätze dieser Abgrenzung des dialektischen Materialismus von jedem Idealismus, jeder Metaphysik: „Ist die materialistische Theorie eine Seite der Anstrengung zur Verbesserung der menschlichen Verhältnisse, so steht sie damit ohne weiteres zu allen Versuchen, welche die gesellschaftlichen Probleme von untergeordneter Bedeutung erscheinen lassen, in Widerspruch ... (Ihr geht es) um die Änderung der bestimmten Verhältnisse, unter denen die Menschen leiden und ihre Seele freilich verkümmern muß. Dieses Interesse selbst läßt sich zwar historisch und psychologisch begreifen, aber nicht allgemein begründen."[18]

Daraus sind nun freilich Schlußfolgerungen zu ziehen, die in der gegenwärtigen Lage für unsere Problemstellung die Lösung nicht eben einfacher erscheinen lassen. Zuerst, und nur wider den Defätismus des neuerdings wieder erstarkenden Historizismus oder historischen Relativismus gerichtet: Die so bestimmte dialektische Methode der Analyse unserer gegenwärtigen Gesellschaft vermag ganz ohne jeden Zweifel die Ursachen der Not, die Gründe des Leidens zu benennen. Da ist keine Beliebigkeit in der Kritik der bestehenden Verhältnisse, weil schon allein der immanente Anspruch der Institutionen, die die bürgerliche Aufklärung und Revolution geschaffen haben, als allgemeiner genommen, zur vollständigen Verdammung der unter Berufung auf sie geschaffenen Wirklichkeit ausreicht. Was das Problem ausmacht ist, wie gezeigt, daß sich von daher keine Richtung der Veränderung begründet, die zugleich zwingend aus allgemeinen Prämissen folgt und sich doch nicht als realer Zwang über die auf Freiheit und Glück gerichteten Aktionen derjenigen legt, die ihr Leiden an der Gesellschaft im Widerstand zu überwinden trachten.

Zum anderen fehlt uns auch die unbefragte Gewißheit des revolutionären Subjekts, wie sie Marx gegenüber dem seinen Kampf beginnenden Proletariat besaß.[19] Diese Gewißheit fehlt uns nicht aus theoretischen Gründen, sondern sie fehlt uns als praktische Erfahrung, als realgeschichtliche Dimension unserer theoretischen Absichten und Anstrengungen. Gegenüber der einhundertjährigen Geschichte der Arbeiterbewegung, deren Kenntnis und Erfahrung wir Marx voraus haben, verliert die Marxsche Gewißheit über die a priori bestehende Verbindung dieses Kampfes zu den gattungsgeschichtlich möglichen Realisierungen der allgemeinsten Werte ihre Plausibilität; mehr als das. Wir haben erfahren und erfahren es täglich, daß die großen Weltsysteme bei allen Unterschieden sich darin gleichen, daß sie die Entfremdung der Menschen von ihren historischen Möglichkeiten und Fähigkeiten, frei und glücklich zu sein, perpetuieren, schlimmer noch: zu einem System der totalen, totalitären Erfassung noch der psychischen Tiefenstrukturen der Individuen ausbauen, so daß sich die Frage stellt, woher die Erinnerung an die Möglichkeit der Freiheit, an die Realisierung von Glück, noch länger ihre Kraft bezieht. Es wird heute weithin sichtbar, was Theodor W. Adorno 1944 in den „Minima Moralia“ über das Individuum schrieb: „Wenn heute die Spur des Menschlichen einzig am Individuum als dem untergehenden zu haften scheint, so mahnt sie, jener Fatalität ein Ende zu machen, welche die Menschen individualisiert, einzig, um sie in ihrer Vereinzelung vollkommen brechen zu können. Das bewahrende Prinzip ist allein noch in seinem Gegenteil aufgehoben.“[20]

Praktisch gewendet sind damit jene Formen der Überwindung individualistischer Vereinzelung angesprochen, die in der gelingenden Kollektivität des Widerstandes gegen die entfremdenden Prozesse das Individuum als „Ensemble gesellschaftlicher Verhältnisse“ rekonstruieren; gerade in der kollektiven Überwindung der Vereinzelung kann jener dialektische Vermittlungsprozeß der Konstitution des gesellschaftlichen Individuums in seinem lebensnotwendigen Verhältnis zur Gesellschaft gelingen, der gerade durch die bürgerliche Konstitution des Individuums als bloß abstraktes Rechtssubjekt, als Subjekt, dessen Freiheit in der öffentlichen Sphäre lediglich negativ bestimmt ist, das in der Ausgrenzung gegenüber allen Ansprüchen der kollektiven Allgemeinheit des Staates bloß formal seine Unabhängigkeit von Gesellschaft, nicht aber seine gesellschaftliche Freiheit mit gesellschaftlicher Praxis erfüllt, stets mißlingt.

Dieses Anknüpfen an den wirklichen Erfahrungen der leidenden und manchmal noch sich wehrenden Menschen hat aber schwerwiegende methodische Konsequenzen, die sich gegen jeden Historischen Materialismus wenden, der diese Erfahrung der wirklichen Menschen in ihrer Praxis, d.h. ihr Bewußtsein, unter die mechanische Rubrik „falsches Bewußtsein“ rubriziert, weil es nicht mit den inzwischen zum Status objektiv-idealistischer Kategorien erhobenen Begriffen einer undialektischen, mechanischen Theorie des historischen Fortschritts korrespondiert. Eine solche Kategorie, die inzwischen den Status einer platonischen Idee in vielen zeitgenössischen „marxistischen“ Studien angenommen hat, ist der Klassenbegriff. Die Vorstellung, methodisch gesagt, alle gesellschaftliche Praxis müsse unter diese Idee subsumiert, jeder wirkliche Kampf an dem Anspruch dieser Idee gemessen werden können, ist platonischer Idealismus. Tatsächlich zeigt aber die Erfahrung nicht erst unserer Tage, daß diese Kategorie den meisten wirklich Kämpfenden ganz äußerlich bleibt, daß ihnen die Kategorien als politisches Bewußtsein erst aufgezwungen, zumindest eingeredet werden müssen, damit sie sich mehr oder weniger willig darin zu begreifen suchen. Jean-Paul Sartre schrieb bereits in den fünfziger Jahren zu den methodischen Problemen, die sich aus der Erstarrung des Historischen Materialismus ergeben: „Man kann auf zwei Arten in den Idealismus geraten: die eine besteht darin, daß man das Wirkliche in der Subjektivität auflöst, die andere darin, daß man alle eigentliche Subjektivität zugunsten der Objektivität leugnet. Die Wahrheit ist aber die, daß die Subjektivität weder alles noch nichts ist; sie bildet nur ein Moment des objektiven Prozesses (der Verinnerlichung der Äußerlichkeit), und zwar ein Moment, das sich unaufhörlich aufhebt, um ebenso unaufhörlich immer wieder ins Spiel zu treten. Jedes dieser ephemeren Momente … wird vom geschichtlichen Subjekt als *Ausgangspunkt* erlebt. Das ‚Klassenbewußtsein' ist nicht einfach ein erlebter Widerspruch; der die betrachtete Klasse objektiv bestimmte: es ist der durch die *Praxis* bereits aufgehobene und damit zugleich aufbewahrte und verneinte Widerspruch."[21]

Es gibt damit keine „Klassen" jenseits der wirklichen Erfahrung — es sei denn als historische Erinnerungstatsache ohne praktischen Wert für die Gegenwart — jenseits des praktischen Bewußtseins der kämpfenden Menschen, die mehr wären als analytische Kategorien einer begrifflichen Analyse von Klassengesellschaften. Als politische Begriffe taugen sie nur, wenn in der Praxis selbst sich das Bewußtsein entsprechend konstituiert, wenn sie der Erfahrung der Kämpfenden entsprechen. Das muß aber angesichts der gesellschaftlichen Kämpfe in unserer Gesellschaft und in anderen Gesellschaften unserer Tage wirklich bezweifelt werden. Kümmerlich erscheinen die Bemühungen der marxistischen Platoniker, den sich wehrenden Frauen, den Hungernden in Afrika, Asien und Lateinamerika, den Millionen Menschen, die Angst vor Krieg und Atomkatastrophen haben, diesseits und jenseits des ideologischen Vorhangs, der unsere Welt teilt, zu „beweisen", ihre Angst, ihre Wut, ihre Verzweiflung lasse sich in die objektiv vorbestimmten Bahnen eines proletarischen Klassenkampfes gegen die bürgerliche Herrschaft einbringen. Sie erkennen zu recht, daß das politische sich Einlassen auf die Priorität dieses Konfliktes angesichts ihres konkreten Leidens und in dieser historischen Phase darauf hinausläuft, gerade die Spezifika ihres Leidens, das besondere, ich scheue nicht zu sagen, das Existenzielle ihres Kampfes zugunsten abstrakter Ziele und zugunsten eines bloß abstrakten Begriffs vom kämpfenden Subjekt, nämlich jenem der proletarischen Klasse, preiszugeben. Sie müßten ihre wirkliche, durch sinnliche Erfahrung gewonnene Identität als protestierendes Subjekt zugunsten eines aus Lehrbuchwissen gewonnenen abstrakten Bewußtseins, Mitglied oder Bündnispartner eines potentiellen revolutionären Subjekts zu sein, aufgeben; sie müßten damit ihre gerade erst gewonnene Subjekthaftigkeit sogleich wieder in die subjektverleugnende Organisationsform der zentralistischen Kaderpartei verbringen. Manche tun das und gewinnen dafür die theoretische Gewißheit, die sich allerdings nur *gegen* alle politische und moralische Erfahrung behaupten kann, in der Hoffnung, die zukünftige Entwicklung der gesellschaftlichen Konflikte möge ihnen erlauben, daß ihre alltägliche Erfahrung ihr theoretisches Vorwissen schließlich einholt — und ich habe schon eingangs betont, daß niemand ihnen aufgrund eines strengen Beweises diese Hoffnung rauben könnte. Angesichts der Entwicklung der geschichtlichen Gegenwart ist diese Hoffnung freilich eschatologischer Art, eine Hoffnung auf die Zukunft, die, wie Walter Benjamin am Ende seiner geschichtsphilosophischen Thesen feststellt, jene kleine Tür enthalten könnte, durch die der „Messias" eintreten kann.[22] Freilich ist, wie dieses Bild zeigt, konkreter Inhalt der Hoffnung nur die verschlossene Pforte, zu öffnen einzig von außen; und keine Erfahrung ist mächtig, solange sie geschlossen bleibt, zu erringen, was sich hinter ihr verbirgt — und ob sich etwas hinter ihr verbirgt. Diejenigen, die jenen in ihrer hoffnungsvollen Erwartung auf die Öffnung der „kleinen Tür" und darauf, daß es der „Messias" des revolutionären Proletariats sein wird, der eintritt, nicht oder nicht länger zu folgen vermögen, stehen in den unvermeidlichen Kontroversen mit leeren Armen da. Ihrer Erfahrung mit dem zur Eschatologie verdinglichten Marxismus-Leninismus entspricht ihre grundsätzliche Ablehnung jeglicher Echatologie. Viele haben biographisch, wie Rudi Dutschke, zuvor schon die große Alternative, also das Christentum hinter sich gebracht. So stehen sie in dem Streit mit konkreten Hoffnungen auf den Ausgang ihrer Kämpfe aber ohne jede Gewißheit über den Ausgang des Kampfes im gattungsgeschichtlichen Sinne. Ihre Entscheidungen zu kämpfen, fallen und bewähren sich in der praktischen Erfahrung alltäglichen Lebens — und sie finden per se auch ihre Grenzen innerhalb dessen Horizonts. Zu vielfältig sind die Kämpfe und Erfahrungen, als daß sich einer heute deren Synthese zu einer konsensfähigen „Weltanschauung" vorstellen könnte. Angesichts des so bestehenden Schisma zwischen einer nach wie vor unverzichtbaren Analyse und Erklärung der grundsätzlichen Vergesellschaftungsprozesse durch eine schöpferisch angewandte Marxsche Methode, durch die historisch-materialistische Dialektik der Kritischen Theorie, des marxistischen Existenzialismus, die dialektische Psychologie und das, was Thompson den „historischen und kulturellen Materialismus" oder manchmal auch „moral economy" genannt hat, einerseits und den politischen und gesellschaftlichen Erfahrungen der Menschen aus ihrer aktuellen Lebensweise andererseits, kann die Entscheidung für eine bestimmte „Weltanschauung" und ihre Durchsetzung nur als theoretisches Dogma, nur als diktatorische politische Aktion verallgemeinert werden.

Die praktische Emphase für Freiheit gegen Verdinglichung und Ausbeutung, für Gleichheit in der kreativen Konsumtion des gesellschaftlichen Reichtums verweist zurück auf die moralische Entscheidung des einzelnen. Diese kann nicht als einmaliger Akt in der Zustimmung zu einer geschlossenen Weltanschauung sich vollziehen, wenn damit zugleich der Form und dem Inhalt nach die politische und moralische Freiheit an diese — oder ihre berufenen Demiurgen — delegiert wird.

Ich erinnere zum Schluß daran, daß meine Überlegungen und Fragen auf einer bestimmten und für mich naheliegenden Voraussetzung beruhen, nämlich vor allem der historisch gewordenen Unfähigkeit des Proletariats im traditionellen Sinne, sich, so wie Marx und nach ihm unzählige Marxisten es gedacht und erhofft haben, sich, so wie es in der Geschichte der Arbeiterbewegung auch immer wieder Tausende von Arbeitern wirklich als geschichtliche Tat des einzelnen und gelegentlich, für historische Sekunden auch als kollektives Subjekt vollzogen haben, sich so als revolutionäres Subjekt gegen die bürgerliche Gesellschaft, gegen Herrschaft und Ausbeutung zu erheben *und* dabei die Realisierung des Kommunismus als den historisch-gesellschaftlichen Ort jeden möglichen Glücks für Jeden in angemessenem Verhältnis zu den gattungsgeschichtlich erarbeiteten objektiven Möglichkeiten nicht aus dem Auge, nicht als Inhalt und Aufgabe der revolutionären Praxis zu verlieren. Wir müssen heute konstatieren — und das ist nicht eine Frage der moralischen Entscheidung, sondern eine solche der historischen Analyse —, daß in der bisherigen Geschichte die in diesem Sinne revolutionären Aktionen des proletarischen Subjekts zumeist einen humanen, aber einen defensiven Charakter gehabt haben: Akte der Empörung, des verzweifelten Widerstandes gegen die Verweigerung der elementaren Lebensmöglichkeiten oder der Freiheit, wie die Pariser Kommune, die Aufstände in Petersburg und Moskau 1905 und 1917/18, der Kampf für die Spanische Republik und andere, daß aber das humane Element der Empörung gerade im Widerstand, in der verzweifelten und deshalb bedingungslosen Negation bestand und niemals die humane Qualität sich auch in der positiven Gestaltung der Revolution und postrevolutionär durchzuhalten verstand.

Das ist keine Frage moralischer Schuld, so wie es in der Geschichte keine Moral gibt, solche Fragen zu entscheiden. Das ist allein eine Frage geschichtlicher Erfahrung, und sie wird erst in der Bestimmung gegenwärtiger gesellschaftlicher Praxis auch zu einer moralischen Frage.

Die Hoffnung auf die Proletarische Revolution aufzugeben, bedeutet nicht, die Hoffnung aufzugeben, daß eine Revolution der gesellschaftlichen Wirklichkeit möglich ist, die die eingangs allgemein bestimmten Ziele des Kommunismus herbeiführen oder ermöglichen könnte. Und es bedeutet vor allem auch nicht, die moralische Wertentscheidung aufzugeben, daß eine solche Revolution zur Herbeiführung dieser Ziele nötig ist. Freilich bedeutet das Aufgeben dieser Hoffnung das Ende jeder vermeintlichen Gewißheit über das Eintreten, das Subjekt und die Form dieser revolutionären Entwicklung; wir werden zurückverwiesen auf unsere eigene politische und gesellschaftliche Praxis, auf das, was wir hier und heute verantworten können.

Es mag sein, daß diese Voraussetzungen meiner Fragen und Überlegungen sich entgegen meiner Einschätzung schon nach kurzer Zeit oder erst später als falsch erweisen. Aus den bereits genannten Gründen kann diese Widerlegung allerdings nur eine historisch-praktische durch das Proletariat selbst sein — und einige „Streiks“ wie im berühmten September 1969, so wichtig sie auch für die Erfahrung der Streikenden und für die aktuellen Konflikte innerhalb unserer Gesellschaft sein werden, können wir da nicht gelten lassen.

Diese Widerlegung kann aber nicht vollzogen werden durch einige Unentwegte und zum Teil moralisch Verhärtete, die sich gegen alle wirkliche Erfahrung am Marx-Zitat festklammern wir am rettenden Strohhalm im Mahlstrom der eigenen Geschichtserfahrung, die jede Niederlage des Proletariats als Sieg bejubeln, auch und gerade die moralischen, die als machtmäßige Siege erscheinen mögen, wie 1956 in Ungarn, 1968 in Prag und in Afghanistan, die jedes Verbrechen im Namen des sogenannten „realen Sozialismus“ als „notwendig“ oder „zwangsläufig“ rechtfertigen und sich immer erst dann distanzieren, wenn es die Parteiführung erlaubt und wenn es moralisch zu spät ist. Sie haben den Verlust der moralischen Unschuld in der Geschichte der Arbeiterbewegung noch nicht bewältigt, weil bei ihnen der „Stalinismus" immer schon eine Frage der Vergangenheit war, als sie über ihn zaghaft zu sprechen begannen, weil sie prinzipiell in der Praxis der Gegenwart nur die Fehler der Vergangenheit als Fehler zugestehen, dabei prinzipiell die Gegenwart moralisch entlastend. Ihr metaphysischer Glaube — „ohne wenn und aber" — an die messianische Rolle des proletarischen Klassensubjekts wird damit als moralische Entscheidung eindeutig zweideutig. Ihnen fehlt, mit Max Horkheimer gesagt, „die dem Materialismus einwohnende Trauer", die bei aller Hoffnung um das unwahrscheinliche, doch mögliche Glück der Menschen in Zukunft nicht vergessen kann, daß „das vergangene Unrecht nicht wieder gutzumachen ist", daß „die Leiden der verflossenen Geschlechter keinen Ausgleich" finden werden[23], daß auch jene, die im Namen dieses Glücks kämpften und litten, unauslöschlich zu diesem Unrecht und Leiden beitrugen.

Ein Materialismus ohne Moral verkennt damit objektive Momente der gesellschaftlichen Wirksamkeit und begnügt sich allein mit den idealistischen Abstraktionen leerer Kategorien, in denen die wirklichen Erfahrungen der historischen Menschen in ihrem alltäglichen Lebenskampf nicht aufgehoben sind; indem er die Moral als konstitutives Moment einer „realistischen Gnoseologie" (Sartre) preisgibt, verzichtet er damit unwissentlich auch auf den Materialismus. Wir leben in einer Zeit ohne unschuldiges Subjekt der Geschichte. Wir leben auch in einer Zeit und unter gesellschaftlichen Bedingungen, über die Dietmar Kamper, ein Motiv Adornos aufnehmend, warnt: „Gegen-Identitäten gleich welcher Art sind ... in der Logik der alternativen Gesellschaftsapparate fungibel geworden ... Ich-Identität (erscheint) als letzter Akt der Internalisierung gesellschaftlicher Kontrolle."[24]

Und doch bleibt logisch wie historisch als einzige Möglichkeit: die Chance der Würde ist auf das sich wehrende Individuum verwiesen. Dabei ist freilich klar, daß wir nicht mehr hinter die in der Kritik der Dialektik des bürgerlichen Individuums festgehaltene Einsicht zurück können, wie sie Bernhard Willms formuliert hat: „Der Glanz des bürgerlichen Subjekts war seine welthistorische Allgemeinheit; sein Elend ist die nicht begriffene Partikularität."[25] Das heißt, daß auch die bloße Möglichkeit zur Würde eines Subjekts schon an die Herstellung gesellschaftlich vernünftiger Verhältnisse gebunden bleibt.

10. Zur Kontinuität der „Racket-Theorie“
Max Horkheimers politisches Denken nach 1945

Es entspricht einem Gemeinplatz der inzwischen kaum noch überblickbaren Sekundärliteratur zur Kritischen Theorie der sogenannten ‚Frankfurter Schule‘, festzustellen, daß in ihrem Rahmen „Politik“ eine Leerstelle bezeichnet. So heißt es zum Beispiel bei Furio Cerutti:

> „Überraschend ist nicht so sehr die fehlende Aufnahme der damals noch nicht ganz entwickelten politischen Soziologie, sondern das Ausblenden jeglicher staatsrechtlicher Überlegung. Anders gesagt: Die Formen der Politik finden wenig Beachtung in einer Theorie, die an ihrem durch die Ökonomie bedingten Inhalt und an der kulturellen Vermittlung und Verlagerung dieses Inhalts interessiert ist. Wirtschaft und Gesellschaft saugen die Politik auf, als wären die institutionellen Spielregeln ohne Einfluß auf den Verlauf des Spiels selbst.“ (1986, 254)

Ist in diesem Zitat von den „Formen der Politik“ die Rede, so damit noch nicht von dem einzigen möglichen Gegenstand aus dem Gesamtbereich der Politik, mit dem sich eine Kritische Theorie der gegenwärtigen Gesellschaft zu beschäftigen hätte. Eine Theorie der Politik wäre ja nicht dasselbe, wie politische Theorie oder gar politische Philosophie. Auf die in der Sekundärliteratur und den mannigfaltigen Deutungen enthaltenen Überlegungen zu den Gründen dieser Leerstelle, die vom Vorwurf des Opportunismus (Petrović 1986, 15) bis zur Behauptung der theoretisch-immanenten Zwangsläufigkeit einer praxislosen „negativen Dialektik“, die sich angeblich aus der „Dialektik der Aufklärung“ ergäbe (Habermas, 1981, Bd. 1, 500), reichen, braucht hier nicht weiter eingegangen zu werden. Es ist klar, daß solchen Urteilen und Feststellungen jeweils ein (unterschiedliches) Modell von Theorie der Politik, politischer Theorie oder politischer Philosophie zugrunde liegt, dessen Realisierung in den Texten der Kritischen Theorie versäumt würde.

Vor einiger Zeit hat nun freilich Iring Fetscher „Eine Skizze zu den politischen Reflexionen im Exil“ von Max Horkheimer vorgelegt (1986, 298 ff.), die gegenüber den genannten Verdikten einen anderen Akzent setzt. Nicht ohne Absicht wird Fetscher seinen Beitrag über „Die Ambivalenz des liberalistischen ‚Erbes‘ in der Sicht von Max Horkheimer“ als eine „Skizze“ bezeichnet haben; ich vermute, daß dies weniger auf die etwaige Vorläufigkeit oder Unausgearbeitetheit seines eigenen, an Quellen, Analysen und Belegen reichhaltigen Beitrages liegt, als vielmehr an der Beschaffenheit der untersuchten Texte und Materialien selbst. Was Fetscher als „politische Reflexionen" bezeichnet, bietet einerseits ein reichhaltiges Material an theoretischen Versatzstücken, Erklärungen, ad hoc-Hypothesen, empirischen Beobachtungen und Urteilen, ist aber in der von ihm untersuchten Periode bis Mitte der 40er Jahre und im wesentlichen vor Abfassung der „Dialektik der Aufklärung" nirgendwo zu einem Text systematisch zusammengefaßt worden, der in seinen Ansprüchen einer der oben angesprochenen Formen der Beschäftigung mit Politik auch nur angenähert erschiene. Das ist ja nun aber freilich keine Differenz zur Befassung der Kritischen Theorie mit anderen Gegenständen und Problemfeldern. Sieht man einmal von den frühen Aufsätzen von Horkheimer in der Zeitschrift bis etwa 1937 oder gar seiner akademischen Qualifizierungsarbeit ab, so wird man auch die übrigen Arbeiten der Kritischen Theorie, die gemeinhin ihren Ruf als einer eigenständigen Theorie des gegenwärtigen Zeitalters begründen, kaum als systematische Darstellungen und Analysen im herkömmlichen szientistischen oder schulmäßigen Sinne auffassen können. In fast jedem inhaltlichen Prolemkreis oder Gegenstandsbezug erschließt sich vielmehr die „Theorie" der Kritischen Theorie zumeist erst auf dem Wege der nachträglichen Rekonstruktion dessen, was sich in den verschiedensten Textarten und zu verschiedenen Zeiten — und häufig auch noch von verschiedenen Autoren — und damit fast zwangsläufig nicht ohne die dadurch bedingten Widersprüchlichkeiten, Unvollständigkeiten und Unklarheiten findet. Fetscher, der wie ich finde mit großem Erfolg diesen Weg für die Schriften Max Horkheimers bis etwa 1945 gegangen ist, ist dabei auf wesentliche Momente einer Theorie der Politik, also einer verallgemeinerten aber natürlich historisch-kontextuierten Erklärung und Analyse politischer Probleme gestoßen, in deren Zentrum eine historische Einschätzung des Liberalismus von beträchtlicher Ambivalenz sowie eine „Theorie der ‚Racket-Gesellschaft'" (Fetscher, 1986, 311) steht, die Horkheimer in den Diskussionen des engeren Instituts zu Beginn der 40er Jahre entwickelt hat und von der ich hier zu zeigen beabsichtige, daß sie einerseits Elemente einer allgemeinen, also nicht auf eine bestimmte Phase der kapitalistischen Entwicklung beschränkten Theorie der Politik enthält und andererseits, daß Max Horkheimer in seinen politischen Reflexionen bis zu seinem Lebensende die politische Wirklichkeit der verschiedensten Gesellschaften von dieser Theorie her interpretiert hat. Erst im Lichte dieser Racket-Theorie gewinnen seine Aussagen zur Demokratie, zur Bürokratie, zur Konvergenz der Systeme und zu anderen Gegenwartsproblemen ihren spezifischen Stellenwert. Diese Theorie der Racket-Gesellschaft präsentiert in den politischen Reflexionen Max Horkheimers bis an sein Lebensende die inhaltliche Komponente einer im Sinne des Programmes einer „materialistischen Sozialwissenschaft" festgehaltenen Konzeption von Wirklichkeitswissenschaft, die freilich ihre eigentliche Bedeutung erst im Kontext ihrer Vermittlung mit den Problemen der Philosophie erhält. In einem Protokoll unter dem Titel „Politischer Stoizismus der Kritischen Theorie“ vom 7. Oktober 1946 kommt von Max Horkheimer der

„Vorschlag, die Untersuchung über Dialektik anzusetzen als Erörterung der gegenwärtigen Politik, insbesondere des sich abzeichnenden Konflikts zwischen Rußland und den Demokratien, von dort aus fortzuschreiten zu einer Kritik der Politischen Ökonomie der Gegenwart und schließlich zu den eigentlichen Fragen der Philosophie. Das entscheidende Problem liegt“

so fährt Horkheimer fort

„dabei im Übergang von den politischen zu den logischen und metaphysischen Fragen. Dieser Übergang kann nicht als einer zu einem höheren Abstraktionsniveau verstanden werden. Es handelt sich vielmehr darum, daß Einheitsmoment der Politik und der Philosophie konkret zu bestimmen. Wir sehen dieses Einheitsmoment im Festhalten der radikalen Impulse des Marxismus und eigentlich der gesamten Aufklärung — denn Rettung der Aufklärung ist unser Anliegen —, ohne daß dabei noch die Identifizierung dieser Intentionen mit einer empirisch existierenden Partei oder Gruppe vollzogen wäre. Es ist gewissermaßen ein Materialismus, der sich des Vorurteils entäußert, irgendein Moment der bestehenden materiellen Realität sei unmittelbar das Positive. Die Paradoxie, das dialektische Geheimnis einer wahren Politik besteht in der Wahl eines kritischen Standpunkts, der sich selber als positiver Standpunkt nicht hypostasiert.“ (Horkheimer, Bd. 12, S. 597 ff.)

Was hier als das „Geheimnis einer wahren Politik“ enthüllt wird und auf das Programm einer bloßen Kritik hinausläuft, wirft natürlich das Problem einer Begründung politischer Ordnung oder auch einer zu einer solchen guten Ordnung führenden Praxis auf. An Einsicht in das daraus entstehende Problem fehlt es Horkheimer an dieser wie an anderen Stellen nicht; man kann aber die von ihm vorgeführte Argumentation angesichts dieses Problems keinesfalls als eine befriedigende theoretische Lösung akzeptieren, sondern allenfalls als eine lebensgeschichtlich beeindruckende „Haltung“, die eines gewissermaßen trotzigen „Dennoch“ respektieren. Horkheimer fährt an derselben Stelle z.B. fort:

„Es liegt die Gefahr unseres Versuchs auf der Linie der Stoa. Durch das Zurücktreten vom politischen oder auch politisch-philosophischen Standpunkt auf den einer der Einwirkung sich entziehenden Reflexion ist ein Moment der Resignation dem bloß Seienden gegenüber gesetzt; solche Resignation steht auch ihrerseits in Gefahr, dem Seienden Recht zu geben und die Welt den Mächten zu überlassen. Es ist notwendig für eine dialektische Philosophie, ohne der Positivität des Absoluten zu verfallen, zugleich die Beschränktheit und Unwahrheit des stoischen Standpunkts, dem heute die Existenzphilosophie genau entspricht, dar zu tun. Wo politische Einwirkung möglich ist, ohne die Wahrheit zu verraten, soll sie nach besten Kräften geübt werden. Angesichts des Umstandes, daß es keine Wahrheit gibt, wird dieser Einfluß ein quasi rein theoretischer bleiben. Das heißt mit anderen Worten, daß in der gegenwärtigen historischen Situation das Heil im Denken liegt und die Politik im Denken liegt, daß wir also bewußt auf einen stoischen Standpunkt zurückgeworfen sind und nicht den Existenzialen sagen sollen, sie seien Stoiker, sondern wir wollen schreien, wir sind die Stoiker, weil es keine Partei gibt.“ (Bd. 12, S. 598 ff.)

Befragt man die Texte Max Horkheimers nach dem Inhaltlichen jener festzuhaltenden „radikalen Impulse des Marxismus und eigentlich der gesamten Aufklärung", so stößt man auf das Begriffspaar ‚Materialismus-Glück'. Heinz Maus, Assistent bei Max Horkheimer in den frühen 50er Jahren und diesem inhaltlich wesentlich verbunden, formuliert kurz nach dem 2. Weltkrieg mit der ausdrücklichen Zustimmung Max Horkheimers den Zusammenhang so:

> „Es geht dem Materialisten nicht um die absolute Vernunft und nicht um die absolute Wahrheit, sondern um das Glück — auch in seiner verpönten Gestalt: der Lust — und nicht so sehr um das sogenannte innere Glück, das sich gar zu oft mit dem äußeren Elend zufrieden gibt, sondern um einen objektiven Zustand, in dem auch die verkümmerte Subjektivität zu ihrem Recht kommt ... auch der Materialismus weiß von Angst, Sorge und Tod, aber darin die Freiheit des Menschen zu erblicken, düngt ihm widersinnig. Mag er flach gescholten werden: es geht ihm allerwegen ums Glück der Menschen." (1981, 279, 289)

Horkheimer hat im übrigen den Zusammenhang von Materialismus und Glück — auch biographisch-soziologisch als kaum verhüllte Selbstdarstellung — als den besonderen Beitrag bürgerlicher Intelligenz zu den inhaltlichen Komponenten zeitgenössischer revolutionärer Denkweise dargestellt, wenn er schreibt:

> „Es macht einen Unterschied im Haß gegen diese kapitalistische Welt aus, ob man ihre Früchte vom Genuß oder nur vom Zusehen kennt ... diese letzten Bürger sind genußfähig, ihr Materialismus ist ganz ehrlich, sie schmähen das gute Leben nicht ... (sie) sind gerade darum revolutionär, weil sie wissen, was Glück heißt, und daß ohne günstige Bedingungen die menschlichen Anlagen ersticken und entarten ... vielleicht zeigt es sich jedoch in einer viel späteren Periode, daß manche ihrer Gedanken wie auch die Erinnerung an ihre spezifisch materialistische Haltung für eine freiere Menschheit nicht ganz wertlos sind." (Bd. 12, S. 231 f.)

Im folgenden will ich versuchen, in zeitlicher Ausdehnung und inhaltlicher Fortsetzung des Ansatzes von Iring Fetscher die Frage nach der Kontinuität oder Diskontinuität der „politischen Reflexionen" in den nachgelassenen Schriften Max Horkheimers zu überprüfen. Dabei geht es nicht zuletzt um die Frage, ob die zwar von Sympathie getragene, aber doch objektiv unverhohlen diffamierende Darstellung in der offiziösen Geschichtsschreibung „Frankfurter Schule", wie sie etwa in den Kapitelüberschriften zu Max Horkheimer „Kritische Zierde einer restaurativen Gesellschaft" und „Horkheimer — im Nu etabliert" (Wiggershaus, 1986, 479, 492) zum Ausdruck kommt, auch im Inhaltlichen der weiterlaufenden politischen Reflexion einen Ansatzpunkt finden kann. Diese Überprüfung arbeitet wie die von Iring Fetscher mit Methoden der immanenten Rekonstruktion und erwartet aus den genannten Gründen von vorne herein nicht die systematische Darlegung einer Theorie der Politik. Sie geht aber von der Hypothese aus, daß in der Racket-Theorie zentrale und kontinuierlich festgehaltene Aussagen einer deskriptiv-analytischen Theorie der Politik in der Gegenwartsgesellschaft ebenso, wie allgemeine Aussagen einer historischen Theorie der Politik enthalten sind. Weiterhin wird sich zeigen, daß unabhängig von ihrer Fähigkeit, den politischen Prozeß in den in Frage stehenden Gesellschaften in angemessener Weise und differenziert genug beschreibend und erklärend zu erfassen, mit der Racket-Theorie doch wesentliche und für diese Gesellschaften und ihren politischen Prozeß keineswegs periphere Gesichtspunkte kontinuierlich thematisiert werden, wie sie auch in anderen zeitgenössischen und sogar noch gegenwärtigen Politiktheorien eine zentrale Rolle spielen. Abschließend möchte ich auf das eingangs schon angesprochene Vermittlungsdilemma solcher Ansätze einer Theorie der Politik in der Gegenwartsgesellschaft mit einer auch die kritischen und normativen Aspekte einer politischen Theorie bzw. politischen Philosophie angemessen berücksichtigenden Perspektive noch einmal kurz zurückkommen.

Der früheste Text, in dem Max Horkheimer explizit seine Racket-Theorie darlegt, stammt vermutlich aus dem Jahr 1939/40 und gehört in den Umkreis der „Aufzeichnungen und Entwürfe" zur „Dialektik der Aufklärung". Auch bei anderen Mitgliedern des Instituts findet nach diesen Diskussionen Terminus und Gedankengang dieses Ansatzes Verwendung. (Adorno, 1942; Kirchheimer, 1941). Horkheimers fünf Druckseiten langer Text ist sorgfältig ausformuliert und steht unter der Überschrift „Die Rackets und der Geist" (Bd. 12, S. 287 ff.). Er beginnt mit dem Satz „Die Grundform der Herrschaft ist das Racket." (Bd. 12, 287). Der Begriff des „Rackets", der amerikanischen Umgangssprache entnommen, gelegentlich aber auch als Fachterminus in den Kriminalwissenschaften verwandt, bezeichnet jenen Mechanismus der „Schutzgelderpressung", mit dem sich zur Gewalt befähigte und bereite Gruppen produktiven Mitgliedern der Gesellschaft oder ganzen Gruppen und Organisationen als Schutzherren erpresserisch aufzwingen und damit, ohne daß eine direkte Gewaltausübung in der Regel noch notwendig ist, von den Abgaben der Unterworfenen ihren eigenen Lebensunterhalt bestreiten. Horkheimer erläutert den Eingangssatz seines Textes historisch und systematisch so, daß deutlich wird, daß hier eine inhaltlich andere Darstellung der Entstehung von Herrschaftsverhältnissen zugrundegelegt wird, als in dem üblichen marxistischen Ansatz, der von Arbeitsteilung in Produktionsverhältnissen aufgrund einer spezifischen Eigentumsform ausgeht. Die Racket-Theorie ist an zentraler Stelle eine Theorie der Gewalt, auf die sich die Herrschaft genetisch-kausal gründet und die auch in ihren höheren Vermittlungsformen stets noch den letzten Grund darstellt, auf den sich Herrschaft und Unterwerfung zurückführen lassen. Wird in der „Urhorde" diese Grundform der Herrschaft noch allein auf die „Abstufung der Stärke" gestützt, so wird

„seit der Erfindung der Werkzeuge ... die Rangordnung nicht mehr allein durch physische Kraft bestimmt, sondern ebenso sehr durch die Lebensweise, die den Menschen durch die Natur der Werkzeuge vorgezeichnet ist ... Eigentümliche Erfordernisse und ihnen entsprechende Geschicklichkeit bilden sich aus und werden je nach den Positionen, welche einzelne Individuen und Gruppen in der neuen Arbeitsteilung festhalten, von diesen im Gegensatz zur übrigen Gesellschaft entwickelt. Durch ihre Fähigkeit, die

Okkupation der Schlüsselpositionen in der gesellschaftlichen Apparatur, wird die ursprüngliche rein auf natürliche Potenzen begründete Hierarchie der Macht modifiziert, bis sie im Verlauf der Entwicklung schließlich der zweiten, der gesellschaftlichen Natur entspricht, nicht mehr der Stärke sondern der Position." (Bd. 12, 287)

Horkheimer fährt fort:

„Die Scheidung zwischen oben und unten, Herrschaft und Beherrschten, beruht auf der Organisation jeder einzelnen Machtgruppe in sich selbst und gegen die, welche weiter unten stehen." (Bd. 12, 287)

Die Kontinuität einer hierarchischen Struktur folgt aus der erfolgreichen

„Monopolisierung der Vorteile, die sich aufgrund der bestimmten regelmäßigen Leistung im gesellschaftlichen Prozeß erzwingen lassen. Privateigentum an Produktionsmitteln war die entscheidende Verhärtung einer Funktion, nämlich des Kommandos in der Warenproduktion während des Industriezeitalters." (Bd. 12, 288)

Aus den Beispielen und Erläuterungen geht hervor, daß bei Horkheimer der Begriff des Rackets eine Untergliederung des Klassenbegriffs darstellt, jedenfalls dann, wenn historisch Klassengesellschaften ausgebildet sind. Die Rackets bezeichnen dann jene untereinander in Konkurrenz um die „Beute" stehenden Klassenfraktionen, Familien, Unternehmen, oder Organisationen, die allein in ihrem gemeinsamen Klasseninteresse an der Aufrechterhaltung der Herrschaftsstruktur eine allgemeine Basis des Interesses besitzen.

„Wenn eine Organisation so mächtig ist, daß sie ihren Willen auf einem geographischen Gebiet als dauernde Regel des Verhaltens für alle Bewohner aufrecht erhalten kann, so nimmt die Herrschaft der Personen die Form des Gesetzes an. Dieses fixiert die relativen Machtverhältnisse." (Bd. 12, 289)

Damit ist zugleich ein Hinweis auf die Vorstellung von der Entstehung des Staates bzw. der Funktion des Gesetzes im Kontext dieser allgemeinen Version der historischen Racket-Theorie gegeben. Zur Frage der Legitimation äußert sich Horkheimer ebenfalls:

„Stets führten die Rackets die Fruchtbarkeit des von ihnen erzeugten und gelenkten Kollektivs als Grund für ihre eigene Notwendigkeit an, und die unheilige Einfalt der Historiker hat die entstellte Fratze der Masse als bahre Natur genommen. Bisher hat das Racket allen gesellschaftlichen Erscheinungen seinen Stempel aufgeprägt, es hat geherrscht als Racket des Klerus, des Hofs, der Besitzenden, der Rasse, der Männer, der Erwachsenen, der Familie, der Polizei, des Verbrechens, und innerhalb dieser Medien selbst in Einzelrackets gegen den Rest der Sphäre." (Bd. 12, 291)

Auch die Rackets an den Universitäten werden an anderer Stelle im übrigen nicht vergessen. Dieser Text zu dem was ich ‚allgemeine historische Racket-Theorie' genannt habe, endet mit dem folgenden Satz:

„In der wahren Idee der Demokratie, die in den Massen ein verdrängtes, unterirdisches Dasein führt, ist die Ahnung einer von Rackets freien Gesellschaften nie ganz erloschen." (Bd. 12, 291)

In seinem 1943 zunächst auf englisch geschriebenen und dann 1947 veröffentlichten Aufsatz, der nunmehr in den nachgelassenen Schriften, Band 12 (warum eigentlich dort wo ansonsten nur die unveröffentlichten Schriften stehen?) in deutscher Übersetzung unter dem Titel „Zur Soziologie der Klassenverhältnisse" erschienen ist, arbeitet Max Horkheimer diesen ersten Ansatz einer allgemeinen historischen Theorie der Rackets zu einer, wie ich es nennen würde, speziellen, auf den gegenwärtigen Zustand der monopolkapitalistischen Gesellschaft gemünzten Theorie der Rackets aus. Ist dieses Stadium der Entwicklung der kapitalistischen Gesellschaft nach Horkheimer im wesentlichen durch den Fortfall der ursprünglich „fortschrittlichen Funktion" der Konkurrenz charakterisiert (Bd. 12, 80), so ist ihr entscheidendes Moment, das zu diesem Urteil natürlich noch beiträgt, wie Fetscher zu Recht schon herausgearbeitet hat, hier so gefaßt:

„Während sich die Ungleichheiten zwischen den Unternehmern zu einer monopolistischen und schließlich totalitären Beherrschung des nationalen Lebens verschieben, durchläuft das Verhältnis zwischen Kapital und Arbeit eine sehr charakteristische Wandlung. In der jüngsten Phase des Kapitalismus trat die Arbeiterklasse in den Konkurrenzkampf ein, indem sie sich an die Monopolstruktur der Gesellschaft anpaßte. Sie hat eine Form angenommen, die dem monopolistischen Aufbau entspricht." (Bd. 12, 81)

Und weiter:

„Der Klassenkampf wurde in ein System des Handelns zwischen monopolistischen Einheiten, in ein Mittel der Klassenanpassung und in Kriege umgewandelt." (Bd. 12, 85)

„Der Aufstieg der Arbeiter von einer passiven zu einer aktiven Rolle im kapitalistischen Prozeß ist um den Preis der Integration in das allgemeine System erkauft worden. Derselbe Prozeß, der in Wirklichkeit und Ideologie die Arbeit zum ökonomischen Subjekt erhoben hat, hat den Arbeiter, der schon Objekt der Industrie war, auch noch zum Objekt der Arbeiterorganisation gemacht ... freilich sichert alles, was die Arbeiterführer erreichen, den Arbeitern einige Vorteile, zumindest zeitweilig ... die Tatsache, daß die Gewerkschaften monopolistisch organisiert sind, bedeutet nicht, daß ihre Mitglieder — abgesehen von der Arbeiteraristokratie — Monopolisten sind. Sie bedeutet, daß die Führer das Arbeitsangebot kontrollieren wie die Direktoren der großen Gesellschaften die Rohmaterialien, Maschinen oder andere Produktionsfaktoren. Die Arbeiterführer sind die Manager der Arbeiterschaft, manipulieren sie, machen für sie Reklame und versuchen ihren Preis so hoch wie möglich festzusetzen. Gleichzeitig hängen ihre eigene gesellschaftliche und ökonomische Macht, ihre Positionen und Einkommen, die alle der Macht, Positionen und dem Einkommen des einzelnen Arbeiters weit überlegen sind, vom Industriesystem ab." (Bd. 12, 87 f.)

Horkheimer macht deutlich, daß aufgrund dieser organisierten Struktur der Gesellschaft in Rackets einerseits die Stellung des Individuums in der Gesellschaft nur über seine Mitgliedschaft in solchen gesellschaftlichen Großorganisationen definiert ist:

„... der Mensch, sofern er keinem Racket angehörte, war draußen in einem radikalen Sinn, der Mensch als solcher war verloren." (Bd. 12, 291)

Und daß andererseits die hierarchische Struktur des inneren gesellschaftlichen Aufbaues sich aus dem Monopolisierungsprozeß der erfolgreichen Rackets und nicht mehr aus dem traditionellen Klassengegensatz der marxistischen Theorie ergibt: solche Gruppen von Menschen, die keinem Racket angehören, oder aber einem solchen, das in diesem konkurrenzhaften Monopolisierungsprozeß nicht erfolgreich ist, werden aus der Verteilung der „Beute" ausgeschlossen. Die Folgen dieser von Horkheimer als „repressive Kollektivierung des Menschen" (Bd. 12, 92) bezeichneten historischen Struktur verunmöglichen — ähnlich wie in dem Gedankengang, in dessen Zentrum der Topos der „verwalteten Welt steht" — die Entwicklungsmöglichkeiten des einzelnen Individuums und rauben ihm seinen Subjektcharakter. Was er erreichen kann, kann er „einzig durch Nachahmung" als „ein Glied von Organisationen", also „durch Mimikry" (Bd. 12, 91) erreichen. Ähnlich wie der Begriff des Subjekts ist

„die Idee des Glücks auf solche Banalität reduziert worden, daß es mit derjenigen normalen Lebensführung zusammenfällt" (Bd. 12, 92),

die gänzlich ohne Transzendenz auskomme.

„Die Arbeiterführer sind zu einer habsüchtigen Gruppe unter anderen geworden." (Bd. 12, 96)

„Die Haltung der großen Gewerkschaften gegenüber dem Staat ähnelte in den letzten Jahrzehnten der der großen kapitalistischen Organisationen. Sie hatten vor allem das Ziel, die Regierung daran zu hindern, daß sie sich in ihre Angelegenheiten einmischte." (Bd. 12, 97)

Und in einer eindeutigen Vorwegnahme der neokorporatistischen Theorie, wie sie die internationale politikwissenschaftliche Diskussion seit Mitte der 70er Jahre bestimmt, sieht er diese Entwicklung zu folgendem vorläufigem Abschluß gekommen:

„Inzwischen hat die wachsende ökonomische Macht der kapitalistischen Monopole eine Verständigung zwischen ihren Führern, aber auch mit der Zentralregierung, für die Arbeiterführer zu einem zwingenden Erfordernis gemacht, und eben diese Verständigung ist auch für die Regierung wichtig. Die Integration körperschaftlicher Elemente in die Verwaltung ist während des Krieges fortgeschritten ... die allmähliche Abschaffung des Marktes als eines Regulators der Produktion ist ein Symptom für den schwindenden Einfluß all dessen, was außerhalb der entscheidenden Gruppen geschieht." (Bd. 12, 98, 99)

So weit M. Horkheimer zur allgemeinen und zur speziellen Theorie der Rackets. Im folgenden gebe ich ein paar kursorische Hinweise zu Ähnlichkeiten mit anderen Theorien, die als Hinweise zur empirischen Triftigkeit verstanden werden können.

1. Vor allem in der allgemeinen historischen Fassung der Racket-Theorie sind die großen Gemeinsamkeiten und inhaltlichen Übereinstimmungen mit der „soziologischen Staatsidee" eines Ludwig Gumplowicz oder Franz Oppenhei-

mer verblüffend. Bei Ludwig Gumplowicz heißt es etwa, daß nicht die Individuen oder gar ihr Verhältnis zum Staat, sondern die „sozialen Gruppen" die Verfassung eines Staates ausmachen (1902, 52), die im permanenten Macht- und Konkurrenzkampf um ihren eigenen Vorteil verwickelt sind. Das „Credo der soziologischen Staatsidee" skizziert er so:

> „In der soziologischen Staatsidee erscheint die Entstehung des Staates als ein durch die Übermacht einer kriegerisch organisierten, gegenüber einer unkriegerischen Menschengruppe herbeigeführtes historisches Ereignis. Im Zusammenhang mit dieser Entstehungsart erscheint das Wesen des Staates als eine zwangsweise durchgeführte und aufrechterhaltene Arbeitsteilung verschiedener zu einem Ganzen zusammengegliederter sozialer Bestandteile. Die Entwicklung aber dieses Ganzen geht vor sich vermittels des Kampfes seiner Bestandteile miteinander um ihre gegenseitige Machtstellung, deren jeweilige Abgrenzung durch Recht und Gesetz sich vollzieht. In diesem Kampf spielt das Individuum nur eine solche Rolle, wie etwa der einzelne Soldat in der Heeresabteilung. Es kämpft als Mitglied seiner Gruppe, hat als Individuum eine minimale Bedeutung, ... kurz, in diesem sozialen Kampf, also in der Entwicklung des Staates bedeutet das Individuum soviel wie Nichts — nur die soziale Gruppe kommt in Betracht." (Gumplowicz, 1902, 66f.)

Wenn Max Horkheimer, wie vorhin schon zitiert, auf die Rolle der „Macht bzw. Gewalt" als konstituierendes Mittel von Herrschaftsverhältnissen hinweist und sich dabei explizit auf die Einführung des „nicht-ökonomischen Begriffs der Ausbeutung" bezieht, so fühlt man sich natürlich an die bekannte Oppenheimersche Unterscheidung von „ökonomischem" und „politischem Mittel" der Bedürfnisbefriedigung erinnert:

> „Es gibt zwei grundsätzlich entgegengesetzte Mittel, mit denen der überall durch den gleichen Trieb der Lebensfürsorge in Bewegung gesetzte Mensch die nötigen Befriedigungsmittel erhalten kann. Arbeit und Raub, eigene Arbeit und gewaltsame Aneignung fremder Arbeit." (1912, 14; s. dazu im übrigen die weiterführende Analyse des bis heute in den Theorien einige neoliberaler nachwirkenden Ansatzes von Franz Oppenheimer durch Haselbach, 1985)

Natürlich ist auch an die Rezeption Max Webers mit seiner Definition des Staates zu denken, bei dem die mögliche Aufnahme der „soziologischen Staatsidee" bisher meines Wissens im Detail nicht erforscht ist. Bei Max Weber überwiegen die aus der staatsrechtlichen und wie man heute sagen würde verwaltungswissenschaftlichen Perspektive stammenden institutionellen und rechtlichen Gesichtspunkte, die in seiner Theorie der Legitimität kulminieren, während die „soziologische Staatsidee" in viel stärkerem Maße, wie eben auch Max Horkheimer, das nicht-institutionalisierte Element des permanenten Gruppenkonflikts und vor allem des rein ausbeuterischen, oder wenn man so will ‚ökonomischen' Inhalts dieses Machtkampfes betont. Dieser letzte Gesichtspunkt ist natürlich auch die Fortführung der marxschen Theorie kapitalistischer Ausbeutung. Immerhin, mit der eigenständigen Betonung des „politischen Mittels", setzt sich Horkheimer eindeutig und an verschiedenen Stellen auch explizit von einer marxistischen Theorie der Produktionsverhältnisse ab, in der die politische Herrschaft nur den unselbständigen funktionalen Überbau der Produktionsweise darstellt.

2. Aber auch mit modernen Ansätzen der Theorie der Herrschaft zeigen sich viele Verbindungen und Gemeinsamkeiten. Wenn es bei Horkheimer zum Beispiel zur Begründung der Entstehung kontinuierlicher institutionalisierter Verhältnisse von Herrschaft heißt:

„Verhärtung heißt Monopolisierung der Vorteile, die sich aufgrund der bestimmten regelmäßigen Leistung im gesellschaftlichen Prozeß erzwingen lassen." (Bd. 12, 288),

so geht er mit dem Gedanken einer funktionalen und von ihm an anderer Stelle als progressiv bezeichneten Funktion der Herrschaft über den marxistischen Ausbeutungsansatz hinaus:

„In dieser Hinsicht verkörperten die Herrschenden eine gegenüber dem Rest der Bevölkerung überlegene Rationalität ... ihre ökonomische Fortschrittlichkeit." (Bd. 12, 77)

Dieser Gesichtspunkt der durch die funktionale Leistung für das Gesamtsystem erbrachten Begründung wie Legitimierung sozialer oder politischer Herrschaft steht zum Beispiel im Zentrum solcher moderner soziologischer Theorien der Herrschaft wie der von Karl Otto Hondrich bei dem es etwa heißt:

„... allerdings scheint Herrschaft diejenige soziale Konstruktion zu sein, die der Komplexität und Rationalität der Leistungsgesellschaft mehr gerecht wird als andere erdenkliche funktionale Äquivalente." (1973, 90)

In einer mehr handlungstheoretischen Variante werden bei Hans Haferkamp in seiner „Soziologie der Herrschaft", die beiden Gründe der Befähigung zur Herrschaft nicht mit den Begriffen ‚Gewalt und Leistung', sondern durch „Schädigung und Leistung" (1983, 108 ff.) charakterisiert und damit ebenfalls der Ansatz von Horkheimer bestätigt.

3. Es wurde vorhin schon beiläufig an einem zentralen Zitat darauf hingewiesen, daß bei Horkheimer die Erkenntnisse der sogenannten „Neo-Korporatismustheorie" (v. Alemann, 1981) vorweggenommen sind — freilich nicht unter dem die Diskussion seit Mitte der 70er Jahre dominierenden Gesichtspunkt der gesellschaftlichen „Steuerung und Integration". Was hier funktional und mit steuernd-reformistischer Perspektive auf seine Restriktionen untersucht wird, das stand bei Max Horkheimer eindeutig im Zentrum einer fundamental kritischen Analyse einer Gesellschaft, in der auch das letzte Moment von Alternative oder Negation in den funktionalen Zusammenhang der totalitär gewordenen Gesellschaft eingebunden wurde, die durch die großen Machtkomplexe allein noch beeinflußbar war.

4. Interessanter Weise entwickelt sich ein Strang der Analyse der Rolle und Funktion von modernen Gewerkschaften im Rahmen des Instituts für Sozialforschung in Frankfurt in den 70er Jahren in offenkundiger Unkenntnis dieser frühen Arbeiten von Horkheimer und der darin enthaltenen Racket-Theorie in

eine Richtung, die jedenfalls in der Betonung des Prozesses der Verbürokratisierung und der Entstehung von Eigeninteressen des gewerkschaftlichen Managements gegenüber der Mitgliederbasis in Teilelementen Ähnlichkeiten mit der Horkheimerschen Diagnose aufweist (Bergmann, Jacobi, Müller-Jentsch, 1974 sowie die jüngeren Arbeiten von Müller-Jentsch). Schließlich stimmt die Perspektive von Max Horkheimer, nach der in einer Macht- und Konkurrenzgesellschaft der Großorganisationen der fundamentale Widerspruch sich nicht mehr zwischen diesen, sondern zwischen den Organisierten insgesamt und den Nichtorganisierten auftut, mit jenen Analysen überein, die in der Folge von einer (möglicherweise zweifelhaften) Rezeption der Theorie von M. Olson (1968) vor allem in kritischer Perspektive von C. Offe (1972) und in apologetisch-politisch instrumentalisierter Perspektive durch die sogenannte Theorie der „Neuen sozialen Frage“ der Mannheimer Erklärung der CDU 1975 (dazu Greven, 1982) dargestellt und analysiert worden sind.

Ich breche diese Hinweise und Anregungen zu weiteren Studien hier ab. Natürlich dienten sie auch zur Unterstützung meiner Bewertung, daß die vorgetragenen Grundaussagen der Horkheimerschen Racket-Theorie der kapitalistischen Gesellschaft in ihrem monopolistischen Stadium ein jedenfalls in historisch-empirischer Hinsicht nicht ganz unplausibles Bild von den Verhältnissen zu zeichnen in der Lage waren, wie es auch in zahlreichen anderen Theorien so oder ähnlich aufgenommen wurde.

Im folgenden möchte ich nun demonstrieren, wie die in Umrissen hier vorgetragene Racket-Theorie während der 50er und 60er Jahre von Max Horkheimer in großer Kontinuität in seinen politischen Reflexionen und Urteilen über die gegenwärtigen politischen und gesellschaftlichen Verhältnisse der unterschiedlichsten Gesellschaften zugrundegelegt wurde und wie sie sich mit anderen zentralen Themen und Einschätzungen bei ihm auf spezifische Weise verbanden, ja, wie etwa die Urteile zur Demokratie, zu den Perspektiven der historischen Entwicklung, zur Freiheit, und zum Politikbegriff insgesamt nur aus dem Fluchtpunkt der Racket-Theorie im Sinne Horkheimers verständlich gemacht werden können.

Jedem, der einerseits die von Max Horkheimer in den Jahren 1949 bis 1973 veröffentlichten Texte, Vorträge und Aufzeichnungen und andererseits die nunmehr in den nachgelassenen Schriften enthaltenen, zu Lebzeiten also nicht für die Öffentlichkeit vorgesehenen Texte sorgfältig studiert und vergleicht, muß sich die Erfahrung einer ungeheueren Diskrepanz auftun. Der häufig bis zur Belanglosigkeit und Fadheit gehenden Blässe mancher „Festreden“ Max Horkheimers steht in den nächtlichen Aufzeichnungen und von Friedrich Pollock wiedergegebenen Gesprächen eine von tiefem Pessimismus geschärfte Krassheit und Prägnanz der Einsicht und des Urteils gegenüber den gegenwärtigen Verhältnissen gegenüber. Was, wie schon angedeutet, manchem wie ein billiger oder vordergründiger Opportunismus erscheint, jedenfalls individualpsychologisch und interessebedingt gedeutet wird, mag seinen tieferen Grund eher in einem tief verantwortlichen Umgang mit den selbst unnachgiebig und klar empfundenen unauflösbaren Widersprüchen und Antinomien des seit den 40er Jahren theoretisch entwickelten Anspruchs einer kritischen Theorie finden. Gegen die These vom vordergründigen Opportunismus spricht schon, daß die Diskrepanz zwischen ‚innen' und ‚außen' sich auch und gerade nach dem Ausscheiden Max Horkheimers aus allen offiziellen Positionen und seinem privaten Rückzug in die Schweiz Anfang der 60er Jahre durchhielt, ja in mancher Hinsicht verstärkte. Gerade diese Verstärkung, gerade die sich in den nachgelassenen Schriften als Tendenz andeutende explizite Rückkehr zu den äußerst kritischen Gegenwartsdiagnosen aus der Endzeit der faschistischen Herrschaft, also die Tatsache, daß es in der Dichotomie des ‚Innen' und ‚Außen' eine Entwicklung der Wahrnehmung gibt, die auf die Erfahrung und äußeren Verhältnisse noch reagiert, spricht gegen die psychologisierende Interpretation eines aus bloßem Opportunismus praktizierten double-speech. Allerdings wirft meine Herangehensweise natürlich hermeneutische und methodologische Probleme der Interpretation auf, die mir deutlich und bewußt vor Augen stehen. Wie soll man angesichts dieser scharfen Diskrepanz von ‚Innen' und ‚Außen' auf die „eigentliche" Gestalt der Theorie oder zumindest des politischen Urteils der jeweils aktuellen politischen Reflexion Max Horkheimers schließen? Muß man nicht auch und gerade die Überlegungen und Kalküle, Taktiken und gewissermaßen instrumentellen Attitüden, die seine öffentlichen Reden und Vorträge begleiteten, als Teil seines Urteils über die gegenwärtige Lage berücksichtigen? Von Zeugen werden Bemerkungen Horkheimers berichtet, die in seinen Aufzeichnungen selbst ihre Korrespondenz finden, die diesen kalkulierten Umgang mit dem öffentlichen Wort und der veröffentlichten Schrift in seiner Angst vor einer jederzeit gegebenen Gefahr eines Umschlages in persönlich bedrohliche und totalitäre Verhältnisse zumindest subjektiv begründet erscheinen lassen. Angst, gar begründete Angst, ist aber nicht dasselbe wie Opportunismus.

Aller methodischen und hermeneutischen Probleme eingedenk, die sich aus dieser schwierigen Textlage ergeben und voller Zweifel, ob diese Urteilsbasis allgemein plausibel gemacht werden kann, möchte ich doch von der Überlegung ausgehen, daß die zunächst unveröffentlichten Aufzeichnungen aus den nachgelassenen Schriften den authentischeren Zugang zur politischen Reflexion und zum politischen Denken Max Horkheimers in den 50er und 60er Jahren freilegen. Sie dienten keinem anderen Zweck als der Selbstverständigung und sind noch nicht durch jene pragmatischen und instrumentellen Überlegungen gebrochen, wie das, was sich in den veröffentlichten Texten wiederfindet. Sie sind Zeugnisse einer biographisch begründeten Angst, ebenso wie Zeugnisse einer ungebrochen radikalen Gesellschaftskritik.

Die Rede, die Max Horkheimer aus Anlaß des Hessischen Verfassungstages 1950 über „Politik und Soziales" (Bd. 8, 38 ff.) gehalten hat, muß er selbst als eine politisch-pädagogische Aufgabe begriffen haben. So wie ein Lehrer, so wie ein Erzieher gegenüber seinem Zögling es nicht unbedingt als seine Aufgabe ansieht, in einer schonungslosen Analyse seinen begründeten Glauben an die Vergeblichkeit der Bemühungen des erzieherischen Prozesses zu äußern, sondern, eben aus seiner Haltung als Erzieher und Lehrer heraus wider alle inneren Skrupel auf das Positive hin orientiert, so ist dieser Text aufgebaut und wohl letztlich nur zu verstehen. Aber auch er bezieht sich nicht einfach affirmativ auf die bereits bestehende politische Wirklichkeit, sondern spricht, wenn auch in vorsichtigen Formulierungen, von den Gefahren, die von den „totalitären Elementen von beiden Seiten" (Bd. 8, 43) drohen. Was die innere Seite dieser Bedrohung anbelangt, so ist Horkheimer in seinen Beobachtungen und Einschätzungen keinen Schritt von der Radikalität seiner Urteile abgerückt, wie sie die bereits zitierten Äußerungen zur Racket-Theorie aus den 40er Jahren prägt. Für ihn ist der Unterschied zwischen Faschismus und liberaler Demokratie kein fundamentaler, sondern ein gradueller; sie repräsentieren zwei tatsächliche und immer mögliche Herrschaftsformen in einer kapitalistischen Gesellschaft. Von daher folgt auch Horkheimers, von anderen Mitgliedern der Frankfurter Schule geteiltes, ablehnendes Urteil über den Liberalismus. Für die Kontinuität der Racket-Theorie stehen etwa folgende Äußerungen vom Ende der 60er Jahre:

„Das Bürgertum in der liberalistischen Periode war durch eine relativ große Zahl selbständiger Existenzen gekennzeichnet. Der ökonomische Prozeß bewirkte die Zusammenziehung der Macht in den Händen von Monopolen, heute in eine Anzahl von Rackets in den verschiedenen industriellen, fachmännischen, politischen Schichten, die über eine hierarchische Struktur zur straff geordneten Verwaltung treiben, die der automatisierten Gesellschaft entspricht. Im Westen wie im Osten geht es dann nur noch darum, welche oder welches der Rackets am Hebel sitzen." (1974, 205)

Ähnlich heißt es an anderer Stelle in Ausführung seiner Kritik am Marxismus:

„Weil der Liberalismus zu wirtschaftlichen Krisen führte, die er selbst nicht zu überwinden vermochte, wurden Zentralisation und Konzentration des Kapitals so weit gesteigert, daß die Rackets das Ganze mehr oder minder planmäßig dirigieren, die kapitalistischen in Auseinandersetzung untereinander, die zur Nation zusammengeschlossenen in Auseinandersetzung mit den anderen Nationen." (1974, 207)

Ausdrücklich werden von Horkheimer die „Arbeiterparteien" (1974, 193) und immer wieder die Gewerkschaften (1974, 97, 167, 194) bzw. ihre bürokratisierten Zentralen und „Bosse" zu den herrschenden „Cliquen" und „Rackets" gerechnet. In den Gesprächen mit Friedrich Pollock heißt es in der zweiten Hälfte der 60er Jahre:

„Was heute zu leisten wäre, ist eine theoretische Deduktion der Racket-Theorie. Merkmale: Annäherung von Westen und Osten; die gleichen technischen und wissenschaftlichen Aufgaben; mit der Freiheit geht es immer weiter zurück: statt Freiheit wird ein höherer Lebensstandard verwirklicht oder wenigstens versprochen. Eine totale Verwaltung ist unumgänglich für die Verwirklichung der Forderung nach Gleichheit und Gerechtigkeit." (Bd. 14, 377)

Unter der Überschrift

„Clique als zentraler soziologischer Begriff für die heutige Gesellschaft"

etwa aus derselben Zeit liest man:

„Clique als Unterbegriff des Rackets — oder gleichbedeutend mit Racket. Regiert wird durch die Cliquen, die Parlamente werden durch sie beherrscht, sei es, daß ihre Vertreter direkt ins Parlament gewählt werden, sei es durch die Lobbys. (Bd. 14, 317)

Und daß es sich immer noch um das bereits 1943 entwickelte „tri-partistische" Schema handelt, wie es spätere Ansätze der Neo-Korporatismustheorie „steuerungstheoretisch" ausarbeiten, geht aus einer Bemerkung zur Inflation hervor:

„Sie ist eine Folge des Kampfes der Rackets um Preise, Löhne und Wahlstimmen" (Bd. 14, 366)

Das Monopolkapital bzw. seine Organisationen (Preise), die Gewerkschaften (Löhne) und die Parteien bzw. Politiker (Wahlstimmen) — sie alle sind in dem erläuterten Rahmen der Theorie als konkurrierende Rackets anzusehen, die sich um die Beute streiten und gegenüber deren Machenschaften sich das Individuum im Zustand einer subjektlosen Opferrolle befindet. Als Hauptthema einer Gegenwartsanalyse wäre, so Horkheimer, zu untersuchen, mit welchen Techniken die „herrschenden Rackets versuchen, ... durch Techniken der privaten und staatlichen Planung" die Krise zu überwinden; diese Überwindung könne freilich erst im „integralen Etatismus" gelingen, denn bei der jetzt herrschenden anarchischen Phase handle es sich lediglich um eine „Übergangsphase zur totalen Verwaltung." (Bd. 14, 382) Diese Belege mögen zunächst genügen, um zu demonstrieren, daß und wie Horkheimer bis zum Ende seines Lebens unter bestimmten Gesichtspunkten die politisch-gesellschaftliche Wirklichkeit der nunmehr nach-faschistischen westlichen Demokratien — aber auch der Gesellschaften sowjetischen Typs — mit dem Begriff der ‚Racket-Gesellschaft' zu charakterisieren und sicherlich auch zu kritisieren sucht. Rackets herrschen wie gesehen auch in der Sowjetunion (Bd. 14, 132) bzw. im maoistischen China (Bd. 14, 367). Der von Horkheimer immer wieder thematisierte Gesichtspunkt der Konvergenz von US-amerikanischer und sowjetischer Gesellschaft, die

„unwiderstehliche geschichtliche Tendenz, die Amerika dem terroristischen Rußland ähnlich macht" (Bd. 14, 63),

ist nicht zuletzt mit dem gemeinsamen Merkmal der Racket-Struktur begründet (weitere Belege: Bd. 14, 87, 90, 91). Ebenso besteht die Strukturähnlichkeit zwischen Nationalsozialismus bzw. Faschismus und Kommunismus in dieser Eigenschaft:

„Nazis und Parteikommunisten sind Diener niederträchtiger Cliquen, die nichts anderes wollen als die Macht und ihre endlose Ausdehnung ... die Cliquen mögen sich bekämpfen, wo ihre Interessen es fordern, ihre wirklichen Gegner sind die sich ihrer selbst bewußten Einzelnen." (Bd. 14, 63)

Gunzelin Schmid Noerr, einer der beiden Herausgeber der gesammelten Schriften von Max Horkheimer, hat sich in einem „Editorischen Anhang" zu Band 5, meines Wissens als einziger neben Iring Fetscher, näher mit der Funktion der Racket-Theorie auseinandergesetzt. Er stellt sie zu Recht in den Zusammenhang der theoretischen Auseinandersetzungen und Konflikte innerhalb der Gruppe des Instituts für Sozialforschung während der 30er Jahre, in denen es um die exakte Bestimmung des Verhältnisses von Politik und Ökonomie im Faschismus ging. Bekanntlich orientierten sich Horkheimer und Adorno dabei ungeachtet der Kritik von Franz Neumann an dem von Friedrich Pollock entwickelten Modell des „Staatskapitalismus", der vor allem durch ein „neuartiges Primat der Politik" (Pollock, 1975, 72 ff.) charakterisierbar ist. Interessanter Weise nimmt Schmid Noerr in diesem editorischen Anhang zu Band 5 ausführlich auf den schon angesprochenen Aufsatz, in dem Max Horkheimer die Racket-Theorie entwickelt, Bezug und setzt sich mit diesem auseinander, obwohl dieser 1946 veröffentlichte Aufsatz nicht in den Band aufgenommen wurde, sondern aus unerklärlichen Gründen den „Nachgelassenen Schriften" zugeordnet wurde. Vielleicht deutet sich eine Erklärung in den Erläuterungen des Herausgebers an. Sie gehen unberechtigter Weise davon aus, daß Horkheimer die Racket-Theorie zwar auch als allgemeine Theorie entwickelt habe, die in ihrem Erklärungsanspruch über die faschistische Phase hinausreiche, daß aber nach dem Ende des Faschismus diese Theorie von Horkheimer fallen gelassen worden sei. Dafür gibt es aber wie gesagt keine Anzeichen und es ist mir unverständlich, warum Schmid Noerr urteilt:

> „Andererseits jedoch setzt sich eine solche Theorie der Gefahr aus ... einen überspannten ökonomischen Begriff (das Monopol) bloß durch einen überspannten politischen Begriff (die Rackets) zu ersetzen." (Bd. 5, Editorischer Anhang, 446)

Schmid Noerr verweist gewissermaßen zum Beleg dabei auf den Text „Zur Ideologie der Politik heute" von Horkheimer, wo man aber bei genauerem Nachlesen keineswegs eine Bestätigung und Rechtfertigung für die Einschätzungen und Bewertungen von Schmid Noerr, sondern vielmehr eine klare Bestätigung für das Festhalten an der Racket-Theorie durch Max Horkheimer findet: nachdem er den Wandel in der bürgerlichen Wirtschaftswissenschaft bzw. Nationalökonomie kritisiert hat, durch den jene Wissenschaften die zunächst völlig außen vor gelassenen „außerökonomischen" Mittel nunmehr in der Form des Staates und der Politik zur eigentlichen Erklärung des wirtschaftlichen Reproduktionsprozesses haben werden lassen, urteilt er, würde

> „Politik eine ideologische Kategorie: mit ihrer Hilfe wird die Oberfläche hypostasiert. Die beherrschte Masse schreibt der Politik das Weltgeschehen zu." (Bd. 12, 317)

In Wirklichkeit sei die Lage aber, ganz im Sinne der Racket-Theorie, so:

> „Das Regieren aber muß sich an dieselben Notwendigkeiten halten wie das Disponieren: an die Erfordernisse der Reproduktion der Gesellschaft in den Machtverhältnissen wie sie sind. Sie ist in beiden Perioden so verschieden nicht. Die Unübersichtlichkeit

des Marktes, aus der die Selbsttäuschung der Freiheit entstand, hat bloß ausgedrückt, daß die Beziehungen der Unternehmer untereinander keine rationalen, sondern die der individuellen Selbstbehauptung waren. Heute finden die Kämpfe in viel stärkeren Gruppen, unter Bewegungen konzentrierter Kapitalmassen statt. Die Regierungen sind Vollzugsapparate, die den jeweiligen Stand der Kräfte, von denen sie abhängen, nicht rational durchdringen können, sondern konkret zu fühlen bekommen." (Bd. 12, 317f.)

In dem Text von Schmid Noerr bleibt im übrigen das Verhältnis von Racket-Theorie und der Theorie des „Staatskapitalismus" unklar bestimmt und der Herausgeber scheint davon auszugehen, daß sie konstitutiv aufeinander verwiesen seien. Dem ist aber nicht so. Während Horkheimer in seinen späteren Schriften auf die Theorie vom „Staatskapitalismus" seines Freundes Friedrich Pollock explizit nicht mehr zu sprechen kommt (das gilt sowohl für die veröffentlichten wie für die nachgelassenen Schriften), spielt die Racket-Theorie zur Deutung der Gegenwart, wie gezeigt, nach wie vor die konstitutive Rolle. Das ist ein nachträgliches Indiz dafür, daß sie, anders als bei dem Herausgeber der Schriften von Horkheimer unterstellt, bei Horkheimer unabhängig von der Theorie des „Staatskapitalismus" begründet und mit einem eigenen Erklärungswert ausgestattet ist. Sie ist im Übrigen auch aus innertheoretischen Gründen mit der „Staatskapitalismus"-These letztlich unvereinbar, weil diese von zunehmender Zentralisierung, politischer Planung und im Rahmen gegebener Herrschaft zunehmender Rationalisierung, jene aber von dezentralen Rackets, konkurrenzhaftem Kampf um Macht und Beute, also letztlich Anarchie ausgeht — woran auch die ‚korporatistischen' Einzelaspekte nichts ändern können.

Im folgenden möchte ich zeigen, wie die durch die Racket-Theorie geprägte Gesellschaftsanalyse die Bewertung der parlamentarischen Demokratie und des damit verbundenen Regierungssystems beeinflußt. In Erinnerung an die Einleitungsbemerkungen dieses Artikels werde ich mich zunächst mit der Rolle der Demokratie im Sinne einer Theorie der Politik, das heißt einer erfahrungsmäßig basierten analytischen und erklärenden Theorie der tatsächlichen Demokratie beschäftigen. Aus der Überfülle der Belege und Zitate, die zeigen, daß es sich neben der Frage des Totalitarismus für Horkheimer hier um das zentrale politische Problem handelt, kann ich nur prägnante Beispiele sowohl aus den veröffentlichten wie aus den unveröffentlichten Schriften anführen. Die bestehenden demokratischne Verhältnisse in den parlamentarischen Systemen des Westens, namentlich in der Bundesrepublik Deutschland und den USA, werden in ihrer Substanz als eben jener heillose und unbegrenzte Konkurrenzkampf um Macht und Beute zwischen organisierten Gruppen, Cliquen und Rackets betrachtet, wie er durch die ausführlich dargelegte Theorie unterstellt wird. Die Selbststilisierung dieser Gesellschaften als „pluralistische" und ebenso die darauf bezobgene Pluralismustheorie (oder Ideologie?) stehen in einem scharfen Kontrast zu diesem vernichtenden Urteil. Historisch stellt Horkheimer seine Urteile über die Demokratie in den Zusammenhang der ebenfalls bereits erläuterten Entwicklungen der bürgerlichen Gesellschaft und des Kapitalismus aus einer liberalen Marktgesellschaft hin zu einem durch Monopole und Unfreiheit gekennzeichneten Gesellschaftszustand. Bestimmend für seine Beurteilung waren vor allem die präsidentielle Herrschaft de Gaulles in Frankreich sowie die Kontinuität seiner vehementen Kritik an der integrationistischen Politik der Sozialdemokratie, wie er sie schon in seinen frühen Aufzeichnungen als ‚Heinrich Regius' entwickelt hatte. (1974, 284 f.) Gelegentlich scheint vor dem Hintergrund dieser Entwicklung auf, was der objektiv-sachliche und funktionale Gehalt der Demokratie im liberalen Stadium der bürgerlichen Gesellschaft einmal gewesen war, so, wenn es heißt:

„Angesichts der Massen im Innern, die von Massen im Äußern bedroht sind, sind die widerstreitenden Interessen einzelner bürgerlicher Schichten, als deren Ausgleich durch Diskussion von stets beobachteten Repräsentanten Demokratie die zweckmäßige Form der Herrschaft war, längst zu minderwichtigen Phänomenen herabgesunken." (Bd. 14, 103)

Nur innerhalb der Interessendifferenzen einer einheitlichen Klasse, die im übrigen ganz im Sinne der Bemerkungen von Marx im Kommunistischen Manifest in dieser Entwicklungsphase noch als objektiv-progressiv eingeschätzt wird, konnte dieser Interessenausgleich „durch Diskussion" sich vollziehen. Bereits mit dem Auftreten der organisierten Arbeiterbewegung nahm freilich die Idee der parlamentarischen Interessenpolitik tendenziell eine andere Funktion ein: sie war nun geprägt durch die Alternative eines in die Bahnen des parlamentarischen Interessenausgleichs nicht mehr zu integrierenden Klassenkampfes zwischen Proletariat und Bourgeoisie oder aber der Verbürgerlichung und damit auch Parlamentarisierung der proletarischen Bewegung hin zu einer sozialdemokratischen Partei, die reformistisch zwar die Interessen des Proletariats nach sozialer Absicherung und höherem Lebensstandard noch zu vertreten in der Lage war, die aber damit ihre historische Rolle als Repräsentant einer rationalen Gestaltungsmöglichkeit der gesellschaftlichen Reproduktion preisgeben mußte. Das Faktum der Integration war mit dem Ausgang des deutschen Revolutionsversuches am Ende des 1. Weltkrieges und der Rolle, die dabei die führende Arbeiterpartei übernahm, für Horkheimer schon früh unbezweifelbar. Nachdem die abgespaltene kommunistische Partei mit ihrer Fixierung auf den sich entwickelnden totalitären „integralen Etatismus" der Sowjetunion ebenfalls nicht mehr als Repräsentant dieser über das System hinausdrängenden emanzipatorischen Perspektiven in Frage kam, bleib im alltäglichen Betrieb des politischen Interessenausgleichs der nachfaschistischen Epoche kein Repräsentant solcher Vernunftansprüche in der Politik übrig. Dies ist der Hintergrund für die vehement kritischen und ablehnenden Urteile Max Horkheimers über die vorfindliche parlamentarische Demokratie nach dem 2. Weltkrieg. In seinen veröffentlichten „Notizen" schreibt er etwa 1960:

„Bürgerliche Demokratie im 19. Jahrhundert und in den ersten Jahrzehnten des 20. beruhte auf den differenzierten Interessen des Handels und der Industrie und den Hoffnungen des Proletariats. Das Parlament war der Ort der Auseinandersetzung. Heute werden die Interessen der Wirtschaft, soweit sie auseinandergehen, hinter den Kulissen in Einklang gebracht, die Abgeordneten sind bloße Funktionäre. Die Opposition, in Deutschland die Sozialdemokratie, unterscheidet sich von den anderen lediglich durch ein gewisses Interesse an der Erhöhung der sogenannten Sozialleistungen und dem Wunsch des weiteren Aufstiegs der eigenen Parteisekretäre. Es ist ein Wettbewerb zwischen Bürokraten, wie in einer großen Firma oder sonstigen Verwaltung. Eine andere Bedeutung kommt dem Parlament auch gar nicht mehr zu. Das Land ist eine Firma — mit eigenem Militär." (1974, 157 f.)

Die Godesberger Wende der Sozialdemokratie 1959 kommentiert er wie folgt:

„Daß die Sozialdemokratie alte Restbestände revolutionärer Theorie nun auch offiziell liquidiert, ist ganz in Ordnung ... die Sozialdemokratie will sich in der bestehenden gelenkten Ordnung einrichten und — ohne grundlegende Veränderungen — einmal selbst die Lenker stellen. Die amerikanische demokratische Partei fungiert den Europäern als Vorbild. Aber sie kommen spät. In der Periode, vor der die westlichen Staaten stehen, wird der Kampf um die Führung nicht mehr lange in friedlich-demokratischem Wettbewerb ausgetragen; die revalisierenden Cliquen müssen auf gegenseitige Unterdrückung abzielen ... es gibt einen Kampf der Cliquen mit oder ohne Proskriptionstafeln, wenn die Ohnmacht der Opposition angesichts moderner Suggestions- und Waffentechnik nicht vorher schon besiegelt ist ... zu der Beherrschung der Massen gibt es keine Alternative mehr; die Zeit der Mensch, mündig zu werden, ist in der alten Zivilisation vorbei." (1974, 114 f.)

Den politischen Prozeß der Willensbildung vermittels Parteienwettbewerbs und der Austragung von Wahlen begreift Max Horkheimer ganz offenkundig gemessen an einem radikalen Begriff aktiver Gesellschaftsgestaltung und rationaler Planung als bloße Anpassung an den herrschenden Cliquen-Wettbewerb um die Machtressourcen:

„In der Politik der 50er Jahre ist es jetzt so wie in der motion-picture-industry. Man steht nicht zu einer Sache und sucht, das Publikum für sie empfänglich zu machen, sondern man will sich fürs Publikum empfänglich machen und dann zu ihm stehen. Solcher Verlust der einen Seite, nämlich der Sache, muß notwendig die hypostasierte andere Seite, nämlich das Publikum einschließlich zunichte machen, also gerade das Gegenteil von dem Zustandebringen was scheinbar beabsichtigt ist. ... indem sie nun nur die Sache dem Publikum und gar nicht mehr dieses der Sache gleichmachen wollen, wird die bloße Anpassung zur Sache selbst, anstelle des Publikums als eines bestimmten, dem sie zu dienen behaupten, treten ihre eigenen bornierten und vergröberten Vorstellungen von ihm als einziger Leitfaden ... hinter der Selbsttäuschung aber verbirgt sich der bloße Wille zur Selbstperpetuierung, der disziplinlose Hunger auf box-office oder — Wahlerfolge; die Machtgier, verbunden mit der maßlosen, nicht zuletzt aus Schuldgefühl über das zu ihrem Leidwesen nicht ganz verdrängbare aufklärerische Erbe stammenden Angst bedingt den katastrophalen Mangel an Phantasie. Die Angst der deutschen Sozialdemokratie"

findet ihren

„Inbegriff in Herrn Ollenhauer. Ein Produkt der Angst vor dem Gedanken, der den Dingen an die Wurzel gehen könnte, ließ dieser Vorsitzende der Opposition, um seinen

Wählern nahe zu sein, sich von seinem eigenen Propagandaapparat bestätigen, daß sein Gesicht vom Intellekt nicht durchfurcht sei, und das stimmt für seine Politik. Das Vaterland kann ruhig sein ... (so) bietet die deutsche Opposition in der Tat den Anblick eines nicht einmal monumentalen Schundfilms." (Bd. 14, 61 f.)

Die bestehende Demokratie ist nach Auffassung von Max Horkheimer nicht nur, wie schon gesagt, eine „gelenkte", ihrer ursprünglichen Funktionen verlustige, die heute nur noch als Verhüllung des eigentlichen politischen Machtprozesses stattfindet, sondern sie ist angesichts der „objektiven Zweckmäßigkeit, (sich) mehr und mehr der Diktatur anzunähern", nur noch „überholte demokratische Tradition" (Bd. 14, 139). „Die Demokratie ist am Ende" (Bd. 14, 397), und das hat seinen Grund in jenem von Max Horkheimer offenkundig gesehenen objektiven Zwang zur Diktatur, jenem „Trend zum Faschismus":

„Die Demokratie ist im Untergehen und gegen den Trend ist nicht viel auszurichten. Das Schlimme ist, daß der autoritäre Staat die rationellste Lösung der heute aufgegebenen unzähligen Probleme ist. Unter seiner Herrschaft werden die Menschen auf der ganzen Welt nicht mehr hungern, sie werden besser gekleidet sein und besser wohnen. Aber sie werden gänzlich leer sein und von den menschlichen Beziehungen: Liebe, Freundschaft, Begeisterung, Initiative, Liebe zur Freiheit, Solidarität wird nichts übrigbleiben." (Bd. 14, 312)

In diesem Zitat deutet sich eine Begründung für Max Horkheimers Einschätzung dieses epochalen Trends an, nämlich die nach seiner Beurteilung relativ überlegene Rationalität der gesellschaftlichen Problemlösung in Systemen des „integralen Etatismus". Es ist offenkundig, daß dieses gravierende historische Fehlurteil, das Horkheimer freilich mit einer ganzen Generation kapitalismuskritischer Intellektueller teilte, gerade heute mit mächtigen Problemen in den osteuropäischen Gesellschaften korrigiert wird, ein Nachklang der marxistischen Beurteilung von Planwirtschaft im Vergleich zum Markt ist. Allerdings gibt es gegenüber dieser wiederkehrenden Begründung auch ganz selbständige demokratietheoretische Überlegungen, die den Pessimismus aus der Unfähigkeit der Demokratie zur Selbststabilisierung behaupten, so, wenn es 1959 heißt:

„Die Demokratie im Zeitalter der Massensuggestion wird vor der Verfassung nicht Halt machen. Arme Menschenrechte, die in dieser verankert sind, arme Freiheit, der jene Schutz bieten soll. Aber Demokratie ist ja für die Mehrheit da, und die Menschenrechte gelten für die Einzelnen. Wann war schon der Einzelne in der Geschichte sicher, relativ sicher in den Industrieländern des 19. Jahrhunderts ungefähr — auch nur ungefähr. Und die Freiheit, das ist ja die Freiheit des sogenannten Volkes, nicht des Einzelnen. Also keine Angst, solange die Verfassungsänderung von der Mehrheit beschlossen wird — die Verfassungsänderung gegen die Einzelnen. Deshalb führt Demokratie zu ihrem Gegenteil, zur Tyrannis." (1974, 82 f.)

Und an anderer Stelle heißt es in ähnlicher Argumentation:

„Je demokratischer eine Demokratie ist, desto gewisser negiert sie sich selbst ... Demokratie heißt die Staatsform nach dem Willen des Volkes. Der Wille des Volkes jedoch, soweit es so etwas gibt, hat mit Vernunft wenig zu tun, er neigt weit mehr zur Gefolgschaft als zur Autonomie, von den politischen Mechanismen, Wahltaktik und Manipulation ganz abgesehen. Wer immer die Demokratie bejaht, mißtraue ihr. Wie die Freiheit der Menschen, zu der sie gehört, war sie seit je ihr eigener Feind." (1974, 211)

Diese wie ich meine im schlechten Sinne abstrakten Überlegungen sind hinsichtlich des theoretischen Modells von Demokratie, das ihnen unterliegt und hinsichtlich der Art des Umgangs mit ihm eher ein Indiz für das Desinteresse an einer substanziellen demokratietheoretischen Überlegung bei Max Horkheimer, als daß sie überzeugen können. Ein dritter Strang der Begründung für das immer gleiche pessimistische Ergebnis steht in der orthodoxen marxistischen Tradition und behauptet

„die Unvereinbarkeit von Kapitalismus und konkreter Demokratie". (Bd. 12, 316)

Immerhin scheint in der Formulierung von „konkreter" Demokratie etwas auf, was über die empirisch-analytischen Aussagen einer Theorie der Politik hinausgeht und eher in den Kontext einer politischen Theorie und normativen Bestimmung gehört. In der Tat gibt es hierfür trotz des immer wieder vorgetragenen rein kritischen Anspruchs der Kritischen Theorie, nach dem sie sich jeglicher positiver Bestimmung des ganz anderen und der anzustrebenden Ziele enthalten müsse, klare Aussagen von Max Horkheimer, die belegen, daß sich für ihn mit dem Begriff von „Demokratie" auch positive Bestimmungen einer befreiten Gesellschaft, vernünftiger Politik und Emanzipation des Subjektes verbanden. Während das „government by discussion" in der liberalen Periode des Bürgertums, wie vorhin schon zitiert, zwar objektiv historisch positiv, in seiner Wirkung aber doch als ideologische Verschleierung eines Klasseninteresses im Sinne der marxschen Liberalismuskritik eingeschätzt wurde, äußert sich Horkheimer an anderer Stelle über den historischen und theoretischen Sinn, den der Austausch von Argumenten für die „echte" Demokratie angeblich einmal hatte:

„Die ruhige, überzeugende Rede, der Logos, das antike Erbe, Medium der Demokratie, ohne das sie, als echte, nicht existieren kann, beruht in der neueren Zeit auf der Existenz des Marktes."

Um sogleich wieder kritisch fortzufahren:

„Mit dem Schwinden des Marktes, mit seiner Ersetzung — sei es durchs Monopol, sei es durch eine diktatorische Bürokratie — schwindet auch die Vernunft als Organ des Einzelnen. Es bleiben vom autonomen Denken und Reden, die eins waren und zum individuellen Subjekt gehörten, nur übrig, die getrennten, abstrakten Momente: das Planen der Verwaltung und die Propaganda der Verwaltung; sie werden von Angestellten besorgt. (Bd. 14, 55)

Freilich hat die „echte", die „konkrete" Demokratie auch materiell-gesellschaftliche Voraussetzungen, so, wenn Max Horkheimer in Kritik der Berufspolitiker den Stoßseufzer losläßt:

„Als ob es Demokratie ohne wirtschaftlich selbständige Subjekte, ohne Debatte zwischen Urversammlung und Verantwortlichen, jederzeit abberufbaren Vertretern gäbe. Aber die Abberufbarkeit darf die Strafe nicht in sich schließen. Der Abberufene muß froh sein, aus der Politik zur geliebten Arbeit zurückzukehren. Nur wenn die Rückkehr ins einfache, unpolitische Leben ohne Strafe, ohne Schande möglich ist, werden die Staatsmänner der Versuchung widerstehen, sich zu perpetuieren und Ränke zu schmieden. Als ob es politische Subjekte gäbe ohne diese Wechselwirkung!"

Und an eben derselben Stelle unter der Überschrift „Voraussetzung der Demokratie":

„Voraussetzung für eine Demokratie ist freilich — wie Rousseau gesehen hat — die Abwesenheit der Verlockung unbegrenzter Macht sowie einer Elendsschicht, in die man hinabsinken kann." (Bd. 14, 56)

Und schließlich noch:

„Demokratie, Parlamente funktionieren nur richtig, wenn die Vertretenen in einigermaßen menschlichen Verhältnissen leben, wenn die Ungleichheit nicht zu kraß ist, wenn gemeinsame Interessen bewußt sind." (Bd. 14, 88)

Trotz dieser drei eben angeführten positiven Belegstellen zur Demokratie wird man am Ende sagen müssen, daß für Max Horkheimer diese Gesichtspunkte für die Kritik der bestehenden Verhältnisse nur eine periphere Bedeutung besaßen. Eine eigenständige demokratietheoretische Argumentation, die einigermaßen konsistent in sich und über das in den drei Zitaten angedeutete hinausgehend wäre, findet sich bei Horkheimer nicht. Die Art und Weise der „freien Assoziation" in einer „befreiten Gesellschaft", deren rechtliche und institutionelle Gestalt, liegt jenseits seines Interesses und unterfällt im übrigen aus den bekannten wissenschaftsimmanenten Gründen dem Verbot der positiven Bestimmtheit. Die bestehende Gesellschaft erscheint ihm aber als unreformierbar.

Diese pessimistisch gestimmte Gegenwartsanalyse und Einschätzung der Entwicklungsmöglichkeiten über das bestehende Übel hinaus sind auch der entscheidende Grund, warum die Kritische Theorie keine eigene „Theorie des Politischen" (Howard 1986, 173) entwickelt hat. Anders als etwa Herbert Marcuse sah Max Horkheimer und mit ihm in dieser Einschätzung eng verbunden Theodor W. Adorno dafür keinen praktischen Anlaß. Die nur noch zu negativen Aussagen gewissermaßen als Notar ihrer eigenen Überkommenheit fungierende und befähigte Geschichtsphilosophie legt den letzten Grund, warum über rein beschreibende Aussagen der bestehenden Politik hinaus das Politische nur noch negativ bestimt werden kann. Wie immer ist beim späten Horkheimer die gezogene Parallele zur Theologie kein Zufall: in den veröffentlichten Notizen heißt es Ende der 50er Jahre:

„Negative Theologie gilt auch in der Politik. Die Programme für Planwirtschaft, die heute schon weitgehend Apologie der Trends geworden sind, der ohnehin in den Vereinigten Staaten besteht, beziehen ihren Grund aus der Forderung nach Gerechtigkeit.

Aber es ist fraglich, ob das ärgste Elend, das in den Zucht- und Irrenhäusern, und was sonst nach Abhilfe schreit, nicht rascher durch direkten Zugriff als durch ökonomische Pläne geschieht. Im Osten haben die Pläne schlimmere Taten bewirkt als die zaristische Planlosigkeit. Das Schlechte abschaffen ist menschlicher als das Gute suchen." (1974, 67)

„Das Schlechte abschaffen" anstatt das „Gute (zu) suchen" — auch hier kehrt die Grundfigur Kritischer Theorie (und einer Theologie ohne Gott) wieder. Im übrigen zeigt das Zitat erneut die Parallelität der negativen Einschätzung der Entwicklungen in der Sowjetunion und in den USA, in denen Politik längst, wie vorhin in anderem Zusammenhang schon zitiert, zur „ideologischen Kategorie" (Bd. 12, 317) geworden ist, eine Inszenierung an der „Oberfläche" (Bd. 12, 318), für das Publikum geeignet, aber die eigentlichen Kräfte und Mächte, die verantwortlich sind, für das was sowieso geschieht, eher verhüllend als begreifend. Allerdings taucht in der obigen Bestimmung der „negativen Politik" mit der Frage, ob durch den „direkten Zugriff" nicht eher als mit der herkömmlichen Politik etwas zum Besseren gewendet werden könne, eher beiläufig eine nicht ausgeführte positive Bestimmung gesellschaftlicher Praxis und Problembearbeitung auf, die sich auch an anderer Stelle findet. Während er einerseits am Beispiel des damaligen Kanzlers Erhard und des amerikanischen Präsidenten Johnson die „Verstrickung" darstellt, in der diese Politiker „gar nicht anders könnten", selbst wenn sie wollten, und nach der sie obendrein

„gar nicht an diese zentralen Hebel der Macht gelangt wären, (wenn) sie eine ganz anders geartete Politik gefordert hätten" (Bd. 14, 345),

und nachdem somit der Handlungsrahmen der offiziellen Politik von ihm gewissermaßen orthodox-marxistisch als durch die Gesetzmäßigkeiten der ökonomischen Reproduktion sowie die Mächte, die diese repräsentieren, restringiert angesehen wird, wird in einer kurzen Passage zur Kritik der „Politik der Linken" der Gegensatz zu jener ideologischen Kategorie der Politik ebenso wie das, was Max Horkheimer mit dem „direkten Eingriff" gemeint haben könnte, doch noch deutlich:

„Die Aufgabe des Einzelnen ist nicht, große Politik zu machen, sondern sich für eine gute Gesellschaft einzusetzen, statt des gegenwärtigen unmenschlichen Zustandes. Das heißt aber, er sollte nicht sich in erster Linie mit Vietnam, China und de Gaulle beschäftigen, also Politica, an denen er ohnedies nichts ändern kann, sondern sich um die Verbesserung der Krankenhäuser, der Irrenanstalten, der Schulen, der Wohnungen, der Gerichte, der Gefängnisse kümmern und schließlich um die Beseitigung des Hungers auf der Erde." (Bd. 14, 365)

Hier zeigt sich nicht zum einzigen Male eine Gegenüberstellung zwischen der vor allem in den Massenmedien für den Einzelnen erkennbaren ‚Politik', den, wie Max Horkheimer meint, sinnlosen Riten von Konferenzen, Begrüßungen, Abschieden, Paraden und Empfängen, und einer gesellschaftlichen Praxis des unmittelbaren Problemlösungsverhaltens, die er als die „eigentlichen Angelegenheiten der Menschen" bezeichnet (Bd. 14, 385ff.). Mag man sich bei dieser Gegenüberstellung auch noch von Ferne an die marxsche Vision einer Auflösung der Machtpolitik in die bloße Verwaltung von Sachproblemen, die Rückholung staatlicher Politik in den Schoß der befreiten Gesellschaft erinnert fühlen, so werden in ihr doch zugleich auch alle Aporien der Horkheimerschen Gegenwartsanalyse deutlich: eine wenn man so will Naivität dieses ansonsten zur Naivität überhaupt nicht neigenden reflektierten Pessimisten und Skeptikers, die sich wohl nur als Ausdruck einer völligen Resignation deuten läßt. Wo, wie hier in den wiedergegebenen Zitaten und an vielen anderen Stellen, an den „direkten Eingriff" und die unmittelbare problemlösende Praxis der Menschen gewissermaßen appelliert wird, häufig im übrigen mit einem Plädoyer für eine „radikalere Form des Schulwesens" verbunden, dem „einzige(n) Weg, den Trend zum Totalitarismus aufzuhalten", begibt sich die Theorie mit ihrer eigenen Analyse vom Ende des handelnden Subjekts in Widerspruch. Wenn er fordert

> „jeden Einzelnen so zu erziehen, daß er die Zusammenhänge verstehen und sein wahres Interesse sehen lernt," (Bd. 14, 312)

dann vergißt er zusätzlich die Marxsche Frage aus den Feuerbachthesen, wer denn die Erzieher erziehen soll. Auch der oben in dem Zitat wiedergegebene Gedanke, die Menschen sollten unmittelbar sich zur Lösung der Probleme nützlich machen, weil sie an dem, was „große Politik" sei, ja doch nichts ändern könnten und die Dinge dort ihren vorbestimmten Gang nähmen, verurteilt diesen hilflosen Appell von vorneherein dazu, den Ansprüchen der eigenen kritischen Einschätzung nicht gerecht zu werden.

Die bis hierher vorgetragene und mit Beispielen belegte Darstellung der politischen Reflexionen Max Horkheimers, wie sie sich uns insbesondere nach Veröffentlichung der Nachgelassenen Schriften darstellen, führen zwar zu keiner grundsätzlichen Neubewertung der in der Literatur vor allem zuletzt in so glänzender Analyse von Axel Honneth vorgeführten Aporien, in die die kritische Theorie als eine Theorie gesellschaftstranszendierender Analyse und Praxis mit der „Dialektik der Aufklärung" geraten ist, korrigieren aber einzelne Urteile, die auch bei Honneth, ansonsten aber überall in der entsprechenden Sekundärliteratur mit dieser richtigen Grundeinschätzung verbunden sind. Ohne weitere Erläuterung hat sich zum Beispiel Axel Honneth in seiner historischen Darstellung der Entwicklung der Kritischen Theorie nach der „Dialektik der Aufklärung" ausschließlich noch mit der Weiterentwicklung bzw. Kontinuität in den Werken Theodor W. Adornos beschäftigt — mindestens implizit den Schluß nahelegend, daß Max Horkheimers Denken und speziell seine politischen Reflexionen nach 1945 ausblieben und das Urteil über Adorno zugleich eines über Horkheimer einschlösse. Legt man aber die Interpretation von Axel Honneth als angemessene Interpretation des Werkes von Adorno nach 1945 zugrunde, so wird mit dem vorstehend Aufgezeigten nicht zuletzt eine Differenz sichtbar. Die zentrale kritische These, die sich aus den Analysen Axel Honneths herausschälte, faßt er selbst so zusammen: „Das Resultat ist, so paradox es klingen mag, die endgültige Verdrängung des Sozialen aus der Gesellschaftsanalyse der Kritischen Theorie." (Honneth, 1985, 86) Die Begründung für dieses Urteil ergab sich für ihn dadurch, daß er den in der Tat bei Adorno dominierenden Topos der „total verwalteten Gesellschaft" als die genuine und kontinuierliche Fortsetzung der in der „Dialektik der Aufklärung" zumindest „rudimentär" enthaltenen „Elemente einer Theorie sozialer Herrschaftsformen" (1985, 61) ansah. Darin liegt eine doppelte Fehlwahrnehmung: erstens subsumiert Axel Honneth die Racket-Theorie — die er freilich nur in Form des Beitrages von Adorno von 1942 und ohne den Begriff des „Rackets" selbst zu erwähnen, rezipiert — umstandslos der Theorie vom „Staatskapitalismus", wie sie Adorno und Horkheimer von Pollock rezipiert haben. Wie aber schon bei Schmid Noerr gezeigt, besteht zwischen der „Theorie des Staatskapitalismus" mit ihrer Vorstellung einer zentral gelenkten und einheitlich geregelten Zentralverwaltungswirtschaft und dem hier ausführlich dargestellten heterogenen und auf einen ständigen Macht- und Verteilungskampf konkurrierender Gruppen hinauslaufenden Ansatz der Racket-Theorie ein eindeutiges Spannungsverhältnis. Adorno unterscheidet 1942 (in: GS, Bd. 8, 381) etwa zwischen „der letzten ökonomischen Phase, die Geschichte von Monopolen" und der „Geschichte von Bandenkämpfen, Gangs und Rackets", der „manifesten Usurpation" — d.h. der nicht länger durch die ökonomische Struktur, sondern durch direkte Gewaltherrschaft vermittelten Ausbeutungsordnung. Der in den Schriften Adornos nach 1945 dominierende Topos der „total verwalteten Welt", findet bei Max Horkheimer nur sehr selten und dann eher beiläufig Erwähnung (z.B. Bd. 8, 340). Nun lassen sich zwar die „Theorie des Staatskapitalismus" von Pollock und der Topos der „total verwalteten Welt" bruchlos aufeinander beziehen, weil in beiden Fällen die Struktur eines gesellschaftlichen Prozesses zugrundegelegt ist, der zwar von einer pervertierten, aber doch einheitlichen und nach immanenten Kriterien rationalen Planung und Herrschaft strukturiert wird, die nach dem Urteil Max Horkheimers gegenüber der liberalen Marktökonomie und der pluralistischen Demokratie sogar eine höhere Versorgungsrationalität besitzt. Der Topos der „total verwalteten Welt" steht aber ebenso wie diese monolitische Herrschaftsvorstellung der „Theorie vom Staatskapitalismus" letztlich in einem Widerspruch zu der die Schriften Horkheimers nach 1945 dominierenden „Racket-Theorie". Aus der die Kritische Theorie normativ orientierenden Perspektive der Emanzipation oder zumindestens „Rettung" des Subjekts und seiner individuellen Freiheit macht es zwar keinen besonderen Unterschied, ob das Individuum durch die eine oder aber die andere Form totalitärer Herrschaft an seiner Entfaltung gehindert oder gar zerstört wird; in ihrem Pessimismus und der Auswegslosigkeit ihrer praktischen Perspektive laufen die beiden unterschiedlichen theoretischen Konzepte zum Begreifen der empirischen Wirklichkeit der gegenwärtigen Gesellschaft schließlich doch wieder zusammen. Allerdings ist das Konzept Max Horkheimers gegen den zentralen Einwand von Axel Honneth gegenüber der „Spätkapitalismustheorie“ Theodor W. Adornos ein Stück weit gefeit, in dem es der empirisch vorfindbarenKomplexität, Pluralität und Widersprüchlichkeit der Reproduktion von Herrschaft in dieser post-faschistischen Gesellschaft eher gerecht wird. Auch dieser größere Realismus- und Wirklichkeitssinn löst freilich die grundlegende Aporie der Kritischen Theorie nicht auf. Und von einem größeren Realitätssinn zu sprechen bedeutet hier nur relative Zustimmung aus erfahrungswissenschaftlicher Sicht: die faktische Pluralität — nicht der normativ beanspruchte Pluralismus — wird durch Horkheimer auf dem Hintergrund der Racket-Theorie empirisch gehaltvoller reflektiert als bei Adorno auf dem Hintergrund der „total verwalteten Welt“. Freilich gehören alle zitierten Äußerungen Horkheimers in die Tradition des ‚schwarzen‘ oder ‚bösen‘ Weltverständnisses — ihm geht es nicht um ausgewogene Empirie, sondern um das Aushalten enttäuschter Hoffnungen gegen eine Wirklichkeit, die ohne sie auszukommen sucht. Deshalb wird der ‚böse Blick‘ auf die Verhältnisse ihnen nur aus der Sicht ehemaliger Transzendenz gerecht; er gründet nach Max Horkheimer in einem „negativen Humanismus“:

„Die Funktion des Denkens ist die ‚bestimmte Negation‘. Das Negative und der Prozeß der ‚bestimmten Negation‘ sind die einzige Annäherung an die Wahrheit, die uns zugänglich ist. Dem, was sich als das Absolute aufspreizt, die Negation entgegensetzen, ist der Sinn des Glaubens.“ (Bd. 14, 200)

Kritik
der konservativen Affirmation

11. „Technischer Staat“ als Ideologie und Utopie

Längst zu einem in öffentlicher Rede allgegenwärtigen Topos geworden, verweist „Technischer Staat“ heute nur noch diffus auf ein angebliches Verhältnis von „Staat“ und „Technik“, während doch zu Beginn gar nicht deren vermeintliches Verhältnis, sondern, wie der Topos durch die Stellung von Adjektiv und Substantiv auch korrekt zum Ausdruck bringt, eine *Qualität* des Staates gemeint war.

In solcher allgemeinen Verwendung geht aber das provozierend Spezifische verloren, das einmal mit dem „Modell“ (Schelsky, 1965, S. 455) vom „technischen Staat“ über die gesellschaftliche Gegenwart behauptet wurde: Dieses „Modell“ war in Wahrheit eine Neuauflage der alten These vom Ende der Herrschaft, der Politik und — in bestimmter Variante — vom Ende der Geschichte. Es war damit — ohne sich zugleich auch immer so zu erkennen zu geben oder von dem „Skeptiker“ H. Schelsky vor allem auch erwartet zu werden — die zeitgemäße Fassung einer alten politischen Utopie und schließlich, indem es sich als Zeitdiagnose ausdrücklich kostümierte, eine affirmative Ideologie bestehender Herrschaft.

Wie sehr und in welcher spezifischen Weise also auch immer die historische Entwicklung der Technik und das Verhältnis von Staat bzw. Politik zur Technik für die Begründung des Topos gelten konnten, in seinem Kern ging es um Politik und Herrschaft, um die Veränderung von deren Qualität oder gar um ihr Ende. Der „technische Staat“ ist damit in erster Linie ein Problem der Politischen Soziologie und Theorie, keinesfalls aber einer sich spezialistisch verstehenden Sozialwissenschaft, die im Verhältnis von Staat und Technik diesen in seiner gegenwärtigen Form immer schon voraussetzt und dann etwa nach seinen Gestaltungsmöglichkeiten im Rahmen einer besonderen „Technologiepolitik“ fragt. So wichtig Fragen der Technologiepolitik und damit im Zusammenhang der „Sozialverträglichkeit“ (Alemann / Schatz, 1986) auch sein mögen, so sehr zielte der Topos vom „technischen Staat“ in eine andere Richtung. Sich angesichts der aktuellen politischen Diskussion, die sich vor allem um die Wünschbarkeit bestimmter Techniken angesichts ihrer absehbaren Folgen rankt, mit den politiktheoretischen Aspekten einer behaupteten Qualitätsveränderung der Herrschaft zu befassen, mag wie ein im wahrsten Sinne des Wortes lebensferner Luxus erscheinen. Geht es doch bei den absehbaren Folgen der Technik in ihrer militärischen wie in ihrer zivilen Variante zumeist unmittelbar um das Leben und seine Bedrohung. Aber so wie das schiere Leben die Voraussetzung eines gesellschaftlichen Zustandes ist, in dem auch das „gute" oder doch wenigstens ein besseres Leben möglich wäre, so ist die ganze aktuelle Diskussion, vor allem auch, wo es um die Verbindungen von Ethik und Technik geht, von der Priorität des Überlebens unterbestimmt. Fragen nach der gesellschaftlichen und politischen Qualität dieses Lebens werden dem Fundamentalisten der Technikkritik zweitrangig, ein luxurierendes Raisonnement von Intellektuellen, die noch nicht wissen, daß auch ihre Stunde geschlagen hat.

Dem halte ich entgegen:

In manchen Diskussionen schlägt die Rigorosität dieser Art fundamentalistischer Technikkritik jedes Bewußtsein davon nieder, daß die Frage nach der Qualität des guten politischen und gesellschaftlichen Lebens kein Luxus, sondern gerade die Frage nach den Bedingungen eines Verhältnisses von Gesellschaft und technischen Mitteln sein könnte, die die derzeit unübersehbaren Bedrohungen jeglichen Lebens verändern könnten. Aus dieser Perspektive ist Technikkritik vor allem und zuerst Herrschaftskritik, die sich von der Illusion befreit, als gäbe es eine Erlösung von den technisch erscheinenden Bedrohungen des Lebens ohne die Veränderung der politischen und gesellschaftlichen Verhältnisse, die die technisch erscheinende Bedrohung erst hervorbrachten.

Es wird heute häufig übersehen, daß die Provokation von Schelsky nicht oder jedenfalls nicht nur in der These einer „Verschmelzung von Staat und moderner Technik" lag, sondern vor allem in der zeitdiagnostischen Behauptung, „daß durch die Konstruktion der wissenschaftlich-technischen Zivilisation ein neues Grundverhältnis von *Mensch zu Mensch* geschaffen wird, in welchem das Herrschaftsverhältnis seine alte persönliche Beziehung der Macht von Personen über Personen verliert, an die Stelle der politischen Normen und Gesetze aber Sachgesetzlichkeiten der wissenschaftlich-technischen Zivilisation treten, die nicht als politische Entscheidungen setzbar und als Gesinnungs- oder Weltanschauungsnormen nicht verstehbar sind. Damit verliert auch die Idee der Demokratie sozusagen ihre klassische Substanz: An die Stelle eines politischen Volkswillens tritt die Sachgesetzlichkeit, die der Mensch als Wissenschaft und Arbeit selbst produziert

Dieser Tatbestand verändert die Grundlagen unserer staatlichen Herrschaft überhaupt; er wandelt die Fundamente der Legitimität, der Regierung als Herrschaft, der Staatsräson, der Beziehung der Staaten untereinander usw." (1965, S. 453). Es handelt sich also nach Schelsky um „die neuen Strukturen und Gesetzlichkeiten eines kommenden Zeitalters", und im wesentlichen sind in der Darstellung Schelskys schon alle Momente angelegt, die heute das Feuilleton zur Post-Moderne ausschmücken. Die These vom „Technischen Staat" handelt also im Kern nicht vom zunehmenden Einsatz der Technik, sondern von einem veränderten Wesen der Politik.

G. Ropohl (1985) hat Anfang der 70er Jahre die sich an Schelskys „faszinierendes wie gefährliches Dokument konservativer Intellektualität" anschließende Diskussion (teilweise abgedruckt in: Koch / Senghaas, 1970), klug analysierend, in ihren wesentlichen Argumenten zusammengefaßt. Auf einen kurzen Nenner gebracht spiegelt diese Diskussion, geführt von einer (damals) jungen Generation linker Sozialwissenschaftler (C. Offe, W.D. Narr, F. Naschhold, D. Senghaas), die politischen und ideologischen Kämpfe der 60er Jahre wieder. Die „Technokratie"-Diskussion wurde im wesentlichen eine Diskussion um die Möglichkeiten der Demokratisierung und „vernünftigen" Veränderung der gesellschaftlichen Verhältnisse der als restaurativ und unbeweglich empfundenen politischen und gesellschaftlichen Verhältnisse der Bundesrepublik. Angesichts der Bibliotheken füllenden Diskussion des Themas, die angesichts neuerer Aufarbeitungen der Diskussion von Technik und Gesellschaft erst richtig ins Bewußtsein gerückt wurde (Ullrich, 1977), und angesichts der Tatsache, daß kluge Beobachter der Diskussion, die freilich mit eigenen Beiträgen auch in ihr mitmischen, wie Hans Lenk schon 1973 „zwölf durchaus wesentlich voneinander verschiedene Deutungen" der historischen Entwicklung katalogisiert hatten, die hier unter dem Thema „Technischer Staat" angesprochen ist (Lenk, 1973, S. 14), muß ein Ordnungsversuch zu starken Vergröberungen greifen und sich von allen Seiten Simplifizierungen vorwerfen lassen. Sei es drum! Ich habe drei einfache Thesen!

1. Als erstes denke ich, daß die ganze Debatte seit St. Simon zu Beginn des 19. Jahrhunderts, daß die These über die Entwicklung zum „technischen Staat" (und verwandte Thesen hier zusammengefaßt als ‚Technokratiethese') wissenschaftlich *unhaltbare* Aussagen über die gesellschaftliche und politische Wirklichkeit spätkapitalistischer und auch anderer Gesellschaftsformen im 20. Jahrhundert propagiert; sie enthält ungerechtfertigte und unhaltbare Verallgemeinerungen *einzelner* Phänomene und Aspekte der technischen, gesellschaftlichen und politischen Entwicklung, deren Deutung im „Modell" des „technischen Staates" aber weitgehend mißlingt.

2. Die These vom „Technischen Staat" fungiert seit Mitte des 20. Jahrhunderts im klassischen Sinne als *Ideologie* von nach wie vor bestehenden Herrschaftsverhältnissen und eines durch sie geprägten politischen Systems, über deren theoretische und empirische Bestimmung im einzelnen gestritten werden mag, deren historische Qualität aber durch die These vom „Technischen Staat" gerade verborgen werden.

3. Seit Beginn der modernen Technikentwicklung im Kontext der Entwicklung von Kapitalismus taucht die These vom „Technischen Staat" als *Utopie* — oder Dystopie — einer entweder für wünschenswert oder aber für gefährlich gehaltenen zukünftigen Entwicklung auf, für oder gegen deren Durchsetzung die Darstellung der Utopie entsprechend politische Kräfte zu mobilisieren sucht.

Die meisten Beiträge zum Topos des „Technischen Staates" stellen eine Mischung dieser drei Elemente dar. Schelsky steht bereits in einer langen Tradition. Schon 1932 hatte etwa der spätere Bischof Hans Lilje in seinem Buch „Das technische Zeitalter" die „Technik als Schicksal" gesetzt, die „mit ehernem Druck über uns liegt ... dies Schicksal *hat* sich an uns vollzogen." (S. 22 f., Hervorhebung im Original) In unscheinbarer Form und bezeichnenderweise aus der Perspektive eines sich als bedroht empfindenden christlichen Geschichts- und Weltverständnisses findet sich hier die Grundprämisse der These formuliert: die schicksalhafte, autonome Entwicklung der Technik, ob wie bei Hans Lilje bereits an ihr Ende gekommen, oder wie bei Helmut Schelsky dreißig Jahre später nur als auf ein nach seiner Verwirklichung drängendes „Modell" gedacht, steht selbst nicht mehr in Frage. Nicht nur die Technikentwicklung selbst, ihre innere angeblich zweckrationale Entfaltung und Ausdifferenzierung, sondern die ihr unterstellten gesamtgesellschaftlichen und politischen Auswirkungen werden in der These des „Technischen Staates" nicht als Folgen menschlicher Praxis, insofern kontingent und veränderbar, sondern als deren bereits verfestigter oder sich unaufhaltsam verfestigender Rahmen, als deren „Gehäuse" (M. Weber) oder „Ge-stell" (Heidegger, 1962, S. 25) begriffen. Beachtenswert ist, daß selbst der so sehr an einer empirischen Fundiertheit der Soziologe interessierte Schelsky diese Grundprämisse seiner und der Anderen Argumentation von jeder empirischen Überprüfung freistellt. Was also zuallererst des historischen und empirischen Nachweises als Realtendenz des gesellschaftlichen und politischen Lebens bedürfte, wird in der These vom „Technischen Staat" bereits vorausgesetzt. Überraschend ist die hohe Suggestivkraft, die den auf dieser Voraussetzung beruhenden Behauptungen über die politische und gesellschaftliche Wirklichkeit des „Technischen Staates" *gegen* alle alltägliche Evidenz und natürlich erst recht gegen alle kritische Analyse der politischen und gesellschaftlichen Wirklichkeit selbst innewohnt. In dem neuen „Grundverhältnis von Mensch zu Mensch" des „Technischen Staates" sollen „an die Stelle der politischen Normen und Gesetze ... Sachgesetzlichkeiten der wissenschaftlich-technischen Zivilisation" getreten sein. Vermittels Normen und Gesetzen stabilisiert sich bekanntlich Herrschaft in heterogenen Gesellschaften mit relativer Konstanz und setzt ihren partikularen Interessenstandpunkt darin als allgemeinen. Das Besondere liegt gerade darin, daß den kontingenten und vielfältigen Handlungs- und Wertperspektiven der einzelnen Gesellschaftsmitglieder, ihren widerstreitenden subjektiven Interessen und objektiven Interessenlagen in Form von herrschender Norm und herrschendem Gesetz, wie auch immer institutionalisiert und zustandegekommen, ein historisches Institutionengefüge gegenübertritt, in dem sie ihre Differenz partiell aufheben, partiell nach seinen Regeln austragen, und insofern erst den abstrakten Rahmen institutioneller Herrschaft historisch ausfüllen. In ihm wird man aber immer sagen können, *wer* herrscht, *welche* Interessen, von *wem* vertreten, konfligieren, sich durchsetzen, zu kurz kommen usw. Es hat bisher keine politische Wirklichkeit in der Geschichte gegeben, in der dieser Prozeß zum Stillstand gekommen wäre und Entwicklungstendenzen sind auch nicht absehbar, in denen an die Stelle von Konflikt und Interesse der Konsens über gemeinsam erkannte „Sachgesetzlichkeiten" treten könnte. Der Einwand ist aber unabhängig von historischer und empirischer Evidenz prinzipiell formulierbar: Wie immer man den politischen Prozeß im einzelnen bestimmt, was immer man in welchem wissenschaftstheoretischen Programm als das eigentliche „Wesen" der Politik auszumachen vermeint, über einen Kern dessen, was Politik ausmacht, dürfte Einigkeit herstellbar sein: In allen Gesellschaften werden auf die eine oder andere Weise Entscheidungen darüber getroffen, welche Wertpositionen als Normen Verbindlichkeit besitzen sollen, und zweitens wird in jeder Gesellschaft außerhalb der Ökonomie auch politisch ein Teil des materiellen Produkts der Gesellschaft vor seiner Konsumtion so umverteilt, daß sich darüber Konflikte ergeben, die regelmäßig bestehende Ungleichheit perpetuieren oder neue schaffen. Beide Entscheidungstypen sind aber prinzipiell kontingent, das heißt, sie können nur vermittels des begrifflichen Instrumentariums von Konflikt und Interesse bestimmt werden. Da wir hier noch nicht über die Utopie des „Technischen Staates" sondern über die Behauptung seiner faktischen Gegebenheit diskutieren, können wir im Falle der materiellen Werte das Argument des „Überflusses" ausschließen. Das heißt, Politik verteilt, wo sie verteilt, materielle Werte, die knapp sind. Die Argumentationen zum „Technischen Staat" enthalten kein einziges Argument darüber — und könnten es meines Erachtens auch nur mit völlig wirklichkeitsfremden Annahmen über eine veränderte gesellschaftliche „Natur" versuchen —, daß der Konflikt um die Verteilung knapper materieller Werte angesichts der Entwicklung der modernen Technik ausgesetzt habe.

Was den anderen Teil der These anbelangt, so stellt die ja zumeist von Sozialwissenschaftlern aufgestellte Behauptung über den Charakter der „Sachgesetzlichkeit" der Entscheidungsprozesse im doppelten Sinne eine falsche Behauptung dar. Erstens stimmt das darin vermittelte Bild des technischen und technologischen Prozesses selbst nicht; auch bei der Lösung von technischen Problemen gibt es nicht den von Schelsky behaupteten „the best one way", sondern, von den einfachsten technischen Lösungen angefangen und vor allem natürlich bei komplexeren technischen Problemen, jeweils vielfältige Lösungsmöglichkeiten (Lenk, 1973, Ropohl, 1985). Interessant ist, daß bei diesem Bild der Technik von Sozialwissenschaftlern häufig unbewußt eine Projektion des ökonomischen Kalküls in die angebliche technische Rationalität vorliegt: Das, was als „the best one way" im technischen Sinne erscheint, stellt sich bei genauerem Hinsehen als das unter den gegebenen gesellschaftlichen und ökonomischen Bedingungen bloß „profitabelste" heraus. Neben diesem grundfalschen Bild von der Beschaffenheit technischer Entwicklungsprozesse verkennt die These aber in der Übertragung auf gesellschaftliche Prozesse der Entscheidung, daß zwar für den Vergleich von technischen Lösungen mit dem Kriterium der Effizienz (physikalisch etwa dem Kraftaufwand) ein *gemeinsamer* Maßstab für die Entscheidung zur Verfügung steht, nicht aber bei der Auseinandersetzung um gesellschaftliche und individuelle Werte. Deshalb wird kein Komplex von Entscheidungsstrukturen und Institutionen den *Wertepluralismus* und *Verteilungsdissens* grundsätzlich auf einen handlungs- und entscheidungsrelevanten Konsens routinemäßig und dauerhaft reduzieren können. Daß Konsens von relativer Stabilität und Dauer möglich ist und für gesellschaftliche Verhältnisse unabdingbar, ist dabei selbstverständlich; freiwillig eingegangen bleibt der Konsens aber stets prekär, und dies umsomehr, wenn er in Gesellschaften gefunden werden soll, in denen materiell und nach der Gewährleistung verschiedener Rechte Ungleichheit herrscht. Zusammengefaßt: Es gibt auf der historischen oder empirischen Ebene nicht die geringste Plausibilität der These, daß wegen der unübersehbaren Bedeutung, die die Technik in der heutigen Gesellschaft angenommen hat, die Verteilungs- und Wertkonflikte verschwinden oder gar bereits verschwunden sind, durch die die politische Sphäre gekennzeichnet ist. Deswegen „verliert auch die Idee der Demokratie" „ihre klassische Substanz" *nicht*. In ihr ging es ja auch nicht, wie Schelsky in dem oben behaupteten Zitat unterstellt, um die Ausübung „eines (!) politischen Volkswillens", an dessen Stelle nun die „Sachgesetzlichkeit" treten könne, sondern um eben jenen Prozeß der Normfestsetzung und Verteilung der gesellschaftlich erzeugten Güter in einer Weise, in der sich die einzelnen Gesellschaftsmitglieder gerade aufgrund ihrer unterschiedlichen Überzeugungen und Interessenlagen möglichst erfolgreich zur Geltung bringen könnten.

Eine Anmerkung am Rande sei hier zur ersten These noch angebracht: Die These von der aufgehobenen Konflikthaftigkeit und Wertrelativität politischer Entscheidungen in vorgegebener „Sachgesetzlichkeit" ist nicht nur ein Topos der Rede vom „Technischen Staat", sondern kehrt in den letzten Jahren auch mit umgekehrtem Vorzeichen als Argument der fundamentalistischen oder zumindest radikalen Technikkritik im Rahmen der neuen sozialen Bewegungen wieder. Auch hier findet sich der vergebliche Versuch, das selbst für richtig Gehaltene, wie überzeugend es auch immer vorgetragen und begründet sein mag, dem politischen Konflikt durch die Behauptung zu entziehen, es handle sich um eine „neue Kategorie von Problemen" (so Preuß, 1986, S. 51), die als Ergebnis der technologischen Entwicklung sich heute politisch stellten. Häufig gilt als Argument das angeblich oder wirklich „unschätzbare Risiko", das heutzutage bei der Entscheidung solcher Probleme übernommen werden müsse; nicht selten auch „Unrevidierbarkeit" und die damit gegebene „Folgenumverteilung" auf künftige Generationen, die nicht im Rahmen des geltenden Politikmodells legitimierbar sei. Weit davon entfernt, auch nur im mindesten die weitreichende Gefährlichkeit bestimmter politischer Entscheidungen über den Einsatz oder Nichteinsatz der heute zur Verfügung stehenden Techniken leugnen zu wollen, gilt meines Erachtens aber auch hier das bereits kritisch zur konservativen These von der „Sachgesetzlichkeit" Gesagte. Es muß auch hier entschieden werden. Es steht auch hier keine sich aus der Natur der Sache oder anderswie ergebende legitimitäts- oder konsensstiftende Prozedur zur Verfügung, die den politischen Prozeß der Willensbildung, verlaufe er nun herrschaftlich oder nicht, konflikthaft oder konsensual, ersetzen könnte.

Zur ersten These, nämlich daß der Topos vom „Technischen Staat" in all seinen Varianten hinsichtlich seiner beschriebenen Annahmen über den politischen Prozeß schlicht *falsch* sei, bleibt am Ende nur festzuhalten, daß die Kritik an diesem Punkt Adorno und Marcuse ebenso wie Heidegger und Schelsky gilt. Was sie trennt, ist angesichts der Falschheit der Behauptung des Topos „Technischer Staat" über den gegebenen historischen oder sich entwickelnden gesellschaftlichen und politischen Zustand die tendenziöse Ausprägung der These, sei es als Ideologie oder aber als Utopie. Ganz so, wie H. Freyer in seiner Schrift „Herrschaft und Planung", einem der vielzitierten Grundtexte der ganzen „Technokratiediskussion", schrieb: „Der herrschaftslose Zustand ist eine Utopie oder eine Ideologie" (1933, S. 34). Das gilt auch für den durch Technikentwicklung angeblich bereits herbeigeführten.

Hinsichtlich des ideologischen Charakters des Topos vom „Technischen Staat" kann ich mich nun kürzer fassen: Die Behautpung, in den politischen Systemen des Spätkapitalismus werde unter dem Einfluß der modernen Technikentwicklung zunehmend gemäß „Sachgesetzlichkeit" entschieden, ist, weil sie prinzipiell falsch ist, auch empirisch unhaltbar. Jede konkrete Analyse, wie etwa die der modernen Waffentechnik, die ja den maßgeblichen Motor der Technikentwicklung des 20. Jahrhunderts und vielleicht auch früherer Epochen darstellt, beweist die Fruchtbarkeit einer Perspektive, die mit der klassischen Frage „cui bono" arbeitet. Keine „Sachgesetzlichkeiten", sondern konkrete materielle gesellschaftliche Interessen, die sich im Konflikt mit anderen regelmäßig durchsetzten, bestimmen die Entwicklung der modernen Waffentechnologie. Wer sollte oder könnte behaupten, daß die heute die Verkehrssysteme des Spätkapitalismus prägenden Strukturen des Individualverkehrs, für den enorme gesellschaftliche Ressourcen bereitgestellt werden und der vielfältige Nebeneffekte auf die gesellschaftliche Entwicklung anderer Bereiche nimmt, sich einer Sachgesetzlichkeit verdankt und nicht vielmehr einem komplexen Gemisch aus sozialen Wertungen und politischen Entscheidungen? Die Ideologie vom „Technischen Staat" kann all das so wenig verhüllen und verbergen, daß man nach anderen Gründen fragen muß, die ihre Attraktivität ausmachen. Ganz im Gegensatz zu der in der Literatur nahezu ausschließlich vertretenen These, daß sich diese Suggestion aus der Entwicklung der modernen Technik *selbst* ergibt, möchte ich behaupten, daß sich darin vielmehr die Wahrnehmung der *politischen* Realität der komplexen Willensbildung in spätkapitalistischen Massengesellschaften niederschlägt. Da wo die einen, die nämlich, die nach wie vor an den Hebeln der Entscheidung herumfingern, ohne sie doch vielleicht jeweils alleine bewegen zu können, aus durchsichtigen Eigeninteressen die jeweils von ihnen im Sinne bestimmter Interessen getroffenen Entscheidungen als einzig „sachgerecht" rationalisieren und gegen kritische Einwände zu immunisieren trachten, da sehen sich die anderen, die große Mehrheit, als Opfer oder aber doch zumindest als zwar betroffenes, aber nicht gefragtes und einflußnehmendes Anhängsel des politischen Prozesses, der heute eben nicht mehr der privaten Existenz des Individuums in seiner Lebenswelt äußerlich bleibt, sondern allenthalben in diese interveniert. Es ist die undemokratische und zur Apathie verdammende Struktur einer institutionell verfestigten und gegen Einflüsse abgeschotteten professionellen Elitepolitik, die dafür verantwortlich ist, daß das einzelne Gesellschaftsmitglied die vielfältigen Ergebnisse der *Entscheidungen* in diesem Arkanum als scheinbar unabänderlich hinzunehmen gezwungen ist. Daß vieles oder manches wirklich anders sein könnte, weiß nur der, der in den Büros und Hinterzimmern der Macht, sei es im noch immer als privat betrachteten Bereich der großen ökonomischen und industriellen Entscheidungszentralen, sei es in der öffentlichen Verwaltung oder schließlich auf den verschiedenen Ebenen des politischen Entscheidungsprozesses, selbst dabei ist. Und hier wird natürlich im kleinen Kreis gestritten, ausgehandelt und entschieden. Keine Sachgesetzlichkeit der technischen Entwicklung entscheidet, ob Kalkar ans Netz geht, ob Wackersdorf gebaut wird oder Stade abgeschaltet. Paragraph 218, die sogenannte Neutralitätspflicht der Bundesanstalt für Arbeit, die Zugehörigkeit zur NATO, die Anerkennung der DDR, Schüler-Bafög, die Approbationsordnung für Ärzte oder das Gesetz über die Niederlassung von Kassenärzten — weiß der Teufel, wie jemand auf die Idee kommen kann, es gäbe auch nur in einer der politischen Fragen, um die tagtäglich gestritten wird, eine technikbedingte „Sachgesetzlichkeit", nach der man sie richtig oder falsch entscheiden könnte. Hier gibt's kein Richtig oder Falsch, hier gibt es immer nur das, was den einen mehr nützt als den andern. Die Ideologie vom „Technischen Staat" wirkt nur bei denen, die außen vor bleiben. Seien es nun Intellektuelle oder Soziologen an ihren Schreibtischen oder aber die Mehrheit der sogenannten einfachen Bürger. Wer sich demgegenüber einmischt, trifft nicht auf Sachgesetzlichkeiten, sondern auf die Entscheidungskompetenz und Macht der anderen. Die Ideologie vom „Technischen Staat" nützt denen, die diese Erfahrung massenhaft verhindern wollen (dagegen: Greven, 1984).

Wenn das aber so ist, wie erklärt sich dann die Übernahme der Perspektive des „Technischen Staates" durch linke Gesellschaftstheoretiker im Rahmen der Kritischen Theorie? Die These vom „Technischen Staat" bzw. vom „Dominantwerden zweckrationaler Systemimperative" (Habermas, 1981) kann sich einerseits in marxistischer Tradition auf die Durchsetzung der für die Akkumulation des Kapitals fungierenden Rationalitätskriterien in allen gesellschaftlichen Bereichen, auch und gerade in der Politik, berufen, und andererseits das historische Faktum eines fehlenden revolutionären Subjekts aus der Dominanz dieser Systemlogik zu erklären suchen. Die in der These vom „Technischen Staat" dann unterstellte „Hermetik" oder „Eindimensionalität" (Marcuse, 1967, passim) der über die Akkulmulation des Kapitals in allen gesellschaftlichen Bereichen durchgesetzten „instrumentellen Vernunft" (Horkheimer, 1967) wird dann zwar noch aus der Perspektive Kritischer Theorie, die abstrakt an der Möglichkeit von Veränderung und Transzendenz festhält, kritisiert und als Herrschaft in ihren konkreten soziologischen Auswirkungen auch dechiffriert, aber ohne daß dem noch ein konkret identifizierbares gesellschaftliches Konfliktpotential als Träger und Subjekt einer möglichen Veränderung entspräche.

Nun würde man aber insbesondere dem kritischen Potential der linken Tradition des Topos vom „Technischen Staat" nicht gerecht, wenn man nicht neben seiner ideologischen, den nichtrevolutionären Status quo rechtfertigenden Funktion auch seine utopische benennen würde. Die Geschichte der Utopie ist seit Beginn der bürgerlichen Gesellschaft auf das engste verbunden mit Wunschphantasien des Menschen über eine Entwicklung der Technik, die den Mangel und häufig auch die Arbeit als ein notwendiges Übel zur Beseitigung des Mangels weitgehend oder ganz überflüssig macht. Immer dann, wenn Theorien der Herrschaft auf dem Argument beruhen, daß der Mangel an bestimmten Gütern und Leistungen und die Verfestigung des ungleichen Zugangs zu diesen Ressourcen genetisch für Herrschaft verantwortlich seien, immer dann verbinden sich technische Phantasien und Utopien mit solchen der Abschaffung von Herrschaft. Den frühen, vergleichsweise naiv aussehenden Vorstellungen stehen im Zusammenhang der Technokratiediskussion der 60er und 70er Jahre komplexe und ausgearbeitete Modelle, wie die von Habermas und Marcuse zugleich nah und fern. Nah in dem fortwirkenden utopischen Moment und fern in der Verabschiedung von der noch ganz dem 19. Jahrhundert verhafteten Fortschrittsgläubigkeit einer gewissermaßen automatisch technologieinduziert sich herstellenden Überflußgesellschaft einerseits und einer vom revolutionären Subjekt damit korrespondierend hergestellten herrschaftsfreien Gesellschaft andererseits. Dazu nur wenige, hier nicht ausgeführte abschließende Bemerkungen.

Sowohl Marcuses „eindimensionale Gesellschaft" wie auch Habermas „Theorie des kommunikativen Handelns" gehören in ihrem *politischen* Kern in die Tradition des „Technischen Staates". Bei Marcuse ist in diesem Zusammenhang auffällig, wie sehr er, bei aller differenzierten Kritik der spezifischen Technikentwicklung unter der Herrschaft des kapitalistischen Profitmotivs, doch die technischen „Errungenschaften" der Moderne als auch qualitativ *neutrale* Voraussetzung einer zukünftigen Gesellschaft ansieht, in der jedenfalls aus Gründen des Mangels und der damit notwendigen ungleichen Verteilung der Ressourcen Herrschaft von Menschen über Menschen nicht länger würde begründet werden können. Herrschaft, wie sie die spätkapitalistische Gesellschaft auszeichnet, ist angesichts des technologischen Entwicklungsstandes für Herbert Marcuse gewissermaßen ein Anachronismus, dessen Beseitigung freilich an bis in die gesellschaftlich deformierte Triebstruktur implantierte Hindernisse hinreichen müßte. Aber immer bleibt seine Vision, daß aufgrund des technologischen Entwicklungsstandes die Produktion und Verteilung der Güter und die Regelung der öffentlichen Angelegenheiten Ergebnis einer planvollen und vernünftigen Leitungstätigkeit von Beauftragten oder des Konsens aller sein könnte: das Bild vom „Technischen Staat" — natürlich nicht unter dem für die Kritik der Konservativen reservierten Namen —, normative Richtschnur für die radikale Kritik der bestehenden Gesellschaft (Marcuse, 1969, S. 77 ff.). Marcuses Utopie ist als Utopie dabei konsequenter als das Modell von Habermas, der mit seiner inzwischen voll entfalteten „Zwei-Reiche-

Lehre“ von „System“ und „Lebenswelt“ den im Topos des „Technischen Staates“ propagierten Zustand herrschaftsloser Zweckrationalität des instrumentellen Handelns als nicht mehr hinterfragbare evolutionsbedingte Rationalität der Moderne ausgerufen hat, die jedenfalls für's „System“ in Zukunft unbefragt auch normative Geltung beanspruchen kann. Auch hier speist sich die Vision des Endes von Herrschaft aus der impliziten Geltung der beiden eingangs genannten Prämissen, der Möglichkeit zur Beseitigung des Mangels und sich daraus ergebender Verteilungskonflikte und — und das ist die spezifische Habermas-Variante — einem am Modell herrschaftsfreier Diskursivität orientierten Modell der Beilegung von Wertekonflikten.

Dieser kurze Durchgang sollte nichts anderes zeigen, als daß die Rede vom „Technischen Staat“, je nach ihrem Bezug auf Gegenwart oder Zukunft, ideologischen oder aber utopischen Charakter annehmen kann. Empirisch falsch bleibt sie allemal, weil der Verteilungskampf und Wertekonflikt zwischen den Menschen durch Technik eben nicht obsolet wird. Technik stellt in ihnen nur immer zerstörerische Mittel bereit, deren Kontrolle oder Beseitigung allein einer *Politik* gelingen kann, die sich der Alternativen, der Freiheit zu entscheiden, bewußt bleibt.

12. Über Institutionalisierung, verbleibende Kontingenz und mögliche Freiheit

Heute endet Leben gleich am ehernen Tor der Institutionen, ehe es richtig begonnen hat; jedenfalls scheint es den meisten so, als wäre ihr Wünschen und Träumen deren ‚ehernen Gehäusen' entgegengestellt und könnte sich in ihnen und durch sie nicht authentisch behaupten. Daran ist soviel richtig: Alles soziale oder politische Leben wird dem Individuum in der heutigen Welt institutionell vorgeprägt, das heißt genormt und durch Vorschrift geregelt. Wer mitmachen will, sich einzumischen gedenkt, der findet die Pfade seines Engagements ausgetreten. Noch der Protest, der sich gegen den als verfestigt wahrgenommenen Zustand richtet, verläuft schnell in den Bahnen des konventionellen Rituals einer Gegenöffentlichkeit, die dem, der dort mitmachen will, Anpassungsleistung abverlangt oder ihm als Zwang entgegentritt. Wenn G. Anders (1980, Bd. 2, 204) feststellt: „Denn was uns konform macht, ist kein ‚wer' mehr, sondern ein ‚was' ...", so wäre das auch auf dieses Alltagsbewußtsein einer ‚verwalteten Welt' anzuwenden, dem nicht mehr gegenwärtig ist, welche menschliche Praxis sie schuf und beständig reproduziert und ‚wer' es ist, der folglich über sie verfügt.

Ganz diesem Alltagsverständnis entsprechend rechnet die sich mit Politik beschäftigende Wissenschaft mit einem feststehenden Repertoire von Institutionen und Verfahren, über das die wissenschaftliche Reflexion sowenig hinausführt wie das Handeln in der sozialen Praxis. Beide bleiben gefangen im Status quo, dessen geschichtliche Konstitution aus der vergangenen Praxis der Menschen wohl allgemein bewußt ist, dessen gegenwärtige Geschichtlichkeit dem aktuellen Denken und Handeln in Wissenschaft und Politik gleichermaßen aber nicht als kontingent, also veränderbar, erscheint.

Der Wille zur Veränderung, zum Besseren hin, den es in Reflexion wie Praxis wohl gibt, bleibt dann aber ganz eingefangen in der harmlosen Alternative einer bloß reformistischen Diskussion der Inhalte der Politik bei gegebenem institutionellem Rahmen, der als unwandelbar gesehen wird, oder aber der praxislosen, weil totalen Negation des bestehenden institutionellen Rahmens, den es als ganzen abzuräumen[1] gelte, ohne daß soziale Phantasie sich schon den Problemen einer Neukonstitution zuwendete, die es ja niemals bedingungslos geben kann.

Die beiden Seiten dieser Alternative sitzen gleichermaßen, nur im affirmativen Positiven wie Negativen spiegelbildlich verzerrt, der Verdinglichung eines Institutionenbegriffs auf, wie ihn die sogenannte allgemeine Institutionentheorie in Soziologie und Anthropologie bereitgestellt hat.[2]

Diese Theorien, die vor allem mit den Namen Malinowski, Hauriou und Gehlen verbunden sind, gehen von der historisch unübersehbaren und alles gesellschaftliche Leben prägenden Erfahrung aus, daß die menschliche Praxis, vor allem wenn nicht als vereinzelte begriffen, eher Regelmäßigkeit denn Zufälligkeit, eher die Befolgung von Konvention oder Norm als subjektive Freiheit widerspiegelt. Was so schon der Beobachtung im Alltag nicht entgehen kann, wird der allgemeinen Institutionentheorie zum wesentlichen Bestandteil der sozialen Praxis selbst: ihre Einbindung in Regelmäßigkeit und Norm. Deren Vorhandensein wie deren Zustandekommen werden vorab als gerechtfertigt in die Theorie eingebaut, so daß die Theorie bei der Anwendung auf die Wirklichkeit nach deren Rechtfertigung selbst nicht mehr zu fragen braucht. Die Gedankenfigur, die zu dieser Rechtfertigung regelmäßig führt, ist die der funktionalen Notwendigkeit.

Wie Alltagsverstand und sogenannte allgemeine Institutionentheorie leugnet auch die kritische Sicht der Dinge nicht die funktionale Notwendigkeit von Institutionen, sofern diese in ihrer reduziertesten Fassung als „generalisierte Normen", die sich über die Sozialisation der Menschen in der Gesellschaft als „internalisierte Verhaltenserwartungen" von relativer Dauer wechselseitig ergeben, konzipiert werden[3]. Vergesellschaftung vollzieht sich historisch nicht nur über die materielle Reproduktion der Menschen, ihren ökonomischen Verkehr untereinander und sich daraus ergebende funktionale Zwangsläufigkeiten, sondern bereits in diese Basis der historischen Reproduktion, die die Spezifik einer besonderen Gesellschaftsformation ausmacht, gehören historisch ausgebildete normative Systeme, die von Sitte und Brauch über häufig schichten- und klassenspezifisch ausgebildete generalisierte Verhaltenserwartungen bis hin zum codifizierten Recht sich erstrecken. Dieses gesamte historisch konstituierte Geflecht von Normen unterschiedlichster Regelungskraft und -reichweite ist mit einem ebenso differenzierten System von Sanktionen verbunden, die von der gesellschaftlichen Ächtung oder bloßen Mißachtung in ihren besseren Kreisen bis hin zum Einsatz der gesellschaftlich monopolisierten legitimen Gewalt im Staate reichen.

Der damit angesprochene Tatbestand von Vergesellschaftung, in den frühen Stadien der Soziologie zumeist zur „Kultur" als einer eigenständigen Sphäre veredelt, ist so evident, daß zwischen den verschiedenen theoretischen Richtungen nicht über seine Existenz, wohl aber über seinen historischen Charakter und über seine Bewertung gestritten wird. In diesen Streit tritt die sogenannte allgemeine Institutionentheorie als der Vertreter eines grundständigen Konservatismus ein. Auf der Grundlage anthropologischer Bestimmungen des Menschen als eines durch Instinkte nicht determinierten „Mängelwesens" sind ihr die historischen Institutionen, deren Mischung zwischen autorisierter Verhaltenserwartung und Zwang gegenüber dem einzelnen Gesellschaftsmitglied, nicht nur funktional notwendig, sondern auch willkommen. Sie stabilisieren angeblich von außen, was an mangelnder Instinktsicherheit von innen ihr bloß als grundsätzliche Gefährdung des Menschen erscheint. Institutionen werden damit zu einem quasi objektivierten überindividuellen Instinktersatz, die dem einzelnen Verhaltensunsicherheit ‚erspart' und die gesellschaftlich für erforderlich gehaltene Regelmäßigkeit herbeizwingt. So kommt es zu der berühmten Formulierung von Gehlen: „Über die Geburt der Freiheit aus der Entfremdung" (Gehlen 1971).

Was da ‚Freiheit' heißt, ist aus der kritischen Sicht freilich nur noch ein kümmerlicher Rest, der diesen Namen nicht verdient und der Vergessen macht und Vergessen machen soll, was unter ihrem Anspruch die Menschen historisch in die Geschichte bereits an Praxis und Erwartung eingebracht haben. Der konservativen Sicht der Dinge erscheinen die Institutionen, nach Gehlen „die großen und bewahrenden und verzehrenden, uns weit überdauernden Ordnungen und Verhängnisse" (1971, 245), als eben dieser Praxis und Zukunftsperspektive entzogen. Diese Institutionentheorie, sich selbst als säkularer Metaphysikersatz verstehend, vertritt selbst eine metaphysische Ontologie des gesellschaftlichen Seins, in der die Binsenwahrheit, daß Menschen für ihren wechselseitigen Verkehr normative Verhaltenserwartungen bedürfen und sie ausbilden, sich ihnen dann mal mehr mal weniger fügen, indem sie das tun, diese entwickeln und verändern, bis hin zu völlig neuen Ordnungen, zur großen pathetischen Apologie der bestimmten überkommenen Institutionen aufgebauscht wird. So werden vor allem Familie, Nation und Staat, jeweils in ihrer ganz historischen Ausprägung genommen, zum nicht mehr disponiblen Rahmen menschlichen Verhaltens verklärt; ihm soll jener Rest an ‚Freiheit', der noch zugestanden wird, sich fügen und gar erst verdanken.

Apologetisch ist diese Sicht im doppelten Sinne: zum einen, weil aus dem anthropologisch ganz unbezweifelbaren Tatbestand der nicht vorhandenen Instinktdetermination bloß eine „Gefährdung", nicht aber jene Kontingenz, die Freiheit erst ermöglicht, herausgelesen wird, über deren angemessenes Verhältnis doch nur gestritten werden kann, wenn beide Aspekte zugestanden werden; zum anderen, weil sie aus der funktionalen Notwendigkeit der Institutionalisierung die Rechtfertigung der bestehenden historischen Institutionen kurzschließt, deren unübersehbare Verquickung mit Ungleichheit und Herrschaft in der konkreten Gesellschaft damit der Kritik entzogen werden soll. Das steht aber dem genuinen Erkenntnisziel entgegen, das sich eine kritische Theorie der Politik stellt: die historische Konstitution von Ungleichheit und Herrschaft, die sich auch und vor allem in den überkommenen Institutionen ‚verfestigt', unter dem historischen Anspruch von Gleichheit und Freiheit zu kritisieren und die Bedingungen der Möglichkeit gesellschaftlicher Ordnung unter dem menschenwürdigen Ziel von Gleichheit und Freiheit zu prüfen. Kritik dabei im altmodisch umfassenden Sinne begriffen als das Verständnis und die Erklärung der historischen Konstitution von Ungleichheit und Herrschaft sowie in der parteilichen Perspektive für Gleichheit und Freiheit. Daß diese Perspektive unter den gegebenen Verhältnissen parteilich erscheinen muß, ergibt sich zwangsläufig aus einer Analyse der Interessen, die historisch jederzeit mit der bestehenden Ungleichheit und Herrschaft verbunden sind. Es kann nicht erwartet werden, daß die historischen Gewinnler herrschaftlicher Ungleichheit sich an der Beseitigung des Zustandes beteiligen und daß ihnen eine kritische Sicht der Dinge angenehm wäre. Diese Art der Parteilichkeit ist freilich mit der Instrumentalisierung der kritischen Seite im Interesse einer neuen Herrschaft nicht zu vermischen; sie gilt prinzipiell.

Indem also festgestellt wird, was von der sogenannten allgemeinen Institutionentheorie für eine kritische Theorie der Politik nicht zu erwarten ist, werden zugleich die Aufgaben einer kritischen Institutionenanalyse und -theorie angesprochen: Reflexion und Entfaltung der Dialektik von historischer Institutionenkritik und institutioneller Phantasie. Die Institutionenkritik ist zuerst eine Analyse der Verdinglichung von Institutionen im theoretischen Denken wie in der politischen und gesellschaftlichen Praxis. Gegen jeglichen Widerstand, zu dem die Apologie der Repräsentanten der Institutionen ebenso wie die Gewöhnung im alltäglichen Denken gehören, muß auf dem historischen Charakter der bestehenden institutionellen Ordnung insistiert werden. Ist der historische Charakter erst einmal wieder ins Bewußtsein erhoben, so ist Nichts was ist, einfach weil es ist, schon gerechtfertigt. Im Gegenteil erscheint es nunmehr in seiner Kontinuität und Persistenz als fraglich und schon unterhalb der Schwelle des bewußten planmäßigen Eingriffs der Veränderung prekär. Die historische Entwicklung von Institutionen entfernt diese bekanntlich und wie an vielen Beispielen zu belegen manchmal von ihren ursprünglichen Zwecken, das Bewußtsein ihres Mittelcharakters verliert sich in der bloßen Hinnahme ihrer alltäglichen Präsenz, und schließlich verbietet sich die Frage scheinbar von selbst, ob die einmal geschaffenen Institutionen den ursprünglichen Zwecken überhaupt noch opportun geblieben sind. Hinzu kommt, daß Institutionen ‚Wirklichkeit‘ definieren, indem in ihnen eine spezifische Sicht der Welt und ihrer Probleme verfügt ist: institutionalisiertes Handeln basiert „auf bereits gedeuteter Welt“, die als „fact“ erscheint (Anders 1980, Bd. 2, 264). So wie ‚Zwecke‘ und ‚Mittel‘ sich verschieben, so gerät auch die vielleicht früher einmal propriate ‚Deutung‘ in dem Maße in eine Schieflage, in dem sich Problem und Situation verändern. Solch ‚institutioneller Wandel‘ darf dabei freilich nicht als ein quasi naturgeschichtliches Ereignis begriffen werden[4], dem man sich bloß auszuliefern hätte und in das gesellschaftliche Praxis nicht verändern und gestaltend eingreifen könnte. Wo immer dieses kritische gesellschaftliche Bewußtsein verloren geht und die Institutionen als Selbstzweck erscheinen, öffnen sie sich hinter den Kulissen dem interessenbedingten Zugriff. Offizieller Gehalt der Institution und informeller Funktionszusammenhang klaffen dann auseinander, so, wie in der Soziologie zwischen manifester und latenter Institutionalisierung oder zwischen formeller und informeller Organisation unterschieden wird, so daß zu dem verdinglichten Zustand der Institutionen in der gesellschaftlichen Wirklichkeit, in der sie praktischem Zugriff entzogen scheinen, noch ein verbreitetes Bewußtsein von Doppelbödigkeit sich hinzugesellt. Einem solchen diffusen ‚kritischen' Gesellschaftsbewußtsein sind Institutionen auf die Dauer nicht gewachsen, weil die von ihnen ausgehenden generalisierten Verhaltenserwartungen ja dann kaum noch als legitim empfunden werden. Im Gegensatz zu einer kritischen aufgeklärten Bewertung von Institutionen führt dieses diffuse Bewußtsein ihrer Doppelbödigkeit auf Seiten der ihnen Unterworfenen zu individuellen und gesellschaftlich disfunktionalen Strategien des Rückzugs aus den institutionalisierten Verhaltenserwartungen: so wie man zu viele und sich gar widersprechende Verkehrsschilder im Alltag des großstädtischen Verkehrs nicht mehr als vernünftige Regulierung durchschaut und daher auch zu akzeptieren vermag, und folglich beginnt, sich einen eigenen Weg durch das Verkehrsgetümmel zu bahnen, so läßt auch in ernsteren Bereichen die Bindungswirkung politisch gesetzter Verhaltensnormierung im Recht nach, wenn deren Bindungswirkung nicht mehr als vernünftig oder einfach auch nur selbstverständlich hingenommen werden kann. Die politische Gestaltung von Vergesellschaftungsprozessen ist aber, sofern sie sich weithin der Institutionalisierungsform des Rechts bedient, auf die verbindliche Internalisierung solcher rechtlicher Verhaltenserwartungen angewiesen[5]. Gelingt letztere zunehmend oder regelmäßig nicht oder nicht mehr, so verliert Politik damit einen entscheidenden Gestaltungszugriff auf den Prozeß der Vergesellschaftung und gerät mehr und mehr in den Zwang, sich statt der bewußten und verstehbaren Generalisierung wechselseitiger Verhaltenserwartungen im Recht auf andere, autoritärere Gestaltungsmittel zu besinnen. Wie die angeblich durch eine ‚Überlastung' und daraus folgende Krise der Institutionen resultierende „Unregierbarkeit" von einigen als der willkommene Anlaß gesehen wird, die ‚Entlastung' der Institutionen im Sinne einer Privatisierung gesellschaftlicher Funktionen mit der Stärke der mehr aus dem Gewaltmonopol des Staates resultierenden Regelungskompetenz zu verbinden, ist ja nach wie vor aktuell und bedürfte einer institutionentheoretischen Analyse.

Eine so ansetzende Institutionenkritik bleibt freilich unpraktisch, wenn sie sich nicht mit institutioneller Phantasie verbindet. Institutionelle Phantasie im Kontext einer kritischen Theorie der Politik zieht die Institutionen im Gegensatz zur sogenannten allgemeinen Institutionentheorie in den bewußten Prozeß der politischen Gestaltung hinein. Die Notwendigkeit relativ stabilisierter, öffentlich gerechtfertigter und jederzeit der theoretischen und praktischen Kritik geöffneter Institutionalisierungen wäre ihr keine Schranke der Politik, das heißt der bewußten Gestaltung der gesellschaftlichen Verhältnisse, sondern ihr Medium. Wo traditionell überkommene Institutionen ihren Zweck nicht mehr erfüllen, verlieren sie ihren legitimen Charakter. Funktionale Äquivalenz, deren praktisch werdende Erkenntnis, daß verschiedene Institutionalisierungsformen auf verschiedene Weise und damit auch mit unterschiedlichen ‚Nebenkosten' demselben Zweck[6] dienen können, öffnet politischen Gestaltungsspielraum.

Eine solche rationale Betrachtung der Institutionen als ‚Mittel' zur Erreichung gewisser für gesellschaftlich notwendig oder wünschenswert erachteter ‚Zwecke' würde aber rein immanent ansetzen, wenn sie nicht auch die ‚Zwecke' in die Reflexion einbezöge. Diese sind ja in modernen Zeiten nicht mehr einfach als irgendwie vorgegeben anzunehmen, sondern müssen unter denselben Ansprüchen und Bedingungen aus dem politischen Willensbildungsprozeß der Gesellschaft erst hervorgehen. Keine andere Rechtfertigungsmöglichkeit für Geltungsansprüche besteht nach einer selbstreflexiv gewordenen Aufklärung fort,die auch noch ihre zentralsten Vorstellungen von Vernunft aus der Sphäre des ‚objektiven Geistes', in den geschichtlichen Konstitutionsprozeß von Gesellschaften durch menschliche Praxis eingeholt hat.[7].

Der übliche Einwand der Konservativen, der sogenannten allgemeinen Institutionentheorie auf diese dynamische Betrachtung lautet hinsichtlich der Gesellschaft „Chaos", hinsichtlich des Individuums in ihr „Überforderung". Dabei wird zum ersten auf „die Angst vor dem Chaos" (Schumacher 1972) spekuliert, deren Kern die geschichtlich gerechtfertigten Bedürfnisse der Menschen nach Sicherheit und Ruhe und ihre beständige Gefährdung und Bedrohung in der bisherigen Geschichte ausmachen. Schnell wird dabei aber gegen den Begriff vom „Chaos" der einer „Ordnung" gestellt und gerechtfertigt, durch den angeblich die Gefährdung beseitigt werden soll. Geschichtlich verbirgt sich aber hinter dem so neutral klingenden Begriff von „Ordnung" das mit öffentlicher Herrschaft und in der Neuzeit dem Staat verbundene Gewaltverhältnis, das nach dem in konservativen Theorien überall untergründig wirkenden Hobbesianismus die einzig mögliche Gewährleistung der angestrebten Sicherheit bieten soll. Hält eine geschichtliche Betrachtung des Staates einer solchen Bewertung stand? Schon die Annahme eines Krieges aller gegen alle als eines ‚Naturzustandes' der menschlichen Gesellschaft, in den man zurückfallen könne, wenn nur jenes öffentliche Gewaltverhältnis gefährdet würde, verwechselt ja auf fragwürdige Weise ein theoretisches Denkmodell, das Geltung begründen soll, mit einer völlig fiktiven und problematischen Auffassung über die natürlichen Verhältnisse der Menschen untereinander. Mehr noch aber will es dem einen oder andern nicht erst heute so erscheinen, daß die mit dieser hypothetischen Konstruktion in ihrer legitimen Geltung begründeten öffentlichen Gewaltverhältnisse selbst eine beständige Gefährdung von Sicherheit und Ruhe der Menschen in ihrem gesellschaftlichen Zusammenleben ausmachen. Auch wenn man die positiven Aspekte des staatlichen Gewaltmonopols in der Geschichte der Neuzeit einmal hoch ansetzt, wie, im historischen Vergleich, relativ hohe Rechtssicherheit und den konstitutiven Beitrag zur materiellen Wohlfahrt, so kann doch nicht übersehen werden, daß im Innern der Gesellschaften wie vor allem auch zwischen ihnen die im Staat organisatorisch zusammengefaßte öffentliche Gewalt eine permanente Bedrohung der mit ihr dem Modell nach doch angestrebten Sicherheit und Ruhe, ja der menschlichen Existenz gewesen und angesichts der heute qualitativ neuartigen Gewaltpotentiale noch in verstärktem Maße geworden ist. So verkehren und wenden sich auch in dieser

Theorie die ,Mittel' gegen ihren ursprünglichen ,Zweck'. Die „Angst vor dem Chaos", die die Menschen heute zunehmend verbunden mit der Angst um ihre schiere Existenz wirklich besitzen, resultiert aber nicht zuletzt aus ihrer Machtlosigkeit gegenüber eben jenen Instituionen, die ihnen angeblich Sicherheit verbürgen. Wie am Anfang gesagt, fühlt man sich ihnen auf verhängnisvolle Weise ausgeliefert. Die Politik wird tendenziell zum ,Schicksal', das man erduldet, deren ,demokratische' Qualität man aber keineswegs aus der Perspektive eines verantwortlichen Subjekts wahrnimmt. Bestenfalls gibt es ein Verständnis, daß es die einen etwas besser machen als die anderen, die zur ,Wahl' stehen; daß man es nicht selbst besser machen kann, ist dabei a priori unterstellt; Politik und Demokratie das Geschäft von Fachleuten und Spezialisten, denen man mißtraut — so gesehen: zu Recht.

Daß ihnen die politischen Institutionen nicht länger als ihre eigenen Mittel erscheinen, über die sie in freier Vereinbarung entscheiden und disponieren könnten, ergibt sich aus der Verbindung mit dem anderen Einwand der sogenannten allgemeinen Institutionentheorie. Danach bedarf das einzelne Individuum ja der alltäglichen „Entlastung" durch eben jene verselbständigten Institutionen, weil ihm das alltägliche Engagement in den öffentlichen Angelegenheiten nicht zugemutet werden könne. So fürsorglich geht freilich der herrschaftliche Teil der Gesellschaft nur im Bereich der Politik mit den Unterworfenen um, während er ihm traditioneller Weise im Bereich der materiellen Reproduktion und alltäglichen Arbeit stets mehr zuzumuten sich getraute. Heute aber, wo technologisch bedingte Produktivitätsentwicklung im gesellschaftlichen Maßstab gesehen die Menschen viel mehr, vor allem auch zeitlich von der Plackerei der der materiellen Reproduktion dienenden Arbeit entlasten könnte, ist diese Argumentation für die Institutionen und gegen die in gemeinschaftlicher Praxis selbst geregelten öffentlichen Angelegenheiten erst recht als das Argument derer zu entlarven, die das Geschäft der Politik als ihr ureigenes angestammtes Privileg betrachten und es nur gegen Einmischung ,institutionell' absichern wollen. Denn immer sind es ja Menschen und ihre Interessen, die die institutionellen Prozesse inhaltlich bestimmen; die sogenannte allgemeine Institutionentheorie, die das leugnet, deckt damit diese Interessen; das Alltagsbewußtsein, das sie verdinglicht, nimmt es resignativ hin und empört sich allenfalls über offenkundige ,Skandale', die aber nicht ,aufklärerisch' wirken, weil sie nur das allgemeine Mißtrauen, die ,Doppelbödigkeit' bestärken, nicht aber die ,Institution' selbst als angreifbar, als veränderbar, als Mittel der eigenen Praxis erscheinen lassen.

Der dagegen sich richtende Anspruch auf gesellschaftlich vollzogene Selbstbestimmung kann sich mit den einmal gegebenen institutionellen Möglichkeiten nicht dauerhaft zufriedengeben. Sie spiegeln historische Standards wieder, die, unabhängig davon, wieweit sie überhaupt heute schon in ihrem normativen Gehalt alltäglich realisiert sind, einer weitergehenden historischen Entwicklung der materiellen Voraussetzungen ebenso wie der bewußtseinsmäßigen Ansprüche nicht entgegengehalten werden können. Der historische Anspruch der Demokratie, die Selbstbestimmung der Bürger einer Gesellschaft in Freiheit und Gleichheit, realisiert sich aus der Perspektive einer kritischen Theorie der Politik nicht ein für alle mal in den politischen Formen, die das bürgerliche Emanzipationsstreben gegen die feudalen politischen Formen im 18. und 19. Jahrhundert proklamiert und teilweise erst im 20. Jahrhundert gesetzt hat. Versuche, im Geiste der allgemeinen Institutionentheorie auch die historisch einmal gesetzten und entwickelten Formen der Demokratie als unwandelbare Institutionen zu verdinglichen, denen sich das materiale Streben der Menschen nach Freiheit, Gleichheit und Sicherheit in Zukunft dauerhaft einzupassen hätte, können einer argumentativen Kritik der Verdinglichung ebensowenig standhalten wie den sich aus den weiterentwickelten Ansprüchen der Menschen ergebenden Formen der Praxis. Ob gewollt oder nicht gewollt wird diese Theorie bei jeder Anwendung auf konkrete politische Umstände der Gegenwart aus ihr immanenten Gründen zur ideologischen Rechtfertigung bestehender Herrschaft. Das ist auch kein Zufall, weil ihr historisch gesehen noch jede Herrschaft, in welcher Form auch immer, lieber war, als ihre jeweilige Kritik. Auch hier stellt sich also nur die Alternative eines schleichenden institutionellen Wandels mit seinen unabsehbaren Nebeneffekten oder aber einer bewußten kreativen Politik der Institutionen als die bewußt gewählten Mittel für politische Zwecke wirksam werden zu lassen, die sich aus dem demokratischen Willensbildungsprozeß der Gesellschaft ergeben.[8] Die oben angesprochene und geforderte Dialektik von Institutionenkritik und institutioneller Phantasie kann in der gesellschaftlichen Praxis freilich nur fruchtbar wirksam werden, wenn diese politische Willensbildung nicht ausschließlich auf die Maßstäbe institutioneller und verfahrensmäßiger Rationalität reduziert wird. Es ist offenkundig und aus dieser Perspektive notwendig, daß sogenanntes unkonventionelles und sich den überkommenen Institutionen nicht einfügendes politisches Verhalten nicht einfach umstandslos nach den Maßstäben einer bloß buchstabengetreuen Legalität verpönt werden darf. „Wer will behaupten, daß diese Lernprozesse abgeschlossen sind? Auch heute dürfen wir uns nicht nur als die glücklichen Erben fühlen. Der Rechtsstaat im ganzen erscheint, aus dieser geschichtlichen Perspektive, nicht als ein fertiges Gebildes, sondern als ein anfälliges, irritierbares Unternehmen, das darauf angelegt ist, unter wechselnden Umständen eine legitime Rechtsordnung, sei es herzustellen oder aufrechtzuerhalten, zu erneuern oder zu erweitern. Weil dieses Projekt unabgeschlossen ist, sind auch Verfassungsorgane von dieser Irritierbarkeit keineswegs ausgeschlossen" (Habermas 1985, 87 f.). Weil dieses ‚Projekt' nicht nur nicht abgeschlossen (Greven, 1984), sondern unabschließbar ist und weil es für alle politischen Institutionen so gilt, bedeutete eine verdinglichte Sicht wie die der allgemeinen Institutionentheorie nicht nur das Ende jeder aktuellen Kritik im Spannungsfeld von Legalität und Legitimität, sondern auch die Preisgabe jedes Praxisanspruchs in der Gesellschaftsgeschichte, in dem die Menschen noch als Subjekte und Schöpfer ihrer ‚eigenen Welt' gedacht werden können. Die historisch kreative Dialektik von Institutionenkritik und institutioneller Phantasie kann nur in dem unausweichlichen Spannungsfeld zwischen formaler Legalität und einer an inhaltlichen Maßstäben der Demokratie als entwicklungsfähig unterstellten Legitimität wirksam werden. Dieses Spannungsfeld kann und darf nach keiner Seite hin einseitig aufgelöst werden, ohne daß einerseits Vorteile der Rechtsstaatlichkeit und der durch Institutionalisierung relativ zu gewinnenden Sicherheit und andererseits die Fähigkeit einer Gesellschaft zur friedlichen Weiterentwicklung auch im Institutionellen grundsätzlich geschädigt werden.

13. Überlegungen zur kritischen und konservativen Utopie*

Kritische Utopie

Es ist in allem doch erstaunlich, wie viele Menschen nach dem Zusammenbruch der sowjetischen Gesellschaften um die Zukunft der Utopie besorgt sind. Warum gerade jetzt?

Verständlich wäre das ja nur bei jenem kleinen marginalen Anteil der westlichen Intelligenz, der auch nach 1956 noch in den sowjetischen Gesellschaften jenen praktischen Geist der geschichtlichen Utopie zu erblicken vermochte, durch den die menschliche Gattung wenigstens in einem beschränkten Territorium ein höheres oder gar ihr letztes Entwicklungsstadium erreichen sollte. Aber die Verunsicherung der publizierenden Intelligenz beschränkt sich ja keineswegs auf das — jedenfalls in Nordeuropa und der Bundesrepublik Deutschland (alt) — marginale Spektrum der Kommunisten: auch der vorliegende Band wird davon Zeugnis ablegen. Ex negativo wird der Zusammenhang zwischen dem Ende der Sowjetunion und der Utopie von konservativen Ideologen schon weniger überraschend hergestellt: ihr Interesse war es eigentlich seit den zwanziger Jahren, jegliche Kritik an der westlichen Gesellschaft, also an der konstitutiven Kombination von kapitalistischer Marktwirtschaft, repräsentativer Massendemokratie und mehr oder weniger sozialstaatlichem Interventionsstaat, als Parteinahme für die Sowjetunion, für die „konkrete Utopie" also, zu dechiffrieren und damit in den Augen der meisten erfolgreich zu disqualifizieren. In dem Manichäismus des „tertium non datur" stimmten sie in einer Negativkoalition mit den bekämpften Kommunisten gegen alle Varianten eines „dritten Weges" immer überein, die Alternative von Kapitalismus und Kommunismus — beide im Sinne des jeweils Realisierten verstanden — sollte exklusiv Geltung beanspruchen können. Diese Leitartikler und Apologeten brauchen ihre ideologie-politische Strategie nach dem Scheitern der Sowjetunion nur unwesentlich zu ändern, das Fallen der „konkreten Utopie" wird ihnen zum willkommenen Verlust jeglicher Utopie. Die empirische Tatsache, daß es außer dem Weltkapitalismus nichts mehr zu geben scheint, was als Alternative bestehen könnte, erfüllt in ihren Augen ironischerweise den Anspruch jeder wahrhaft konservativen Utopie, nämlich, daß das, was ist, auch das beste Mögliche ist. Dazu gleich mehr.

Vorher aber noch einmal die Frage: wie kommt es zum behaupteten Zusammenbruch der Utopie bei jenem — jedenfalls nach den vierziger Jahren — viel größeren Teil der linken kritischen Intelligenz, der sich seit den zwanziger Jahren stets zugleich mit seiner Kritik am westlichen Status quo von der sowjetischen Alternative distanzierte, sei es in Gestalt eines frühen „westlichen Marxismus", der Kritischen Theorie oder der vielen Varianten und Strömungen anarchistischer, existentialistischer oder sonstwie begründeter Gegenwartskritik? So stellt sich die Frage aktuell in vielen Publikationen — aber ist sie so auch richtig gestellt?

Es hat den Anschein, als würden dabei Implikationen zuwenig bedacht, auf deren Triftigkeit es aber ankäme: erstens, daß Systemkritik letztlich nicht ohne Utopie möglich sei, und zweitens, daß trotz aller Kritik an der Sowjetunion doch irgendwie eine radikale Systemkritik nicht ohne Bezug auf eine wirkliche Alternative auskäme. Es ist offenkundig, daß zwischen diesen beiden Prämissen ein widersprüchliches Spannungsfeld besteht, dessen Verständnis für den „westlichen Marxismus" noch am naheliegendsten ist, der ja in seinem Wissenschaftsprogramm nicht hinter die Maxime „Von der Utopie zur Wissenschaft" zurückfallen mochte. Es wird heute zu häufig übersehen, daß der Marxismus des 19. Jahrhunderts, daß auf jeden Fall die Schriften von K. Marx und F. Engels sich als Utopiekritik, als Verwissenschaftlichung von Menschheitsträumen ganz im positivistischen Geist des Jahrhunderts verstanden. Wissenschaftliche Objektivität und Gesetzmäßigkeit und nicht Phantasie und Wunscherfüllung sind die methodologischen Leitlinien von Marx gewesen, was aber entgegen seinem Selbstanspruch subjektive Wertungen und utopische Perspektiven nicht ausschloß. Für K. Marx waren die Utopisten bestenfalls Spinner und der Erzpositivist Ch. Darwin positives Modell. Tatsächlich ist ja die marxistische Tradition überwiegend eine der wissenschaftlich-materialistischen Utopiekritik, und der Versuch Ernst Blochs, Marxismus und Utopie zum „Prinzip Hoffnung" zu verbinden, galt nicht nur bei orthodoxen Kommunisten als „hölzernes Eisen". Von daher erscheint es verständlich, wenn auch in den sowjetkritischen Varianten des „westlichen Marxismus" der materialistische Anspruch, die Alternative zum Kapitalismus als „wirkliche Bewegung" (K. Marx) zu begreifen, einem Gesellschaftstypus, der bei allen offenkundigen Fehlern doch wenigstens nichtkapitalistisch war, eine modellhafte Bedeutung zumaß. Auch wenn nichts am aktuellen Erscheinungsbild der Sowjetgesellschaft die Zustimmung dieser kritischen Intelligenz gefunden hätte — aber so fundamental ablehnend war die Kritik auch hier keineswegs immer und zu jeder Zeit —, so mußte allein schon die schiere Existenz eines nichtkapitalistischen Lagers der Weltgesellschaft doch Systemkritik am Kapitalismus beeinflussen, weil sie das Bewußtsein von der Kontingenz der gesellschaftlichen Entwicklung objektiv und materialistisch zu stützen vermochte. Die Bedeutung dieses Faktors sieht man heute, wo die systemkritisch gedachte Alternative zur kapitalistischen Weltgesellschaft sich über die bloße Kraft intellektueller Konzeptionen gegen die konservative Apotheose des Status quo als „natürlicher Gesellschaftsordnung" behaupten muß.

Allerdings fällt schon an dieser Stelle des Gedankengangs auf, daß, ganz entgegen der eingangs unterstellten impliziten Interpretation, der Zusammenbruch des Sowjetsystems die Bedeutung von Utopien für Systemkritik am Kapitalismus gerade wieder ansteigen lassen müßte, fehlt doch nunmehr — und China und Kuba dürfen wir hier getrost beiseite lassen —mit der real existierenden Alternative der materialistische Grund für die Annahme von Kontingenz. Müßte deshalb heute die Alternative nicht heißen: entweder Verzicht auf radikale Systemkritik oder aber Kritik im Horizont der Utopie, daß alles auch ganz anders und selbstverständlich besser sein könnte? Damit sind wir unversehens bereits bei der anderen Implikation, also der Frage, ob Systemkritik, ob die radikale Infragestellung des Vorhandenen ohne Gegenentwurf und Möglichkeitshorizont, kurz ohne Utopie auskommen könnte.

Die Antwort darauf scheint mir nicht einfach zu finden, weil schließlich seit Nietzsche klargeworden ist, was gerade in der sogenannten Postmoderne fröhliche Urstände feiert, daß nämlich radikale Kritik auch nihilistisch vom Fleck kommt. Sie kann alles relativieren und macht — wissenschaftstheoretisch gut begründet — mit ihrer Kritik nicht mal vor den eigenen Prämissen halt, so daß die postmoderne Kritik am Status quo noch die Kritik umschließt, die sie übt — wo allerdings „anything goes", geht in Wahrheit nichts mehr, wo alles gleichgültig wird, gibt es keine Geltung. So blüht zur Zeit eine nihilistische Systemkritik,die durchaus hellsichtig und treffend und radikal die vorhandene Gesellschaft in Frage stellt, und zwar garantiert utopiefrei. Denn die Postmoderne versteht sich selbst keineswegs nur nebenher vor allem auch als Utopiekritik, weil Utopie in dieser Argumentation zuvorderst mit einem totalitären Vernunftanspruch identifiziert wird. Allerdings ist auch leicht nachvollziehbar, warum diese Art der Kritik bei Konservativen vielleicht geschmäcklerischen Ärger, aber keine echte politische Besorgnis auslöst. Diese Kritik, so radikal sie auch manchmal die Fundamente des Bestehenden zu kritisieren vermag, kritisiert schließlich doch im Namen von Nichts und Niemand: ähnlich wie die heideggersche „Entschlossenheit zu nichts" (K. Löwith) bleibt die Radikalität dieser Kritik am Ende als intellektuelle Geste praktisch folgenlos, zielt auf keinen veränderten Zustand hin, verfängt sich in den bekannten Fallen des konsequenten Relativismus und Skeptizismus.

Demgegenüber kommt eine praktisch gemeinte radikale Kritik nicht ohne die Vorstellung und das Wollen von etwas ganz Anderem aus. Ob der Inhalt dieser Vorstellung und dieses Wollens nun als Utopie verstanden werden kann oder gar muß, ist demgegenüber zweitrangig, eine Frage für zukünftige Ideengeschichtler. Aber praktischer Veränderungswille als Bestandteil radikaler Kritik kann sich nicht auf bloße Negationen beschränken — man erinnere sich an das „Weg mit ..." bestimmter studentischer Oppositionsparteien, deren selbstverstandener Radikalismus ohne Ziel und Wertvorstellung schon allein von daher unpraktischer Verbalradikalismus bleiben mußte. Um zu praktischem Handeln zu motivieren und um wissen zu können, was zu tun ist, bedarf es über die Kritik des Bestehenden hinaus der Begründung und in Grenzen positiven Bestimmung des jeweils Gewollten. Dessen Bestimmung in einem Plan, Entwurf oder einer irgendwie sonst elaborierten Zielvorstellung allein würde herkömmlich sowenig als Utopie verstanden wie der Bebauungsplan eines neuen Stadtteils oder der Aufriß eines Schiffes. Utopisch hieße gemeinhin ein solcher Entwurf erst dann, wenn nach dem gegenwärtigen Stand des Wissens der Plan als solcher vielleicht für vernünftig und wünschbar, aber eben nicht für machbar oder verwirklichbar angesehen würde. Insofern ist die radikale Kritik des Bestehenden durch eine Utopie im Sinne der marxistischen Verwendung des Wortes nicht materialistisch, sondern idealistisch, als Wunsch und Kritik vielleicht begründet, als Entwurf für die Praxis aber untauglich und deswegen unter diesem Anspruch beurteilt eher sogar schädlich, weil von dem hic et nunc in Angriff zu Nehmenden ablenkend.

Schließen sich radikale Systemkritik und Utopie also heute aus?

Darüber ließe sich von mir aus trefflich streiten und akademischer Streit entfachen. Wichtiger, weil praktisch politisch folgenreicher, schiene mir aber die Beachtung und Diskussion der beiden anderen Komponenten radikaler Kritik, nämlich des Veränderungswillens und der positiven Zielvorstellungen.

Damit sind zunächst einmal eher empirische Fragen aus dem Bereich der politischen Soziologie aufgeworfen: wieviel und welches gesellschaftliche Potential stünde tatsächlich als Träger und Subjekt für den intellektuell ausformulierten Anspruch auf radikale Systemkritik und Veränderungswillen bereit oder ließe sich mobilisieren und für welche genauer bestimmbaren Zielvorstellungen? Im Licht der sozialwissenschaftlichen Diskussionen der achtziger und beginnenden neunziger Jahre muß diese Frage anachronistisch klingen, auch wenn sie sich mit einer gewissen Zwangsläufigkeit aus dem bisherigen Gedankengang ergibt. Radikale Organisationen, die Respekt beanspruchen könnten oder politische Relevanz besäßen, fehlen ganz, und zwar nicht nur hier, sondern überall in der westlichen Welt. Soziale Bewegungen, in letzter Zeit immer weniger euphemistisch als „neu“ apostrophiert, kommen und gehen, wenn man die größeren Zeiträume im Auge behält, und sie besitzen zweifellos objektive und subjektive Wirksamkeit — nicht immer im Sinne der eigenen Intentionen — als Faktoren und Katalysatoren gesellschaftlichen Wandels, aber eine von ihnen ausgehende systemtranszendierende Perspektive ist nicht in Sicht. Das gilt auch für die Frauenbewegung, die alles in allem in den letzten dreißig Jahren am folgenreichsten gewesen ist — ohne doch im Lichte ihrer Zielsetzungen Erfolg zu haben. Bleibt schließlich die diffuse Sphäre der Werte, Einstellungen und Meinungen, Woche für Woche von interessierten Instituten für Interessenten am Markt und in der Politik befragt und beforscht und trotz aller schnellebigen Datenfülle schwer im Hinblick auf diese Frage einzuschätzen. Das nicht nur, weil das, was hier interessiert, selten oder gar nicht gefragt wird, sondern weil schließlich die Vergangenheit wiederholt gezeigt hat, daß auch langfristig stabil erscheinende Paneldaten in aktuellen Handlungs- und Entscheidungssituationen der einzelnen und wohl auch für alle zusammen wenig bedeuten. Jedenfalls ist das Bild sehr diffus: große Mehrheiten der

Unzufriedenheit mit wichtigen politischen Akteuren (Parteien) und ihrer Politik in zentralen Handlungsfeldern gehen widersprüchlich mit noch größeren Mehrheiten derer zusammen, die's insgesamt zufrieden sind. Das typische *Juste-milieu*: alle mosern rum, niemand ist's zufrieden, aber alle haben sich eingerichtet und weder Wunsch noch Wille nach Veränderung. Jedenfalls scheint es bei aller Unzufriedenheit in vielen Details von Politik und Gesellschaft keine demoskopisch nachweisbaren kritischen Utopien des gesellschaftlichen Bewußtseins mehr zu geben. Die Bevölkerung oder größere Gruppen in ihr hegen keine eschatologischen Erwartungen, es sind keine Bilder eines x-jährigen Reiches oder immerwährenden Friedens im Umlauf, niemand erwartet mehr Führer oder Erlöser, für die sie sich dauerhaft engagieren und mobilisieren ließen, es gibt keine Namen für eine grundsätzlich andere Gesellschaft, die noch Attraktion genug besäßen oder als Mythen fungieren würden. Der von manchen propagierte „ökologische Umbau" der Gesellschaft ist schon terminologisch verräterisch demobilisierend geraten und klingt so erregend, wie ein Stadtteilentwicklungsplan von Bad Godesberg: viele werden sich freuen, wenn dereinst eine neue Regierung dieses oder jenes bessere Gesetz zum Gewässerschutz oder zum Erhalt der Artenvielfalt oder ähnlich konkrete und nützliche Maßnahmen als Schritte des versprochenen „Umbaus" tatsächlich in Angriff nimmt, aber eine Gesellschaftsveränderung erwartet doch schlechterdings zu Recht niemand von der kommenden oder irgendeiner anderen Regierung.

Kurzum, woran alle systemkritischen Intellektuellen in den westlichen Gesellschaften ein halbes Jahrhundert herumlaborieren und angesichts der schwerwiegenden Mängel und bedrohlichen Probleme schier verzweifeln, läßt sich wohl eher als ein entscheidender Mangel an politisch relevantem Veränderungswillen als ein Mangel an Utopie fassen. An intellektuellen Utopien gerechterer, problemärmerer und friedlicherer Gesellschaften, an entsprechenden literarischen Texten und Entwürfen herrscht doch auch im zu Ende gehenden 20. Jahrhundert kein Mangel, für die Literaturhistoriker dieser Gattung gibt es aktuellen Stoff genug. Freilich ist dieser Stoff tatsächlich nur von akademischem Interesse und findet allenfalls beim lesenden Publikum seine Liebhaber als Hobby und Freizeitbeschäftigung. Der Mangel an Utopien stellt sich als Mangel ihrer gesellschaftlichen Wirksamkeit heraus. Als ein Sonderfall der Kritik teilt die Utopie deren Schicksal, indem sie mehr oder weniger zum intellektuellen oder ästhetischen Vergnügen intellektueller Minderheiten wird. Heute fühlt sich kein wesentliches System durch welche Utopie auch immer fundamental herausgefordert und so kritisiert, daß es verunsichert würde. Utopische Entwürfe sind als Gesellschaftskritik ungefähr so wirksam, wie die massenweise verkauften Anleitungen zum ökologischen Gartenbau geeignet sind, die Umweltzerstörung und Verschwendung einer aus den Fugen geratenden Autogesellschaft zu verhindern. Damit sich daran etwas ändern könnte und die politische Utopie jene „Zukunft" bekäme, nach der der Herausgeber dieses Bandes fragte, müßte sich folglich anderes ändern als die Utopie. Die Frage nach der Zukunft, also der Bedeutung und Wirksamkeit der politischen Utopie führt letztlich zu der Frage nach der Möglichkeit gesellschaftlicher und politischer Opposition. Wo diese in einem ernstzunehmenden Sinne nicht entsteht, bleiben kritische Utopien auch weiterhin nur Bücher einer spezifischen Literaturgattung.

Konservative Utopien

Es ist offenkundig, daß mit der Frage nach der Zukunft der politischen Utopie an den konservativen Typus gar nicht gedacht war. Aber vielleicht hat gerade er Zukunft — auf jeden Fall dominiert er mehr oder weniger unerkannt die Gegenwart, was daran liegen könnte, daß in politischer Öffentlichkeit wie Wissenschaft allein die kritische Utopie als solche anerkannt und in der Krise befindlich wahrgenommen wird.

Eine konservative Utopie ist nicht dasselbe wie eine Dystopie, deren Funktion ja bei allen Schrecken, die sie ausmalt, kritisch und aufklärerisch gemeint ist, wie das berühmte „1984" von G. Orwell zeigt. Utopie und Dystopie gleichen sich in Funktion und logischer Konstruktion, nur daß bei der Dystopie gewissermaßen das Vorzeichen der Kritik an der Gegenwart umgestellt wird, indem das eine Mal ein ideal positiver, das andere Mal ein ideal negativer Entwurf dazu dient, gleichermaßen die „utopische Intention" und die Gegenwartskritik zu realisieren. Hier liegt der Unterschied von beiden zum Typus der konservativen Utopie: ihre Funktion ist nicht Kritik der Gegenwart, sondern gerade deren gedankliche Reflexion und Rekonstruktion in idealer Manier, so als sei diese Gegenwart jetzt und immerdar ohne ideale oder vernünftige Alternative, gewissermaßen bereits die Aktualisierung und Realisierung vergangener utopischer Entwürfe. Das von den Konservativen gerne und häufig proklamierte Ende der Utopie versteht sich insgeheim als deren Glaube an die geglückte Realisierung der eigenen. Die oft beobachtete Ahistorizität der utopischen Gesellschaftsentwürfe wird in der konservativen Utopie zur scheinbaren Qualität des Status quo als post-histoire. Der utopischen Harmonie und Konfliktfreiheit entspricht in der konservativen Utopie die Vorstellung von systemischer Selbststeuerung und funktionaler Differenzierung, und dem merkwürdig aseptischen Menschenbild älterer Utopien entspricht in der heutigen konservativen Utopie weit konsequenter die endgültige Externalisierung der Individuen und ihres Handelns.

Niklas Luhmanns inzwischen autopoietische Systemtheorie erscheint mir als der mehr oder weniger vollkommenste Typus dieser gegenwärtigen konservativen Utopien. Explizit ist für Luhmann ein „Rückschluß auf die Realität ihres Gegenstandes" bei dieser „Theorie" der Gesellschaft ausgeschlossen, die Theorieentfaltung folgt einer „rein internen Logik" ohne „Außenreferenz" und damit im sehr präzisen Sinne den Gesetzmäßigkeiten einer „Poetik des absoluten Kunstwerks" (Th. W. Adorno). Diese „Wissenschaft der Gesellschaft" (Luhmann 1990) ist von deren Poesie nicht mehr zu unterscheiden. Wie Paul Celans „Todesfuge" folgt der Aufbau von Luhmanns sich immer weiter entwickelnder Systemtheorie lediglich einer inneren Logik und Ästhetik, und wie bei Celans Gedicht würden materialbedingte Assoziationen auf geschichtliche oder gesellschaftliche Realität als empirische Beschreibungen völlig mißverstanden. Sowenig die „schwarze Milch der Frühe" in der Wirklichkeit zu trinken wäre, so wenig kann das „Individuum als Umwelt des Systems" als Beschreibung irgendeiner Realität gemeint sein. Auch die von Luhmann wiederholt getroffene Feststellung, soziale Systeme existierten „wirklich", muß angesichts des „radikalen Konstruktivismus", also dem programmatischen Verzicht auf „Außenreferenz", als fiktionale Sentenz gelesen werden, d.h. im Gedankenwerk der Luhmannschen Systemtheorie *ist* es so — nicht mehr kann, nicht weniger muß aber auch gesagt werden. Das Kunstwerk ist also bei Celan wie bei Luhmann eine „fensterlose Monade" — und ich bin schon jetzt sicher, daß Luhmann nachträglich als einer der großen Schriftsteller dieses Jahrhunderts und Schöpfer eines bedeutenden literarischen Werks erkannt werden wird, wenn endlich nicht mehr an der gesellschaftlichen Realität interessierte Soziologen und Politologen, sondern Literaturkritiker sich seines Werkes annehmen.

Der „radikale Konstruktivismus" von Luhmanns „Wissenschaft der Gesellschaft" teilt sein poetisches Prinzip aber eben nicht nur mit der Poesie, sondern auch mit den logischen und ästhetischen Prinzipien der Utopie. Auch die klassische Utopie lebt ja in dem paradoxen Dilemma, das ganz anders Seinsollende des utopischen Entwurfs aus dem gedanklichen und sprachlichen Material der abgelehnten Gegenwart entwerfen und entwickeln zu müssen, und das unvermeidbare Bindeglied, das den Abgrund zwischen gegenwärtiger Realität und utopischem Entwurf überspannen muß, bleibt schließlich unvermeidlich dessen Autor, der bis in das Material seiner Phantasie hinein ersterer verhaftet ist. (Greven, 1990a)

Und wie sehr Luhmann trotz allen programmatischen Verzichts auf „Außenreferenz" der gesellschaftlichen und politischen Realität auf eine spezifische Weise verwurzelt bleibt, das zeigen eben nicht nur seine intelligenten Sottisen und Anzüglichkeiten zu uns alle betreffenden Problemen, von Hochschulprüfungen bis zum Liebesfrust — die im übrigen den Reiz der Lektüre über die angesprochene literarische Qualität hinaus für mich beträchtlich steigern —, sondern das macht vor allem eine altmodisch-ideologiekritische Dechiffrierung seiner Texte sichtbar, die dann zwar an deren intentionalem Gehalt messerscharf vorbeigeht und sich zusätzlich dem Vorwurf aussetzen muß, methodologisch allenfalls auf „alteuropäischem" Niveau zu verfahren, die dafür aber den konservativen Gehalt dieser Theorie als utopische Verklärung der Gegenwart aufzuzeigen vermag.

Das kann hier nur andeutungsweise und unvollständig geschehen, aber schließlich würde der Nachweis des konservativen Charakters der Systemtheorie ja auch gegenüber früheren Versuchen weniger Neues bringen als das Aufzeigen ihres spezifisch utopischen Charakters. Letzteres soll hier im Vordergrund stehen, und zwar durch den Bezug auf die bereits genannten drei klassischen Topoi konservativer Gesellschaftsideologie, in denen zugleich typische Argumentationsfiguren und Darstellungsprinzipien von Utopien erkennbar werden.

Die geistige Rekonstruktion der Gegenwart *als* Utopie — diese Behauptung muß im Lichte des herkömmlichen Verständnisses von Utopien als unlösbarer Widerspruch erscheinen, weil in diesem herkömmlichen Verständnis gerade der Hiatus von Realität und Utopie, von kritisierter Gegenwart und ideal gestalteter Zeit der Utopie — mag diese in der Vergangenheit oder Zukunft angesiedelt sein — absolut gesetzt ist. So muß jeder Autor einer Utopie literarisch plausibel und konstruktiv das Problem lösen, wie trotz dieser absoluten Getrenntheit der Bericht oder die Kenntnis in die Gegenwart des Lesers gelangen konnte, was bei den „goldenen Zeitaltern" der Vergangenheit durch aufzufindende Dokumente und bei den Utopien der Zukunft durch allerlei physikalische Maschinen und Tricks (Zeitschleuse etc.) zu bewerkstelligen ist. Schließlich gibt es den Reisenden, der, ob durch Sturm in nichtkartierte fernste Seegebiete oder aber mit Lichtgeschwindigkeit in den Tiefen des Raums, in die gleichzeitige Wirklichkeit einer utopischen Gesellschaft gelangte, von der er nach seiner glücklichen Heimkehr Zeugnis ablegt, wobei regelmäßig der angesprochene Hiatus auch bei dieser Gleichzeitigkeit der literarischen Konstruktion dadurch gewährleistet bleibt, daß die Wiederholung der Reise unmöglich wird — sei es, weil der Sturm, der zu den unbekannten Inseln verschlug, als unverfügbares Schicksal mangels Karten und Wegkenntnis nicht durch eine geplante Reise ersetzbar wäre, sei es, weil — was nicht selten vorkommt — der Bericht über die Utopie mit deren katastrophischem Untergang endet, was zugleich plausibel macht, warum denn der Berichterstatter und Zeuge jener idealen Welt überhaupt in die implizit ja stets kritisierte Realität zurückgekehrt ist, wozu er freiwillig doch gar keine Veranlassung gehabt hätte.

Wenn aber der absolute Hiatus zwischen gegenwärtiger Gesellschaft und Utopie als Konstruktionsprinzip der Gattung gelten muß, das allein die Idealisierung der einen, die absolute Kritik der anderen „Wirklichkeit" gestattet — wie kann es dann eine konservative Utopie in der behaupteten Weise geben, bei der die Gegenwart zugleich *als* Utopie erscheint?

Die Antwort auf dieses Problem liegt bei Luhmann in dem radikalen Konstruktivismus seiner „Gesellschaftstheorie" und der mit ihm zugleich gesetzten Ahistorizität. Gegenstand oder besser Inhalt der Theorie sind „selbstreferenzielle Systeme" sowie deren „funktionale Ausdifferenzierung und strukturale Kopplung". „Gesellschaft" ist ein solches „System" unter anderen und nur als eben dieses Gegenstand der Luhmannschen Theorie. Wie die Utopie als realitätsentbundene Phantasie auch das Unwirkliche als wirklich denken darf und muß (Unsterblichkeit, Überfluß etc.), konstruiert der Systempoetiker —

oder sollen wir ihn nicht gleich einen Dichter nennen? — mit kreativ erzeugtem lyrischem Sprachmaterial („doppelte Kontingenz", „Rückkoppelung", „autopoietische Reproduktion" etc.) und eigener strenger Metrik (binäre Codierung — aber *mehr*wertige Logik) die im Prinzip unabschließbare Anthologie evolutionär sich ausdifferenzierender Systeme und Umwelten. Und auch dieses „System Gesellschaft" ist zeit- und geschichtslos aufgelöste Kontingenz, es ist so und nicht anders, in ihm könnte, wie Luhmann einmal feststellt, zwar „alles anders sein, (aber) ohne daß sich etwas änderte" — und darauf kommt es dem Konservativen schließlich an. Auf diese Weise löst Luhmanns Gegenwartsdiagnose — und das will seine Theorie bei allem Konstruktivismus schließlich doch sein — das Problem der Geschichtlichkeit utopisch auf.

Jede historische Gesellschaft aber bliebe, auch als Gegenstand einer Theorie, nicht nur so geworden, wie sie ist und beschrieben wird, sondern eben auch zukünftig historisch, also der Veränderung ausgesetzt. Jede historische Gesellschaft, die von sich weiß, lebt in einer „Kontingenzkultur. Sie ist geprägt von dem Grundgedanken, daß nicht sein muß, was ist" (Hans Blumenberg), was die Möglichkeit einschließt, daß, was ist, auch besser sein könnte. Kritische Utopien mobilisieren in Kontingenzkulturen positive Phantasie und heben erst in der Phantasie die geschichtliche Kontingenz auf, was ihre latenten konservativen Züge in die Zukunft projiziert. Die konservative Utopie hingegen phantasiert die Gegenwart unter Aufhebung von Kontingenz als alternativlos und bekommt dadurch auch dann noch affirmative Wirkungen, wenn sie in Einzelheiten durchaus Kritik zu üben weiß. Gerade letzteres kann man bei Luhmann sehr schön beobachten, und sein skeptischer Realitätsblick, der sich vor allem in Beispielen und Illustrationen bewährt, bringt ihm gelegentlich noch den Beifall jener ein, die ansonsten auf der anderen Seite stehen. Angesichts der perspektivlosen Affirmation des Systems als Simulation des Status quo formulieren Luhmanns eingeschobene Histörchen aber eher äsopischen Spott, der in der Urfassung mehr aufklärerischen Witz als die später in den Fabeln hinzugefügte „Moral von der Geschicht'..." verkörpert, als wirkliche Kritik — und wer als Gesellschaftskritiker mit Luhmann lacht, dürfte vor dessen klammheimlichen Spott seinerseits nicht sicher sein.

Jede Utopie spinnt mehr oder weniger den „Traum von der großen Harmonie" (Jean Servier), eine in den Bürgerkriegszeitaltern der frühmodernen Utopieliteratur leicht verständliche und nachvollziehbare Wunschphantasie und Kritik der Gegenwart. Auch die frühsozialistischen Utopien der endgültigen Überwindung des Klassen*kampfes* sind, läßt man sich auf ihre eigene Wirklichkeitsperzeption ein, in einem solchen Sinne interpretierbar: der als momentan und historisch verstandene konflikthafte Zustand der Gesellschaftsspaltung soll in ihnen endgültig und ein für allemal als überwunden gelten, und neue Konflikte sind angesichts der rationalen Konstruktion der Utopie von vornherein ausgeschlossen. Auch hier muß die Systemtheorie als konservative Utopie den Konflikt als solchen eskamotieren, aber eben aus der als utopisches „System" verklärten Gegenwart. Er kommt in ihr als Kategorie sowenig vor wie streitende oder kämpfende Menschen. Selbst wo in der empirischen Realität sich die Menschen die Köpfe einschlagen, wie jüngst im ehemaligen Jugoslawien, wird der Systemtheoretiker eher auf die funktionalen Aspekte der Systemdifferenzierung achten — und negative Funktionen gibt es eben nicht — und neue Kopplungen konstatieren. Nur wenn die funktionale „Angepaßtheit, aus welchen Gründen auch immer, nicht mehr gegeben ist, hört das System auf zu operieren“ (N. Luhmann) — um so schlimmer für dessen „Umwelt“, also zum Beispiel die Individuen. Es gibt also auch hier nur zwei „Zustände“, nämlich System oder eben nicht System, wobei nach der inneren Logik der Theorie mit dem Zusammenbruch des Systems auch die „Unterscheidung zwischen System und Umwelt“, also letztlich die Umwelt ... ja, was nun eigentlich? Verschwände ...? Es ist ja in der Poesie leicht, Sätze wie die folgenden zu formulieren: „Die Individuen sind die Umwelt der Systeme“ und „Mit dem Zusammenbruch der Systemfunktionen entfällt auch die Unterscheidung von System und Umwelt“ — aber wo zum Teufel bleiben da im Systemzusammenbruch in der Realität die Menschen?

Nun, die wirklichen Menschen mit ihren Fehlern und Lastern, mit ihrer Liebesbedürftigkeit und Streitsucht, am meisten vielleicht sogar mit ihrer sich historisch wandelnden, aber kulturspezifisch jeweils im Durchschnitt dominierenden unspektakulären Gewöhnlichkeit, waren für Utopiker schon immer ein Ärgernis und Hindernis für die konstruktive Phantasie. Wenn der Autor der Utopie bewußt oder unwillkürlich davon ausgeht, daß es auch in der utopischen Gesellschaft die Menschen, ihre Beziehungen und ihre Handlungen sind, aus denen sich der Zusammenhang der Institutionen und Einrichtungen bildet, wenn er sie gewissermaßen als anthropologisch unabhängige Variable jeglichen gesellschaftlichen Zustandes ansah, dann mußte die Phantasie genau hier ansetzen und die unabhängige Variable variieren. Die Geschichte der literarischen Utopien ist deshalb voll von neuen und edleren Menschengeschlechtern, die die utopischen Gefilde bewohnen und ohne repressiv sozialisierte Triebstruktur, ohne Hader und Neid, ohne Ehrgeiz und Eifersucht die zumeist edlen Künste und die stets heitere Muse pflegen. Man muß bei ihrer Lektüre unwillkürlich an Karl Valentin „im Himmel“ denken, auf seiner Wolke ewig hosiannah-singend — und bierdurstig. Es ist offenkundig, daß diese ätherischen Bewohner der Utopien stets auch das Dogma der christlichen Erbsünde hinter sich gelassen haben, frei sind von Schuld und Schuldfähigkeit. Es bliebe einer eigenen Untersuchung vorbehalten, einmal zu untersuchen, ob es sich in bestimmten Phasen der Utopie — etwa im Humanismus und der Renaissance — eher um dem christlichen Kosmos noch immanente Eschatologien und Erlösungsutopien oder aber schon um fundamentale Religionskritik am Christentum handelt.

So dürfte nun wenigstens in Ansätzen verständlich werden, warum die Luhmannsche Systemtheorie gerade ihren Charakter als konservative Utopie der Gegenwart dadurch erfüllt, daß sie die Individuen und ihr stets unberechenbares Handeln und Trachten marginalisiert und externalisiert. *Sich selbst repro-*

duzierende Systeme, ohne störende Subjektivität und störrischen subjektiven Sinn von einzelnen oder ganzen Gruppen, sind die zeitgenössische Fassung des konservativ-utopischen „Traums von der großen Harmonie". Jegliche Frage, ob man es nicht besser *machen* könnte als in der gegenwärtigen Form, wird schon vom Ansatz her unsinnig, weil eben gar nichts durch bewußt zusammen handelnde Menschen zuwege gebracht wird, sondern alles nur durch die apersonal sich entwickelnden Systeme. Gab es in der Vorläufertheorie des absolut gedachten Institutionenansatzes immerhin noch den Gedanken einer je individuellen „Geburt der Freiheit aus der Entfremdung" (R. Gehlen) als ungewollt-residuale Erinnerung an die mögliche Schöpferrolle der gemeinsamen praktischen Vernunft aufgeklärter Menschen, so bleibt bei Luhmann nichts mehr übrig als der intentionslos verlaufende evolutionäre Prozeß der Systementwicklung, in dem Motive von Individuen und Gruppen allenfalls das ewige „Grundrauschen" erzeugen, das an die leise vor sich hinsummenden Großrechenanlagen oder die Hintergrundgeräusche des unendlichen Weltraumes erinnert. Aber bisher haben sich alle konservativen Utopiker verrechnet, denn es war stets nur eine Frage der Zeit, von viel Zeit allerdings manchmal, bis sich handelnde Menschen gegenüber den Institutionen und Systemen spontan artikulierten. Wenn es eine Eigenschaft von tatsächlichen Gesellschaften gibt, die im umgangssprachlichen Wortsinn wirklich „utopisch", also unwirklich ist, dann ist es deren vermeintliche Ahistorizität. Wer damit rechnet, daß alles so bleibt, wie es ist, hat in the long run *immer* Unrecht. Gegen diese einfache Wahrheit läuft die Phantasie der konservativen Utopiker zu allen Zeiten vergeblich Sturm.

Kurzes Fazit

Die Antwort auf die Frage „Hat die politische Utopie eine Zukunft?" bleibt alles in allem ungewiß. Wenig spricht für einen bevorstehenden Bedeutungszuwachs der kritischen Utopie. Sicher ist aber, daß die konservative Utopie gegenwärtig Konjunktur hat. Daß sie auch eine dauerhafte Zukunft hat, wäre aus den angedeuteten Gründen eher unwahrscheinlich. Es wird sich immer wieder mehr und Fundamentaleres ändern, als es den Konservativen aller Art lieb sein wird, aber es steht kaum zu erwarten, daß die Veränderungen dem Plan folgen, irgendeine Utopie zu verwirklichen. Die Enttäuschung verbleibender Anhänger kritischer Utopien ist vorprogrammiert, obwohl es vielleicht gerade ihre Aktionen sind, die die konservativen Utopiker ins Unrecht setzen.

Nichtintendierte Handlungsfolgen von historischem Gewicht sind auch heute gerade wieder die Regel — ohne intendiertes Handeln sind sie nicht zu haben.

Kritische Theorie
und demokratische Politik

14. Macht und Politik in der „Theorie des kommunikativen Handelns" von Jürgen Habermas

„... it is a sprawling, uneven work. It is, I would say, quite unnecessarily long."
A. Giddens, 1985, 96

Es ist nicht allzu lange her, daß eine Befragung der Politologenzunft, wer denn die wichtigsten Theoretiker der Disziplin seien, den Namen Jürgen Habermas in der Spitzengruppe auswies (Honolka, 1986, 50). Angesichts dieses empirischen Datums über das Selbstbewußtsein der politikwissenschaftlichen Fachvertreter erscheint es mir angemessen, genauer nachzufragen[1], welche Ansatzpunkte und Erklärungen sich für den Gegenstandsbereich der Politikwissenschaft in dem bisherigen Hauptwerk von Jürgen Habermas aufzeigen lassen. Die nachfolgenden Überlegungen stehen vor dem Problem, dabei den historisch gewachsenen, in sich durch Diskontinuitäten und Entwicklungsschritte charakterisierten Entstehungsprozeß des umfangreichen Theorie-Corpus in großen Teilen voraussetzen zu müssen und auch hinsichtlich des hier im Zentrum stehenden Werkes eine außerordentlich voraussetzungsreiche und zugleich selektive Leseart vorzuführen, die den Ansprüchen des Werkes insgesamt sicherlich nicht gerecht wird. Gerechtfertigt ist dieser selektive Blick aus dem gegenüber den philosophischen und gesellschaftstheoretischen Intentionen des Werkes sicherlich peripheren Selbstaufklärungsinteressen einer Teildisziplin — umso bemerkenswerter erscheint es mir dann freilich, wenn sich in diesem Nachfragen auch einige generelle Zweifel und Bedenken hinsichtlich des umfassenderen Theorieanspruches der „Theorie des kommunikativen Handelns", nämlich eine angemessene Theorie der Moderne und der modernen Gesellschaft zu sein, ergeben.

Obwohl Jürgen Habermas regelmäßig in kritischer Absicht zu aktuellen politischen Fragen Stellung nimmt und obwohl er sich mit seinem Buch „Legitimationsprobleme im Spätkapitalismus" (1973) thematisch auch intensiv mit der Rolle des politisch-administrativen Systems bzw. des Staatsapparates für die Reproduktion spätkapitalistischer Gesellschaften befaßt hat, wird man sagen müssen, daß eine *systematische* Analyse und theoretische Bestimmung von Politik in seiner Gesellschaftstheorie bisher ausgespart ist. Auch Thomas McCarthy stellt fest: „Es ist bemerkenswert, daß Habermas in der Theorie des kommunikativen Handelns über das politische System ... so wenig zu sagen hat." (1989, 584 f.) Wenn es um das politische Denken von Jürgen Habermas insgesamt ginge, dann wäre es sicherlich angemessen, in einer umfangreichen Synopse die verschiedenen Stellungnahmen zu einem komplexen Bild zusammenzufügen. Angesichts der Bedeutung, die Jürgen Habermas als *Theoretiker* der Politik in der Disziplin zugemessen wird, möchte ich mich aber darauf konzentrieren, den systematischen Stellenwert der Politik innerhalb von Habermas' Hauptwerk zu ermitteln.

Dabei ist es mir wichtig, festzustellen, aus welcher persönlichen Perspektive dies geschieht: nicht nur von der Kritischen Theorie her, sondern auch von der Perspektive einer kritischen Politikwissenschaft ist die nachfolgende Diskussion eher als immanente Auseinandersetzung angelegt. Was immer Habermas in den vergangenen Jahren an Distanzbemühungen gegenüber den von ihm als ‚traditionalistisch' verstandenen Ansätzen der Kritischen Theorie herausgearbeitet, wie sehr immer er sich in Affinität mit konkurrierenden Gesellschaftstheorien, besonders der Systemtheorie und der analytischen Sprachphilosophie, begeben hat, der kritische und aufklärerische Impuls seiner Theorie von Gesellschaft stellt der Intention nach eine Kontinuität der Kritischen Theorie dar, auf die ich mich positiv beziehe.[2] In seiner Rede anläßlich der Verleihung des Hegel-Preises stellt Habermas einleitend, eher beiläufig, fest, was ihm den „Normativen Gehalt des Begriffes vernünftiger Identität" ausmacht: in Aufnahme eines hegelschen Motives reflektiert dieser Begriff sein Zustandekommen unter den Bedingungen von Freiheit und der Abwesenheit von Gewalt, während umgekehrt „falsche Identität" einer Gesellschaft einen Zustand bezeichnet, in dem „die Einheit eines in seine Momente zerfallenden Lebenszusammenhanges nur noch gewaltsam aufrechterhalten werden kann." (Habermas, 1976, 92) Es kann also bei meiner kritischen Diskussion im folgenden nur darum gehen zu zeigen, wie sich konzeptionelle Probleme in das Problematischwerden der kritischen Intention übersetzen. In keinem Fall soll dabei die Intention denunziert, wohl aber soll das Ungenügen und die Widersprüchlichkeit mancher seiner konzeptioneller Prämissen aus dem Interesse an einer eigenständigen Analyse und Erklärung der Politik heraus verdeutlicht werden.

Angesichts der Bedeutung, die dem Werk von Jürgen Habermas für die politische Theorie im Kreise der Politikwissenschaft zugebilligt wird, ist die bisher vorliegende Auseinandersetzung mit ihm, speziell seinem theoretischen Hauptwerk, bemerkenswert spärlich geblieben. In erster Linie hat Ernst Vollrath eine scharfe und polemische Attacke geritten, die sich als eine Abrechnung mit der Kritischen Theorie der Frankfurter Schule als eines „besonders herausragenden Beispiels des traditionellen deutschen Unverhältnisses zur Politik" versteht. (1989, 192) Er wirft der Kritischen Theorie eine „ideal- oder metapolitische Apperzeption der Politik" vor, die an das „Politische ein Maß anlegt, das ihm unangemessen ist." (1989, 193), lediglich Ausdruck von „Kulturkritik" und „apolitischer Haltung derer gegenüber den wirklichen oder vermeintlichen Schäden der Gesellschaft, die sie entweder nicht heilen wollen oder nicht heilen können." (1989, 197) Ist es billig, Max Horkheimer, Th. W.

Adorno und anderen, bei allen Problemen, die man in ihrem Werk sehen mag, vorzuwerfen, sie hätten „nicht heilen wollen oder nicht heilen können", was sie als die „wirklichen Schäden der Gesellschaft" erlebt und erlitten hatten, nämlich, daß sie sich zum mörderischen Faschismus wandelte, ohne daß es dagegen einen relevanten oder wirksamen Widerstand gegeben hätte? Es ist billig!

Die speziell auf Jürgen Habermas bezogene Kritik entwickelt Ernst Vollrath über die Behauptung einer Kontinuität, die Jürgen Habermas, obwohl er eine „Totalrevision des gesamten Ansatzes vollzieht" (1989, 212 ff.), gerade bei der Einschätzung des Politischen beibehalte. „Das Fundament", auf dem auch Jürgen Habermas' eigene Theorie beruhe, sei „das kulturkritisch bestimmte apolitische Politikverständnis, welches sich u.a. in dem beibehaltenen entqualifizierten und undifferenzierten — unpolitischen — Herrschaftsbegriff durchhält. Das Ergebnis ist schließlich die verquere ‚Theorie des kommunikativen Handelns'." (1989, 221) *Dieser* Aspekt der Kritik ist aber unberechtigt und mit seiner Behauptung eines von „Herrschaft" nicht differenzierten „Politikbegriffs" unhaltbar. Aus meiner Sicht überraschender- und bedenklicherweise spielt der Herrschaftsbegriff bei der Bestimmung der Rolle des Politischen in der „Theorie kommunikativen Handelns" nämlich keine Rolle; „Politik" wird vielmehr problematisch eng geführt mit machtgestütztem Verwaltungshandeln des „ausdifferenzierten politisch-administrativen Systems", wie ich im weiteren zeigen werde. Eine Verbindung dieser ‚Politik' zur Herrschaft stellt Habermas gerade nicht mehr her. Vielleicht ist der Politikbegriff von Jürgen Habermas „apolitisch"; aber wenn er es ist, dann wegen der Übernahme der Ausdifferenzierungsprämissen der funktionalistischen Systemtheorie, die „Politik" wegen der Ausdifferenzierung lediglich noch als „Leistung" eines spezifischen Subsystems für die anderen, aus denen sich angeblich die Gesellschaft summiert, begreift. Zu einem ähnlichen Ergebnis kommt Otto Kallscheuer, der sich — allerdings noch vor Erscheinen der „Theorie kommunikativen Handelns" auf die „Suche nach einer politischen Theorie bei Jürgen Habermas" gemacht hatte: „Sicher — es gibt bei Jürgen Habermas so etwas wie eine Meta-Theorie politischer Systeme des Kapitalismus ... Zugeschnitten ist diese Theorie allerdings — wohl unter dem Einfluß der Systemtheorie — vornehmlich auf Funktions- und Steuerungsprobleme des im engeren Sinne administrativen politischen Subsystems ... Dagegen fehlen in Habermas' Arbeiten die ‚klassischen Themen' politischer Wissenschaft völlig." (1981, 171) Und eine Erklärung bietet Kallscheuer für diese Diagnose ebenfalls an: „Habermas kann gar keine politische Theorie haben, die in der Lage wäre, das von ihm schon früh formulierte praktische Interesse an Emanzipation theoretisch zu operationalisieren ... weil er alle analytischen Mittel zum Aufbau einer solchen Theorie aus dem gegnerischen Lager übernimmt — nämlich aus der Systemtheorie ... Zwischen systemtheoretischen Mitteln und normativ begründeten Zielen der Habermas'schen Theorie klafft ein Abgrund." (1981, 172)[3] Weitgehend einer Meinung bin ich mit Ernst Vollrath in seiner Kritik „der Begründung der Politik durch Wahrheit" (1989, 230 ff.), die bei Habermas, auch im Bereich der Interessen und Meinungen, zu einer prinzipiellen Konsensprämisse und damit einer unzureichenden Berücksichtigung des unvermeidlichen Pluralismus jeglicher Gesellschaft führt. Nicht jeder Meinungsstreit, schon gar nicht jeder Interessenkonflikt, also auch nicht die meisten politischen Fragen einer Gesellschaft, sind nach den Kriterien des vernünftigen Diskurses konsensfähig;[4] es müssen also Entscheidungen getroffen und nicht Urteile gefällt werden, wenn es um das Zusammenleben geht. (Greven 1992) Die Bedingungen, unter denen diese Entscheidungsfindung vonstatten geht, muß in der modernen Gesellschaft der politische Prozeß aus sich heraus erzeugen. Ein Merkmal der demokratischen Variante dieses Entscheidungsprozesses ist, daß die Entscheidungsbedingungen offen gehalten werden, d.h., selbst zur Disposition stehen. Es gibt keine vorab, außerhalb der Politik begründeten und zu sichernden Erfolgsbedingungen der Demokratie, mit denen sie gewährleistet oder geschützt werden könnte.

Zu den eigenen Prämissen der kritischen Anfrage, die ich anderswo weiter expliziert habe (Greven, 1990b), mache ich noch einige Bemerkungen: Eine weithin akzeptierte Bestimmung von Politik faßt diese als den gesellschaftlichen Entscheidungsprozeß über die verbindliche Geltung von Normen und die — häufig als sekundär bezeichnete — Verteilung von Bestandteilen des gesellschaftlichen Reichtums auf. Die Verbindlichkeit solcher Entscheidungen des politischen Prozesses resultiert aus der Legitimität einer Herrschaftsordnung, die für solche Entscheidungsprozesse eine institutionalisierte Struktur anbietet. Der Begriff der Herrschaftsordnung reflektiert dabei auch den historischen Umstand, daß die verbindliche Entscheidung über die Geltung abstrakter und die Zuteilung materieller Werte unter Bedingungen gesellschaftlicher Ungleichheit stattfindet. Die Ungleichheit bezieht sich auf verschiedene Dimensionen: so ist hinsichtlich des Entscheidungsprozesses der Zugang und die Einwirkungsmöglichkeit der verschiedenen Gesellschaftsmitglieder oder der durch sie gebildeten Gruppen und Verbände unterschiedlich, so ist hinsichtlich des Entscheidungsergebnisses materieller wie immaterieller Art das Herrschaftsverhältnis in seiner regelmäßigen Begünstigung bzw. Benachteiligung bestimmter Individuen und Gruppen selbst eine Ursache von Ungleichheit. Die Aufrechterhaltung solcher Ungleichverhältnisse in einer Herrschaftsordnung ist dabei niemals allein das Ergebnis offener Gewaltausübung oder Repression, die freilich historisch bei der Etablierung von Herrschaftsordnungen nicht selten eine konstitutive Rolle spielten. Auch nach der Phase der Etablierung bleibt ein Potential an Gewalt, wie es zum Beispiel im Staatsapparat und seinen dafür spezialisierten Agenturen zur Verfügung steht, eine wichtige latente Ressource der Verteidigung oder Stabilisierung dieser Ungleichheit. Im Normalzustand politischer und gesellschaftlicher Herrschaft spielen allerdings die Prozesse der Legitimitätsbildung und normativen Integration und in enger Verbindung damit die Machtprozesse, die sich nicht allein auf die Androhung physischer Gewalt beschränken können, eine entscheidende Rolle.

Diese wenigen Bemerkungen und politikwissenschaftlichen Selbstverständlichkeiten sollen zunächst nur die Funktion erfüllen, eine Reihe von spezifischen Fragen an den gesellschaftstheoretischen Ansatz von Jürgen Habermas zu formulieren. Im Zentrum soll dabei die Frage stehen, welche Bedeutung Konsens und Macht im politischen Prozeß zugebilligt werden, wo dieser politische Prozeß in den Strukturschemata der Gesellschaftstheorie insgesamt verortet ist und welche Bestimmungen sich hinsichtlich der Qualität der für die Politische Theorie zentralen Begriffe bei Jürgen Habermas ergeben.

Das Grundmodell: „System" und „Lebenswelt" und die Politik

Würde man die verschiedenen Entwicklungsstadien von Habermas' Gesellschaftstheorie seit den 50er Jahren entfalten, wie das zum Beispiel Thomas McCarthy (1989) und Axel Honneth (1985) getan haben, so würde Jürgen Habermas' Vorliebe für die Dichotomisierung[5] verschiedener Prinzipien ins Auge fallen, deren bisher letzte Variante die Gegenüberstellung von „System" und „Lebenswelt" ist, in der frühere, wie zum Beispiel die von „Arbeit" und „Interaktion" aufgehoben sind. Habermas' umfangreiche Rekonstruktion der Geschichte emanzipatorisch-orientierter Sozialphilosophie gipfelte in dem Vorwurf gegenüber Marx, dieser habe den besonderen Handlungs- und Vergesellschaftungsmodus „Interaktion" in seiner Eigenständigkeit und Eigentümlichkeit verkannt und dem Vergesellschaftungsmodus von „Arbeit" analytisch und theoretisch subsumiert. Damit werde aber nur das Dominantwerden zweckrationaler Handlungsformen der bürgerlich-kapitalistischen Gesellschaft, vor allem Warenproduktion und -tausch, theoretisch affirmativ widergespiegelt und der Marxismus seines kritisch-normativen Korrektivs und Standards beraubt. Bei Adorno werde dieser ‚Verblendungszusammenhang' schließlich hermetisch, die Kritik der Theorie zur praxislosen Geste. Während Habermas in früheren Ansätzen am Ende der 60er Jahre den Begriff „Interaktion" noch in einem weiteren Bedeutungsgehalt als gleich ursprünglich mit „Arbeit" zur Grundlage seiner Theoriebildung machte, hat er in seiner sogenannten ‚sprachphilosophischen Wende' (A. Wellmer) in den 70er Jahren, zum Teil kritische Einwände damit aufnehmend, den umfassenderen Begriff der „Interaktion" auf den der sprachlich vermittelten Kommunikation, das „kommunikative Handeln" reduziert und dieses letztere Konzept zugleich in umfangreicher Rezeption und Aufarbeitung sprachanalytischer Ansätze von Searles und Austin intern ausdifferenziert. Den entscheidenen Schritt von einer Theorie von Handlungstypen zu einer Gesellschaftstheorie formuliert Jürgen Habermas in dem Augenblick, indem er diese Bestimmungen von Handlungstypen, also vor allem zweckrationales versus kommunikatives Handeln, nicht mehr allein als analytische Bestimmungen verwendet, sondern in Verbindung mit einer evolutionstheoretischen Argumentation der Ausdifferenzierung von „Systemen" von der *realen* Konstitution zweier „Sphären" der Gesellschaft ausgeht, die jeweils durch die Dominanz des einen Handlungstypus und den faktischen Ausschluß des anderen charakterisiert sein sollen: „Wir können anhand der beiden Handlungstypen gesellschaftliche Systeme danach unterscheiden, ob in ihnen zweckrationales Handeln oder Interaktion überwiegt. Der institutionelle Rahmen einer Gesellschaft besteht aus Normen, die sprachlich vermittelte Interaktion leiten. Aber es gibt Subsysteme, wie ... das Wirtschaftssystem oder der Staatsapparat, in denen hauptsächlich Sätze von zweckrationalen Handlungen institutionalisiert sind. ... so möchte ich auf analytischer Ebene allgemein unterscheiden zwischen 1. dem institutionellen Rahmen einer Gesellschaft oder der soziokulturellen Lebenswelt und 2. den Sub-Systemen zweckrationalen Handelns, die darin eingebettet sind". (Habermas, 1968, 64 ff)

Auch wenn in diesem Zitat vom Ende der 60er Jahre explizit noch von der bloß analytischen Trennung der beiden Sphären die Rede ist, konnten schon damals angesichts verschiedener Formulierungen Zweifel auftauchen, ob hier nicht die analytische Trennung historisch und empirisch reifiziert wird.[6] Durch seine Rezeption der Systemtheorie in den 70er Jahren und die Entwicklung seiner Evolutionstheorie (1976) hat Habermas diesen Schritt aber explizit vollzogen und er ist in der „Theorie des kommunikativen Handelns" konstitutiv. Wie Axel Honneth überzeugend nachgewiesen hat, sucht Habermas mit dieser Umstellung die Leerstelle auszufüllen, die durch die Aufgabe des in den 60er Jahre noch ganz marxistisch-hegelianischen Gedankens eines „einheitlichen Gattungssubjektes" und seiner geschichtlichen Entwicklung besetzt war. Für ihn „bietet sich der Systembegriff an. Soziale Systeme sind Einheiten, die objektiv gestellte Probleme durch übersubjektive Lernprozesse lösen können." (Habermas in: Habermas / Luhmann, 1971, 484) Und an die Stelle der Emanzipation der Gattung treten nun „funktionale Ausdifferenzierung" und für universal gehaltene Muster der „Rationalitätssteigerung" von „Systemen". Als Folge dieser „reifizierenden Tendenz", so schreibt Axel Honneth (1985, 322), entstünden bei J. Habermas „zwei komplementäre Fiktionen": die eine fasse „Systeme" als „normfreie Handlungsorganisationen", die andere die „Lebenswelt" als „machtfreie Kommunikationssphäre" auf. (1985, 328)

Durch den reifizierenden Schritt von analytischen Handlungstypen zu realgesellschaftlich und historisch konstituierten unterschiedlichen Sphären der Gesellschaft, die durch die jeweilige Dominanz des einen oder anderen Handlungstypus charakterisiert und in ihrem internen Funktionsmodus beschrieben sein sollen, handelt sich Habermas nun allerdings eine Fülle von Problemen ein, die aus der Sicht politikwissenschaftlichen Erkenntnisinteresses nahezu unlösbar erscheinen.[7]

Ein erstes Problem ergibt sich auf die Frage, welchen Ort eigentlich der politische Prozeß in der Topographie des Gesellschaftssytementwurfes von Jürgen Habermas einnimmt. Im zweiten Band der „Theorie des kommunikativen Handelns" (1981, 473) findet sich ein instruktives Schema des „Zweistufigen Gesellschaftskonzeptes". Auf der einen Seite stehen da die „institutionellen Ordnungen der Lebenswelt", aufgeteilt nach „Privatsphäre" und „Öffentlichkeit", auf der anderen Seite die „mediengesteuerten Subsysteme" (ganz im

Sinne der Medientheorie der Systemtheorie), also das mittels Geld gesteuerte „Wirtschaftssystem“ und das mittels Macht gesteuerte „Verwaltungssystem“. „Privatsphäre“ und „Öffentlichkeit“ als die „institutionalen Ordnungen der Lebenswelt“ regulieren sich nach den sprachphilosophisch zuvor ausgewiesenen Bedingungen kommunikativen Handelns, sind also durch den Modus der „Verständigung“, auf den gleich noch näher einzugehen sein wird, charakterisiert, während die Rationalitätskriterien der Subsysteme sich jeweils aus dem in ihnen dominanten Medium, also Geld und Macht sowie der Zweck-Mittel-Kalkulation ergeben. Ein Problem, auf das in der kritischen Literatur wiederholt hingewiesen wurde, besteht nun allein schon in der Annahme, daß nicht nur die „Privatsphäre“, sondern auch die der „Lebenswelt“ zugeordnete „Öffentlichkeit“, ungeachtet ihres früher von Habermas aufgezeigten „Strukturwandels“, durch die Rationalität kommunikativen Handelns geprägt sein soll.[8] Das bedeutet unter anderem, daß aus systematischen und theoretischen Gründen Machtprozesse in dieser Sphäre der bürgerlichen Gesellschaft lediglich als Fremdeinwirkungen des durch das entsprechende Medium charakterisierten Subsystems, das Habermas in diesem Schema „Verwaltungssystem“ nennt, erklärt werden können. Dasselbe gilt für die „Privatsphäre“, die, um Verwechslungen mit dem marxistischen Gebrauch des Begriffes zu vermeiden, vielleicht besser als ‚mikrosoziale Intimssphäre‘ zu charkterisieren wäre, weil ja die seit Hegel und Marx für die Privatsphäre der bürgerlichen Gesellschaft geradezu konstitutive Wirtschaft und das System der Bedürfnisse bei Habermas und der Systemtheorie nicht mehr dazu gerechnet werden. Auch hier hat die „Ausdifferenzierungsthese“ der Systemtheorie die materialistische Analyse und Betrachtung der historischen und gegenwärtigen Gesellschaft ersetzt. Ohne daß ich nun en detail argumentiere oder gar auf historisch-empirische Materrialien und Untersuchungen, die es freilich zuhauf gäbe,eingehe, möchte ich als ersten Einwand formulieren, daß mit dem Übergang von der analytischen Ausdifferenzierung von Handlungstypen zu einer durch kommunikatives Handeln angeblich getrennt vom „System“ konstituierten „Lebenswelt“ eine kontrafaktische idealisierende Unterstellung verbunden ist, die gerade bei der Analyse der „Öffentlichkeit“, in ihrer internen Regulierung wie gesamtgesellschaftlichen Auswirkung, eine Untersuchung der *eigenständigen* Machtprozesse ausblendet.

Idealisierend ist die Unterstellung einer prinzipiell auf kommunikativem Handeln, also auf wahrheitsfähiger Verständigung beruhenden „Lebenswelt“, weil damit die „transzendentalpragmatische, von der Selbstreflexion des argumentativen Diskurses als dem Nichthintergehbaren ausgehende Begründung“ der Wahrheitsfähigkeit von Diskursen, wie sie Karl-Otto Apel vertritt, zugunsten der Annahme von „sprachanalytisch-deskriptiv nachweisbaren Verhältnissen der lebensweltlichen Kommunikation“, die *tatsächlich* stets auf Wahrheit ausgerichtet sein sollen, aufgegeben wird. (Apel, 1989, 55 und passim) Damit wird Habermas in diesem Punkt aber empirisch nachweispflichtig und widerlegbar. Bekanntlich stellt er sich diesem Anspruch nach seinem Selbstverständnis mit seiner evolutionstheoretisch weiterentwickelten Aufnahme der kognitivistischen Entwicklungspsychologie Piagets und Kohlbergs. Deren universelle Gültigkeit wie phylogenetische „Übertragung“ (Honneth, 1985, 312) können aber inzwischen mit vielen guten Gründen angezweifelt werden. Thomas McCarthy, wie immer in den Argumenten sachlich unbestechlich, aber in der Formulierung voller Symphathie gegenüber J. Habermas, resümiert seine Einwände in folgendem Ratschlag: „Angesichts dieser Probleme und offenen Fragen wäre Habermas wohl gut beraten, eine vorsichtigere und kritischere Haltung gegenüber kognitiven Entwicklungstheorien einzunehmen, als er es bisher getan hat. Er kann sich sicherlich nicht auf sie berufen, um eine Bestätigung für seine universalistischen Ansprüche zu erhalten.“ (McCarthy, 1989, 557; siehe auch 297 ff) Insofern die „Theorie kommunikativen Handelns“ auch mit dem Anspruch einer empirisch-deskriptiven Triftigkeit gegenüber der gegenwärtigen Gesellschaft auftritt, ein Anspruch an dem sich gerade das Interesse einer wirklichkeitswissenschaftlich gerichteten Politikwissenschaft entzündet, stellt sich die Frage nach der „Operationalisierbarkeit“ der theoretischen Aussagen zu beobachtungsfähigen Sätzen. „Lebenswelt“, also die Institutionen der „Privatsphäre“ und der „Öffentlichkeit“ (Habermas, 1981, Bd. 2, 473), dürften sich dabei als partiell auch macht- oder geldgesteuert *nur* als Folge einer „Kolonisierung“ durch die „Systeme“ erweisen: authochtone Machtprozesse sind dort theoretisch ebenso ausgeschlossen, wie machtfundierte Handlungskoordination oder Durchsetzung der faktischen Geltung von Normen. Entsprechendes soll für die „Öffentlichkeit“ und die in ihr ablaufenden Prozesse der Kommunikation und Handlungskoordination gelten. Stimmt das denn wirklich, glaubt Jürgen Habermas abseits der luftigen Gefilde konstruktiver Theoriebildung, was er hier mindestens implizit über die ‚Wirklichkeit‘ der politischen Gesellschaft unserer Tage behauptet?! Die Familie, das „Tollhaus bürgerlicher Kleinfamilie“, die Geschlechterbeziehungen in ihr und anderswo — machtfrei, konsensgestützt, verständigungsorientiert!? Und wie steht es mit der „Öffentlichkeit“, die nach J. Habermas merkwürdiger Ausdifferenzierung ja *nicht* zum „politischen System“ im eigentlichen Sinne gehört — machtfrei, konsensgestützt, verständigungsorientiert!? Früher (1969) sah er's anders!

Die sich geradezu zu einer ontologisierenden Metaphysik[9] verselbständigende ursprünglich analytische Trennung von sozial- und systemintegrativen Prozessen, die dazu führt, daß, theoretisch vorentschieden, Handlungszusammenhänge stets entweder ausschließlich über die subjektiven Handlungsorientierungen oder das funktionale Zusammenspiel der Handlungsfolgen gebildet sind, ist eine unhaltbare Position. Natürlich kann man die Familie als „System“ analysieren, so wie die funktionalen Einzelkomponenten der Öffentlichkeit sich keineswegs ausschließlich aus den Handlungsmotiven und deren allseitiger Abstimmung zwischen den Beteiligten ergeben. Macht, aber auch Geld und Recht spielen auch hier, wie eine nicht von der Lebenserfahrung abkoppelnde Analyse zugestehen müßte, konstitutive Rollen, die sich keineswegs als vollständig exogen bestimmen lassen.

Spiegelbildlich kann man nun denselben Einwand hinsichtlich des von Habermas systemtheoretisch ausdifferenzierten politischen Entscheidungssystems der Gesellschaft feststellen: die realgesellschaftliche Ausdifferenzierung von „System" und „Lebenswelt", so behauptet Habermas, habe zum Ergebnis, daß sich die „systemischen Mechanismen immer weiter von den sozialen Strukturen (der Lebenswelt) ablösen, über die sich soziale Integration vollzieht. ... diese systemischen Mechanismen steuern einen von Normen und Werten weitgehend abgehängten sozialen Verkehr, nämlich (die) Subsysteme zweckrationalen Wirtschafts- und Verwaltungshandeln." (Habermas, 1981, Bd. 2, 230) So wie der soziale Prozeß innerhalb der „Lebenswelt" als machtfrei apriori begriffen und in seiner realen Existenz unterstellt wird, so führt nun die dichotomisierende Unterscheidung von „System" und „Lebenswelt" dazu, den zentralen politischen Prozeß der Entscheidung über die Geltung von Werten bzw. die Zuweisung materieller Ressourcen in der Sekundärverteilung und die, wie Habermas es nennt, „Organisationsleistungen" als einen allein zweckrationalen Prozeß zu begreifen, der von internen Prozessen der Wert- und Normbildung frei ist. Wie aus dem Zitat ersichtlich, gesteht Habermas eine gewisse Prägewirkung des sozialen Verkehrs der Lebenswelt in normbildender und wertsetzender Hinsicht für den Bereich der Politik zwar noch zu, aber die „systeminternen" Prozesse sollen allein zweck-rational, nach Kriterien der systemfunktionalen Effizienz ablaufen. Das ist für den empirisch informierten Politologen — für den zeitungslesenen Philosophen etwa nicht? — eine gelinde gesagt überraschende Vermutung über die innere Handlungslogik des politischen Systems: uneingeschränkt gilt das auch noch, wenn man im Sinne des angesprochenen Schemas von J. Habermas (1982, Bd. 2, 473) ausschließlich von der „Verwaltung" im engsten Sinne ausginge. Weder diese noch das „politisch-administrative System" im weiteren Sinne funktionieren gewissermaßen automatisch — „hinter dem Rücken der Akteure ..." allein über die systemische Koordination von Handlungsfolgen. Max Webers berühmte Bestimmung der zweck-rational handelnden Verwaltung war ein „Idealtypus", keine empirisch valide Aussage über die inneren Vorgänge tatsächlicher Behörden und anderer Verwaltungsapparate. Schon gar nicht galt sie für Parteien oder Ministerkonferenzen. Wie's in denen zugeht, weiß eine empirische Verwaltungs- und Politikwissenschaft schon besser — nämlich höchst ‚lebensweltlich'. Das heißt, die inneren Funktionen und Realabläufe können keineswegs allein aus dem Formalschema der jeweiligen Organisation, ihren gesatzten Regeln und hierarchischen Weisungsverhältnissen erschlossen werden, sondern bedürfen des Verständnisses der bewußten und intentionalen Handlungskoordination der Akteure, die sich auch in gewissen „Verwaltungskulturen" oder „Stilen" sedimentiert haben mag, die mit dem formalen Organisationskonzept nicht identisch sind. Auch in diesen „Systemen" konfligieren Wertpositionen und Interessen, für die die vorgegebenen Organisationszielbestimmungen allenfalls eine Randbedingung zur strategischen und kommunikativen (Bündnisse, Koalitionen) Handlungsorientierung darstellen. Die Lebenserfahrung zeigt, daß auch rein persönliche Handlungsmotive neben den Organisationszielen wirken.

Die aus der Perspektive analytischer Ausdifferenzierung von Handlungstypen zwar verständliche, mit den historischen und empirischen Verhältnissen in der Öffentlichkeit wie Politik der heutigen Gesellschaft aber keineswegs übereinstimmenden und in Einklang zu bringenden Aussagen über die Qualität zentraler politischer Prozesse der modernen Gesellschaft stimmen in überraschender Weise mit den Aussagen der sogenannten „Technokratiethese" überein, wie sie Ende der 50er und Anfang der 60er Jahre von Hans Freyer und Helmut Schelsky prominent vertreten wurden. Zu dieser partiellen Übereinstimmung habe ich mich schon früher geäußert. (s.o. Kapitel 11) Der Kern dieser Versuche, die zeitgenössische Entwicklung der „Industriegesellschaft" zu bestimmen, bestand in einer These vom ‚Absterben der Politik', verstanden als gesellschaftlich wie auch immer organisierter wertender Dezision unter Bedingungen prinzipieller Handlungs- und Wertungskontingenz. Angeblich sei die Entwicklung der „Industriegesellschaft" durch das Dominantwerden des zweckrationalen Handlungstypus auch im Bereich des Staates bzw. des politischen Systems charakterisiert und Politik würde, so ein berühmtes Diktum von Schelsky, der es freilich ironisch von Lenin entlehnte, faktisch zur bloßen Verwaltung. Wie es scheint, ist es auch terminologisch kein Zufall, daß das politische System in dem Schema von Jürgen Habermas auf ein „Verwaltungssystem" reduziert wird, dessen konzeptionelle Anlage es darauf beschränkt, „Organisationsleistungen" und „bindende Entscheidungen" für die Bereiche der Lebenswelt und das ökonomische System zu erbringen. Interessanter Weise übernimmt Habermas implizit auch die strenge systemtheoretische Prämisse, die Niklas Luhmann jüngst auf dem Politologentag erst wieder formuliert hat, nach der nämlich über die „Medientheorie" ausdifferenzierte Subsysteme vom zweck-rationalen Handlungstypus sich gegenseitig zwar „Leistungen" erbringen können, aber nicht zur „Steuerung" anderer Systeme oder gar der ‚Gesellschaft' in der Lage seien. (Luhmann, 1989)

Die angeblich realgeschichtliche „Abkoppelung von System und Lebenswelt", die nach meiner Einschätzung doch vielmehr die Folge einer innertheoretischen Reifizierung von analytisch zu unterscheidenden Handlungstypen ist, hat hinsichtlich der Konzipierung des politischen Prozesses also folgende Konsequenz: einerseits haben wir uns die Wert- und Normbildung und alle damit verbundenen Institutionalisierungsprozesse, die das soziale Handeln der Menschen in der modernen Gesellschaft steuern, als einen macht- und geldunbeeinflußten Prozeß „kommunikativer Verständigung" vorzustellen, der angesichts der sprachphilosophischen Prämissen prinzipiell auf Konsens hin angelegt ist. Dabei gehe ich hier nicht weiter auf die mögliche und auch bereits von andern vorgetragene sprachphilosophische Kritik der Prämissen von Habermas ein,[10] die terminologisch in der Wahl des Begriffs „Verständigung" ihr Symptom findet. „Verständigung" bezeichnet einmal den Prozeß des (konsensorientierten) kommunikativen Handelns und das andere Mal das Resultat.[11]

Mag es bei einer transzendentalen Analyse sprachlicher Kommunikation noch hingehen, den emphatischen Satz zu formulieren, „Verständigung wohnt als Telos der menschlichen Sprache inne" (1981, Bd. 1, 387), so ist die damit realiter verbundene Präsupposition über die Qualität der Norm- und Wertbildungsprozesse in den „institutionellen Ordnungen der Lebenswelt" eine unhaltbare idealistische Unterstellung. „Macht wird damit nur noch auf der Ebene der Systemintegration als ein Mittel der Koordinierung sozialen Handelns angesehen, so daß alle vorsystemischen Prozesse der Konstitution und Reproduktion von Herrschaft aus dem Blick fallen müssen." (Honneth, 1985, 331) Aus mindestens ebenso plausiblen, hier nicht weiter auszuführenden Gründen ist entgegen der Konsenshypothese als Folge der Rationalisierungsprozesse der Moderne von einer prinzipiell unaufhebbaren Pluralität und damit auch Widersprüchlichkeit und Konkurrenz der lebensweltlich produzierten Norm- und Wertsetzungsprozesse auszugehen. Diese Rationalisierung verlangt gerade eine stärkere Berücksichtigung der politischen Wertsetzungsprozesse auch für die Institutionen der „Lebenswelt"; normativ gesagt: eine Demokratisierung auch der Institutionen der „Lebenswelt". Ob die analytisch formulierte Prämisse, ‚wer spreche, müsse Verständigung wollen', tatsächlich die Logik gesellschaftlicher Kommunikationsprozesse zu modellieren in der Lage ist, möchte ich demgegenüber bezweifeln; jedenfalls trägt die Beweislast, wer dies behauptet. Ein solcher Nachweis gelingt Habermas gerade nicht auf der Ebene „der institutionellen Ordnung der Lebenswelt", sondern wird nur durch die „Übertragung" aus der Universalpragmatik sprachlicher Kommunikation suggeriert. Das zentrale Problem einer Analyse der alltagspolitischen Gesellschaft, wie nämlich die relative Verbindlichkeit von Normen im politischen Prozeß gerade angesichts des unaufhebbaren Pluralismus und der Unabgeschlossenheit und Unabschließbarkeit von Wertbildungsprozessen jedenfalls in dem funktional ausreichendem Maße erreicht werden kann, das für die Reproduktion der Gesellschaft insgesamt notwendig ist, wird durch die Habermas'schen Prämissen aus der Theorie eskamotiert und damit der empirischen Fragestellung entzogen. Andererseits entsteht ein Bild des politischen Prozesses — das freilich von Habermas in systematischen Zusammenhängen nicht ausgemalt wird und dem seine politischen Interventionen erfreulicherweise regelmäßig widersprechen — nachdem es sich in ihm allein um zweck-rationale Problemlösungs- und Steuerungsprozesse handelt. Das ist ein Bild, das der empirisch orientierte Politologe ebenso wie der regelmäßig informierte Zeitungsleser oder Nachrichtenseher nun wirklich nur noch für eine Philosophenidee halten kann und das in hohem Maße der Sachzwangs- und Technokratieideologie bekannter Politiker wie konservativer Theoretiker entspricht. In Wirklichkeit prallen im politischen System konkurrierende und unvereinbare Wertsetzungs- und Normierungsstrategien machtgestützt aufeinander und der jeweilige „Out-put" des politischen Systems ist in hohem Maße durch die intentionalen Folgen dieser machtgestützten Wertsetzungskonkurrenz der verschiedenen politischen Gruppen und Protagonisten charakterisiert. Keine Konsensprämisse hilft in der Steuer- oder Ausländerpolitik; beim § 218 geht es nicht über wahrheitsorientierte Kommunikation zum Konsens. „Entgegen der Habermasschen Vermutung scheint es so, daß die Entscheidung praktischer Fragen faktisch weniger durch Argumente als vielmehr durch Macht geregelt wird...". (Schmalz-Bruns, 1989, 38) Die werkgeschichtlich-genetische Rekonstruktion dieser Sicht der Politik bei Jürgen Habermas macht deutlich, was ich an anderer Stelle näher expliziert habe, nämlich daß Habermas in seiner Auseinandersetzung mit den Technokratiethesen der Konservativen Anfang der 60er Jahre — in diesem Punkt übrigens ähnlich wie Herbert Marcuse und vielleicht auch durch diesen beeinflußt — gleichzeitig auch eine immanente eigenständige Rezeption der Technokratiethese vollzogen hat, die in seinem späteren Werk in seinen systemtheoretisch angelegten Teilen wirksam geworden ist. Das vordringlich an den funktionalen Steuerungsnotwendigkeiten des politisch-administrativen Systems für die gesellschaftliche Reproduktion entworfene Modell der politischen Verhältnisse spätkapitalistischer Gesellschaften (Habermas, 1973 und 1981) gerät dabei in einen eigentümlich inneren Widerspruch zu den demokratietheoretischen und normativen Prämissen einer an den Intentionen der Aufklärung und „vernünftiger Identität" festhaltenden Emanzipationsstrategie. Eine solche Strategie müßte nämlich den politischen Prozeß analytisch und theoretisch so konzipieren, daß er gerade nicht von den Wert- und Normbildungsprozessen der institutionellen Ordnungen der Lebenswelt abgekoppelt bliebe. Wer eine solche Abkoppelungsthese vertritt — und meistens wird sie unter dem Stichwort „Staatsraison" ja neben den Technokraten auch von Konservativen vertreten — der tut dies ja in der Regel deswegen, um die angeblich aus Gründen der ‚Staatsraison' jeweils notwendigen Handlungen jenseits jeglichen gesellschaftlichen Werte- und Moraldiskurses formulieren zu können. Diese Abtrennung von Privatmoral und moralfreier Machtpolitik hat als Ideologie stets dazu gedient, einen vernünftig organisierten gesellschaftlichen Diskurs über die Ziele und Mittel des politischen Prozesses sowie partizipative Entscheidungsprozesse zu verhindern. Gerade J. Habermas gehört aber an herausragender Stelle zu denjenigen, die einen solchen Diskurs in der Öffentlichkeit immer wieder inauguriert haben. Aber die in seiner Theorie vorgenommene Zuordnung stellt den Bereich der politischen Entscheidung, deren innersten Kern die sogenannte Souveränität ausmacht, außerhalb eines die Moderne charakterisierenden Entwicklungsprozesses der gesellschaftlichen Begründung und Kritik von Wertsystemen. Es ist schon zitiert worden, wie J. Habermas „Demokratie" primär als einen institutionell gesicherten allgemeinen Kommunikationsprozeß über die Formen und Ziele des Zusammenlebens in einer „Gesellschaft" verstanden wissen will; d.h., in einer funktionierenden Demokratie thematisiert sich die Gesellschaft selbst, wird reflexiv, und streitet im Lichte der verschiedenen Einsichten und Werte über die zum Zusammenleben notwendigen oder mehrheitlichen gewünschten Entscheidungen. Diesen Anspruch schränkt J. Habermas im Unterschied zu den 60er Jahren später explizit ein. Dem demokratischen Projekt liegt seit der Aufklärung

„die Vorstellung zugrunde, daß die Gesellschaft mit dem neutralen Mittel politisch-administrativer Macht auf sich selbst einwirken könne", schreibt J. Habermas; und weiter: „Genau diese Erwartung ist enttäuscht worden." (1985, 419) So, wie angeblich auch die Ökonomie, sei Politik „... heute tatsächlich Sache eines funktional ausdifferenzierten Teilsystems geworden; und dies kann gegenüber den übrigen Teilsystemen nicht über das Maß an Autonomie verfügen, das für eine zentrale Steuerung, d.h. für eine von der Gesellschaft als Totalität ausgehende und auf diese zurückgehende Selbsteinwirkung erforderlich wäre." (1985, 418)

Das bedeutet doch aber wohl, daß die Demokratie „als Institutionalisierung des Diskurs", daß die „praktisch-politische Leitidee der Kritischen Theorie" von Jürgen Habermas, wie Thomas McCarthy schreibt (1989, 332), vor den Toren der „Systeme" endet, die sich „normfrei", d.h., jenseits der Dimensionen von Konflikt und Konsens, allein nach Maßgabe funktionaler Effizienz über die Koordination von unbewußt bleibenden, jedenfalls nicht intentional beeinflußten Handlungsfolgen selbst steuern.

Diese „topologische Aufteilung der Gesellschaft" (Bolte, 1989, 11) in „System(e)" und „Lebenswelt" hat damit für die konzeptionell einheitlich Erfassung des politischen Prozesses moderner Gesellschaften irritierende Folgen, die gerade auch demokratietheoretisch und normativ unbefriedigend sind.

„Politik" zerfällt bei J. Habermas entlang der reifizierten Trennlinie zwischen „System" und „Lebenswelt" in den ausschließlich der letzteren zugehörigen Bestandteil politischer Willensbildung einerseits, in den ausschließlich dem „System" zugehörigen der „Entscheidung" und des „Vollzuges", also von Regierung und Verwaltung andererseits. „Demokratie" bleibt dann auf die Willensbildung in den institutionalen Ordnungen der „Lebenswelt", primär also auf „Öffentlichkeit" begrenzt und ihre Funktion ist die Beschaffung von „Legitimation" als umweltmäßige Funktionsvoraussetzung des Entscheidungs- und Verwaltungssystems. Dieses liefert „systemisch" als seine spezifische „Leistung" verbindliche Entscheidungen in Form von Gesetzen und Anweisungen nach rein internen Rationalitätsstandards, die sich von der öffentlichen Wertsetzungsdebatte unabhängig nach Standards systeminterner Funktionserledigung evolutionär entwickeln. Als „systemische" über bewußte Handlungsmotivationen nichtkoordinierbar, sind sie jeglichem Demokratisierungsanspruch per se entzogen. Hier wird die „... normative Unangemessenheit der Systembegriffe zur Charakterisierung der Institutionen einer wirklich demokratischen Gesellschaft" deutlich. (McCarthy, 1989, 595) Denn: „Wenn Selbstbestimmung, politische Gleichheit und die Beteiligung der Staatsbürger an den Entscheidungsprozessen die Merkmale wirklicher Demokratie sind, dann kann eine demokratische Regierung kein politisches System im Sinne von Habermas sein, d.h., ein Handlungsbereich, der von allen anderen Teilen der Gesellschaft abgespalten ist und seine Autonomie ihnen gegenüber dadurch aufrechterhält, daß er seinen Austausch mit ihnen über entsprachlichte Steuerungsmedien wie Macht und Geld reguliert.Die Idee demokratischer Partizipation in bezug auf Regierungsentscheidungen kann auf verschiedene Weisen ausbuchstabiert werden, ... Warum besteht Habermas dann auf der fortdauernden Notwendigkeit von Systemdifferenzierung in diesem Bereich?" (McCarthy, 1989, 596)

Ja, das ist die Frage aller Fragen, auf die ich auch keine Antwort zu geben weiß; angesichts der quer zur eigenen Theorie aufrechterhaltenen Priorität der demokratischen Normorientierung von J. Habermas verbietet sich aus meiner Sicht eine schier ideologiekritische Dechiffrierung der mit der Theorie verfolgten Interessen, wie dies noch gegenüber der älteren Systemtheorie der Politik angemessen war. (Greven, 1974) Um es in Habermas' eigener Terminologie zu sagen: der „performative Selbstwiderspruch" im politischen Denken von J. Habermas ist unübersehbar. „In der ‚Theorie des kommunikativen Handelns' wird Demokratie eben nicht mehr verstanden als ein auf alle gesellschaftlichen Problemlagen angewendeter Verständigungsprozeß in Permanenz", stellen selbst ehemalige Schüler und Mitarbeiter fest. (Rödel u.a. 1989, 159) Sie sprechen gar beziehungsreich von der „Kehre", die sie als „realpolitische Konzession der Kritischen Theorie" interpretieren: „Demokratie" wird in der ‚Theorie des kommunikativen Handelns' zu einer Art Sicherheitszaun, einer Barriere zwischen System und Lebenswelt, an welcher die an sich legitimen Ansprüche der systemisch integrierten Sphären von Markt und Staatsverwaltung ihre Grenze finden. ‚Demokratie' bezeichnet hier nicht das Projekt einer gesellschaftlichen Selbsterzeugung, in der alles zur politischen Disposition steht." (Rödel u.a., 1989, 159)[12] „Sicherheitszaun", „Barriere", das sind Metaphern eines konstitutionellen Liberalismus bei J. Habermas, der auf dem Hintergrund eines gespaltenen Politikverständnisses den Machteingriff des Staatsapparates lediglich beschränken will, ihn in seiner angeblich undemokratisierbaren Eigen- und Binnenlogik aber unangetastet läßt. Dem entspricht eine angeblich evolutionstheoretisch schon auf der Ebene von „Stammesgesellschaften" einsetzende „Notwendigkeit" der Machtdelegation, die an die früher noch heftig kritisierten ideologischen Formeln der „Theorie demokratischer Elitenherrschaft" (P. Bachrach) erinnert: „Die kompetente Zusammenfügung von spezialisierten Leistungen verlangt (!) die Delegation von Weisungsbefugnissen oder *Macht* (i.O.) an Personen, die Organisationsleistungen übernehmen." (Habermas, 1981, Bd. 2, 239) Immerhin ist das eine der wenigen Stellen, an denen bei J. Habermas noch von den „Personen" die Rede ist, die die „Macht" in politischen Systemen konkret ausüben, obwohl dabei ja nach den Konstruktionsprinzipien der „zweistufigen Gesellschaftstheorie" deren Handlungsmotivationen keine bedeutsame Rolle spielen sollen. „Daß diese zweiteilige Welterschließung hinten und vorne nicht stimmt, hat ihrem Erfolg keinen Abbruch getan." (Türcke, 1989, 25) Man muß ja nicht gleich an die Flick-Affaire oder den U-Boot-Skandal denken, um sie für eine auch im politischen Alltag gänzlich unwirkliche Fiktion zu halten. Habermas hat anderswo einmal selbst in evolutionstheoretischem Zusammenhang die Kriterien einer „Rationalisierung gesellschaftlicher Normen" formuliert, die eine kritisch-emanzipatorisch orientierte Politiktheorie zumindest in der Weise konzeptionell zulassen können müßte, daß der eigentlich politische Prozeß von dieser Rationalisierung gesellschaftlicher Normen auch *immanent* bestimmbar wäre. Solche „Rationalisierung gesellschaftlicher Normen wäre ... charakterisiert durch einen abnehmenden Grad der Repressivität ... ferner durch einen abnehmenden Grad der Rigidität ... und schließlich durch Annäherung an einen Typus der Verhaltenskontrolle, welcher Rollendistanz und eine flexible Anwendung gutinternalisierter, aber der Reflexion zugänglicher Normen erlauben würde. Eine Veränderung, die sich in diesen drei Dimensionen bemißt, führt nicht, wie die Rationalisierung zweckrationaler Systeme, zu einer Steigerung der Verfügungsgewalt über vergegenständlichte Prozesse der Natur und der Gesellschaft; sie führt nicht per se zu einem besseren Funktionieren gesellschaftlicher Systeme, aber sie würde die Mitglieder einer Gesellschaft mit Chancen einer weitergehenden Emanzipation und einer fortschreitenden Individuierung ausstatten." (1968, 98 ff) Ein solcher normativer Standard des Rationalitätszuwachses gesellschaftlicher Normen und Normierungsprozesse könnte nicht zu dem in dem Zitat angestrebten Ergebnis und insofern auch nicht zur „vernünftigen Identität" einer Gesellschaft gelangen, wenn der zentrale Bereich verbindlicher Setzung sanktionsbewährter Normen, wie er den politischen Gesetzgebungsstaat charakterisiert, aus ihm ausgeklammert bliebe. Dieser vorgetragene Kritikpunkt läßt sich also formelhaft so zusammenfassen: erstens entwirft Habermas — systemtheoretisch angeleitet — ein unzutreffend dichotomisiertes Bild, in dem die Politik gemäß der Technokratiethese allein als zweck-rationales Verwaltungshandeln und Regieren konzipiert ist und dieses Bild ist empirisch unhaltbar; und zweitens gerät die aus systematisch-theoretischen Gründen vorgenommene Abtrennung des politischen Entscheidungssystems vom gesellschaftlichen Prozeß der Normentwicklung und Normsetzung in einen immanenten Widerspruch zu dem aufrechterhaltenen Anspruch einer kritischen Theorie mit ihren spezifischen demokratischen Ansprüchen.

Macht und Demokratie

Ich habe Eingangs erläutert warum und wieso der Machtbegriff eine für die politikwissenschaftliche Analyse zentrale Kategorie darstellt. Desweiteren ist aus der dargelegten Topologie des Habermas'schen Entwurfs einer Theorie der Gesellschaft inzwischen deutlich geworden, daß Habermas die Macht als entscheidendes ausdifferenzierendes Medium dem System der „politischen Verwaltung" und Regierung zugeordnet hat. Mit dieser Zuordnung der Macht verbindet sich konsistent die systemtheoretische Begründung der Medien (1981, Bd. 2, 414), indem Machtausübung als „negative Sanktionsandrohung" auf die Handlungssituation eines Akteurs, etwa von der positiv bewerteten „Einwirkung durch Überzeugung" oder „Einfluß" unterschieden wird. Diese Zuordnung müßte man wohl nach Habermas' eigener Einschätzung dem „teleologischen Handlungsmodell" zuordnen, bei dem Handelnde, in diesem Fall Machtausübende, „jeweils am eigenen Erfolg und nicht an Verständigung orientiert sind." (1981a, 229) In seiner früheren Diskussion der Machttheorie von Hannah Arendt setzt er sich aber gerade von einem solchen ausschließlich teleologischen Handlungsmodell der Macht ab und kritisierte entsprechend die bekannte Definition Max Webers: „Das Grundphänomen der Macht ist nicht die Instrumentalisierung eines fremden Willens für eigene Zwecke, sondern die Formierung eines gemeinsamen Willens in einer auf Verständigung gerichteten Kommunikation." (1981a, 230) Im Ergebnis seiner ausführlichen Auseinandersetzung und Kritik der Theorie von Hannah Arendt (1970) resümmierte Habermas damals: „Die kommunikative Erzeugung von Macht und der strategische Wettbewerb um politische Macht lassen sich handlungstheoretisch erfassen; aber für die Ausübung legitimer Macht sind die Handlungsstrukturen, über die das geschieht, nicht wesentlich. Legitime Macht erlaubt den Inhabern von Herrschaftspositionen, bindende Entscheidungen zu treffen. Diese Verwendung der Macht interessiert eher unter systemtheoretischen als unter handlungs-theoretischen Gesichtspunkten." (1981a, 243) Hier taucht also erneut und schon sehr früh die methodisch-systematisch begründete Dichotomisierung von Handlungs- und Systemtheorie auf, mit dem Ergebnis, daß der Machtbegriff selbst in zwei Dimensionen auseinanderfällt, die freilich in diesem früheren Aufsatz noch in der Diskussion des Begriffes aufeinander bezogen bleiben: einerseits die kommunikative Interaktion der Machterzeugung (ganz im Sinne Hannah Arendts) und die bereits vorhandene Sicht der Macht als die Fähigkeit des politischen Systems (so im Sinne Parsons) oder aber als das spezifische Medium des politischen Systems (so in der späteren eigenen Fassung der Systemtheorie), durch die verbindliche Entscheidungen gesellschaftliche Anerkennung und Implementation erzwingen können. Bereits auf dem Stand dieser frühen Zweiteilung und Dimensionierung des Machtbegriffs taucht wiederum das Problem auf, daß die Dimension kommunikativ erzeugter Macht vermittels gemeinsamer Überzeugungen aus dem Binnenbereich der Interaktionen des politischen Systems apriori ausgeschlossen ist und von der Fiktion ausgegangen wird, daß alle Handlungen dort, also auch die machtbezogenen, durch Zweck-Mittel Rationalität konditioniert sind. Damit schließt Habermas aus Gründen theoretisch-systematischer Vorfestlegungen aus, daß kommunikative Machterzeugungsprozesse für den Binnenbereich des politischen Systems bedeutsam sein könnten. Diese Annahme muß aus der Sicht empirischer Politikforschung wiederum als unplausibel kritisiert werden.

In der späteren Ausarbeitung seiner Theorie in der „Theorie kommunikativen Handelns" fällt nun aber der an Hannah Arendt angelehnte Gesichtspunkt kommunikativ erzeugter Macht ganz unter den Tisch und Jürgen Habermas gewissermaßen hinter seine eigene, in der Kritik an Hannah Arendt erhobene Anforderung an einen komplexen und umfassenden Machtbegriff auf die Webersche Kategorie zurück.[13] „Die kategoriale Lücke" schlägt sich darin nieder,

„daß Habermas den Begriff der Macht nicht mehr handlungstheoretisch, sondern nur noch systemtheoretisch einzuführen vermag." (Honneth, 1985, 317) Wie vorhin schon festgestellt, findet deshalb eine eigenständige Thematisierung von Machtprozessen innerhalb der „instititionellen Ordnungen der Lebenswelt" nicht statt. Allein unter dem Gesichtspunkt der Generierung ausreichen ‚Unterstützung', Loyalität, die als Legitimierung der politischen Entscheidungs- und Verwaltungspraxis verstanden werden kann, könnte man innerhalb seiner Theorie noch von einem eigenständigen Machtgenerierungsprozeß aus der „Lebenswelt" heraus sprechen, der freilich theorieimmanent rein instrumentell darauf ausgerichtet bliebe, das politische Entscheidungssystem mit einer ausreichenden Ressource an Legitimation zu versorgen. Damit wäre aber die einzige Funktion kommunikativ erzeugter Macht in den institutionellen Ordnungen der Lebenswelt rein affirmativ bestimmt. Eine Thematisierung dieses Aspekts unterläßt Habermas aber gänzlich. Ist er sich der Implikation bewußt? An dieser Stelle korrespondiert eine Kritik der sprachphilosophischen Prämissen vom angeblich rein illokutionären Charakter kommunikativen Handelns, wie sie etwa Fred R. Dallmayr vorgetragen hat (1987, 152 ff), mit einer Kritik, die die rein funktionale Zuordnung der Legitimationsbeschaffungsprozesse für die Entscheidungsbefähigung des politischen Systems angreift. Angesichts der Habermas'schen „Leitfrage ...: wie ist gesellschaftliche Ordnung möglich?", zeigt sich, daß beim Übergang von der bloßen Handlungstypologie zur Analyse der Sozial- und Systemintegration von Gesellschaften, „die kommunikative Vernunft insgeheim zweckrational verfaßt ist." (Kimmerle, 1986, 176) „Verständigung" dient eben nicht nur dem „Konsens" unter den Beteiligten,sondern generiert eine Funktionsvoraussetzung systemischer Integration in den institutionellen Ordnungen der „Lebenswelt" — aber eben *für* das politische System. Die politische Willensbildung wird damit vordringlich Legitimationsbeschaffung im Sinne „generalisierten Vertrauens". (Luhmann, 1975, 27 ff) Unabhängig von der problematischen Prämisse, daß die „kommunikativ erzeugte Macht gemeinsamer Überzeugungen" darauf zurückgeht, daß sich die „Beteiligten an Verständigung orientieren, und nicht am jeweils eigenen Erfolg" (1981a, 231), daß also der Sprachgebrauch rein illokutiv und bar jeden strategischen Sinns ist, stellt der frühere handlungstheoretische Machtbegriff von Jürgen Habermas, wie er sich ähnlich auch bei Hannah Arendt findet, für die Analyse politischer Prozesse aber eine unabdingbare Voraussetzung dar. Nur mit ihm werden theoretisch die Partizipationspotentiale und Demokratisierungsmöglichkeiten konzeptionell faßbar, die sich in kollektiven Praktiken aus der „Lebenswelt" heraus gegen die von Habermas als „Kolonisierung" beschriebener Effekte zu wehren vermöchten: (Neue) soziale Bewegungen und „ziviler Ungehorsam" mobilisieren Gegen-Macht. Dabei haben die ursprünglich aus rein theoriestrategischen Gründen eingeführten strikten Distinktionen der verschiedenen Handlungstypen, nach denen kommunikatives Handeln nach Habermas „ausschließlich illokutionäre Ziele" (1981, Bd. 1, 395 und passim) verfolgte, gewichtige Konsequenzen, wenn man versucht, diese Argumentation etwa demokratietheoretisch in Anspruch zu nehmen. Demokratietheoretisch käme es ja darauf an, den Machterzeugungsprozeß des kommunikativen Handelns auch als eine mögliche Alternative zu den herrschaftlichen zweck-mittel-rationalen Praktiken des zusätzlich mit Gewalt ausgestatteten politischen Systems interpretieren zu können. Ein Blick auf die Praxis innerhalb der sozialen Bewegungen macht es meines Erachtens plausibel, davon auszugehen, daß die von Habermas in Anspruch genommenen Bedingungen kommunikativen Handelns hier mit strategischen Orientierungen eine symbiotische Beziehung einzugehen vermögen, die selbst partiell Machtansprüche stellt. Aus dieser Perspektive lassen sich systemische Strukturen ‚demokratisieren', d.h., bewußt über die institutionalisierte Koordination von Handlungsmotivationen beherrschen. Dazu bedarf es aber eines handlungstheoretisch zugänglichen Institutionenbegriffs, eine Theorie demokratischer Institutionen, die diese nicht schon begrifflich der veränderten Praxis entzieht. (s.o. Kapitel 12)

Die bisher vorgetragenenen Kritikpunkte an der Konzeptualisierung des Politischen in der Gesellschaftstheorie von Jürgen Habermas entstehen, wie eingangs erläutert, aus einer spezifischen Fragestellung. Indem sie aber an verschiedenen Stellen an der konstituierenden Annahme von Jürgen Habermas, die historische Vergesellschaftung zerfalle objektiv in „Lebenswelt" und „System", die durch die Dominanz realdistinkter Handlungstypen voneinander abgegrenzt seien, anknüpfen, berühren sie über das politikwissenschaftliche Interesse an Detailproblemen hinaus ein Grundproblem dieser Gesellschaftstheorie. Es ist hier nicht der Ort, dem weiter nachzugehen. Nur soviel sei abschließend angedeutet: die strengen Annahmen eines auf „Verständigung" prinzipiell orientierten kommunikativen Handlungstypus, ursprünglich aus erkenntnis- und wahrheitstheoretischen Gründen in einer Universalpragmatik der Sprache entwickelt, erweisen sich als unplausible Basisanahmen für eine qualitativ angemessene begriffliche Bestimmung der politischen Gesellschaft. Weder erscheint es aus der Erkenntnisabsicht und Erklärungspraxis einer kritischen Politikwissenschaft plausibel, die institutionellen Ordnungen der Lebenswelt allein für die Generierung von Wert- und Normsystemen verantwortlich zu machen, sie dafür aber als einen machtfreien und nicht von strategischem Handeln bestimmten Raum zu begreifen, noch erfaßt die klare Dichotomisierung der Handlungstypen die Binnenlogik des politischen Systems zutreffend, wenn im Sinne einer kritischen Rezeption der Technokratiethese von der Dominanz zweck-rationaler Handlungsprogramme ausgegangen wird. Hinsichtlich der kritischen Perspektive einer politischen Gesellschaft mit „vernünftiger Identität" käme es möglicherweise gerade im Gegenteil darauf an, jene Prozesse theoretisch-konzeptionell faßbar zu machen, in denen sich die Praxis kommunikativer Verständigung mit jener machtgestützten Zweck-Mittel-Rationalität in der gesellschaftlichen Realisierung von bewußt entschiedenen Normen und demokratisch ermittelten Zielen verbinden würde. Eine solche Repolitisierung im ursprünglichen Wortsinne setzte eine „nichtregressive Entdifferenzierung" voraus (McCarthy, 1989, 599). Sie ist die notwendige Bedingung der Demokratisierung der „Systeme“ — zu allererst der Politik selbst. Bei Jürgen Habermas hingegen wurden „wichtige Bereiche der gesellschaftlichen Reproduktion, die Wirtschaft und die politische Verwaltung ... aus der Zumutung demokratischer Verständigung entlassen“ (Rödel u.a. 1989, 155), die Macht ihrer ursprünglichen politischen Funktion der Ermöglichung von Anderem und Neuem durch gemeinsames Handeln beraubt und allein auf ein systemisches Steuerungsmedium reduziert und damit schließlich auch die Reste politischer Willensbildung in der Öffentlichkeit einem als unabänderlich und evolutionär erfolgreich dargestellten Systemfunktionalismus unter- und nachgeordnet. Das dadurch entstandene Bild der heutigen Gesellschaft, ihrer politischen Chancen und Gefahren, ist empirisch unplausibel und normativ für einen als unabgeschlossen betrachteten Demokratisierungsprozeß unattraktiv.

15. Über radikale Politik*

In dem Buch des ungarischen Dissidenten György Konrad „Antipolitik“ (1984) findet sich folgende Passage: „Ich war einmal auf einem Schlachthof, ich habe die Schafe gesehen. Sie wurden von einem verschlagen wirkenden schwarzen Widder angeführt: eine Spanne vor dem Beil entwich er dem Todeskorridor seitwärts durch eine Falltür. Die anderen, die seinen Spuren gefolgt waren, gingen weiter, direkt unter das Beil. Der schwarze Widder hieß Michel. Nach einem solchen Akt ging er ans Büffet, dort bekam er umsonst Salamibrötchen und Torte; er aß sie. Die Schriftsteller des ideologischen Krieges halte ich für Michel, die nicht einmal durch irgendeine Falltür entwischen können.“ (S. 95)

Vielleicht ist es richtig, daß man heute solche schwarzen, kafkaesken Bilder braucht, um über die Politik aufzuklären. Vielleicht ist das so, weil es seit ein-, zwei-, dreihundert Jahren so erscheint, daß der politische Diskurs alle Rationalität in sich aufgesaugt hat, so daß dem, der nicht an ihm teilnehmen, sondern ihn von außen, grundsätzlich kritisieren will, nur die Bilder eines Dichters bleiben. So kann es kommen, daß die von György Konrad eingeklagte und notwendige „Entmythologisierung der Politik“ (ebd., S. 18) des Mythos bedarf. Nachdem die Aufklärung an die Macht gekommen ist, kann die Aufklärung über sie auf den Mythos und seine Bilder nicht verzichten: „Der Mythos wollte berichten, nennen, den Ursprung sagen: damit aber darstellen, festhalten, erklären.“ (Horkheimer / Adorno, 1969, S. 14)

So entspricht es heute nicht länger allein unserer Vernunft, wenn wir uns ein Bild von der Gegenwart machen, in der wir leben möchten. Unsere Wünsche sind längst von der Vernunft getrennt wie unsere Phantasie. Was sind unsere Wünsche? Natürlich kenne ich nicht die Wünsche aller Menschen, und der Versuch, das folgende im Modus vernünftiger Allgemeinheit zu sagen, wäre ein Widerspruch in sich. Und doch habe ich genug Erfahrung mit anderen Menschen und Vertrauen gewonnen, mich auf sie einzulassen, daß ich ein Stück weit über diese Wünsche als die unseren Auskunft zu geben vermag:

- wir wollen in einer zivilen Gesellschaft leben,
- wir wollen die Zugänglichkeit des gesellschaftlichen Reichtums, materiell und kulturell,

— und wir erwarten schließlich, daß unter solchen Umständen die Politik authentisch würde; nichts anderes, als jenes gesellschaftsbezogene Handeln, indem wir selbst mit allen jenen, die daran ebenfalls beteiligt sein möchten, die öffentlichen Angelegenheiten regelten, die nun einmal geregelt werden müssen.

Man sieht, daß der Mythos „vom guten Leben", dem unsere Wünsche gelten, nur so oder so ähnlich in Erinnerung gerufen werden muß, auf daß die Vernunft in uns dagegen rebelliert. Schön und gut werden die Gutwilligen sagen, die uns nicht gleich „links" liegen lassen, aber das sind ja nur die Träume, deren man sich im Hintergrund bedienen kann, um das politische Handeln zu motivieren. Auch wenn man in die Richtung gehen wollte, auch wenn man durch sein Handeln nichts weiter als jenes unvernünftige Glück zum gesellschaftlichen Zustand eines fernen Tages erheben wollte, muß man hier und jetzt vernünftig sein, klug und realistisch, taktisch und gewandt. Vor allem aber: wer was auch immer für politische und gesellschaftliche Zustände in welcher Zukunft auch immer herbeiführen wollte, bedürfte dazu der politischen Macht hier und jetzt, um die bestehenden zu verändern. Das ist die Falle, in die alle zunächst nur an den Wünschen orientierte Zukunftsperspektive einmündet, daß sie der Macht in der Gegenwart nicht entraten kann.

Deshalb gehört es auch zur Entmythologisierung von Politik, nachzudenken, wie wir sie in Zukunft wollen. Sich unserer eigenen Machtbasis, unserer spezifischen Machtmittel nüchtern zu versichern, ist eine unabdingbare Voraussetzung, um am Ende zu verstehen, worauf sich unsere Politik gründet und wie wir sie für uns begründen können. Solcher Art zu fragen, scheint mir, berührt ein Tabu der nicht-leninistischen Linken. Abgestoßen und erschrocken über Form und Inhalt, die die Macht im Versuch einer revolutionären Neubegründung gesellschaftlicher Verhältnisse nach 1917 annahm, der unbestritten an Zielen orientiert war, die den oben genannten Wünschen entsprechen, hat sich ein Teil von uns, hat sich im europäischen und weltweiten Maßstab ein Teil der Linken zu diesem unpolitischen Tabu der eigenen Macht geflüchtet. Die Macht erscheint als das Böse der anderen, der Machthaber, als der Inbegriff all jener politischen und herrschaftlichen Verhältnisse, die es zu ändern gilt. Das eigene Tun demgegenüber als Verzicht auf Machtausübung und Machtgewinn, scheinbar unerklärlich in seinen Potentialen. Mit einer gewissen Verlegenheit gestehen wir uns zumeist nur intern und bei insistierender Nachfrage ein, daß wir am Ende nicht davon überzeugt sind, daß wir auf Aufklärung und Bewußtseinswandel bei allen, vor allem bei jenen, die jetzt die Macht inne haben, in Zukunft vertrauen. Wo wir aber doch noch mit dem Zwang rechnen, der zur Veränderung der Verhältnisse ausgeübt werden muß, da wünschten wir ihn uns am liebsten indirekt: irgendwie träumen wir doch alle von jenem revolutionären Augenblick, wo die jetzigen Inhaber der gesellschaftlichen Machtzentren sich einer heiteren fröhlichen Volksmasse gegenübersehen, von ihr ausgelacht werden, ihrem Witz und ihrer unaggressiven Ironie gegenüber wehrlos; ihr verzweifelter Blick auf die starken Arme der Staatsgewalt böte das surrealistische Bild von blumenbekränzten Polizisten, die ihre Maschinenpistolen längst wegwarfen, um eingehängt in die Arme des tanzenden Volkes dem Abgang der Herrschenden zuzujubeln, diese schließlich verließen verlegen, durch die Hintertür, die Kommandozentralen und Paläste. Kein Kampf, kein Blut, keine Gewalt — man muß das Bild ausmalen, das das Tabu, über Macht zu reden und nachzudenken, unausgesprochen zur Voraussetzung hat, um zu sehen, was durch es verdrängt wird.

So ist noch keine Herrschaft durch die Hintertür davongegangen, so haben niemals die Privilegierten ihre Privilegien hergegeben, und so fröhlich und, wie Marx in seinen Berichten über die Pariser Kommune sagte, „heiter", waren die Volksmassen immer erst nach schrecklich getaner Arbeit der Revolution.

Aber keine Politik kann heute mehr auf solche „Revolution" vertrauen, wo man Paläste stürmt. Die gesellschaftliche Gegengewalt bleibt objektiv ziellos oder auf bloße Symbole gerichtet, durch ihre Ausübung wird die bestehende Machtlage nicht tangiert. Das zeigen die schrecklichen Verzweiflungstaten gegen willkürlich ausgesuchte „Repräsentanten des Systems" in ihrer Mischung aus Terror und Hilflosigkeit sehr genau.

Eine realistische Perspektive müßte zwischen der Ablehnung der historisch überholten Form revolutionärer Gewalt als Mittel und dem unaufgebbaren Anspruch auf Machterwerb zu unterscheiden lernen. Der notwendige Machterwerb ist aber heute anders denn auf dem Wege der politisch-kulturell herzustellenden Übereinkunft weder eine realistische Strategie noch länger zu legitimieren. In der aufgeklärten Übereinkunft der Gesellschaftsmitglieder liegt eine eigenständige Machtquelle und Grundlage zukünftiger Herrschaft, die erst dann „Demokratie" wäre, wenn Aufklärung und Übereinkunft nicht bloß legitimierender Schein formaler Verfahren des repräsentativen Absolutismus wären, sondern von den Subjekten praktisch angeeignet.

Und weil das so ist, kann György Konrads „Antipolitik" zwar manche erhellende Einsicht in die Politik der jetzigen Machthaber bieten, nicht aber ein vollständiges Konzept für die notwendige Praxis: „Antipolitik ist das Politisieren von Menschen, die keine Politiker werden und keinen Anteil an der Macht übernehmen wollen. Antipolitik betreibt das Zustandekommen von unabhängigen Instanzen gegenüber der politischen Macht. Antipolitik ist eine Gegenmacht, die nicht an die Macht kommen kann und das auch nicht will. Die Antipolitik besitzt auch so schon und bereits jetzt Macht, nämlich aufgrund ihres moralisch-kulturellen Gewichts." (ebd., S. 213)

Daran ist nur das Meiste richtig. Nur daß mit dem Hinweis auf das „moralisch-kulturelle Gewicht", das wir zum Teil wohl auch als die Basis der intellektuellen außerparlamentarischen Opposition in sozialen Bewegungen und Initiativen in der Bundesrepublik reklamieren können, wohl Gewicht, aber kaum jene Macht verbunden ist, die zur wirklichen Veränderung notwendig wäre. Diese muß gewaltfrei erst noch erfolgreich reklamiert werden. Das hat die Situation rund um die Stationierung der Mittelstreckenwaffen 1983 ebenso gezeigt wie die Politik nach Tschernobyl.

Allein der Hinweis auf diese beiden Schlüsselsituationen für die Machtlage in unserem politischen System kann zweierlei verdeutlichen: das moralisch-kulturelle Gewicht, die von György Konrad eingeklagte „geistige Opposition", über soziale Bewegungen und Initiativen vermittelt, längst nicht das Werk einer kleinen intellektuellen Gruppe, mag das politische Meinungsklima einer Gesellschaft maßgeblich zu bestimmen — an der konkreten Politik ändert sich deshalb so schnell noch lange nichts, solange die Macht nicht umverteilt ist. Es muß also zum zweiten an solchen Situationen geklärt werden: was, oder viel besser wer bestimmt denn eigentlich das, was in einer konkreten Situation schließlich „die Politik" eines Landes ist? Wer stationiert am Ende die neuen Waffen, ungeachtet der offenkundigen Tatsache, daß es die Bevölkerung überwiegend nicht will? Wer ändert nach Tschernobyl die Energiepolitik eines Landes nicht, obwohl doch spätestens jetzt nicht nur die ungeheure Gefährdung der Menschen durch dieses Energiesystem offenkundig geworden ist, sondern auch die Bereitschaft wiederum einer Mehrheit der Menschen, einer grundlegenden Änderung zuzustimmen? Die Frage nach der Macht bezieht sich auf das konkrete Handlungspotential von Menschen.

Gerade mir als Politikwissenschaftler sind die Einwände gegen diese Fragen vertraut, und sie sind aufgrund meiner professionellen Bildung schnell auch meine eigenen: ist es nicht naiv, so zu tun, wie in den obigen Fragen unterstellt, als könnten wir Menschen, konkrete einzelne Menschen, in ihrem Zusammenwirken für die politischen Umstände verantwortlich machen, die mit solchen schwierigen und komplexen Situationen charakterisiert sind? Gibt es da nicht jene vermaledeiten „Strukturen" und „institutionellen Barrieren", „Handlungsrestriktionen" „überkomplexer" Art, die solche Fragen kindlich erscheinen lassen? Ein letztes Mal sei György Konrad mit seiner Entmythologisierung der Politik, die auch wir betreiben müssen, um am Ende wirklichkeitsmächtiger zu sein, zitiert: „Was die Politiker tun, das tun sie deshalb, weil sie es tun wollen. Sie haben keinen anderen Grund. Wenn sie es nicht tun wollten, würden sie es nicht tun." (S. 17) Erschreckend klar und beißend deutlich führt die rationalistische Aufklärung den Mythos „Politik" auf den Kern dessen zurück, was ihn bewegt: die kontingente Praxis der Politiker und, dort, wo wir uns auf Politik beziehen, unser eigenes Tun und Unterlassen. In dieser Perspektive gilt: Politik ist, was getan wird. Politik ist, was unterlassen wird. Tun und Unterlassen stehen in verantwortbarer Freiheit. Wer etwas tut, kann es verantworten, muß also zur Verantwortung gezogen werden. Wer etwas unterläßt, kann es verantworten, muß also zur Verantwortung gezogen werden. Jedes andere Sprechen und Denken über die politische Wirklichkeit in „Systemen" oder „Ideen" wie „Staat", „Nation", aber auch „Entwicklung" oder „Gleichgewicht", reproduziert nur die verdinglichte Wahrnehmung in uns selbst, die aus den „strukturellen Verhältnissen" die eigene Verantwortungslosigkeit, die aus „Gesetzmäßigkeiten" der Entwicklung oder des „Status quo" den Fatalismus der Hinnahme hervorgehen läßt. Herr Reagan kann anders handeln als er handelt, also ist er verantwortlich. Herr Gorbatschow kann anders handeln als er handelt, also ist er verantwortlich. Selbst für Herrn Kohl gilt das. Die vielen,die den genannten Herren näher oder ferner stehen, können handeln und auf diese Einfluß nehmen. Sie sind also verantwortlich. Wir können uns einmischen, Einfluß nehmen auf die, die Einfluß haben. Wir können auch aufhören, mitzumachen. Wir können uns auf jeden Fall alltäglich äußern, unseren Nachbarn gegenüber, unserem Metzger, der Blumenfrau oder im Gespräch mit unserer Chefin. Am Ende ist die ganze politische Kultur eines Landes nichts anderes als die Art, wie wir alle uns äußern in Wort und Tat.

Entmythologisierung der Politik heißt vor allem, daß wir uns für verantwortlich halten, daß es aus diesem Verantwortlich-Sein nur ein intellektuelles Davonstehlen, aber keine wirkliche Befreiung gibt.

Deshalb ist es auch ganz falsch, wenn uns die Politik als die Arbeit oder das Werk der anderen erscheint. Wir sind alle Politiker oder Politikerinnen. Vielleicht ist uns das noch nicht zu Bewußtsein gekommen; sicherlich können die meisten von uns nicht wie jene wenigen Berufspolitiker von dieser Erkenntnis leben, und unsere Einflußmöglichkeiten erscheinen gering im Vergleich zu den offiziellen Politikern, die allabendlich als Protagonisten der im Fernsehen vorgeführten offiziellen Politik erscheinen — aber unser aller politisches Handeln und Nichthandeln, unser Tun und Unterlassen ist politisch. Wir tragen auch dann zur Politik bei, wenn wir uns nicht einmischen, scheinbar still unser privates Glück oder Unglück erleben. Keine Geste der expliziten Abkehr von der Politik, keine Flucht in ästhetische oder ökonomisch-berufliche Praxis löst uns heraus aus dem Zusammenhang unserer gesellschaftlichen Existenz. Diese gesellschaftliche Existenz ist heute durch und durch politisch. Anders als in früheren Phasen der gesellschaftlichen Entwicklung gibt es längst keine Trennung von Gesellschaft und Staat mehr, jedenfalls nicht in dem Sinne, daß der unpolitischen Gesellschaft der Staat als Verkörperung der Politik gegenüberstünde. Daß der Mensch ein gesellschaftliches Wesen sei, heißt heute auch, daß er ein politisches Wesen ist. Was die empirische Sozialforschung ebenso wie der erfahrungsmäßige Eindruck der politischen Aktivbürger, sei es im offiziellen politischen System, sei es in den sozialen Bewegungen der sogenannten Alternativen „unpolitisch" nennt, meint nur, daß die politischen Wirkungen, die von jedem einzelnen ausgehen, und für die er also verantwortlich gemacht werden kann und muß, von diesem einzelnen nicht bewußt kalkuliert und nicht in besonderer Handlungsweise ausgeführt werden. Unpolitisch sein kann in dieser Gesellschaft niemand mehr. Für jeden stellt sich also die Frage: wie mache ich Politik, oder zumindest, wie wirkt meine politische Existenz im Zusammenhang mit der Wirkung und dem Handeln anderer! Aus dieser Situation gibt es kein Entrinnen.

Deshalb ist die Entscheidung, sich politisch zu engagieren, auch nicht der Schritt vom Unpolitisch-Sein zum Politisch-Tätig-Werden. Er bedeutet vielmehr, daß die politischen Wirkungen, die von der je besonderen konkreten Existenzweise des einzelnen so oder so ausgehen, nunmehr von ihm bewußt kontrolliert und in ihrer Wirkung kalkuliert werden sollen. Engagement bedeutet, etwas bewußt zu tun, was man so oder so sowieso schon tat: politisch wirken. Und doch ist der Schritt in das bewußte Engagement, noch immer das Verhalten von weniger als zehn Prozent der erwachsenen Bürgerschaft dieses Landes, ein Einschnitt im individuellen Leben und Erleben des einzelnen. Er bedeutet zunächst Verzicht. Die Veränderung der Prioritäten, die bewußte Entscheidung, die eigene politische Wirkung zu steuern, kostet Zeit und in der Regel auch Geld. Feierabende, Wochenenden und Teile der Ferien müssen scheinbar für etwas „geopfert" werden, zu dem man sich aus sogenannten vernünftigen Gründen heraus entschieden hat. Das, was man ansonsten spontan gerne getan hätte, unterbleibt oder tritt zumindest zeitweise zurück. Der Verzicht ist also zunächst real. Ich halte diesen Gedanken für keineswegs banal: man kann und man muß sich ausmalen, was es für die Politik in diesem Lande bedeutet, daß der bewußte Eintritt in sie mit Gefühlen des Verzichts und des Mangels verbunden ist. Weil der Mensch keine vernünftige Maschine ist, weil er auch als politischer Mensch keineswegs bloß jenen Kalkülen des Interessenausgleichs folgt, die die neue politische Ökonomie zum Modell des homo politicus hochstilisiert hat, deshalb müssen wir uns angewöhnen, die Politik nicht nur nach ihren Ergebnissen, an ihren Früchten zu erkennen und zu bewerten, sondern auch danach, was und wie die Menschen erleben, fühlen oder ertragen müssen, während sie gemeinsam mit anderen ihre Ziele zu erreichen suchen.

Das mir ursprünglich gestellte Thema „Alte versus neue Politik" ist schon die ganze Zeit implizit Richtschnur meiner Überlegungen; hier aber erscheint mir für diese Unterscheidung ein ganz wesentlicher Punkt erreicht. Unabhängig davon, ob es richtig ist, ob die „neue Politik" so neu wirklich ist, wie das Thema unterstellt, kann man vielleicht sagen, daß es heute zwei Typen des bewußten politischen Engagements gibt, die sich sehr grundsätzlich voneinander unterscheiden, so daß eigentlich jeder, der daran interessiert ist, diesen Unterschied spürt. Natürlich spreche ich über stilisierte Idealtypen, denen kein einzelner wirklich vollständig entspricht. Die Trennlinie läuft nicht entlang der üblichen Dichotomien, die Aufspaltung in etabliert versus alternativ, institutionell versus unkonventionell, links versus rechts oder auch moderat versus radikal, meint jeweils noch etwas anderes als die Dimension, die ich ansprechen möchte.

Überall, innerhalb wie außerhalb des sogenannten Systems offizieller Politik, also in den Parteien, den Gewerkschaften und Verbänden ebenso wie innerhalb der sozialen Bewegungen und Initiativen (und vielleicht auch des Komitees für Grundrechte und Demokratie) finden wir einerseits jenen Typ des politischen Handelns, dem es vor allem und vordringlich um die Verwirklichung gesetzter Zwecke, Ziele geht. Zwar ist nicht allen dieses Types jedes Mittel recht; aber die Mittel und Formen, vor allem das eigene Selbst, sein Denken, Handeln, Fühlen als Mittel der Politik spielt doch gegenüber dem was erreicht werden soll, eine nachgeordnete Rolle. Also hält man es für „entscheidend", daß etwas „erreicht" wird. Man setzt sich „voll" ein, auf die „Ergebnisse" kommt es schließlich an. Ja, in der Tat, auf die Ergebnisse kommt es bei diesem

Typ schließlich mehr an als auf die Art und Weise, wie sie erreicht worden sind. Dieser Typ ist am Ende bereit, sich selbst für „die Sache" zu opfern.

Das ist bei dem anderen Typ anders: ihm ist Politisch-Sein so sehr ein Stück seiner eigenen persönlichen Konstitution, daß ihm das Wie keineswegs egal ist. Natürlich will auch dieser Typ etwas erreichen, aber für ihn gehört das Praktizieren und Erleben politischer Handlungen schon dazu. Ihm ist nicht nur nicht jedes Mittel recht, sondern in dem Maße, wie er seine eigene Identität über das politische Engagement definiert, kommen bestimmte Dinge für ihn nicht in Frage. Sein Selbstbild bestimmt das Maß seines politischen Engagements ebenso wie dessen Formen und Inhalte. Ein Teil der wissenschaftlichen Literatur diffamiert diesen Typus als „narzißtisch", aber das halte ich für ganz falsch.

Denkt man von der Politik in Analogie wie von der Arbeit, sieht sie also als die Arbeit an den öffentlichen Angelegenheiten, so unterscheiden sich die beiden Typen wie die entfremdete und die nichtenfremdete Arbeit. Der objektiven Durchdringung der gesellschaftlichen Verhältnisse durch Politik, von der schon die Rede war, entspricht subjektiv der zweite Typ des politischen Handelns, weil hier auch innerhalb der jeweiligen Persönlichkeit nicht mehr die Spaltung erfolgen muß zwischen dem „Reich der politischen Notwendigkeit", in dem es auf Zwecke und Ergebnisse ankommt, während die Mittel im großen und ganzen alle recht sind, und dem „Reich der Freiheit", in dem man in der Wahl der Mittel wählerisch sein kann, weil die Erreichung der Ziele sowieso nicht mehr in Frage steht.

An den letzten Formulierungen zeigen sich aber sogleich auch die Grenzen dieses Vergleichs, denn niemand, auch die Menschen, die hier unter dem zweiten Typ so abstrakt zusammengefaßt werden, leben ja im „Reich der Freiheit". Sie leben in derselben chaotischen, schrecklichen und jedes objektiven Sinnes entleerten Gegenwart wie wir alle. Wir alle leben, obwohl wir um die Fakten wissen. Einige tausend Tonnen Sprengkraft herkömmlichen Sprengstoffs über unserem Kopf schwebend, über dem Kopf jedes einzelnen der fast vier Milliarden Menschen schwebend, und weltweit sitzen an den roten Knöpfen Typen, Männer, die wenig Vertrauen verdienen. Seitdem ich begonnen habe zu reden, sind wieder einige hundert Kinder irgendwo auf dieser Welt verhungert, nicht weil die Nahrung zu knapp wäre, sondern weil man ihnen die Nahrung verweigerte, aus Gleichgültigkeit oder egoistischem Besitzdenken, was macht das am Ende für einen Unterschied; und wortwörtlich nebenan wurden in dieser Zeit Frauen und Mädchen physischer Gewalt überraschend unterworfen, zum Objekt der Erniedrigung gemacht und werden gerade jetzt mit ihrer Verzweiflung allein irgendwo in der Ecke liegen. Muß man, soll man weitermachen, um alles aufzuzählen, was wir ständig wissen und ständig verdrängen? Ich glaube, das Entscheidende ist, wie wir mit diesem Wissen umgehen und welche Schlüsse wir daraus ziehen.

Mir geht es immer noch um jene beiden Typen des Politisch-Seins in dieser Situation. Ist nicht der ein hoffnungsloser Illusionist und trägt er nicht am Ende zu dem angedeuteten Zustand bei oder war in der Vergangenheit für ihn verantwortlich, der sein politisches Handeln weiterhin an allgemeingültigen Zwecken orientiert? In welche Nähe zum historischen Schrecken kommt der, der beginnt, in seinem Denken an die Stelle der Gegenwart seinen eigenen Entwurf zu setzen, seine Ziele und Werte, muß er nicht am Ende wollen, daß sie Recht behalten, sich durchsetzen, sich mit der Macht verbinden, für alle gelten?

Ich weiß, wir haben in unserem bequemen Denkschema diese Art von Fragen längst in unseren eigenen Kreisen für unzulässig erklärt, sie als Vernunftkritik der „neuen Rechten" demaskiert, auf die andere Seite geschoben und die politische Gegnerschaft noch auf das Denken selbst übertragen. Wie bequem. So sind die Fragen nicht mehr unsere eigenen, so kann man unter Hinweis auf die Antworten, die die anderen geben, die eigenen Zweifel besänftigen.

Aber ist es sinnvoll, sich angesichts unseres Wissens um die ‚Fakten' in Geschichte und Gegenwart weiterhin formelhaft auf unsere für angestammt gehaltenen Grundlagen zu beziehen: Hoffnung und Zukunftsperspektive, Grund- und Menschenrechte? Teilt nicht der Glaube an solche Grundlagen angesichts der Geschichte und Gegenwart, um die wir wissen, längst all jene Merkmale von Religionen und Metaphysik, die spätestens seit der Religionskritik des 19. Jahrhunderts von Marx bis Nietzsche hoffnungslos anachronistisch gegenüber einer „sinnlosen Moderne" geworden sind? Wie hilflos, wie lächerlich unsere Sprache, aber auch wie entlarvend die ungewollten Nähen, die sich der nüchternen Beobachtung zeigen: nicht nur wir sehen unsere Politik auf den „Menschenrechten" begründet, sondern auch die amerikanischen Präsidenten Kennedy und Carter, deren kriegerische Interventionen in Vietnam und Mittelamerika „Menschenrechtspolitik" waren.

Nicht nur wir orientieren uns am „Prinzip Hoffnung", an der möglichen Zukunft, die anders sein könnte, sondern jeder besseren populistischen Politik gilt heute: „Die Zukunft wagen!", das „Prinzip Hoffnung" als Legitimationsmuster einer Politik für die Gegenwart, in der es gilt, durch soziale Umverteilung der angeblich knapper gewordenen öffentlichen Mittel zunehmende Teile der Bevölkerung, besonders Frauen und Jugendliche, die schon aus dem System offizieller bezahlter Arbeit ausgegrenzt wurden, nun auch noch aus der sogenannten „sozialen Sicherheit" herauszuschmeißen.

Es war die Versuchung meines Vortrages, mich wie gewohnt auf diese Begriffe und Konzepte zu stützen, wie der Lahme auf seine Krücken. Die wenigen Andeutungen zeigen aber schon: was wir tun und tun können, kann bloß unter Hinweis auf diese abgegriffenen und jeder manipulativen Sinnstiftung offenen Konzepte nicht mehr gerechtfertigt werden.

Der zweite Typ des politischen Engagements, von dem oben die Rede war, zeichnet sich vor allem durch Desillusionierung aus, er hat Ent-Täuschungen hinter sich, ihm kann man mit solchen Konzepten nichts mehr vormachen. Er bedarf ihrer auch nicht, um sich zu engagieren. Vielmehr zeigen ihm alle Erfahrungen in seinem Engagement, daß sein Mißtrauen gegenüber diesen Konzepten und der Politik, die dahinter steht, berechtigt ist. Er kommt mit wenigen

Orientierungen aus und empfindet das Fehlen einer integrierten Weltanschauung nicht als Mangel. Das was ihm, wie oben schon angesprochen, als „Narzißmus" ausgelegt wird, aus der Perspektive zukunftsorientierter Weltanschauungen auch so verstanden werden muß, bedeutet ihm im Gegenteil ein Maß an größerer Radikalität. Diese besteht im entschiedenen Sich-Einlassen auf die Gegenwart als der einzigen „Wirklichkeit" unseres „wirklichen" Lebens. Keine Tradition aus der Geschichte steht am Ende ungebrochen oder, wenn man so will, unschuldig für diese Gegenwart zur Verfügung, auf die er sich berufen könnte: keine zukunftsorientierte Weltanschauung erschiene ihm nicht als hoffnungsvolle Flucht, als sich Weg-Denken aus der verzweifelten Lage.

Ich leihe mir einige Formulierungen aus den „feministischen Essays" von Christina Thürmer-Rohr, um das Gemeinte deutlich zu machen: „Warum brauchen wir eigentlich Hoffnung in die Zukunft, wenn wir die gegenwärtige Existenz zu akzeptieren uns weigern? Warum soll die Spannung, in der wir sind und aus der heraus wir handeln, eigentlich aus Zukunftshoffnungen stammen? ..." Und sie beantwortet nach einer kritischen Auseinandersetzung mit dem „Prinzip Hoffnung" von Ernst Bloch, ein Stück weit unser aller heiliger Mythos, die Fragen, zwar aus feministischer Sicht und für Frauen, aber so, daß auch Männer dem sich nicht entziehen können: „Wer Hoffnung und Illusionen weiter zur Quelle des Lebenswillens macht, der / dem würde jedes Wissen über die Wirklichkeit höchst bedrohlich, weil es den Boden für diese Hoffnung jederzeit, mit jeder neuen Information, entziehen könnte. Genau das ist jetzt der Fall. Wenn die Hoffnung auf Besserung der Lebensmotor ist, folgt zwangsläufig die erneute und verstärkte Wirklichkeitsverleugnung ... Wir sollten leben lernen in der Gegenwart. Unsere Situation zwingt uns zu erkennen, daß wir unsere Ansprüche an uns selbst und andere nicht aufschieben und vertagen können. Wir können es uns nicht leisten, das, was wir tun und sein könnten, auf eine Zukunft zu verlagern. Die Bewährungsprobe findet jetzt statt. Alles, was wir zu tun haben, haben wir jetzt zu tun." (1987, S. 29) Es geht also darum, „hoffnungslos gegenwärtig zu leben", das heißt, die Gegenwart nicht als eine „Krise" (ebd., S. 21) zu begreifen, als ein bloßes Durchgangsstadium zur besseren Zukunft, in deren Lichte sich die gegenwärtigen Kämpfe lohnen und rechtfertigen. Alles was zu tun ist, ist um seiner jetzigen Wirkungen willen zu tun. Es geht nicht um die bessere Zukunft, sondern um die bessere Gegenwart, um unser gegenwärtiges Leben und das unserer Mitmenschen.

Aber ist es nicht ein Widerspruch in sich, jetzt doch noch vom „Besseren" zu reden? Ist nicht mit der Abkehr von der Überkommenheit unserer Wertsysteme, von Natur- und Menschenrechten längst und unvermeidlich ein unpolitischer Nihilismus herbeigeredet, dem alles relativ, nichts heilig, dem letztlich alles gleichgültig bleibt? Nein, das glaube ich nicht. Der Nihilist ist bekanntlich nicht unmoralisch, sondern ein enttäuschter Moralist. Er kennt keine andere Moral, keine anderen „Menschen-" und „Naturrechte", als die, in deren Namen in der Geschichte und in der Gegenwart gemordet, gefoltert und das menschenwürdige Leben so vieler verhindert wurde; deshalb will er als enttäuschter Moralist sich darauf nicht länger berufen. Dabei sollen nicht die denunziert werden, die, teils mit ihm und an seiner Seite, ihr politisches Engagement trotz dieser Belastungen und historischen Beliebigkeit noch mit diesen „Prinzipien" rechtfertigen. Der ent-täuschte Moralist kennt diese Berufungen nur zu sehr als die lügenhaften Feiertagsreden der Mächtigen und — zumeist in denselben Worten — als die gutgemeinten, aber hilflosen Berufungen seiner Freunde. Er vermeidet diese großen Worte wo es geht. Das verstehen auch seine Freunde nicht immer.

Allenfalls hilfsweise zur Benennung seiner Organisationen und Zeitschriften verwendet er noch dieselben Worte. An sich geht es ihm um viel konkretere Dinge, zu denen er keiner Prinzipien, keiner Religion oder Metaphysik bedarf, ihn schert wenig die Begründung, wenn er sich gegen Gewalt wendet, und es leuchtet ihm ‚spontan' ein, daß man gegen Gewalt nur gewaltfrei sein kann, um glaubwürdig zu bleiben. Vielleicht hilft ihm der Marxismus als Methode zum analytischen Verstehen, warum in dieser und anderen Gesellschaften keine Gerechtigkeit ist, aber um für Gerechtigkeit zu sein, bedarf er keiner Philosophie. Daß er frei sein möchte, erfährt er ständig im Umgang mit seiner relativen Unfreiheit, und er muß nicht erst Rousseau lesen, um zu glauben, daß es anderen ähnlich geht. Es gibt, wenn man so will, einen banalen aber evidenten Kern im menschlichen Wollen, auf den sich gerade eine radikale Politik unmittelbar berufen kann. Gegen Atomkraft und ihre zivile wie militärische Bedrohung kann man sein, weil man das Leben liebt und folglich Angst hat es zu verlieren. Eines „Prinzips Leben" bedarf es dazu nicht.

Die zunächst eingeforderte Entmythologisierung der Politik und die zuletzt angesprochene Radikalität und Konkretheit, mit der bestimmte Bedürfnisse formuliert, bestimmte Forderungen erhoben und durchgesetzt werden müssen, trifft neben den Hindernissen, die in uns selbst liegen, kraft Sozialisation und bewußter Erziehung, manchmal auch kraft unserer Denkfaulheit und Gewohnheit, in der politischen Welt vor allem auf den Mythos des Staates. Er ist uns allen der große Demiurg. Das gesellschaftlich-verdinglichte „Über-Ich", in dem geschichtlich alle herrschaftlichen Ansprüche, Praktiken und das Gewaltpotential zusammengefaßt sind. Es kann hier nicht der Raum sein, wie in E. Krippendorffs großem Buch „Staat und Krieg" (1985), dessen Genese aus der Usurpation einer herumvagabundierenden Schläger- und Räubertruppe auf der Suche nach regelmäßigen arbeitsfreien Einkünften im einzelnen nachzuzeichnen. Aber das große Verdienst dieses Ansatzes liegt darin, auch unserer eigenen Mystifikation des Staates, sei es als „Rechtsstaat", sei es als „Sozialstaat" radikal den Boden zu entziehen, seiner verselbständigten Rolle auch in unseren Strategien und Argumentationen entgegenzutreten.

Wir schimpfen nicht nur auf „den" Staat, leiden nicht nur unter ihm, sondern finden ihn auch lächerlich und in vielen Dingen, die wir tun, berufen wir uns auf ihn und stellen ihn uns dabei als einen anderen, einen besseren Staat vor, als den, der er sein könnte oder nach uns sein sollte. Vor allem Bürgerrechts- und

Menschenrechtspolitik ist schon traditionell nicht dagegen gefeit, sich im Appell an den Staat zufrieden zu geben. Eben noch war es der Staat, dessen schamlose Verletzung der Rechte von Asylsuchenden man be- oder anklagte, und schon ist es der Staat, von dem wir die Realisierung des Asylrechts einklagen. Eben noch ist es der Staat gewesen, der in Kalkar und Wackersdorf die unsinnigsten und gefährlichsten und keineswegs nur der Energieerzeugung dienenden Anlagen installierte, und schon ist es der Staat, von dem eine andere Energiepolitik gefordert wird. Im Für und Wider des politischen Konfliktes taucht der Staat gleichermaßen auf. Seine Gewalt als Staatsgewalt ist, einmal in den Händen der anderen und gegen unsere Interessen eingesetzt, das verteufelte Mittel, auf das sich alle Abscheu richtet; und ein anderes Mal sind wir bei der Bestimmung unserer eigenen Ziele und der Strategie und ihrer Durchsetzung schnell bei der Hand, wenn wir den rechten Gebrauch dieses Mittels fordern.

Das Mittel des Staates bleibt aber allemal die in ihm — wie rechtsstaatlich auch immer — eingebundene und zusammengefaßte Gewalt. Auch seine „Wohltaten" als „Sozialstaat" beruhen auf ihr. (Greven 1980b) Politik mit dem Staat wird zumindest stillschweigend unter Berufung auf diese konstitutive Staatsgewalt begründet und gemacht. Ein Jahrtausend an geschichtlicher Sozialisation des kollektiven wie des individuellen Bewußtseins hat wider alle Evidenz das Bewußtsein geschaffen, der Staat sei quasi die Naturform der gesellschaftlichen und politischen Existenz der Menschen.

Keiner politischen Traditionslinie haftet demgegenüber so sehr das Stigma der sympathischen Träumerei an, wie dem Anarchismus. Selbst diejenigen, die historisch und gegenwärtig mit der Heftigkeit seiner Staatskritik übereinstimmen, deren Analyse des Gebrauchs und der von ihm ausgehenden Gefährlichkeit des staatlichen Gewaltmonopols zu ähnlichen Ergebnissen führt, flüchten sich am Ende in vermeintlichen Realismus und Nützlichkeitsopportunismus, in Visionen eines anderen Staates, einer zukünftig anderen Staatlichkeit. Auch die These vom „Absterben des Staates" unter kommunistischen Produktionsverhältnissen hat sich inzwischen in grausamer Weise als eine solche Flucht vor der Wirklichkeit, wie immer aber auch hier unter Berufung auf die angeblich notwendige Realitätstüchtigkeit politischer Machteroberungsstrategien, erwiesen. Am Ende ist der Staat geblieben, was er immer war. Methodisch ist H. Hellers Analyse unübertroffen: „Es muß, wer den Sinn des Staates wissenschaftlich feststellen will, letztlich immer auf wirkliches menschliches Verhalten und seine Zielsetzungen stoßen." (1971, S. 138)

Die verselbständigte, in den Köpfen der Menschen als ein eigenes „Ding" mit eigenen „Rechten" und Ansprüchen versehene Quelle aller Gewalt im gesellschaftlichen Maßstab und zwischen Gesellschaften existiert nur als Einbildung. Es ist ein Wahnwitz, daß gerade die großen bürgerlichen Staatsphilosophien seit Hobbes die Existenz des Staates mit seiner Fähigkeit begründen, nach innen und außen den „Frieden" zu sichern, den angeblich die Menschen untereinander spontan nicht zu halten in der Lage wären. Dabei ist es nicht erst im 20. Jahrhundert so geworden, daß nichts den Frieden und die Sicherheit der Menschen mehr bedroht als die weltweit zur Normalität gewordene staatliche Form ihrer politischen und gesellschaftlichen Existenz, das bis zum Wahnwitz aufgerüstete Monopol innergesellschaftlicher und zwischengesellschaftlicher physischer Gewalt. (Krippendorff 1985)

Diese wenigen Bemerkungen müssen hier genügen, um verständlich zu machen, wenn ich sage, keine radikale Politik, der es um die Menschen, ihre Sicherheit, ihre Freiheit und die Möglichkeit, daß sie ihr eigenes Glück verwirklichen können, geht, kann sich heute grundsätzlich und prinzipiell auf den Staat berufen. Wie auch immer sie im Detail aussehen mag, fundamental muß eine solche Politik antistaatlich oder wenn man so will anarchistisch begründet sein. In der in den letzten beiden Jahren vor allem bei den Grünen und in den sozialen Bewegungen mit soviel Engagement geführten Debatte, an der sich vor allem die linken Verfassungsjuristen profilsüchtig beteiligten (siehe Freibeuter, 28, 1986), ging es in diesem Sinne um die Scheinalternative, ob man „für oder gegen“ den Staat als das Monopol physischer legitimer Gewaltsamkeit sei. Ich nenne das eine Scheinalternative, weil in dem fundamentalen begründungsmäßigen Sinne eine linke Perspektive, was immer das im einzelnen sein mag, angesichts der historischen wie gegenwärtigen Funktion der Staatsgewalt nie und nimmer glaubwürdig für diese wird Stellung nehmen können; weil aber andererseits genauso evident und im Sinne des radikal-konkreten Anpackens der Probleme von Menschen in der Gegenwart linke Politik in einer Gesellschaft gemacht werden muß, in der die Staatsgewalt die ausschlaggebende Rolle spielt.

Eine Perspektive der Ent-Staatlichung, das heißt also, des Abbaus des hochgerüsteten wahnsinnigen Gewaltmonopols längst nicht mehr im Schoße jeder einzelnen Gesellschaft, muß der strategische Fluchtpunkt einer glaubwürdigen Politik sein, der es um das Recht jedes einzelnen Menschen geht, in größtmöglicher Freiheit und, ich betone das angesichts der oben wiedergegebenen Argumente, in größtmöglicher Sicherheit, sein persönliches Glück zu verfolgen. Gegen das Argumentieren dieser linken Staatsjuristen muß man zu unterscheiden lernen, was es heißt, in gesellschaftlichen Prozessen für das „Recht“ einzelner oder vieler zu sein oder das „Recht“ anderer zu fordern oder aber für den „Rechtsstaat“ einzutreten. Auch angesichts der unbestrittenen Leistungen in historischem Ausmaß, die mit der Einhegung der herrschaftlichen Ausübung des Monopols physischer Gewaltsamkeit gegenüber der Bevölkerung unter dem Titel der Durchsetzung des „Rechtsstaates“ verbunden sind, einem relativen historischen Erfolg, den man auf gar keinen Fall leichtfertig riskieren darf, muß man sich vergegenwärtigen, wie, also in welcher Art und Weise sich in dieser historisch entstandenen Lage staatlicher Gewaltherrschaft das „Recht“ zwischen den Menschen konstituiert.

Auch wo es die Sicherheit des einzelnen relativ garantiert, ihm Freiheitsspielräume einräumt, bleibt es als staatliches Recht an dessen Gewalt zurückgebunden und von ihr abhängig, findet in ihm nicht nur die positive Kraft seiner

Durchsetzung, sondern auch im Verhältnis des einzelnen zum Staat bzw. genauer gesagt im Verhältnis der vielen zu den Gruppen, die über die Staatsgewalt verfügen können, ihre jeweilige Grenze. Ist diese Grenze in gesellschaftlichen Konflikten erreicht, verkehrt sich das „oberflächliche" Rechtsverhältnis wieder zurück in seine ursprüngliche Basis, die eines Gewaltverhältnisses zwischen jenen, die über die gesellschaftlich erzeugten Gewaltmittel des Staates verfügen, und jenen, die zu dieser Verfügung nicht in der Lage und deren Gewaltmittel vergleichsweise harmlos sind.

Eine solche grundsätzlich anti-staatliche Perspektive, die sich an den „Rechten" der einzelnen Menschen orientiert, muß die historisch als Naturtatsache bloß erscheinende Verquickung zwischen Staatsgewalt und Recht, die den Juristen durch ihre professionelle Ausbildung selbstverständlich erscheint, konzeptionell durchbrechen. Sie muß sich an der Vorstellung von einem „Recht" zwischen den Menschen orientieren, das auf deren Übereinkunft und in einer gemeinsam im Denken, Urteilen und Handeln ausgebildeten politischen Kultur beruht. Diese „Rechte" wären ausschließlich gesellschaftlich und historisch gegründet — wie auch immer der Begründungsglaube der einzelnen Menschen (Naturrecht, göttliches Recht etc.) aussähe. Rechtsverletzung wäre dann die Verletzung solcher Übereinkünfte, aber kein Angriff länger auf die nicht mehr als eigene Begründungssphäre existierende Staatsgewalt. Es gilt, mit der Vorstellung und gesellschaftlichen Wirklichkeit aufzuräumen, daß die Verletzung des „Rechtes" die „Sicherheit" des Staates gefährde; aufzuhören damit, daß die Verhängung staatlicher Sanktionen, rechtsstaatsmäßig oder nicht, die angemessene Reaktion zur Wiederherstellung eines durch die Rechtsverletzung gestörten, im Notwendigsein des Staates begründeten Zustandes sei.

„Menschenrechte" werden am Anfang und am Ende schließlich nicht durch den Staat realisiert, und ihre Schutzfunktion gegen den Staat, die ihnen historisch zeitweilig zukommt,müßte als ein Durchgangsstadium zu einem Zustand begriffen werden, in dem die verselbständigte Gewalt der Verfügung den jeweiligen Funktionseliten genommen, in der die angehäuften Gewaltmittel zerstört und in der die „Menschenrechte" die selbstverständliche, durch die politische Kultur und Sozialisation begründete Verhaltensmaxime der Menschen untereinander geworden wären.

Damit ich richtig verstanden werde: diese Gedanken sind nicht im Sinne der oben kritisierten hoffnungs-frohen Zukunftsutopie, sondern als radikal gegenwärtige Wünsche und Einsichten formuliert. Was den offiziellen Politikern als „Staatsverdrossenheit" erscheint, wogegen sich ihre durchsichtigen Strategien der Public Relations, vom Abspielen der Nationalhymne über die großmannssüchtige Inszenierung staatlicher Insignien bis zur Durchpeitschung der Volkszählung nach alter ‚Herr-im-Hause-Manier' richten, das hat seinen soziopolitischen, politisch-kulturellen Kern in einer sich ausbreitenden Ernüchterung und Skepsis, der man mit solchen Inszenierungen längt nicht mehr beikommen kann.

Unter Hinweis auf diese Prozesse und mit aller Skepsis, die aus den oben genannten Ent-Täuschungen stammt, setze ich auf diese „Staatsverdrossenheit" als einen im Gang befindlichen sozialen Wandel und beantworte unter Hinweis auf diesen auch die anfangs offengebliebene Frage nach den Perspektiven der Machtveränderung. Der zweite Typ dieses Politisch-Seins, der oben abstrakt angesprochen wurde, setzt auf diesen soziopolitischen Prozeß des schleichenden sozialen und kulturellen Wandels. Er begreift ihn als eine unaufhaltsame Erosion der verselbständigten Herrschaftsinstitutionen und des Staates insgesamt, gegen den keine Polizei und kein Monopol physischer Gewaltsamkeit ankommt. Eine Macht erwächst aus diesem kulturellen Wandel, gegen die staatliche Gewalt am Ende nicht ankommt. Diese Macht beruht nicht auf Gewalt, sondern auf Einsicht und Übereinkunft. Indem viele Menschen ihr Denken, Bewerten und Handeln ändern, ändert sich auch etwas für alle anderen. Kaum reicht die diesem Wandel entsprechende Gegenmacht irgendwo in die politischen Institutionen des Staates schon hinein, aber dort beginnt man bereits mit ihr zu rechnen. Schon auf diesem Wege verändert sich etwas.

Aber alle Skepsis ist angebracht. Mit dem Verlust der Vorstellung von einem bewußten Subjekt der Geschichte, eine Vorstellung, die bei allen Anklängen auch in den neuen sozialen Bewegungen nicht wieder zum Leben erweckt werden kann, ist auch die Vorstellung geschwunden, solche Prozesse der politischen Veränderung ließen sich ohne weiteres planen, bewußt gestalten und nach einer bestimmten Strategie abwickeln. Es macht gerade die Stärke und die Intensität der im Gang befindlichen Prozesse aus, daß ihnen kein Machtzentrum, auch kein Zentrum der Gegenmacht, keine Strategie und erst recht kein Stratege entspricht. Das verwirrt die Gegenseite aufs äußerste, und sie kann ihre physischen und psychischen Abwehrkräfte letztlich nur zufällig mal hier und mal dort gegen die vermutete Identität des Herausforderers einsetzen. Identifizieren, treffen, schlagen, festhalten nach dem alten Modell der zentralen Kriegsführung — aber auch der Revolution — kann sie ihn nicht. Und trotzdem bleibt die Skepsis angebracht, weil bei aller unübersehbaren Erosion der herkömmlichen Grundlagen staatlicher Gewalt und herrschaftlicher Ordnung eine positive Tendenz nicht unterstellt werden darf und kein Geschichtsoptimismus länger, wie noch im 19. Jahrhundert, zu Hilfe kommt.

Am Ende bleibt die inhaltliche Bestimmung des angedeuteten Wandels einzig und allein an das bewußte Engagement und dessen konkreten Inhalt gebunden. Keine strukturellen Entwicklungen bestimmen unsere Zukunft, sondern die komplizierten, gewissermaßen zusammengesetzten Resultate der gesellschaftlichen und politischen Praxis der Vielfalt politischer Kräfte und Gruppen, die heute unseren Alltag bestimmen. Wer sein eigenes politisches Engagement als Wechsel auf die bessere politische Zukunft begreift, der spekuliert auf unsicherer Grundlage. Wer demgegenüber sein vielleicht nicht alltägliches, aber regelmäßiges politisches Engagement, sein konkretes Eintreten und Einstehen für seine als vernünftig erachteten politischen Ziele als eine Komponente seiner eigenen gesellschaftlichen Identität und der ganz persönlichen

Qualität seines Lebens erachtet, der wird am Ende nicht nur subjektiv seine objektive Lage bewußt und manchmal vielleicht auch befriedigend erlebt haben, sondern auch zu dem genannten Wandel so oder so beitragen, ohne doch dessen Tendenz oder Ergebnis im voraus wissen zu können. Unter solcher Ungewißheit müssen wir politisch handeln.

Anhang

16. „Immer ins Ungebundene ...“

Rede zu Frank Benselers 60. Geburtstag

Lieber Frank Benseler, liebe Brigitte Benseler, meine Damen und Herren,

„Und immer
In's Ungebundene gehet seine Sehnsucht. Vieles aber ist
Zu behalten. Und not die Treue.“
(Hölderlin)

„Festreden“ gehören nicht erst seit Adornos bekanntem Diktum darüber zum schwierigsten Typ der öffentlichen Ansprache überhaupt; und zu allen Gefahren, die Adorno erwähnte, vornehmlich die, daß sie zu vorzeitigem Nekrolog geraten, tritt in dem Falle, daß ein Schüler über seinen Lehrer spricht, noch die der Peinlichkeit hinzu. Ich bekenne Ihnen ganz freimütig — und ich habe es ihm schon selbst vor einigen Wochen mitten auf dem Kleinen Belt bekannt —, daß ich mich dieser Aufforderung ebenso gerne entzogen hätte wie er sich dieser Feier. Da sie nun aber einmal stattfindet — und das ist aus einer anderen Sicht sehr gut so — sind wir beide hier. Die besondere Schwierigkeit besteht darin, zu ihm und zu ihnen allen zugleich zu sprechen, ihm dabei angesichts unserer Briefe und seit 17 Jahren sich hinziehenden Dialoge und Diskussionen nicht banal und ihnen unter Bezug auf deren Inhalt, der ihnen ja nicht bekannt sein kann, nicht esoterisch zu erscheinen. Unter den vielen anwesenden Freunden Benselers — und die Fähigkeit, Menschen zu faszinieren und an sich zu binden, zeichnet ihn in einer Zeit aus, in der man unverbindlich den anderen allenfalls noch für „interessant“ erachtet — möchte ich damit keineswegs eitel eine besondere Rolle reklamieren, sondern nur methodisch nüchtern feststellen, daß ich eine gewissermaßen bloß werkgerechte Präsentation, die nicht von meiner biographischen Verwicklung Zeugnis abgibt, nicht zu leisten in der Lage wäre. Indem ich mich auf meine Erfahrung mit ihm berufe, suche ich auch über die Wirkung eines Hochschullehrers zu sprechen, der über das heute übriggebliebene Maß hinaus persönlich ausstrahlt und von dem ich sicher bin, daß er in vielen anderen Menschen inzwischen etwas mindestens so Wertvolles wie abstrakte Werte geschaffen hat, nämlich bedeutsame Erinnerungen. Bedeutsame Erinnerungen, die sich nicht im oberflächlich Anekdotischen bewegen — natürlich gäbe es auch solche zu erzählen, aber das ist etwas fürs Kalte Büfett — sondern die auf Inhalte und Probleme verweisen, um die es ihm in ungewöhnlicher Weise jederzeit ernst war und ist. Small talk, Bescheidenheit des Denkens ist seine Sache nicht. Der erste Brief an mich stammt vom 17. 1. 1973. Briefkopf: Soziologische Texte Luchterhand Verlag, Herausgeber Heinz Maus und Friedrich Fürstenberg, Redaktion: Frank Benseler. Zu dem Exposé meiner Dissertation, das ich ihm unbekannter Weise zugeschickt hatte, schreibt er mir mit knappen Worten: „Ein Punkt hat mich besonders berührt, und zwar sehr sympathisch, wo sie davon sprechen, daß der Sozialismus eine Ausweitung der Demokratie darstellen müsse. In der Tat ist es der eigentliche Inhalt der Phrase vom humanistischen Sozialismus. Ich habe gerade eine wiederholte Lektüre der Pariser Manuskripte hinter mir. Da steht das saftig drin. Inzwischen ist aber sowohl der Sozialismus wie der Humanismus zu milden Gaben für Vietnam verkommen." Ich zitiere diesen Brief, weil ich glaube, daß viele der Verbindungen mit Frank Benseler mit solchen Briefen begonnen haben; Briefen, die gewissermaßen ‚aus der Rolle fallen'. Man schreibt einem Verlag, einer Institution, auch der Cheflektor einer berühmten Reihe wie der Soziologischen Texte ist das ja nach über hundert Bänden gewesen, erhält aber einen keineswegs formellen und geschäftsmäßigen Brief, in dem er sich mit wenigen lapidaren Sätzen persönlich exponiert. Vieles, wenn nicht das meiste von dem, was im Laufe der Jahre ‚die persönliche Gleichung' von Frank Benseler in meinen Augen ausgemacht hat, ist in diesem ersten Brief in Spuren und Rudimenten enthalten und über die Unverbindlichkeit der üblichen Geschäftspost hinaus zum Disput angeboten: Die Verbindung von Sozialismus und Demokratie, bei der er sicherlich 1973 an das ihm schon bekannte Manuskript von Georg Lukács von 1968 gedacht haben wird, das ich damals noch gar nicht kennen konnte und dessen Kenntnisnahme sofort jeden Zweifel daran ausschließen würde, daß die angesprochene sozialistische Ausweitung der Demokratie dasselbe heißen könnte wie Sozialdemokratie; die anklingende Ironie über die unpolitische Wendung, die der Internationalismus der Protestgeneration aus der zweiten Hälfte der 60er Jahre inzwischen in den verschiedenen fernöstlich orientierten Parteisekten angenommen hatte; schließlich der Verweis auf die Pariser Manuskripte, also jene Texte der Konversionsphase des hegelianischen zum marxistischen Marx; und auch jener ganz unprofessorale Satz des damaligen Jungprofessors — aber das wußte ich noch nicht und der Brief gab darüber keinerlei Hinweis: „Da steht das saftig drin." Sätze wie dieser, unszientistisch-verbindlich, auf eigener Leseerfahrung beruhende zugespitzte Stellung- und Parteinahme, habe ich von ihm später als Lehrer und Kollege oft gehört, im Positiven wie im Negativen. In einer Zeit urteilsloser Verbindlichkeit gegenüber allem und jedem hat er die Fähigkeit anzuecken kultiviert. Und seine Lust ist dabei unübersehbar.

Ab Sommer 1973 erlebte ich Frank Benseler, wie die meisten, zuerst und persönlich als Hochschullehrer und von dem ‚chock' — und das Wort ist in Erinnerung an Benjamin bewußt gewählt — ist zuerst zu sprechen, den dieses Erlebnis bei mir und anderen auslöste. Das war ja eine brave Lehrerbildungsanstalt damals, noch in den alten Gebäuden am Fürstenweg, geistige Provinz und politische Idylle, in der ein sozialdemokratischer Bundestagsabgeordneter schon wie ein Ausbund an Weltläufigkeit und Modernität wirkte; eine Erziehungsanstalt, die baulich eher einem sozialdemokratisch gut gemeinten Gymnasium der frühen 60er Jahre als einer Universität ähnelte und wo ja auch viele der damaligen neuen Kollegen zunächst einmal nichts anderes waren als mit der Institution gewachsene Gymnasiallehrer. Daß in der bundesrepublikanischen Hochschullandschaft, seit den 60er Jahren, seit den 68ern etwas in Bewegung gekommen war, hätte man hier leicht übersehen können. Kein ‚westfälisches Dampfboot' dümpelte auf der Pader. Der alte Kardinal hieß noch Jäger — von dem wir den einschlägigen CSU-Abgeordneten durch das epitheton ornans ‚Kopf ab' wirksam unterschieden —, der Bundestagsabgeordnete (im Singular) hieß Barzel und der Gründungsrektor hieß Broder Carstensen; das war die Dreifaltigkeit von Kirche, Staat und Universitas, wie sie sich viele erträumt hatten. Ich weiß, das klang unfreundlich jetzt, und zu sagen, daß Frank Benseler, der neue Ordinarius, unter ihnen wirkte wie ein Paradiesvogel, ist auch nicht frei von Zweideutigkeiten, — ihm gegenüber; aber so muß ich es ausdrücken. Er wehrte sich gegen alles, was damals unter wohlmeinend technokratischer Perspektive der Bildungsvermittlung ‚Hochschuldidaktik' genannt wurde und oft doch nur die ‚leichte Kost' und die schmalsten Portionen rechtfertigen sollte, die man Studierenden verabreichte. Er wehrte sich nicht in irgendwelchen abstrakten Diskussionen, sondern indem er den unschuldigen Studierenden, die, wenn sie aus den anderen Veranstaltungen herüber kamen, oft nicht wußten, wie ihnen geschah, unvermittelt die große Tradition unmittelbar präsentierte. Keine Sekundärliteratur, keine Einführungen. Ich habe das am Anfang nicht verstanden und auch aktiv im Binnenverhältnis kritisiert. Lehramtsstudenten, bar jedes eigenen Interesses für Geschichtsphilosophie und Gesellschaftstheorie, mit der „großen Methode" zu kommen, mit der Realdialektik der bürgerlichen Gesellschaftsentwicklung durch die Zeugnisse großer Literatur vertraut machen zu wollen, das erschien mir arrogant, von oben herab und disfunktional. Er hat mir beigebracht, daß es arrogant ist, anzunehmen, daß ostwestfälische und andere Studierende mit didaktisch klein gearbeiteten Lernportiönchen bar jeder historischen und gesellschaftlichen Vermittlung ewig zufrieden bleiben, wenn sie die Alternative erst einmal lebendig vorgeführt bekommen haben. Der Erfolg gab ihm Recht. Ich denke an seine große zweisemestrige Vorlesung zur Französischen Revolution, der eine ständig anwachsende Zahl von Studierenden in der alten Aula am Fürstenweg gebannt folgte. Sicherlich muß man auch die Wirkung seiner Art zu reden dafür verantwortlich machen. Aber vor allem war es die mit ungeheurem Fleiß erarbeitete und erlesene Fülle des positiven Wissens, der konkrete Materialreichtum, der vor allem durch Erinnerungsliteratur gespeiste sachlich gebändigte Erinnerungsstrom, den er zu mobilisieren vermochte und der die Studierenden und mich mitriß. Die Französische Revolution als das konstituierende Schlüsselereignis der bisher nicht vergangenen Epoche, das war keine historisierende anekdotische Darstellung von Emanzipation und Terror, wie sie gerade im heutigen Revolutionsjahr die Journaille füllt. Die Studierenden spürten und erlebten, was sie im Detail vielleicht manchmal noch nicht verstanden — hier liebt einer, worüber er spricht. Nicht ‚sine', sondern mit Zorn und Leidenschaft und einem Sinn für's Dramatische — der Hochschullehrer, wie sich die meisten heute scheinbar bescheiden, in Wirklichkeit aber zu Recht nennen, noch als Professor. Die Vorlesung war eine am Wesentlichen ansetzende Gegenwartsanalyse, historische Verortung heutiger Konfliktlinien und Strukturbrüche, der Aufweis der Begrenzung der Gegenwart im Entstehungsmoment ihrer eigenen Ideale von Freiheit, Gleichheit und Brüderlichkeit. Aber es ist typisch für Frank Benseler, daß er die Beschränkung der bürgerlichen Revolution nicht nur im üblichen sozialistischen Sinne als bürgerliches Interesse zu dechiffrieren vermochte, sondern daß sich bei ihm in diesem Zusammenhang auch der wohl als persönliches Eingeständnis lesbare Satz findet: „Wer hat sich dem süßen Gift dieses alten Frankreich nie ergeben?" Er jedenfalls hat es ausgiebig und immer wieder getan, ist ein großer Kenner der französischen Literatur des 18. Jahrhunderts und der Memoiren des historisch absteigenden, aber alle damalige Zivilisation, Lebenskultur in sich repräsentierenden französischen Adels. Dieser Adel teilte noch nicht, was Benseler das „größte Vorurteil des 18. Jahrhunderts" genannt hat, nämlich „Rousseaus Vorstellung, daß der Mensch im Naturzustand gut sei, daß die Natur selbst gut sei" , und damit auch nicht jenen im Lichte der historisch abgeklärten Traditionen naiven Fortschrittsoptimismus, der bloß die helle Seite der „Dialektik der Aufklärung" repräsentiert. Vielleicht kam er deshalb mit den lokalen Repräsentanten der katholischen Gegenrevolution gar nicht so schlecht zurecht — was einfach gestrickte Anhänger und Schüler manchmal verwirrt haben dürfte. Eine verwehte Spur vom Katholizismus des Elternhauses bleibt manchmal zu erahnen. Sei's drum. Wo diese Sicht der optimistischen Aufklärung in der französischen Revolution zur ‚Religion der Vernunft" kulminiert, da insistiert Benseler gegen ihre parvenühafte Totalisierung im Sinne einer materialistischen Naturgeschichtsbetrachtung auf deren bloß instrumentellem Charakter. In seinem Vortrag „Soziologie der Vernunft: über nicht-traditionelle Konsequenzen herkömmlicher Vernunftanwendung" heißt es: „Der Begriff von Vernunft, von dem ich ausgehe, ist strikt instrumentell. Ich verteidige wo immer möglich die instrumentelle Vernunft. Ich denke, daß es gar keine andere gibt. Das Wesen der Vernunft ist nicht reflexive Selbstbestimmung; besteht vielmehr darin, sich der Natur für den Zweck des Lebens zu bemächtigen. Maßstab für die Effektivität ist denn auch nicht Wahrheit; vielmehr historische Bewährung." Was im ersten Moment nach der „Dialektik der Aufklärung" von Horkheimer und Adorno wie eine Affirmation der instrumentellen Vernunft und damit der historischen Entfremdung der Menschengattung von ihren eigenen Zielen aussieht, erweist sich am Ende doch nur als eine präzise Bestimmung des Vernunftbegriffes, der freilich im Unterschied zum bürgerlichen Selbstbewußtsein nicht mit dem ganzen totalisierenden Welterfassen der menschlichen Kenntnis und Praxis in Eins gesetzt ist. Zwar zitiert er gerade in diesem Aufsatz auch Kant mit seiner Bestimmung der Divinationskraft, der Kunst oder besser dem Vermögen der Vorausschau, aber das halte ich im Rahmen dieses fachphilosophischen Kongresses für Mimikry. In Wirklichkeit kommt Divination ja von divinus — also das dem Gott allein zustehende Vermögen der Einsicht in das Kommende. Jeder, der Benseler etwas näher kennt, ist damit konfrontiert, daß er von den „Göttern" spricht und schreibt, wie der normale Bürger von seinen guten oder schlechten Nachbarn. Wie die Griechen natürlich; aber eben nach Feuerbach und Marx und Engels. Es hat mich lange irritiert und entzog sich meiner Deutung, bis ich jetzt bei der Vorbereitung auf diese Ansprache alle seine mir zugänglichen Schriften noch einmal lesend auf folgenden Hinweis in einem Aufsatz „Materialismus und Innovation" (1985) stieß: „Die Götter sagt Epikur, existieren in den Intermundien" schreibt er dort, also den Zwischenräumen der Welt, in denen die Gesetze ihres objektiven Verlaufs und der Natur nicht ohne weiteres gelten. Vergessen sie bitte den Kontext nicht: die Französische Revolution als das epoche-machende Ereignis der Verwirklichung der naturrechtlich bestimmten Werte der Aufklärung hat seine Grenze nicht nur in dem bürgerlichen Interessencharakter, sondern auch in dem Verlust einer Dimension von Wirklichkeitswahrnehmung, die seit der Antike und in den verschiedensten Formen eben auf jene Intermundien verwies und damit ein komplexeres Bild von Wirklichkeit und Gegenwart besaß, als es dem inhärenten Positivismus und Materialismus aufklärerischer Weltsicht und der instrumentellen Vernunft zu Gebote steht. Die Intermundien, das waren in der Antike, im Mittelalter, jene von den erkannten Naturgesetzen und weltlichen Mächten ausgesparten oder unerreichbaren, aber ebenso ‚wirklichen' Bereiche des Wunders, der Weissagung und des Opfers; Wissen um die Intermundien und ihre Gegenwart in der Welt kann nie positiviert werden, durch sie ist stets eine Dimension von Transzendenz in ihr selbst — und nicht länger in irgendwelchen fernen Himmeln — präsent. Der Hinweis auf die ‚Götter in den Intermundien' ist der Hinweis auf die Freiheit von der Notwendigkeit, die selbst in der positiven Welt herrscht und der sich die instrumentelle Vernunft zur Ausnutzung ihrer Gesetzmäßigkeiten bemächtigen kann. In den Intermundien, so glaubten die Alten, herrschen die ‚Götter'; aber die sind tot, ebenso wie der eine letzte, von dem dann Nietzsche noch sprach, und das weiß natürlich auch Benseler genau, dem es mit seiner Rede nicht um diese Gottesvorstellung selbst, sondern um die Transzendenz, um die zu rettende Freiheit vor der total gewordenen Positivierung der instrumentellen Vernunft, um die Aufrechterhaltung des Bewußtseins von den Intermundien geht, die, und das ist der große übernommene Gedanke der „Ontologie" von Georg Lukács, heute allein durch die teleologische Setzung, die wählende Entscheidung im kreativen Prozeß der kollektiven Selbsterzeugung, im Gebrauch der Einbildungskraft des Menschen wahrgenommen wird. In eben dieser aufklärerischen Säkularisierungsthese von der ‚Creatio ex nihilo', als der kreativen Selbsterzeugung des Menschen, nicht allein durch die instrumentelle Vernunft, sondern durch Divination, Einbildungskraft oder Phantasia, durch die Kunstfertigkeit des Menschen, sich eine objektive Symbolwelt zu schaffen, die seine Wirklichkeit zusammen mit den materiellen Faktoren tatsächlich erst ausmacht, überschreitet Benseler im Rückgriff auf Vorbürgerliches die Schranke des positivistisch aufklärerischen Projekts des 18. und 19. Jahrhunderts. In dieser Tiefenschicht ist sein Interesse an Kunst und Literatur verankert, hier findet es seinen systematischen Stellenwert auf einer Ebene der „Ontologie des gesellschaftlichen Seins“, die mit der üblichen Literatursoziologie nichts gemein hat. Zwar ist die Literatur im Sinne traditioneller materialistischer Vorstellung auch spiegelnder Aufbewahrungsmodus objektiver gesellschaftlicher Zustände, und Lenins beispielhafter Bezug auf die Romane bei Balzac und Lukács große Literaturstudien sind dafür immer wieder ins Feld geführter Beleg; aber im Lichte der Selbsterzeugung des Menschen, in der götter-gleichen Füllung jener Intermundien durch teleologische Setzung kommt Kunst nicht nur die Abbildfunktion zu. An vielen Stellen angedeutet, in seinen mündlichen Beiträgen allgegenwärtig, aber in seinem systematischen Stellenwert meist nicht so verankert, wie ich das jetzt hier deutend versucht habe, liest sich das beispielsweise in seinem Interview mit Volker Lilienthal so: „Bei dieser Tätigkeit der Auseinandersetzung des Menschen mit der Natur und mit uns selber steht eine Geschichte im Vordergrund: die Auseinandersetzung mit uns selber führt zur Sozialisation oder führt zur Gesellschaftsbildung, (für?) ‚Vergesellschaftung‘ spielt ganz offensichtlich, und zwar von allerersten Zeugnissen an, da können wir schauen nach Gönnersdorf oder nach Lascaux oder wo immer hin bis zu den persischen Ausgrabungen, Kunst die entscheidene Rolle. Also der Vergesellschaftungsprozeß durch Symbole, durch Aufzeichnungen, Reproduktion von Menschen, Mann-Frau-Tier-Szenen und so weiter, ist uranfänglich, so alt wie Werkzeuggebrauch überhaupt. Und das, was uns also zu Menschen macht, ist ganz im Hölderlinschen Sinne, die Verständigung miteinander, die in Zeichensystemen, bildnerischen, lautlichen und nachher sprachlichen sich materialisiert hat. Das heißt, jetzt mache ich eine Identifikation: Menschsein besteht — die Konstitution für Menschheit besteht aus Kunst! Und zwar nicht in dem idealistischen Sinne, daß man sagt, der Geist geht der Materie voran oder diesen ganzen Schwachsinn, sondern der Mensch besteht materiell aus Kunst, aus dem Kunstmachen zur Verständigung, zur Vergesellschaftung, und aus diesem Grund ist das, was wir bislang in der Geschichte gemacht haben, irreversibel, wir können an keinem Punkt zurückdrehen, die künstlerischen Ausdrucksformen, die uns tragen, die wir sind, die, mit denen wir identifiziert sind, sind geschichtlich geworden, jetzt sind wir auf dem Niveau, das sie uns zuweisen oder uns erlauben zu erklettern: wir sind immer aktiv-passiv mit drin.“ (Manuskript 119, 120). Von hierher muß einsichtig werden, daß die Beschäftigung mit Literatur keine private Obsession, keine Marotte des Soziologen Frank Benseler, schon gar nicht die übliche Literatursoziologie anzeigt, sondern sich dem Kern seiner Weltanschauung verdankt.

Ich bin nun schon mittendrin in dem, was ich etwas vermessen vielleicht, als nahe am Zentrum von Frank Benselers Denken verorte. Indem ich um diesen Gedanken weiter voranzutreiben aus einem Gutachten zu einer Dissertation zitiere, möchte ich beiläufig auf etwas aufmerksam machen, was die Kollegen und Betroffenen aus der verschwiegenen Praxis des Gutachterwesens sonst ja nur alleine wissen können: der üblichen Gutachterpraxis steht er ebenso fern und läßt sich in ihre Grundsätze sowenig einbinden, wie in die der üblichen Lehre. Wie könnte man sonst aus einem Gutachten zu einer Dissertation etwa folgenden Satz von ihm zitieren, der sich unmittelbar vor der Notengebung findet: „Es ist kein Zynismus festzustellen, daß die Qual zu leben, und nicht Gott und Freiheit zu sein, sich mit geformter Erinnerung, mit Kunst ertragen läßt." Kunst als geformte Erinnerung einer Wirklichkeit, die, wie es in einem Artikel zu Peter Weiß' 60. Geburtstag heißt, ohne diese nur eine „... ohne Kern und Sinn, das was übrig bleibt, wenn man nur exakt und positiv" wäre, ist. Peter Weiß, die „Ästhetik des Widerstandes", das ist im übrigen für Frank Benseler das große Paradigma ästhetischer Wirklichkeitsbewältigung, in dem die Trennungen von Kunst und Wissenschaft, Geschichtsschreibung und Soziologie beispielhaft überwunden sind. Nur Christa Wolfs „Kassandra" behielt in den letzten Jahren, hier wohl aber eher aus thematischen Gründen, in seinem Denken eine vergleichbare Rolle.

Wenn von den ‚Göttern' schon die Rede war, so muß bei Frank Benseler auch zur Religion noch ein Wort gesagt werden. Bei Max Horkheimer kann man in den nachgelassenen Schriften lesen, daß man einen wahren Materialismus nur aufgrund eines ernsthaften Verhältnisses zur verlorenen Religion besitzen könne. In beidem gehe es schließlich um das Glück der Menschen. Aus einem seiner ungewöhnlichen Seminarpapiere, die er den Studierenden manchmal vorlegt, zur Schlußsitzung des gemeinsam mit den Kollegen Öhlmüller und Schellong abgehaltenen Seminars im Sommersemester 1975 „Religion, was ist das heute eigentlich?" vom 9. 7. 1975, das mir im Original vorliegt, zitiere ich der Einfachheit halber eine längere Passage. Sie mag zugleich noch einmal als Beleg gelten, falls es für den einen oder anderen hier Anwesenden dessen bedurfte, daß die oben hergestellte Beziehung zu Nietzsche und dem ‚Tod Gottes' nicht willkürlich und anmaßend war. Nehmen sie den im Seminar vor Studenten so vorgetragenen Text zugleich auch noch einmal als Beleg für das, was ich oben über Benselers Umgang mit der Hochschuldidaktik und den Paderborner Studierenden gesagt habe. „Wenn in diesem Jahr am 14. Juli in Frankreich wieder getrommelt wird zur Erinnerung an die Tatsache, daß wir Herrschaftsverhältnisse mit Terror und Gewalt ändern können, so ist das die Tradition eines einmaligen stolzen Geschlechts in der Vergangenheit: ‚Brot und Verfassung' riefen die Sansculotten im Prairial, ‚Erde und Himmel', und wenn wir Advent sagen, so ist das die andere bekenntnishafte Seite: ob der oder jener Gott, im letzten Vers wird er anders sein als am Anfang: Religion heißt heute unzufrieden sein gemessen am Vorher und gemessen am Dereinst, das wir in Entwürfen umkreisen, die wir erklären können, die wir auch begreifen, die wir aber letzten Endes, was solls, nicht anders als arbeitend, darauf zuziehend, haben. Zurück, das heißt für uns Euridyke im Nacken und das Harfenspiel des alten Europa, der Welt aufziehen, wie im Märchen, wo ein Tag in der Unterwelt den fünfzig Jahren gleich ist. Bleibt der Erde treu, ja was sollen wir denn sonst, Bruder Nietzsche; aber machen wir den Auftrag nach unserm Bilde für das Menschengeschlecht. Das ist nun nicht nur petit parole, vielmehr konkrete Praxis hier und für die Wissenschaft von der Gesellschaft. Prognose, das wissen wir, ist immer von großem Einfluß aufs Experiment. Alles zukünftige Geschehen hat, in Anbetracht menschlicher Gestaltungsfähigkeit immer experimentellen Charakter für die Gegenwart. Jede Theorie-Praxis-Verbindung geht davon aus, daß die Vernunft formgebend, daß Denken in seiner Realität sinnfällig gemacht werden kann. Denken erkennt nicht voraus, sondern wirkt voraus, hat ein Verhältnis mit der Zukunft. Soziologie in diesem Sinne hat mit Religion soviel zu tun, wie es von Offenbarungen geglaubt wurde: sie stellt den Zusammenhang der möglichen Wirklichkeit von Gesellschaft dar." Die Schlußsätze dieses Papiers lauten: „Es gibt eine moderne Religion, sie ist nicht mehr an die alten Formen gebunden, sie hat geglaubte andere Gegenstände. Zwei Richtungen sind im Streit: die manipulierte öffentliche Meinung als Glaube ans Industriesystem mit allen Konsequenzen von Entfremdung und Verdinglichung; und der Glaube an die Solidarität aller Menschen über jeweilige Interessen hinaus. Fraternité war die Zeitformel, Solidarität der Welt kann man es heute nennen." Das erinnert nicht zufällig ans schopenhauersch' geprägte, ganz und gar areligiöse und gleichwohl die Intention, die Religion einmal hatte aufnehmende und weitertragende Denken des späten Max Horkheimers, wie wir es jetzt aus seinen veröffentlichten nachgelassenen Schriften kennengelernt haben.

Der vielleicht anmaßende Versuch, zum Kern des Denkens des Freundes und Lehrers vorzudringen, hat bisher mehr Abstraktionen verlangt als mir vorher bewußt war und als ich ihnen vielleicht hätte zumuten dürfen. Es wäre ein grobes Mißverständnis, und jeder, der Frank Benseler aus eigener Erfahrung erlebt und erkannt hat, wird ihm nicht erliegen, aus dieser stets präsenten Konzentration auf das Wesentliche im Denken von Frank Benseler auf eine Weltferne, auf Praxislosigkeit und fehlendes Engagement im gegenwärtigen Streit zu schließen. Auch dieses Engagement ist aber niemals im oberflächlichen Sinne bloß politisch. Es ist vielmehr radikal, steht in der Vermittlung jener allgemeinen Entwürfe und Zielvorstellungen menschlicher und gesellschaftlicher Emanzipation mit der vehementen Kritik aktueller Mißhelligkeiten. Frank Benseler, das habe ich in den Tagen des Nachlesens seiner vielen Aufsätze, Rezensionen, Vor- und Nachworte, seiner Interventionen und Redebeiträge, die sich bei mir im Laufe der Jahre, wenn auch sicherlich nicht vollständig, angesammelt haben, sehr deutlich erkannt, ist ein mutiger Mann. Diese vielleicht zunächst etwas deplacierte Feststellung gewinnt ihr Gewicht und soll sie gewinnen auf dem Hintergrund der Kritik einer politischen Kulturgesellschaft und einer unpolitischen Kultur von Wissenschaft, die im vermeintlich 'wertfreien' szientistischen Rückzug von den alltäglichen Auseinandersetzungen und den gesellschaftlich-politischen Konflikten verharrt; besonders dann, wenn politisch angemaßte Loyalitätsanforderungen die Zeitläufe prägen. Ich meine aber auch einen Mut, der sich nicht im vordergründigen Aktionismus, gar jenem neuen friedensbewegten Märtyrertum auf kleiner Flamme zurechnen läßt, nein, ich meine etwas hintergründig als Widerständigkeit gegen die restaurativen Verhältnisse der neu entstehenden Republik Erkennbares. Frank Benseler ist bekanntlich Volljurist und Dr. jur. und spätestens seit dem Buch von Ingo Müller müßte man wissen können, bei wem in den 50er Jahren in Köln und anderswo eine solche Ausbildung zu erfolgen hatte. Lange habe ich gebraucht, damals dahinter irgendein schamhaft zu versteckendes Kapitel „Jugendsünde" fälschlich vermutend, bis ich endlich eine Kopie der maschinengeschriebenen unveröffentlichten Dissertation von Frank Benseler über „Die Diktatur des Proletariats in der Verfassung der föderativen Volksrepublik Jugoslawiens" in den Händen hielt. 75 Seiten Text plus 32 Seiten Literaturverzeichnis — allein dieses Verhältnis spricht schon Bände. Innerhalb der 75 Seiten Text machen die Anmerkungen rund die Hälfte des Gesamtumfanges aus. Also 35 Seiten juristischer Analyse plus 35 Seiten Anmerkung plus 32 Seiten Literaturverzeichnis.

„Die Diktatur des Proletariats" in einer juristischen Dissertation 1958, in Köln, zwei Jahre nach dem KPD-Verbot, zu einer Zeit, als man — wie man in der lesenswerten Darstellung Alexander v. Brünecks sehen kann — in mindestens 5000 Kommunistenprozessen individuell die ehemaligen Anhänger der KPD in ihrer bürgerlichen Existenz noch zusätzlich zu vernichten trachtete, da mag er mir im nachhinein meinen Argwohn verzeihen, der hier eine „Jugendsünde" im Sinne einer antikommunistischen 50er-Jahre-Dissertation zu finden befürchtete. Was ich schließlich fand, macht mich heute noch darauf neugierig, und es ergab sich nie die Gelegenheit, ihn dies zu fragen, wie die damalige Fakultät darauf eigentlich reagierte; ich zitiere aus dem Vorwort der Untersuchung Seite 2: „So liegt es etwa bei dieser Untersuchung nahe, die Wesensmerkmale der freiheitlichen Demokratie, wie sie von der Staatsrechtslehre aufgezeigt werden, zugrundezulegen; dann den Verfassungstext (Jugoslawiens) daraufhin zu prüfen, ob er diesen Forderungen, etwa nach individuellen Grundrechten der Staatsbürger, Volkssouveränität, Gewaltenteilung, verantwortlicher Regierung, gesetzmäßiger Verwaltung, unabhängigen Gerichten, chancengleichen Parteien und freiheitlicher Presse mit allgemeinem Oppositionsrecht entspricht; um schließlich zu urteilen. Dieses Vorgehen würde aber mit Recht als formal und schematisch abgelehnt werden. Es setzt immer schon voraus, was erst Ergebnis sein kann: nämlich zu wissen, was Demokratie ist und ob die Diktatur des Proletariats dazu mit Sicherheit im Gegensatz steht." Das muß man vielleicht zweimal lesen, um es in seiner ganzen hintergründigen Widerborstigkeit zu verstehen. Aber auch in seinem taktischen Geschick — „würde aber mit Recht ..."

Jedenfalls ist hier eine objektive Analyse angesagt, die sich keine wertenden Prinzipien zur vorwissenschaftlichen Voraussetzung wählt, und schon gar nicht jene, die später in der überpositiven Wertordnung der FDGO-Interpretation des Bundesverfassungsgerichts zum Repressionsinstrument aller die bestehende Gesellschaft transzendierenden Denkweisen und Handlungsweisen zu werden versuchte. Frank Benseler gehörte dann auch in seiner mit juristischer Kompetenz erarbeiteten Stellungnahme zum „Entwurf eines Gesetzes zur Änderung dienstrechtlicher Vorschriften" vom 6. März 1974 zu den schärfsten Kritikern von Radikalenerlaß und Berufsverbot. Als die sozialliberale Regierung in der zweiten Hälfte der 70er Jahre in zunehmender Bürgerkriegsinszenierung von oben unfreiwillig dem zunächst abenteuerlichen und marginalen Terrorismus der Baader-Meinhof-Gruppe nachträglich die politischen Weihen selbst verlieh, und als von den machtgestützten Institutionen ein scharfer Solidarisierungszwang auf alle Intellektuellen ausging, der mit dem Staatsbegräbnis für das Terrorismusopfer Martin Schleyer seinen symbolischen Ausdruck fand, zu einer Zeit, als das sanktionsbewehrte Denkverbot des Paragraphen 85a des Strafgesetzbuches sich gegen Böll und andere wendete, schreibt Benseler in Ausübung von „Wissenschaft als Beruf" in einem „Handwörterbuch zur politischen Kultur der Bundesrepublik Deutschland" unter dem Stichwort „Terrorismus": „In der politischen Kultur der romanischen Länder, vor allem Frankreichs, ist Terrorismus als die Grundlage der Durchsetzung bürgerlicher Herrschaft historisch akzeptiert … (sind) Literatur, Philosophie und Jurisprudenz durchdrungen vom Bewußtsein, das ‚Terror' Hebel der Aufklärung gewesen ist und daß Revolte und Kontestation volksherrschaftliche Mittel demokratischer Legitimationsbegründung sein können. … während in Frankreich eine breite, außerakademische Diskussion fruchtbar ist, die sich aus dem für die Nation legitimierenden Widerstandsterrorismus der antihitlerischen Résistance herleitet, ist in der BRD eine ideologiegeschichtlich-staatsrechtliche Terrorismusbeschäftigung vorherrschend, die neuerdings fast ausschließlich in Reaktion auf basisdemokratische Politisierung gegen den international vergleichsweise marginalen, syndikalistisch unreifen Widerstandsterrorismus der RAF und deren Parallel- und Nachfolgegruppen unter Machtgesichtspunkten geführt wird." Nach allem was Sie vorhin schon über Benselers Einschätzung der Wirkung von Literatur gehört haben, stellen solche Zeilen in dem meines Wissens einzigen Handbuchartikel über Terrorismus der 70er Jahre einen langfristigen, wenn sie so wollen, geschichtsmächtigen Wirkungsfaktor dar, demgegenüber die kurzfristig so mächtige Regierungspropaganda, die den gesellschaftlichen Diskurs zu formieren in der Lage war, sich als schnell vergessenes Oberflächenphänomen herausstellen wird. In der Festschrift für Friedrich Kienecker nennt er das Handeln der Regierung die „extremistisch rechtsstaatliche Bekämpfung und Erledigung der westdeutschen politischen Terroristen", damit auf die Rechtsförmigkeit mancher freilich in höchster Eile produzierten gesetzlichen Grundlage für politische Verfolgungsmaßnahmen hinweisend, und darauf, daß der Rechtsstaat als formales Prinzip keine Garantie für den Schutz von Freiheit und Demokratie bietet. In eben dieser Festschrift für Friedrich Kienecker plaziert er auch eine literaturtheoretisch und politisch-kulturell intervenierende Analyse des sogenannten ‚Buback-Nachrufs' des ‚Göttinger Mescalero', wegen dessen Verbreitung, man erinnere sich, mehr als hundert deutsche Hochschullehrer und Hochschullehrerinnen rechtlich belangt, hunderte von Wohnungen durchsucht, Buchhandlungen und Verlage umgekrempelt und manches Recht in der angeblichen Abwehr drohender Gefahr gebrochen wurde. Benseler aber schreibt über diesen Nachruf: „Inhaltlich eine jugendkulturell-artikulierte Auseinandersetzung mit dem instrumentalisierten Terrorismus, die sich von den bürgerlichen Zwangs- und Pflichtübungen zur Trauer ebenso fern halten will wie von vorgeblicher Gerechtigkeit determinierter Geschichtsabfolgen, steht hier ein Muster politischer Kultur vor uns, dessen Unzulänglichkeiten keinen Augenblick darüber hinwegtäuschen können, daß die Verknüpfung von Alltagssorge, jugendlichen Normalslangs, politischen Kalküls und moralischer Handlungsorientierung beispielhaft für die Selbstregulierungskräfte demokratischer Herkunft ist." Die Beispiele mögen belegen, zumindest andeuten, was ich meine: ich spreche nicht von bloß plakativem Mut, sondern einer Fähigkeit, in kühl kalkulierter politischer Situation mit dem Blick auf langfristige Wirkungen widerständig die aufklärerische Intention durchzuhalten. Da mögen sich andere mit ihrem Hintern auf die Straße setzen — und ich weiß, wovon die Rede ist und behaupte, auch das macht seinen Sinn — Frank Benseler hat seine Dimension der „Ästhetik des Widerstandes" nach Art und Form und historischer Perspektive im Schreiben und Reden gefunden.

Als sein Credo könnte man eine letztlich doch optimistische Haltung zu seiner eigenen, in der frühen Auseinandersetzung mit einem seiner Lehrer A. Gehlen getroffenen Feststellung anführen: „Es gibt eine Geschichte, in deren Verlauf der gesellschaftliche Anteil an Veränderungen ansteigt." Das ist eine Chance, die in seinem Sinne zu ergreifen freilich eine weitere Revolution voraussetzt. Diesen Denkhorizont in Zeiten des dominanten posthistoire-Relativismus beizubehalten, läßt ihn positiv anachronistisch erscheinen; diese Einschätzung könnte sich, wenn die Geschichte denn doch irgendwie weitergeht, noch zu seinen Gunsten ändern.

Ich habe es heute nicht als meine Aufgabe angesehen, Frank Benseler zu lobpreisen oder zu kritisieren; Urteile mögen andere fällen. Ich wollte ihn ein Stück in seiner ‚persönlichen Gleichung' mir und ihnen verständlich machen. Ein solcher Akt ist immer ein Stück Indiskretion, die sich nur unter dem Anspruch von Objektivität rechtfertigen kann. Das Persönliche hat seinen Ort anderswo.

17. Drucknachweise

1 Erstveröffentlichung
2 Vorgänge, 1 / 1986, S. 1 - 9.
3 U. Bermbach / G. Trautmann (Hrsg.), Georg Lukács. Kultur-Politik-Ontologie, Westdeutscher Verlag, Opladen 1987, S. 97 - 122. Erstdruck unter dem Titel: Krise der objektiven Vernunft. Entfremdung und ethischer Dezisionismus bei G. Lukács und M. Weber.
4 E. Hennig / R. Saage (Hrsg.), Konservatismus — Eine Gefahr für die Freiheit?, Piper, München 1983, S. 144 - 159. Erstdruck unter dem Titel: Konservative Kultur- und Zivilisationskritik in „Dialektik der Aufklärung" und „Schwelle der Zeiten". Über einige Gemeinsamkeiten bei aller Verschiedenheit.
5 R. Eisfeld / I. Müller (Hrsg.), Gegen Barbarei, Athenäum, Frankfurt am Main 1989, S. 131 - 152.
6 K. Hansen (Hrsg.), Frankfurter Schule und Liberalismus, Nomos, Baden-Baden 1981, S. 79 - 101. Erstdruck unter dem Titel: Liberalismus ohne Interesse des Bourgeois? — Zu einer Kritischen Theorie des Liberalismus.
7 D. Bänsch (Hrsg.), Die fünfziger Jahre, Narr-Verlag, Tübingen 1985, S. 184 - 208. Erstdruck unter dem Titel: Der einzelne als historisches Subjekt? Kritische Theorie und Sartrescher Existenzialismus.
8 Erstveröffentlichung
9 W. Röhrich (Hrsg.), Aspekte der Kritischen Theorie, Duncker & Humblot, Berlin 1987, S. 25 - 42. Erstdruck unter dem Titel: Materialismus und Moral. Über die Wertentscheidung in der Kritischen Theorie.
10 Deutsche Erstveröffentlichung (serbo-kroatisch in: Politička Misao, Vol. XXVII, No. 2, S. 64 - 83 unter dem Titel — übers. — Max Horkheimers politisches Denken nach 1945. Zur Kontinuität der „racket-Theorie").
11 B. Lutz (Hrsg.), Technik und sozialer Wandel, Campus, Frankfurt am Main / New York, 1987, S. 510 - 521.
12 G. Göhler (Hrsg.), Grundfragen der Theorie politischer Institutionen, Westdeutscher Verlag, Opladen 1986, S. 98 - 106.
13 R. Saage (Hrsg.), Hat die politische Utopie eine Zukunft?, Wissenschaftliche Buchgesellschaft, Darmstadt 1992, S. 87 - 100.
14 M.Th. Greven (Hrsg.), Macht in der Demokratie, Nomos, Baden-Baden 1992, S. 213 - 238.

15 Jahrbuch ’86, hrsg. vom Komitee für Grundrechte und Demokratie, Sensbachtal 1987, S. 185-202.
16 Erstveröffentlichung. Privatdruck unter dem Titel: „Immer ins Ungebundene ..“ Rede zu Frank Benselers 60. Geburtstag.

Ich danke allen Verlagen für die freundliche Erlaubnis zum Wiederabdruck, MThG.

18. Anmerkungen

1. Kritische Theorie, historische Politik und Politikwissenschaft

1. Auf besonders unverfrorene Weise z.B. von dem katholischen Historiker Hugo Staudinger, der einen Pseudo-Briefwechsel mit Horkheimer, der sich im Wesentlichen auf kurze, bürgerliche Höflichkeitsfloskeln beschränkte, gleich zweimal zum Nachweis einer angeblichen partiellen „Konvergenz" von christlicher Theologie und Kritischer Theorie heranzog (1974, 1982, S. 84 ff).
2. „Es geht dem Materialisten nicht um die absolute Vernunft und nicht um die absolute Wahrheit, sondern um das Glück — auch in seiner verpönten Gestalt: der Lust — und nicht so sehr um das sogenannte innere Glück, das sich gar zu oft mit dem äußeren Elend zufrieden gibt, sondern um einen objektiven Zustand, in dem auch die verkümmerte Subjektivität zu ihrem Recht kommt." (H. Maus, 1981, 279
3. Allein als eine solche bestimmte verdient sie einen Namen, also das großgeschriebene „K".
4. Bei C. Schmitt (1978) „verkommt" die Diktatur aber nicht schon aufgrund ihres diktatorischen Charakters, sondern ist als „kommissarische" gerade gerechtfertigt; 1921, im konkreten Fall der Bolschewiki allerdings bei Schmitt wegen deren „unklarer" und „gefährlicher" geschichtsphilosophischer Grundlegung, die sie zur „Despotie" beziehungsweise am alten Sinne zur „Tyrannei" werden läßt, nicht; demgegenüber stammt meine Wertung im Text aus der Überzeugung Kritischer Theorie, daß die Freiheit nicht mit diktatorischen Mitteln erreicht oder gesichert werden könne.
5. Das gilt vor allem für Walter Benjamin; siehe Werner Fuld, 1981, S. 39 ff.
6. „Für Horkheimer hatte die Lebensphilosophie, die jene (Nietzsche, Dilthey, Bergson, M.G.) mitgeschaffen hatten, einen legitimen Protest geäußert...". Martin Jay, 1976, S. 71; man sollte mit A. Schmidt, 1986, bes. S. 90 ff, noch die Bedeutung von Schopenhauer für Horkheimer hinzufügen, die zeitlebens bestand. Zu verweisen wäre, z.B. mit K. Nyiri, 1987, S. 41 ff, auf das Verhältnis des frühen G. Lukács zur G. Simmel, wie generell auf den sublimen Einfluß Max Webers auf nahezu alle Richtungen der Kritischen Theorie; dazu: J. Habermas, 1981, S. 461 ff.
7. Hier ist sowohl an die Übergänge von Martin Heideggers Existenzialontologie zum Marxismus bei Herbert Marcuse wie J. P. Sartre zu erinnern, wie auch an grundlegendere Gemeinsamkeiten zwischen der Kritischen Theorie und der Existenzialontologie, die am Beispiel Th. W. Adornos H. Mörchen, 1978 und 1980 herausgearbeitet hat.
8. Siehe dazu vor allem die in dieser Zeit geschriebenen, aber erst 1934 unter dem Pseudonym Heinrich Regius veröffentlichten „Notizen zu Deutschland"; jetzt in: M. Horkheimer, 1974

9. Siehe zur knappen Rekonstruktion dieser Wisenschaftskonzeption, die immer auch politisch intendiert ist: H. Dubiel, 1978, bes. S. 47 ff, A. Söllner, 1979, bes. S. 30 ff
10. Sehr (!) spät, nämlich 1968, z.B. G. Lukács, 1987, der dabei aber immer noch Lenin vor dem „stalinistischen" Leninismus zu retten versucht.
10. Deshalb ist auch die Bezeichnung „westlicher Marxismus" keineswegs unangemessen, die Perry Anderson, 1978, in seiner immer noch sehr lesenswerten Darstellung des historischen Entstehungskontextes eingeführt hat; man darf wohl daran erinnern, daß etwa an dem Frankfurter Institut für Sozialforschung Anfang der dreißiger Jahre zunächst aus „taktischen Gründen" die Bezeichnung „marxistisch" aufgegeben wurde; Anderson gibt folgende Liste der wichtigen Repräsentanten (nach dem Alter geordnet): Lukács, Korsch, Gramsci, Benjamin, Horkheimer, Della Volpe, Marcuse, Lefébvre, Adorno, Sartre, Goldmann, Althusser, Colletti (1978, S. 46); Auch J. Habermas, 1981, S. 461, verwendet diese Bezeichnung in derselben Weise.
12. Siehe den interessanten Beginn einer solchen wissenschaftlichen Analyse des Marxismus-Leninismus bei Goerges Labica, 1986
13. Siehe vor allem bei A. Söllner, 1979, 203 ff H. Dubiel, 1978, S. 59, weist darauf hin, daß M. Horkheimer für die Publikation des Aufsatzes „Die Juden und Europa" „die Rußland betreffenden Stellen ... noch weiter gemildert habe" (M. Horkheimer); an seiner Analogisierung der beiden Diktaturen bleibt aber trotzdem kein Zweifel.
14. Siehe die gerade aus historischem Abstand heraus sich als erstaunlich objektiv erweisenden Analysen P. Brückners (1976, bes. S. 162 ff); was damals vielen als „sympathisierend" erschien, erweist sich nachträglich als Insistieren auf der Freiheit zur objektiven Analyse gegenüber staatlich und öffentlich propagiertem Zwang zur Parteinahme.

Politische Theorie der Geschichte — vorläufig am Ende?

Es handelt sich um meinen Vortrag in Palermo im März 1983, nachträglich niedergeschrieben in Erinnerung an Momente des Glücks, die ich zusammen mit Margherita C. und Gerd v.d.M. in Solunth, hoch über dem Meer, bei warmem Brot und salzigem Provolone verbrachte: mit dem Gesicht im meereskühlen Nord-West-Wind-Europas, im Herzen die Sehnsucht nach dem nahen tausendgerüchigen Afrika — mit dem Hintern aber auf der frühlingssonnenwarmen Erde Siziliens; genau dort, wo vor vielen Tagen ein brandschatzender römischer Legionär aus Macedonien dem auf dem Monte Catalfano siedelnden Katharger die Tochter entriß, deren Nachkommen drunten in Sant' Elia noch heute leben. War es die Bäckerin, die uns das warme Brot verkaufte oder jener Fischer, der aufrecht im Heck seines Bootes stehend, die Pinne zwischen den wiegenden Knien, aus dem Hafen lief, die mich daran erinnerten?

Ich habe, der Form des ursprünglichen Vortrages entsprechend,auf einzelne Literaturhinweise verzichtet. Wichtig, neben den entsprechenden Grundtexten von Hegel, Marx und der „Frankfurter Schule" sind heute die Gesamtdarstellungen von J. Jay, Dialektische Phantasie: Die Geschichte der Frankfurter Schule und des Instituts für Sozialforschung, Frankfurt 1976; H. Dubiel, Wissenschaftsorganisation und politische Erfahrung: Studien zur frühen Kritischen Theorie, Frankfurt 1978; A. Söllner, Geschichte und Herrschaft: Studien zur materialistischen Sozialwissenschaft 1929-1942, Frankfurt 1979.

Die Diskussion über die Kritische Theorie spitzt sich in letzter Zeit darauf zu, entweder bei aller historischen Bedeutung ihre aktuelle Relevanz als „sozialwissenschaftliches Paradigma" zu bestreiten, oder aber, vor allem von A. Söllner und W. Bonß betrieben, zu einem sozialwissenschaftlichen Paradigma des „interdisziplinären Materialismus" ausgebaut zu werden. Letzteres um den Preis einer sozialphilosophischen Qualität, die als zeitgebunden und überlebt erscheint. Siehe zu diesen Kontroversen den sehr informativen Sammelband W. Bonß / A. Honneth (Hg.), Sozialforschung als Kritik. Zum sozialwissenschaftlichen Potential der Kritischen Theorie, Frankfurt 1982.

3. Krise der objektiven Vernunft

1 Zitiert nach Benseler (1965, S. 25).

2 Dazu ausführlich A. Grunenberg, 1976, die auf die Werbe-Rezeption in „Geschichte und Klassenbewußtsein" ausführlich eingeht (ebd., S. 191 ff) und im übrigen feststellt: „Tatsächlich kam Webers Theorie Lukács' Weltbetrachtung sehr entgegen ... was ihn (Lukács) ferner gerade mit der von Max Weber vertretenen wissenschaftlichen Richtung verband, war, daß dieser den Marxismus nicht einfach ablehnte, sondern versuchte, seine Theorie mit marxistischen Elementen anzureichern." (Ebd., S. 23 f) Kammler (1974, passim) hat m.E. die durchgängige Tendenz, die Weber-Rezeption Lukács als ‚Abweichung' vom ‚wahren Marxismus' zu interpretieren, weil er umgekehrt den ‚marxanalogen' Anteil der Weber'schen Kapitalismuskritik nicht wahrnimmt, sondern Marx und Weber a priori als Antipoden definiert. So ist es kein Zufall, daß er in der entscheidenden inhaltlichen Passage die Darstellung Maretzkys übernimmt. (Ebd., S. 180 ff)

3 Dabei gibt es aber eine Tendenz, sich einseitig auf den Einfluß und die Rolle Webers zu konzentrieren, der am ehesten P. Ludz (1967) entgeht; diese Tendenz scheint sich eher einem gewachsenen Weber-Interesse der Linken in den letzten 15 Jahren zu verdanken als genauen historischen Studien. Eine Arbeit, die anders als dieser vergleichende Aufsatz die Einflüsse auf Lukács nachweisen wollte, müßte m.E. viel stärkeres Gewicht auf Simmel, Lask, Natorp, Staudinger und Dilthey legen — um nur die deutschen Philosophen anzusprechen.

4 Auf diesen letzten Punkt geht vor allem Goldmann (1966, S. 213 ff) ein, der sich strikt dagegen wendet, Lukács' Denken sei auf eine Ethik hin orientiert (ebd., S. 229). Dabei geht er aber unbegründet von einem kantischen Schema aus, während Lukács später systematisch an dem Punkt ansetzt, an dem Hegel keine Ethik entwickelt. Daß Lukács seine ‚Ethik' vor hatte, steht heute außer Frage; wie sie aussähe, ist vor allem den Hinweisen in der „Ontologie des gesellschaftlichen Seins" zu entnehmen. (Siehe auch Fußnote 10)

5 Ich beschäftige mich nicht mit dem Weber-Kapitel in Lukács' „Zerstörung der Vernunft", weil es aufgrund des bewußt selektiven und einseitigen Zugangs kein Material für den hier intendierten Theorievergleich abgibt.

6 „Lukács entdeckt also den revolutionären Marxismus über Hegel und umgekehrt." (Dutschke, 1974, S. 194)

7 Dazu Marx (1939, S. 2): „Diese Täuschung ist jeder neuen Epoche bisher eigen gewesen".

8 Ohne die Ontologie, das ‚Spätwerk' von Lukács überhaupt zu kennen, schrieb Merleau-Ponty bereits in den fünfziger Jahren: „... denn was Lukács mit er Ideologien- und Literaturtheorie ... bewahren will ... ist ein Marxismus, der die Subjektivität in die Geschichte eingliedert, ohne aus ihr ein Epiphänomen zu machen." (1974, S. 52)

9 Es ist wichtig zu sehen, daß die „Ontologie" ebenso wie Marx nicht von einem „Wesen des Menschen ausgeht, sondern nur von dessen „Natur, die ein Ganzes von Bedürfnissen und Trieben ist" (Marx, 1939, S. 157), und von der Lebensnotwendigkeit, tätig zu werden, um diese befriedigen. Hier setzt, bei Marx wie bei Lukács, der Arbeitsbegriff an, der damit Bearbeitung von Natur ebenso wie Praxis der Zusammenarbeit, der folglich ‚Arbeit' und ‚Interaktion' umschließt und damit die Dichotomie vermeidet, die Habermas so viel Kopfzerbrechen bereitete.

10 Im übrigen scheint es mir bei Lukács eine große Kontinuität von ‚Früh-' und ‚Spätwerk' zu geben, die durch die in der bisherigen Beschäftigung im Vordergrund stehende ‚Abweichung' in der Phase von „Geschichte und Klassenbewußtsein" (‚Mittelwerk'...) eher übersehen wird, nämlich die ‚Ethik' als Fluchtpunkt der Geschichtsphilosophie und der Ontologie. In ‚Taktik und Ethik' hatte Lukács geschrieben: „Hegels System hat keine Ethik; bei ihm wird die Ethik durch jenes System der materiellen, geistigen und gesellschaftlichen Güter ersetzt, in denen seine Geschichtsphilosophie kulminiert. Die Form der Ethik hat der Marxismus im wesentlichen übernommen (so z.B. das Buch von Kautsky)". Demgegenüber hält es Lukács für offensichtlich, „daß eine ethische Fragestellung nur von diesen gesellschaftlich richtigen Zielen ausgehen kann... die eine eindeutige Lösung allein im kollektiven Handeln von Menschengruppen finden kann." (1975, S. 48 f) In der ‚Ontologie' scheint mir freilich der individuelle Aspekt verschärft zu sein, ohne in Widerspruch zum kollektivistischen Anspruch zu geraten. Ludz, 1967, S. XXXIX, ordnet auch ‚Geschichte und Klassenbewußtsein' dieser Kontinuität zu: „In ‚Geschichte und Klassenbewußtsein' wird das regulative Prinzip des Klassenbewußtseins dann konsequent mit der ‚Ethik' des Proletariats synonym gesetzt." Diese Interpretation halte ich für überzogen.

11 „Wenn ich nun einmal Soziologe geworden bin (laut meiner Anstellungsurkunde), dann wesentlich deshalb, um dem immer noch spukenden Betrieb, der mit Kollektivbegriffen arbeitet, ein Ende zu machen." Max Weber, Brief vom 9. 3. 1920, zit. bei Mommsen 1974b, S. 256.

12 Es ist Weiß, 1981, S. 109, zuzustimmen, wenn er darüber hinaus für den Marxismus insgesamt feststellt: „Es ist nicht zu sehen, wie eine marxistische Analyse ihr kritisches Geschäft speziell gegenüber den für die kapitalistische Gesellschaftsformation kennzeichnenden ‚Verdinglichungen' erfüllen soll, wenn sie diese nicht systematisch als spezifische Produkte eines spezifischen ‚Zusammenhandelns' sichtbar machte. Das Beharren auf einer menschlichem Handeln schlechthin entzogenen Materialität gesellschaftlicher Verhältnisse ist ebenso antikritisch und antiaufklärerisch, wie die gegen den ‚Individualismus' der Weber'schen Handlungskonzeption gerichtete These, der materialistische Ansatz habe das ‚individuelle Verhalten auf das Verhalten von Massen, Gruppen und insbesondere Klassen, das Individuelle auf das Soziale zurückzuführen'."

13 Um einen orthodoxen Einwand, z.B. von der Art Maretzkys zu begegnen, damit wandle Lukács auf den Pfaden ‚bürgerlichen Subjektivismus', als ‚orthodoxe'

Quelle solcher Gedanken noch einmal Marx (1972, S. 362 ff): „Aber die Menschen beginnen keineswegs damit, ‚in diesem theoretischen Verhältnis zu Dingen der Außenwelt zu stehen'. Sie fangen, wie jedes Tier, damit an, zu essen, zu trinken etc., also nicht zu einem Verhältnis zu stehen', sondern sich aktiv zu verhalten..." Dadurch schaffen sie erst die Verhältnisse, die ihnen später objektiv gegenüberzustehen scheinen. (In dem Zitat zitiert Marx eine Formulierung von Wagner.) Oder um noch eine andere bekannte Äußerung zu zitieren: „Verhältnisse der Individuen können unter allen Umständen nichts anders als ihr wechselseitiges Verhalten..." sein „(Die gegenwärtige geschichtliche Epoche, M.G.) hat ihnen die Aufgabe gestellt, an die Stelle der Herrschaft der Verhältnisse und der Zufälligkeit über die Individuen die Herrschaft der Individuen über die Zufälligkeit und die Verhältnisse zu setzen... (Diese) Aufgabe fällt zusammen mit der Aufgabe, die Gesellschaft kommunistisch zu organisieren." (Marx, 1969, S. 423 f)

14 Sie scheint mir etwa bei Berger/Luckmann, 1971, am konsequentesten entwickelt vorzuliegen.

15 Siehe zu meiner Interpretation dieser Frage, auch Merleau-Ponty, 1974, S. 40: „Das ist die Frage, die Georg Lukács an seinen Lehrmeister Weber richtet. Er wirft ihm nicht vor, daß er zu relativistisch gewesen ist, sondern daß er es zu wenig war und nicht so weit ging, ‚die Begriffe des Subjekts und des Objekts zu relativieren'. Tut man das, so findet man wieder zu einer Art von Totalität zurück. Freilich läßt sich nicht verhindern, daß unser Wissen partiell und parteilich ist. Es wird niemals (wenn das Wort einen Sinn hat) mit dem An-sich der Geschichte zusammenfallen."

4. Konservative Kultur- und Zivilisationskritik

Ich danke den Teilnehmern am Seminar über Hans Freyer im Sommersemester 1981 an der Universität Marburg, besonders Alfred, Dieter, Georg, Gerd, Joachim, Hans, Neli und Thomas, deren Widerstand gegen meine damals noch ganz tastenden Thesen mir sehr geholfen hat.

Alle nur mit Seitenzahl im Text ausgewiesenen Zitate von H. Freyer stammen aus H. Freyer, Schwelle der Zeiten, Stuttgart 1965; alle Zitate von Adorno und Horkheimer aus: Dialektik der Aufklärung, Frankfurt am Main 1969.

1 M.R. Lepsius (1979); H. Schelsky 1980); M.R. Lepsius (1981); H. Linde (1981); E. Üner (1981). Versuche der inhaltlichen Rezeptionen und Auseinandersetzung finden sich bei H. Marcuse (1931), in dem — in der bisherigen Sekundärliteratur vollständig übersehenen — Buch von R. König (1975, zuerst 1938), dann bei G. Lukács (1951 und 1962). E. Manheim (1961), W. Giere (1967), P. Demo (1973), E. Pankoke (1970), um die wichtigeren zu nennen; hinzuweisen wäre noch auf die vergleichsweise große Beachtung, die Hans Freyer in der Wissenschaft der DDR gefunden hat; dazu zusammenfassend R. Gielke (1981) mit weiteren Literaturangaben.

2 Verwiesen sei hier neben dem schon erwähnten Buch von P. Demo über H. Marcuse und H. Freyer auf den ähnlich tabuverletzenden Vergleich von Adorno und Heidegger bei H. Mörchen (1981) und die richtigen Bemerkungen des Rezensenten N. Kapferer (1981) dazu.

3 Zu den Problemen eines revidierten Konservatismusbegriffs habe ich mich schon früher geäußert: Greven (1980a).

4 W. Benjamin (1972 a III). S. 522.

5 Demgegenüber legte G. Lukács Hans Freyer eine Kritik des (emphatischen) Fortschrittsbegriffs in den Mund, die auf einem vollständigen Mißverständnis beruht: „Im Mittelpunkt der philosophischen Kritik steht, oft mit nahezu ‚revolutionärem' Schwung an die Spitze getrieben, die Kritik des Fortschrittsgedankens. Freilich spricht niemand davon, daß diese ‚kühne' Fragestellung nur eine ideologische Spiegelung der fortschrittsfeindlichen Entwicklung der Bourgoisie, ihres Kompromisses mit den reaktionären Überresten der Gesellschaft ist ... Es wird die eigentümliche und interessante Ehe von reaktionärem Inhalt und revolutionärer Geste geschlossen ... Am Vorabend der Machtergreifung des Faschismus gibt Freyer die zusammenfassende Losung heraus: Revolution von rechts." (1951, S. 16) Demgegenüber ist festzuhalten, daß Freyers Fortschrittshoffnung vor 1935 zwar nicht sozialistisch und demokratisch, wohl aber systemüberwindend und kapitalismuskritisch orientiert war — und damit wirklich Fortschritt, wenn auch nicht im wertenden Sinne von Lukács beinhaltete —, und daß sich bei Hans Freyer nach 1945 eher eine resignative Affirmation des „immanenten" Fortschritts der industriellen Gesellschaft findet, die schon H. Lübbe (1959) kritisiert hat.

6 „Es ist eine der Hauptthesen des Buches, daß die Soziologie, wenn sie den geschichtlichen Charakter ihrer Gegenstände vergißt und dem Ideal der abstrakten Systematik nachjagt, nicht nur auf jede Lebensbedeutung verzichtet, sondern geradezu ihren Gegenstand vernichtet ... Noch ihre abstraktesten Kategorien werden ein Minimum historischer Sättigung aufweisen müssen." (H. Freyer, 1964, S. 2 und 7) Gegen diese eigenen Maximen wird hier offenkundig verstoßen.

7 Ich kann nicht verhindern, hier, noch ein Tabu verletztend, an den Schluß von W. Benjamins Thesen „Über den Begriff der Geschichte" (1974, I, S. 704) zu denken, wo es heißt: „Den Juden wurde die Zukunft aber darum doch nicht zur homogenen und leeren Zeit. Denn in ihr war jede Sekunde die kleine Pforte, durch die der Messias treten konnte."

6. Zu einer Kritischen Theorie des Liberalismus

Die Aufsätze aus der Zeitschrift für Sozialforschung (=ZfS) werden grundsätzlich mit ihrem Originalerscheinungsjahr zitiert nach dem text- und seitenidentischen Reprint im Deutschen Taschenbuch Verlag, München 1980.
Die Freiburger Thesen der F.D.P. zur Gesellschaftspolitik" (FT) werden jeweils unter Angabe der These aus dem von der Partei im Anschluß an den Parteitag herausgegebenen Eigendruck, Bonn 1971, zitiert.

1 Auf verschiedenen Ebenen, von der Philosophie des Individualismus und Egoismus bis zur Verwandtschaft von Liberalismus und Faschismus; siehe vor allem: Pollock (1932), Marcus (1934), Horkheimer (1935); Horkheimer (1938); Horkheimer (1939 - 40); Horkheimer / Adorno (1944; jetzt 1969). Zu den Arbeiten von Marcuse (1934) und Horkheimer (1939 - 40) siehe auch Greven, 1975; insgesamt zu diesem Aspekt in der wichtigen Sekundärliteratur vor allem Jay (1976, bes. 175 ff und 297 ff), H. Dubiel (1978) u. A. Söllner 1979.

2 Dazu Heinrich Regius (d.i. Max Horkheimer) im lakonischen Kommentar: „Die Lehre, daß die Subjekte der gegenwärtigen Wirtschaftsordnung stets nach ihrem In-

teresse handelten, ist sicher falsch. Nicht alle Unternehmer handeln nach ihren Interessen, es pflegen nur die, welche es nicht tun, zugrunde zu gehen." (Horkheimer, 1974, S. 339)

3 Siehe: Institut für Sozialforschung (1956), S. 40-54; ebd. S. 42 heißt es: „Unter den Einwirkungen des Liberalismus, der Lehre von der freien Konkurrenz, hat man sich vollends gewöhnt, die Monade als ein Absolutes, für sich Seiendes, zu denken ... Menschliches Leben ist wesentlich, nicht bloß zufällig Zusammenleben. Damit aber wird der Begriff des Individuums als der der letzten sozialen Einheit fragwürdig. Existiert der Mensch von Grund auf durch entsprechende andere, ist er nur durch sie, was er ist, so wird er letztlich nicht durch primäre Unteilbarkeit und Einzigartigkeit bestimmt, sondern dadurch, daß er am anderen notwendig teilhat und sich mitteilen kann. Er ist Mitmensch, ehe er auch Individuum ist; verhält sich zu anderen, ehe er sich ausdrücklich zu sich selbst verhält: er ist ein Moment der Verhältnisse, in denen er lebt, ehe er sich vielleicht einmal selbst bestimmen kann."

4 „Die Ordnung, die 1789 als fortschrittlich ihren Weg antrat, trug von Beginn an die Tendenz zum Nationalsozialismus in sich." (Horkheimer, 1939-40, S. 129)

5 Es muß hier gleich das Mißverständnis ausgeräumt werden, Hegel solle durch das obige Zitat als Stammvater des Liberalismus propagiert werden; das ist er ganz gewiß nicht! Siehe dazu die äußerst treffende Darstellung der im Hegelschen System mißlingenden Synthese zwichen individuellen Rechten und Staatssouveränität bei F. Neumann (1980, S. 181 - 196); allerdings war Hegels Versuch, die bürgerliche Gesellschaft idealistisch als Inkarnation der Vernunft zu begreifen, in diesem Teil (!) eine grandiose Selbstapotheose der liberalen Doktrin, und seine dialektisch nicht vermittelbare (Neumann, ebd. S. 181) Machtstaatsapotheose zeigt gerade in ihrer Unvermittelbarkeit die im Text von mir erläuterte grundlegende Antinomie der liberalen Staats- und Gesellschaftsauffassung, die nach der einen Seite hin nur totalitär zu entscheiden (!) ist.

6 Für die amerikanische Verfassungsdiskussion — auch der neu-englischen Einzelstaaten — siehe W.P. Adams (1973, bes. S. 171 ff.), für die französische Verfassung, besonders die das Wahlrecht betreffenden Beschlüsse der Konstituante vom 22. Dezember 1789, siehe A. Soboul (1973, S. 152); es heißt dort zusammenfassend: „Die politischen Rechte werden einer Minderheit vorbehalten ... Das Volk war vom politischen Leben ausgeschlossen." „Freiheit, Gleichheit, Brüderlichkeit" war eben eine bürgerliche These für Bürger, nicht eine humanistische These für Menschen!

7 Ich gehe hier nicht weiter auf die sich aus den ökonomischen Gesetzmäßigkeiten ergebende Unmöglichkeit der Realisierung dieses Modells im Kapitalismus ein, weil sie auf der Hand liegt — ich erlaube mir nur die Bewertung als „rückwärtsgewandte Utopie".

Bei Macpherson (1973, S. 307 - 308) findet sich das Problem — in der angloamerikanischen Tradition auf die Frage „Why shall Men obey?" leicht verschoben — als aktuelles Dilemma wieder: „Das Dilemma der modernen liberal-demokratischen Theorie liegt nun zutage: sie muß weiterhin die Prämissen des Besitzindividualismus verwenden, und zwar zu einer Zeit, in der die Struktur der Marktgesellschaft nicht mehr die Bedingungen schafft, die notwendig sind, um von jenen Prämissen eine gültige Theorie der politischen Pflichten abzuleiten ... Ein Ausweg aus diesem Dilemma kann nicht dadurch gefunden werden, daß man jene Prämissen verwirft, ohne zugleich die Marktgesellschaft zu verwerfen, wie es so viele Theoretiker von John Stuart Mill bis in unsere Zeit getan haben mit der Begründung, die Prämissen seien moralisch anfechtbar. Auch wenn sie heute moralisch anfechtbar sind, so sind sie nichtsdestoweniger noch immer unserer Eigentumsmarktgesellschaft faktisch genau angemessen. Das Dilemma bleibt bestehen. Entweder wir verwerfen die Prämissen des Besitzindividualismus, in welchem Fall unsere Theorie unrealistisch wäre, oder wir halten an ihnen fest, in welchem Fall wir keine gültige Theorie politischer Pflichten gewinnen können. Daraus folgt, daß wir eine gültige Theorie politischer Pflichten gegenüber einem liberal-demokratischen Staat in einer Eigentumsmarktgesellschaft nicht erwarten dürfen.“

8 Siehe auch die Formulierungen bei Horkheimer (1938, S. 383 - 384): „Der autoritäre Staat charakterisiert den Abschnitt der europäischen Gesellschaft, der den Liberalismus ablöst. Er bedeutet Unterdrückung auf höherer Stufe. Die Aufgabe, die von den Produktionsmitteln getrennten Massen zu beherrschen und das Volk für den Kampf auf dem Weltmarkt zu ertüchtigen, die jetzt von der eigens dafür etablierten Bürokratie systematisch betrieben wird, hat sich aus dem Liberalismus ergeben ... Die Beute aber, die dem Faschismus zufällt, gehört ihm von rechtswegen, er ist des Liberalismus legitimer Sohn.“

9 „Je reiner die bürgerliche Gesellschaft zur Herrschaft kommt, je uneingeschränkter sie sich auswirkt, desto gleichgültiger und feindseliger stehen sich die Menschen als Individuen, Familien, Wirtschaftsgruppen, Nationen und Klassen gegenüber, desto mehr gewinnt das ursprünglich fortschrittliche Prinzip des freien Wettbewerbs auf der Grundlage sich verschärfender ökonomischer und sozialer Gegensätze den Charakter des dauernden Kriegszustandes nach innen und außen.“ (Horkheimer, 1936, S. 165) Eine solche Einschätzung ist mit der positiven und gesellschaftlich wie historisch ganz abstrakten Bewertung von Wettbewerb und Konkurrenz im klassischen wie im ‚modernisierten‘ Liberalismus (siehe FT, These 2) gänzlich unvereinbar.

7. Kritische Theorie und Sartrescher Existenzialismus

1 1981, S. 12

2 „Aufklärung ist die radikal gewordene, mythische Angst. Die reine Immanenz des Positivismus, ihr letztes Produkt, ist nichts anderes als ein gleichsam universales Tabu. Es darf überhaupt nichts mehr draußen sein, weil die bloße Vorstellung des Draußen die eigentliche Quelle der Angst ist.“ (Horkheimer / Adorno, 1969, S. 22)

3 Horkheimer, 1937, S. 273

4 Marcuse, 1967

5 Horkheimer, 1937, S. 270 f.

6 „Der erste ‚Heideggermarxist‘ war Herbert Marcuse.“ (J. Habermas, 1969a, S. 330).

7 Klär, 1981, mit einer glänzenden Analyse

8 Sartre, 1971, S. 73

9 „Die Menschen nämlich in Sartres Romanen und Theaterstücken leben in einer für sie unerkennbaren Welt, die ihnen unlogisch, schlechthin sinnlos vorkommt. Es gibt weder historische Gesetzlichkeit noch Veränderung der Wirklichkeit durch gemeinsames Handeln. Jede Aktion hat bloß Bedeutung für den, der agiert.“ (H. Mayer, 1972, S. 38)

10 Sartre, 1971, S. 26, 27 f.
11 Horkheimer, 1937, S. 291 f.; Hervorhebung von M.G.
12 Ebd. S. 261
13 A. Schmidt, 1974, S. LV.
14 „Was einmal den Philosophen Leben hieß, ist zur Sphäre des Privaten und dann bloß noch des Konsums geworden, die als Anhang des materiellen Produktionsprozesses, ohne Autonomie und ohne eigene Substanz, mitgeschleift wird." (Adorno, 1980, S. 9)
15 Horkheimer, 1937, S. 270
16 Windelband / Heimsoeth, 1957, S. 476
17 Marcuse, 1972, S. 167
18 Die Herstellung der Beziehung zu Kant ist inhaltlich wie methodologisch angemessen; so auch von Krosigk (1969, S. 146): „(...) wird deutlich, daß Sartre um eine ‚Kritik' im Kantschen Sinne, d.h., um eine apriorische Fundierung der dialektischen Vernunft bemüht ist."
19 Sartre, 1980, S. 9 (franz. zuerst 1943, dt. zuerst 1952)
20 Pivčević, 1972, speziell zum Verhältnis von Sartre zu Husserls Philosophie
21 Marcuse, 1970, S. 52
22 „Der Krieg der Bewußtseine keimt im cartesischen cogito. (...) Das ego, so wie es im ego cogito, ergo sum gegeben ist, ist das Absolute, zu dem alles andere relativ ist: Seine Wahrheit, die von keiner anderen abhängt, bedingt alle anderen. (...) Nun kann es aber nicht gleichzeitig mehrere Absolute geben. Ein zweites Absolutes (der Andere) bezeichnet notwendig einen Rivalen des ersten Absoluten (Ich, ego). Der Übergang von cogito zum cogitamus ist keineswegs der Übergang vom ‚Ich' der einsamen Meditation zum ‚Wir' einer Republik der Geister. Im Plural sind die Absoluten nur noch Bewerber um das Absolute, mörderische Konkurrenten um den Thron." (V. Descombes, 1981, S. 32 f.)
E. Pivčević (1972, S. 173) weist zwar zu Recht darauf hin, daß, anders als bei Descartes, bei Sartre der Akzent des cogito nicht auf der ontologischen Begründung des Subjekts, sondern auf dem Nachweis des ‚existentialen' Charakters von Erkenntnis liege; die beiden Aspekte scheinen mir aber, ungeachtet der Akzentverschiebung, untrennbar verbunden.
23 Sartre, 1980, S. 65
24 Ebd. S. 65
25 Ebd. S. 552
26 Der Autor, der in den letzten Jahren am konsequentesten eine solche ‚subjektlose' Konzeption von ‚Kontingenz' als ‚Möglichkeitshorizont' entwickelt hat, ist N. Luhmann; wie Sartre nimmt er seinen Ausgang bei der transzendentalen Phänomenologie Husserls, aber anders als bei diesem, ist der absolute Bezugspunkt nicht das cartesianische ego, sondern „Welthorizont" (L. Eley, 1972, S. 14); unklar bleibt bei Luhmann freilich, welchen Status „Systeme" haben, die aus diesem als Kontingenzbereich selegieren.
27 So auch G. Lukács (1951, passim), der in seiner ideologischen Kritik die Positionen von Holz (1951) vorwegnimmt; bei ihm aber der interessante Hinweis, der sich mit der These dieses Aufsatzes methodisch verbindet, daß Philosophie verarbeitete geschichtliche Erfahrung darstelle; der ‚abstrakte Freiheitsbegriff' Sartres stamme aus dem Kontext des „perspektivlosen antifaschistischen Widerstandes"; nur daß Sartres erstes Hauptwerk bereits 1934 erschien, spricht dagegen ...

28 Sartre, 1980, S. 559

29 „Die wesentliche Freiheit des Menschen, wie Sartre sie sieht, bleibt die gleiche vor, während und nach der totalitären Versklavung des Menschen. Denn Freiheit ist für ihn die Struktur menschlichen Seins selber und kann selbst durch die widrigsten Umstände nicht vernichtet werden: der Mensch ist selbst in den Händen des Henkers frei." (H. Marcuse, 1970, S. 52)

30 Sartre, 1980, S. 559f. und S. 561

31 Ich habe diesen Gedanken auch in einem Vergleich Th.W. Adornos und H. Freyers zu entwickeln versucht, s. Kapitel 4.

32 Sartre, 1971, S. 81

33 So auch, mit Blick auf den Sartreschen Revolutionsbegriff, J. Habermas (1969a, S. 300): „Dieser Philosophie der Revolution geht es nicht um die angebbare Revolution einer bestimmten Gesellschaft mit der Absicht einer bestimmten Befreiung — es geht ihr vielmehr um das, was sich in jeweils bestimmten Revolutionen immer wiederholt: um Transzendenz als Grundzug menschlichen Existierens. (...) Die Revolution selbst bezeichnet, samt ihren Bedingungen, die formale Struktur eigentlicher Existenz. In ihr betätigt sich der Mensch als ein freier, aber nicht so, als wäre der revolutionäre Zustand nur ein solcher, in dem er befreit leben könnte. Die Revolution erreicht nichts. Sie ist die folgenlose Freiheit, die stets in sich selber wieder versinkt."

34 Wenn H.H. Holz (1951) in seinem in langen Passagen durchaus klug analysierenden Buch über Sartre in seiner „Kritik" schließlich loslegt: „(...) entlarvt sich also als eine Anthropologie"; „ideologischer Ursprung des Existenzialismus" (S. 107); „vielleicht extremste Stufe einer bürgerlichen Ideologie, ein Ausdruck der Ratlosigkeit, in der sich das ‚geistige Sein' einer der Krise ausgesetzten herrschenden Klasse befindet" (S. 108); „Das Gegenwärtige wird negiert, ohne es ändern zu wollen (sic!) (...) Lähmung des aktiven Bewußtseins, die Einsargung in einem welt- und seinsfernen, solipsistischen Ich-Raum" (S. 109); „ideologischer Ableger des Kapitalismus" (S. 110), usw., usw., so nur, weil er unausgesprochen die Prämisse vom ‚Verlust des historischen Subjekts' nicht nachvollzieht und weiter auf dessen Inkarnation in Form der kommunistischen Partei setzt — wie überraschend muß ihn die zeitweilige Komplizenschaft Sartres mit der KPdSU, die kurz nach der Veröffentlichung von Holz' Buch begann, getroffen haben.

35 Siehe den entsprechenden Hinweis bei K. Heinrich, 1982, S. 23: „Nicht die Versöhnung hat Marx Hegel vorgeworfen, sondern das Mißlingen der Versöhnung."

36 So auch von Krosigk, 1969, S. 148: „Seine Theorie ist festgemacht am einzelnen Subjekt als transzendental-ontologischem Grund ..."; und auch die politisch-philosophische Reorientierung Sartres an der ‚Praxis der Gruppe' in der ‚Kritik der dialektischen Vernunft' hält an der in ‚Das sein und das Nichts' gewonnenen ‚Erkenntnis von der prinzipiellen ontologischen Freiheit des Subjekts' fest". (Ebd. S. 179)

37 Adorno, 1970, über Sartre: „Je weniger objektive Chancen ihr (der kommunistischen Partei, M.G.) die gesellschaftliche Machtverteilung bot, desto ausschließlicher hat er die Kierkegaardsche Kategorie der Entscheidung urgiert (...). Trotz seines extremen Nominalismus organisiert sich Sartres Philosophie in ihrer wirksamsten Phase nach der alten idealistischen Kategorie der freien Tathandlung des Subjekts. Wie für Fichte ist für den Existenzialismus jegliche Objektivität gleichgültig." (S. 57) „Wahr am Existenzbegriff ist der Einspruch gegen einen Zustand

von Gesellschaft und szientifischem Denken, der unreglementierte Erfahrung, virtuell das Subjekt als Moment von Erfahrung austreibt. (...) Die unterdessen real entmächtigte und inwendig geschwächte Subjektivität wird isoliert und — komplementär zur Heideggerschen Hypostasis ihres Gegenpols des Seins — hypostasiert. Die Abspaltung des Subjekts nicht anders als die des Seins läuft, unverkennbar beim Sarte von L'etre et le néant, auf die Illusion der Unmittelbarkeit des Vermittelten hinaus. So vermittelt Sein durch den Begriff und damit durchs Subjekt, so vermittelt ist umgekehrt das Subjekt durch die Welt, in der es lebt, so ohnmächtig und bloß innerlich auch seine Entscheidung. Solche Ohnmacht läßt das dinghafte Unwesen über das Subjekt siegen." (S. 127)

38 Adorno 1970, S. 58f.

39 Ebd., S. 130

40 Ebd., S. 216

41 So, von gesellschaftlichen Inhalten abstrahierend, M. Landmann, 1971, S. 119f.: „Zwischen Gesellschaft und Individuum ist ein alter Kampf im Gange (...) Heute scheint in diesem Kampf die Gesellschaft gesiegt zu haben. (...) Das Individuum hat selbst den Glauben an sich verloren und gibt auf."

42 Adorno. 1970, S. 335

43 Ebd., S. 240f.

44 Allerdings bleibt die Vorstellung von der Möglichkeit einer „Versöhnung" bei den ‚Frankfurtern' solipsistisch und der übrigen Theorie relativ unverbunden; bei Adorno, wie H. Mayer in seinem „Nachdenken über Adorno" (1970, S. 279) feststellt, auf den Bereich der Ästhetik beschränkt, in Horkheimers Spätwerk schließlich als „Sehnsucht" interpretierbar, die religiöse, zumindest aber metaphysische Züge annimmt. (Dazu W. Post 1971 und in peinlicher Vereinnahmung gegen die Intentionen der Kritischen Theorie: H. Staudinger, 1974).

8. Parteilichkeit im Kalten Krieg

1 Zu den Einzelheiten bei Sartre A. Cohen-Solal (1988): eine vergleichbare Biographie, die das ganze Leben von Lukács umfaßt, gibt es bisher nicht

2 Falls überhaupt eine intensivere Beschäftigung in der Literatur mit dem Verhältnis Lukács-Sartre vorliegt — so habe ich sie nicht gefunden. Beispielsweise finden sich in dem umfangreichen Dokumentationsband des Frankfurter Sartre-Kongresses nur vier Hinweise auf Lukács, die entweder belanglos sind oder ganz pauschal auf „Geschichte und Klassenbewußtsein" als einen der Texte hinweisen, den Sartre gekannt haben *könnte.* (*T. König,* 1988, 470) In dem Werk, in dem Sartre am intensivsten nach einer persönlichen Synthese von Existenzialismus und Marxismus gesucht hat, der „Kritik der dialektischen Vernunft" (1978), kommt Lukács nicht vor. Zur Sartre-Rezeption durch Lukács in der „Ontologie des gesellschaftlichen Seins" (1984, 1986) siehe den nachfolgenden Text.

3 Der philosophisch *eigentlich* ernstgenommene Feind von Lukács, wenn es um Ontologie und Existenzialismus geht, ist natürlich Heidegger, was er in abfälligen Bemerkungen zu Sartre, den er gewissermaßen nur als epigonale Variante betrachtet, mehrfach offen ausspricht. Lukács greift Sarte vor allem wegen seiner populären Wirkung an. Ich beschäftige mich aber mit *diesem* Verhältnis, weil die Kritik an

Sartre auf dem Hintergrund vieler Parallelen und Gemeinsamkeiten stattfindet, weil sie — auch wenn Lukács gerade das zu vertuschen versucht — eine Auseinandersetzung um den und innerhalb des Marxismus darstellt, zu dessen Geschichte im 20. Jahrhundert am Ende doch beide maßgeblich beigetragen haben.

4 Zu Sartre siehe vor allem A. Cohen-Solal, 1988, 508 ff. — wobei keineswegs gesagt werden soll, daß Sartres Probleme sich *nur* in seiner Phase des Engagements an der Seite des Kommunismus zeigen.

5 Die in der zweiten Hälfte der vierziger Jahre einzeln entstandenen und publizierten Beiträge werden hier ausschließlich nach der von Lukács im Vorwort legitimierten und wegen seiner anhaltenden Aktualität begründeten zusammenfassenden Ausgabe des Aufbau-Verlages (1951) zitiert.

6 Eine informative Darstellung von Lukács während seines sowjetischen Exils gab schon vor Jahren D. Pike (1981), der ihn einen „Erzdogmatiker" nennt, aber immerhin auch mit der positiven Konnotation: „Keinesfalls entwickelte Lukács seine Theorien auf Anweisung von oben; in keinem einzigen Fall hat er einen seiner theoretischen Grundsätze radikal verworfen, nur um ihn dem sozialistischen Realismus anzupassen". (1981, 370) Pike führt andererseits überzeugend vor, wie Lukács sein Manuskript „Der Kampf des Humanismus gegen den Barbarismus" gegen seine damaligen Ansichten der offiziellen Linie nachträglich anpaßt. (1981, 538-542) Siehe dazu jetzt auch R. Müller (1991, 184 ff.) mit einem weiteren Beispiel aus den Moskauer Jahren.
Im Vortragsmanuskript stand anläßlich der Erwähnung von Koestler noch die Bemerkung, es müßte endlich einmal eine Arbeit geben, die sich umfassend mit dem Renegatenvorwurf gegen ehemalige Kommunisten und ihrer dringend notwendigen Rehabilitation beschäftigte — inzwischen ist beides auf überzeugende Weise bereits durch M. Rohrwasser (1991) geschehen; überzeugend, weil die Arbeit sich von der moralischen Schwarz-Weiß-Zeichnung fernhält, die gegenüber „Renegaten" über das kommunistische Lager hinaus üblich war.

7 Arthur Koestler, aus Budapest wie G. Lukács, 1931 in die KPD eingetreten, Spanienkämpfer in den Internationalen Brigaden gegen den Franco-Faschismus, wegen seiner Kritik an der bekannten „Säuberungs"-Praxis der stalinistischen Fraktion *hinter* den Linien inhaftiert und zum Tode verurteilt, von den Nationalsozialisten verfolgt und ins Exil vertrieben, durch seine Kritik der Moskauer Prozesse und sein Buch „Sonnenfinsternis" zu einem Hauptfeind der kommunistischen Weltbewegung geworden, ist für Lukács in immer wiederkehrenden Beschimpfungen ein „ordinärer Agent der Bourgoisie", ein „gekaufter Renegat", und, last not least natürlich „Trotzkist" — ein Todesurteil, wie man dem Text entnehmen kann.
C. Warnke hat in diesem Zusammenhang über Lukács treffend festgestellt: „Gewiß, Lukács erscheint 1956 in der DDR (und in Ungarn, M.G.) auf der Seite der Opfer. Aber sobald wir nach den Opfern fragen, die der Kampf gegen die bürgerliche Ideologie in den eigenen Reihen gefordert hat, erscheint der Autor der ‚Zerstörung der Vernunft' auf der Seite der Täter" (1991, 381). Und N. Kapferer urteilt: „Lukács war Opfer und Büttel des Stalinismus und Postalinismus in einem. Ehe er nämlich selbst in die Wüste geschickt wurde, lieferte er die theoretischen Vorlagen für derartige Verbannungen". (1990, 320)

8 In seinem als politisches Testament gerühmten Text „Sozialismus und Demokratisierung" findet sich nach meinem Urteil *keine* sozialwissenschaftlich befriedigende und erst recht keine Ansätze von Selbstkritik andeutende Aufarbeitung der

Stalin-Ära. Zwar wendet sich Lukács zunächst verbal gegen die Erklärungsfigur des „Personenkults" — um dann im Wesentlichen Stalins Reduzierung von Politik auf Taktik sowie seine persönliche Überlegenheit gegenüber möglichen Konkurrenten um die Führung langatmig als „Erklärung" anzubieten: „Hier kommt es nicht auf die Details ..., sondern bloß darauf an, die Handlungsprinzipien der so entstandenen Herrschaft Stalins auf ihre theoretischen Fundamente zurückzuführen. Die methodologische Grundlage, wie wir gesehen haben, die absolute Vorherrschaft der taktischen Gesichtspunkte bei vollem Unterordnen, ja Beiseiteschieben einer jeden Strategie und erst recht einer jeden marxistischen Theorie über das Ganze des Entwicklungsprozesses" (1987, 63). Als Beispiel für eine auch aus einer heutigen Sicht richtige taktische Entscheidung Stalins nennt Lukács den Hitler-Stalin-Pakt (1987, 81) — ohne auch nur zu erwähnen, was dieser „Pakt" für einige ihm bekannte Mitglieder des Moskauer Exils, die an Hitler ausgeliefert wurden, konkret bedeutete; im übrigen begnügt er sich mit vagen biologischen Metaphern — deren Gebrauch er prinzipiell andern vorzuwerfen pflegt — um diese vergangene Epoche zu charakterisieren: es gehe heute darum, „daß es praktisch möglich werde, mit richtigen Reformentschlüssen das Schiefgewordene wieder geradezubiegen, das Erkrankte in ein gesundes Leben zurückzuführen" (1987, 38 und passim). Diese Metaphern bekommen in bestimmten Zusammenhängen einen mörderischen Klang, so, wenn G. Lukács 1936 in Moskau im Rahmen einer geschlossenen Parteiversammlung in der Diskussion über bestimmte „Abweichler" als Konsequenz seiner Überlegungen fordert: „Erstens die Liquidation der Schädlinge, und wer verantwortlich ist, daß diese Schädlinge hier gearbeitet haben." (R. Müller, 1991, 196)

9 Dieser kommt z.B. in der Unterscheidung von zwei Typen der Demokratie zum Ausdruck (Lukács, 1951, 58 sowie in 1987 passim), worin solange nichts problematisches liegt, solange nicht die Kritik an den Unvollkommenheiten der „bürgerlichen Demokratie" die Tatsache verdecken soll oder verdeckt, daß die „sozialistische Demokratie" *keinerlei* Rückfall hinter die „bürgerlich" bereits realisierten Freiheiten und Rechte darstellen darf, ohne ihren Anspruch, *überhaupt* Demokratie zu sein, zu verlieren. Erst in der späteren Schrift vermeidet Lukács weitgehend diese Gefahr.

10 Allerdings wird man die Art der Berücksichtigung Sartres in der 1954 — zwei / drei Jahre nach Sartres politischer Stellungnahme für die Kommunisten — erschienen „Zerstörung der Vernunft" vom Opportunismusverdacht nicht freisprechen können: Sartre ist hier gewissermaßen in die zweite Reihe gerückt: nicht länger ist von „Sartre und seinen Schülern", sondern nurmehr von der „Gefährlichkeit der Heidegger-Camusschen Geschichtskonzeption" die Rede, während Sartres Camus-Kritik — eigentlich ist in der entsprechenden Kontroverse ja eher die Sartre-Kritik Camus' bedeutsam, auf die Sartre lediglich antwortet — bei Lukács Gnade findet und er etwas herablassend über Sartre feststellt: „Denn die ganze Paradoxie seiner polemischen Bemerkung reduziert sich darauf, daß er den Begriff der Freiheit zuerst in orthodox-existentialistischem, dann aber in einem real geschichtlichen Sinne gebraucht. Sartres Schicksal als Denker wird davon abhängen, in welcher Richtung er diese ‚Paradoxie' auflösen kann oder will". (1962, 725)
Im übrigen ist Argumentation und Polemik gegen den Existenzialismus in den Büchern von 1951 und 1954 identisch, allenfalls der Dekadenzbegriff taucht als neuer Topos für die Existenzialisten auf: „... spüren alle Dekadenten instinktiv, daß sie

eine Existenzgrundlage nur in einer objektiv verfaulten Welt haben können ..." schreibt Lukács (1962, 691) diesmal über James Burnham, der mit Rosenberg und Goebbels gleichgesetzt wird.
Über die Rolle der „Zerstörung der Vernunft" und Lukács jetzt umfassend N. Kapferer (1990), dessen Kategorie „Kaderphilosoph" jüngst C. Warnke (1991, 380) authentisch bestätigt.

11 Gegen die epochemachende Nietzsche-Kritik Lukács' als „Präfaschisten" und *zugleich* gegen die naive oder absichtsvolle Stilisierung von Nietzsche zum antifaschistischen Aufklärer durch französische „neue Philosophen" siehe B.H.F. Taureck (1989), der nicht nur überzeugend die philosophischen und methodischen Mängel der Nietzsche-Rezeption von Lukács und den anderen vorführt, sondern zugleich zeigt, daß Nietzsche eine von den Nationalsozialisten verschiedene rassistische — Nietzsche war „anti-anti-semitisch auf rassistischer Grundlage" —, Wenigenherrschaft und Mehrheitsversklavung befürwortende, „protofaschistische" Konzeption durch alle seine Schriften hindurch verfolgt, die gewaltsame Ausrottung von „Minderwertigen" aus rassehygienischen Gründen befürwortet.

12 Ich möchte daran erinnern, daß Sartres Philosophie hier nur in radikaler Verkürzung und nicht um ihrer selbst willen zur Sprache gebracht werden kann.

13 Voll durchgeführt kommt diese Theorie bei Lukács in der Ontologie zur Darstellung; es erübrigen sich hier aber Belege, daß die grundlegenden, Marx als „Philosophie der Praxis" deutenden Vorstellungen seit den zwanziger Jahren bei Lukács vorliegen und sein Denken bestimmen: auf diese Kontinuität habe ich auch schon früher hingewiesen (1987a)

14 „Das Modell der wirklichkeitsändernden teleologischen Setzung wird so zur ontologischen Grundlage einer jeden menschlichen, d.h. gesellschaftlichen Praxis. In der Natur dagegen gibt es bloß kausale Zusammenhänge, Prozesse etc., keine Art von teleologischen." So heißt es bei Lukács später (1984, 15)

15 Obwohl wir natürlich von Hobbes bis Kant und Mill, um nur prominente Beispiele zu nennen, die Lukács vertraut waren, über genügend Beispiele verfügen, die tatsächlich so ansetzen — ohne daß damit hier schon gesagt werden soll, daß eine Gesellschaftstheorie, die diesen Namen verdient, konsequent auf einem methodologischen Individualismus oder auch ontologischen Solipsismus aufgebaut werden könnte, wie das etwa moderne „ökonomische" Theorien vom Schlage rationalchoice gerade mal wieder versuchen

16 Im übrigen beschäftigt sich Sartre ausdrücklich in einem eigenen Kapitel mit der „Klippe des Solipsismus" (1980, 301 ff.), die er zu umschiffen beansprucht, was Lukács aber nicht zum Anlaß einer Auseinandersetzung mit Sartres Argumenten bringt

17 Zum Dezisionismus bei Lukács siehe oben, Kapitel 3

18 Trotz der sympathischen und vergleichsweise emphatischen rätedemokratisch ausgerichteten Reformperspektive seines „politischen Testaments" ändert sich die fundamentale Anerkennung des historisch-gesetzmäßigen Laufs zum Kommunismus und die Gleichsetzung des realen Sozialismus mit der „nächst höheren Stufe" bei Lukács bis zum Lebensende nicht und insofern bleibt die Praxis vor allem auf den „subjektiv-sozialistischen Charakter" ausgerichtet: „Das Bezweifeln des objektiv-sozialistischen Charakters des bestehenden Sozialismus gehört also in die Rubrik der bürgerlichen Sinnlosigkeiten und Verleumdungen. Der Aufbau und Ausbau des subjektiv-sozialistischen Charakters der Gesellschaft bleibt dagegen die große Gegenwarts- und Zukunftsaufgabe." (1987, 108)

19 Der Begriff ist hier streng operational im Sinne von N. Kapferer (1990, 3) und, zum Idealtypus ausgebaut, C. Warnke (1991, 382 ff.) gebraucht; er schließt aber unvermeidlich, ungeachtet der entsprechenden Eingangsbemerkung, ein negatives Werturteil ein.
20 In der Konfrontation von Sartre mit Adorno im voranstehenden Kapitel habe ich sehr deutlich kritische Akzente gegen Sartre gesetzt.
21 Obwohl natürlich auch Blochs „Prinzip Hoffnung" (1973) und Th.W. Adornos „Negative Dialektik" (1970) zeigen, daß die positive Verbindung von Marxismus und Ontologie dem Zeitgeist der fünfziger Jahre entsprach.
22 Und auffällig oft Spinoza, eine Spur, der sich vielleicht nachzugehen lohnte.
23 Vielleicht meinte Lukács Sätze von Sartre nach dessen erster Moskaureise wie die folgenden: „In der UdSSR herrscht eine totale Freiheit der Kritik ... Der Elite anzugehören ist keine Pfründe ..." (nach Cohen-Solal, 1988, 535 ff.). Die Zitate aber zugleich, um nochmals zu demonstrieren, daß meine Lukács-Kritik keine Sartre-Apologie einschließt: siehe auch Sartres aus dieser Zeit stammendes Theaterstück „Nekrassov".

9. Über die Wertentscheidung in der Kritischen Theorie

* Diese Vorlesung wurde zuerst zum 75. Geburtstag von Wolfgang Abendroth (2.5.1981), ihm zur Ehre und Kritik gehalten. M.G.

1 Agnes Heller. (1972), S. 9 f.
2 Agnes Heller. a.a.O., S. 9
3 E.P. Thompson. (1980), S. 104
4 E.P. Thompson. a.a.O., S. 112
5 Dazu: neben der schon zitierten Agnes Heller auch ein in der Weber-Tradition stehender Autor wie Gunnar Myrdal (1963)
6 Karl Marx, MEW, Bd. 3, S. 7
7 Max Horkheimer (1933a), S. 181
8 Nicolai Hartmann (1926), S. 3
9 Jürgen Habermas (1976), S. 31, 35 et passim
10 Hans-Joachim Giegel (1971), S. 246
11 Hans-Joachim Giegel. a.a.O., S. 278, Anm. 54
12 Jean-Paul Sartre (1964), S. 76.
13 Brief von Karl Marx an P.W. Annenkow vom 28. 12. 1846. in: MEW, S. 548 f. (Hervorhebung von M.G.)
14 Karl Korsch. S. 222
15 Miladin Zivotić. (1972), S. 65
16 Max Horkheimer. (1933b), S. 1 ff.
17 Walter Benjamin. (1974), Bd. 2, S. 693.
18 Max Horkheimer. (1933b), S. 15 und S. 21.
19 Siehe jetzt Kapitel 2.
20 Theodor W. Adorno. (1980), S. 198.
21 Jean-Paul Sartre. (1964), S. 31
22 Walter Benjamin. Bd. 2, S. 704

23 Max Horkheimer. (1933b), S. 16
24 Dietmar Kamper. (1981), S. 196
25 Bernhard Willms. (1969), S. 123.

12. Über Institutionalisierung, verbleibende Kontingenz und mögliche Freiheit

1 „Der destruktive Charakter kennt nur eine Parole: Platz schaffen: nur eine Tätigkeit: räumen ... Zu solchem apollinischen Zerstörerbilde führt erst recht die Einsicht, wie ungeheuer sich die Welt vereinfacht, wenn sie auf ihre Zerstörungswürdigkeit geprüft wird ... Dem destruktiven Charakter schwebt kein Bild vor ... Der destruktive Charakter tut seine Arbeit, er vermeidet nur schöpferische" (Benjamin 1972b, 396 f.). Dieser 1931 geschriebene Text wäre heute erneut und entgegen seiner ursprünglichen Intention zu prüfen, ob das „apollinische Zerstörerbild" nicht heute in den Machtzentren nistet, wo die Welt ja nicht nur ‚ungeheuer vereinfacht' wahrgenommen, sondern auch ganz praktisch vorbereitend „auf ihre Zerstörungswürdigkeit geprüft wird" — jedenfalls auf jeder Hälfte des schrecklichen Duopols jeweils die „Zerstörungswürdigkeit" der anderen Hälfte. ‚Erfolg' hätten sie freilich jeweils ganz.

2 Wie unreflektiert die zu Unrecht als ‚institutionalistisch' chrakterisierte Politikwissenschaft mit dieser soziologischen oder anthropologischen Theorie von Institutionen umgeht, habe ich an anderer Stelle besprochen. (Greven 1983b)

3 Eine solche Minimaldefinition holt den Institutionenbegriff alltagsweltlich ein, wie das beipielhaft, wenn auch mit einem anderen Theoriekonzept als hier — E.E. Lau in ihrer Definition getan hat: „‚Institutionalisierung' soll der Prozeß heißen, in dem lebensweltlich Handelnde durch das Ineinanderpassen ihrer Handlungsperspektiven Sinnzusammenhänge schaffen. ‚Institutionen' sollen die sozialen Objekte alltagsweltlichen Handelns heißen, die sich in ‚Institutionalisierungsprozessen' konstituieren und denen aufgrund historischer Bewährung und Verankerung in persönlichen und gesellschaftlichen Wissensvorräten Geltung verliehen worden ist" (1978: 50). Es gehört nun aber gerade zur historischen Verdinglichung, daß so wie die Politik den meisten nicht zum Alltag gehört, so auch der Politikwissenschaft die alltagsweltliche Konstitution ihres ‚Gegenstandes' nicht mehr bewußt ist.

4 „Nur als unerkannte Natur, als blinde Notwendigkeit wirkt das Gesellschaftliche zerstörend ... Es gilt, die unbeherrschte gesellschaftliche Natur, den sozialen ‚Überorganismus', dem Menschen dienstbar zu machen, nicht bloß die Erde, sondern jetzt auch die Gesellschaft zu durchdringen" (Horkheimer 1972, 79).

5 Gerade die Konstitution des Rechts ist natürlich für den Zusammenhang einer Theorie politischer Institutionen von zentraler Bedeutung — denn das Recht ist eine politische Institution par excellence. Siehe dazu immer noch vortrefflich H. Heller, wo es u.a. heißt: „Alle gesellschaftlichen Normordnungen sind Beschränkungen der Willkür; das Recht ist es als Verbot der Willkür im Sinne von Ungerechtigkeit ... Alle gesellschaftlichen Normordnungen verdanken ihr Entstehen und Bestehen menschlichen Willensakten." (1971, 291) Wo das Letztgemeinte nicht mehr gesellschaftlich bewußt ist oder bewußt gemacht wird, tritt der hier gemeinte Zustand einer verdinglichten Institution auf.

6 Es muß hier klar sein, kann aber bloß unterstellt werden, daß gerade die ,vernünftige Gestaltung der menschlichen Gesellschaft' weder bei einem bloß ,abrufbaren' Begriff ,objektiver Vernunft' ansetzen könnte, noch die bloße wechselseitige Abklärung ,subjektiver Vernunft' vermittels demokratischer oder demoskopischer Methoden einen Ausweg bietet: zu diesem Dilemma als andauernder Krise der Gegenwart M. Horkheimer 1967, bes. S. 15 62 („Mittel und Zwecke")

7 Diese ,Geltungsansprüche' sind freilich bloß politischer Natur und die transzendentalpragmatische Rückkopplung an den Wahrheitsbegriff, wie sie J. Habermas (1981) zu begründen versucht, ist nur in ihrer demokratietheoretischen Lesart, nicht aber in ihrem Integrationsversuch von Konsens- und Wahrheitstheorie überzeugend, der tendenziell hinter die selbstreflexiv gewordene Aufklärung zurückfällt.

8 P.L. Berger / T. Luckmann 1971, deren Kapitel über „Institutionalisierung" wohl die beste Einführung in eine nicht ontologisierende allgemeine Institutionentheorie darstellt, weisen zu Recht darauf hin, daß die „Legitimation (von Institutionen, M.G.) sowohl eine kognitive als auch eine normative Seite hat", daß aber die normative Komponente dieser Legitimation aus der pragmatischen resultiere (100). Das heißt, daß keine historisch gebildete politische Institution ,einen Wert an sich' darstellt.

13. Überlegungen zur kritischen und konservativen Utopie

* Den Marburger Kollegen und Freunden Wilfried von Bredow, Herbert Class, Hans-Joachim Giegel und Theo Schiller, nach 14 Jahren zum Abschied.

14. Macht und Politik in der „Theorie des kommunikativen Handelns" von J. Habermas

1 Eine solche ,Nachfrage' wird angesichts der empirischen Ergebnisse in viele Richtungen angeregt: wenn v. Beyme, Luhmann und Habermas (in dieser Reihenfolge) für den Bereich „Politische Theorie" „gegenwärtig zu den wichtigsten Vertretern" gerechnet werden — welches Verständnis von „Politischer Theorie" liegt dem zugrunde? Welches Eigenverständnis der Disziplin angesichts der Nennung von zwei Soziologen, die zu dieser Disziplin explizit ein eher skeptisches Verhältnis artikulieren? Habermas taucht übrigens (hinter Fetscher und Hennis) auch noch auf Rang 3 für den Bereich „Politische Philosophie / Ideengeschichte" auf — nicht aber unter den 14 (!) „wichtigsten Vertretern der Politikwissenschaft in der Bundesrepublik". Das heißt, die Befragten glauben zu wissen, daß die wichtigsten Theoriebeiträge gewissermaßen ,importiert' werden — natürlich neben dem disziplineigenen Beitrag v. Beymes, der zwar neben vielen anderen Büchern eine kompetente „Einführung" in den Bereich geschrieben hat, ansonsten aber doch wohl eher einen ganz anderen ,Typus' von Werken beigesteuert hat, als Habermas und Luhmann. Methodisch gefragt: Mißt die abgefragte Kategorie „Politische Theorie", was sie im ersten Augenblick zu messen vorgibt?!

2 Thomas McCarthy faßt die fortgeltende kritische Intention nach der sprachphilosophischen Wende in folgender Formel zusammen: „Das Ziel der Kritischen Theorie — eine von überflüssiger Herrschaft aller Art befreite Lebensform — wohnt dem Begriff der Wahrheit inne und es wird in jedem kommunikativen Akt antizipiert." (1989, 310) Schon lange vor dem ‚linguistic turn' (A. Wellmer) hatte Jürgen Habermas im übrigen die für ihn normativ zentrale Bestimmung von Demokratie so gefaßt, daß es hinterher gut zusammenpaßte: „Ferner wollen wir unter ‚Demokratie' die institutionell gesicherten Formen einer allgemeinen und öffentlichen Kommunikation verstehen, die sich mit der praktischen Frage befaßt: wie die Menschen unter den objektiven Bedingungen ihrer immens erweiterten Verfügungsgewalt miteinander leben können und wollen." (1968, 113 f.)

3 Zu den Affinitäten zwischen Habermas' und Luhmanns politischer Theorie im Sinne eines kommunikativen Reduktionismus habe ich schon früher Stellung genommen. (1987)

4 Eine elaborierte und überzeugende Kritik der Annahme von der „Wahrheitsfähigkeit praktischer Diskurse" liefert Steven Lukes (1982), die, auch wenn sie sich nicht auf die „Theorie kommunikativen Handelns" beziehen konnte, auch diese voll trifft. Diese kritisiert zum selben Punkt aus mehr hermeneutischer Perspektive ebenso überzeugend Fred R. Dallmayr (1987). Auch auf der Basis einer an Mannheim erinnernden Wissenssoziologie lassen sich noch gewichtige Einwände formulieren, wie z.B. von R. Ashcraft. (1987)

5 Eine ähnliche Beobachtung, aber mit anderem empirischen Ergebnis bei A. Giddens: „Habermas is fond of talking in threes: the tables and classifications with which the book abounds are often based on threefold distinctions." (1985, 97) Folgt die Anordnung von „threes" and „twos" in ihrem Verhältnis zueinander einer eigenen Logik — von „twos" zu „threes" — der Rationalitätssteigerung?!

6 Es kann hier nicht auf die Probleme eingegangen werden, die sich bereits auf der Ebene der Habermas'schen Handlungstheorie und ihrer problematischen Typologien selbst ergeben. Hans Joas faßt seine Kritik so zusammen: Habermas „distinguishes the teleological or strategic models of action from normregulated, dramaturgical, and communicative action ... We can conclude that Habermas has not really attempted. ... to do justice to the diversity of kinds of action, and accordingly has delivered only communication as such as the jam-packed residual catagory of non-instrumental action." (1988, 37) Die Hauptkritik richtet sich auf die von Habermas konstruierte „... linear relationship of correspondence among types of action, types of coordination of action, and societel domaines ... Once this relationship hat been theoretically established in this manner, then of course no phenomena can block the progress of Habermas' argumentation, and he can shift back and forth between the different levels at will." (1988, 40) Thomas Saretzki hat diesen Aufsatz und seine Kritik einer scharfen Gegenkritik unterzogen — aber gerade zu diesem zentralen Punkt gesteht er Joas doch die Berechtigung seiner Kritik eher beiläufig in einer Fußnote zu: „To localize these abstract types of action-coordination and functions of reproduction ‚topologically', i.e. on the empirical level of concrete domains of action without further clarification of the problems of ‚operationalization' involved, however, is to commit the fallacy of misplaced concreteness." (1988, 69) Im übrigen argumentiert Saretzki für ein „multidimensional concept of society", in dem „functional", „structural" und „dynamic analysis" kombiniert werden sollen (1988, 64) und vermißt bei J. Habermas, dessen Konzept er ansonsten entschieden

verteidigt, allenfalls die dritte Ebene, die vor allem durch eine „theory of institutions" und eine „theory of social actors" ausgefüllt werden müßte. (1988, 62 f.) Bei ihm ebenso wie bei Habermas, bei der Systemtheorie überhaupt, wird aber immer nur wieder behauptet, daß es eine handlungstheoretisch nicht einzuholende Ebene der „Integration gäbe, während die entsprechenden Konzepte von Handlungstheorien, die sich keineswegs auf intentionale Handlungskoordination beschränken, z.B. interaktionistische Institutionentheorien (Lau, 1978) ausgeblendet werden.

7 Diese Kritik ist im einzelnen besonders im 3. Teil meines Buches zur Systemtheorie (1974, 192 ff.) ausgeführt. Daß sie auch einmal Jürgen Habermas — damals einer meiner Kronzeugen für kritische Gesellschaftstheorie — partiell betreffen könnte, habe ich damals nicht abschätzen können: ebensowenig, wie die wachsende Bedeutung Niklas Luhmanns (gerade und auch für Jürgen Habermas) — weswegen das ursprünglich geplante Luhmann-Kapitel zugunsten der Behandlung von Georg Klaus zurückgestellt wurde ... wer spricht heute noch von Georg Klaus?! (Das sind so die strategischen Fehlentscheidungen, die vielleicht allein kluge Doktorväter oder -mütter vermeiden helfen könnten!)

8 In der Habilitationsschrift von Jürgen Habermas hieß es noch: „... behandeln wir überhaupt ‚Öffentlichkeit' als eine historische Kategorie. Darin unterscheidet sich unser Verfahren a limine vom Ansatz der formalen Soziologie ..." (1969b, 7). Als „historische Kategorie" durchlief „Öffentlichkeit" nach der Darstellung von Jürgen Habermas bekanntlich einen sozialen und politischen Struktur- und Funktionswandel mit dem Ergebnis: „Aus einem Prinzip der (von seiten des Publikums gehandhabten) Kritik ist Publizität zu einem Prinzip der (von seiten demonstrierender Instanzen der Verwaltung und der Verbände, vor allem der Parteien) gesteuerten Integration umfunktioniert worden." (1969b, 226) Als Folge der „Refeudalisierung", die Habermas damals konstatierte, ergab sich folgendes Bild der „Öffentlichkeit": „In ihr streben die Organisationen mit dem Staat und untereinander politische Kompromisse, möglichst unter Ausschluß der Öffentlichkeit, an ..." (1969b, 252) „Öffentlichkeit muß ‚gemacht' werden, es ‚gibt' sie nicht mehr". (1969b, 220) Wenn Habermas angesichts dieser historisch-empirisch argumentierenden Analyse heute die „Öffentlichkeit" den „institutionellen Ordnungen der Lebenswelt" zuordnet, dann stellt sich die Frage: welche Beziehungen bestehen zwischen wirklichkeitswissenschaftlicher Diagnose und theoretisch-konzeptionellem Schema? Ich fürchte: gar keine mehr! Dieser Theorie kommt es auf empirische Referenz nicht mehr an — sie wird „systematisch" entwickelt: sie hat einen „konstruktivistischen Zug." (M. Theunissen, 1981, 43) Auch Jean Cohen hatte bereits festgestellt: der „zentrale Widerspruch in den politischen Schriften Habermas'" sei „einerseits die Versicherung, daß die Prinzipien bürgerlicher Öffentlichkeit noch immer das politische Leben im Spätkapitalismus anleiten, und andererseits der Nachweis, daß der institutionelle Rahmen, auf dem diese Prinzipien basierten, vernichtet worden ist." (1982, 341) Wenn auch von einem problematischen Vertrauen in die Realisierungsmöglichkeiten „proletarischer Öffentlichkeit" getragen, enthält die Analyse von O. Negt / A. Kluge (1972) neben der Kritik an Jürgen Habermas vielfältig weiteres Material zum Beleg der These, das „Öffentlichkeit" ein machtdurchsetzter Manipulationszusammenhang, nicht aber eine wahrheitsorientierte Kommunikationssphäre der „Lebenswelt" darstellt.

9 „Wie sich ... gezeigt hat, besteht das Problematische in der Gesamtkonstruktion von Habermas in dem immer wieder durchschlagenden gesellschaftstheoretischen

Dualismus. Dabei handelt es sich ... um einen substantiell gerinnenden Dualismus ... ‚System' und ‚Lebenswelt' fungieren nicht nur als methodische und theoretische Konstrukte, um soziale Phänomene *als* System und als Lebenswelt untersuchen zu können, sondern verwandeln sich in sozialontologisch aparte Personen der Moderne, denen soziale Handlungsbereiche eindeutig zugeordnet werden. Dieser fundamentalistische Rückfall in einen philosophiehistorisch verjährten Zwei-Substanzen-Dualismus kontrastriert auffällig mit dem Selbstverständnis von Habermas, uns vom Fundamentalismus zu befreien." (Krüger, 1986, 234 f.)

10 Diese Kritik bezieht sich auf die Unterstellung der Machtfreiheit sprachlicher Verständigung: „Sprechakte lösen im Gefüge sozialer Beziehungen stets auch Machtwirkungen aus ... es gibt kein Machtvakuum reiner Verständigung — es wäre nicht einmal wünschenswert ... Macht wird nicht von außen als ein Fremdkörper oder ausnahmsweise im Dienste herrschaftsgestützter Interessen in den sozialen Austausch injiziert ... den illokutionären Bindungskräften, wie sie Sprachakten, paradigmatisch dem Versprechen eigen sind, wohnen Machtwirkungen inne." (G. Gamm, 1987, 66 f.) Siehe auch die überzeugende Kritik der „Konsenstheorie der Wahrheit" bei A. Wellmer. (1986, 69 ff.)

11 Am sorgfältigsten hat wohl Fred R. Dallmayr dieses kritische Problem ausgebreitet: „Despite recurrent references and attempts at clarification, the study (die „Theorie kommunikativen Handelns". M.G.) osceillates precarionsly between a mode of action predicated on a prior, pre-subjective consensus and another view treating consensus as the autcome of divergent individual designs." (1987, 163)

12 Es ist hier nicht der Ort, auf die große Nähe dieses Demokratiebegriffs zu meinem der „Politischen Gesellschaft" (Greven 1990) einzugehen: nur so viel: die Gesellschaft, „in der alles zur politischen Disposition steht", oder in der, in meinen Worten, „Politik virtuell total geworden ist", ist nicht schon selbstverständlich eine „demokratische Gesellschaft", wie U. Rödel u.a. (1989) meinen, sondern eben nur eine „Politische Gesellschaft". Diese kann, wie unser Jahrhundert zur Genüge bewiesen hat, auch undemokratische Formen annehmen. Rödel u.a. trennen den Politik- nicht analytisch genau vom Demokratiebegriff, differenzieren also nicht genug die Formen und Qualitäten der Entscheidung.

13 Das beobachtete und kritisierte auch schon A. Giddens in seinem simulierten Monolog mit Habermas: „You now adopt a position, following Parsons (und Luhmann, M.G.), according to which the polity is the medium of the organization of political power. Since the polity is defined in terms of purposive-rational action, this seems to narrow down the concept of power rather considerably. How then would you connect the critique of ideology to the critique of domination today ...?" (1985, 120)

15. Über radikale Politik

* Vortrag auf der Jahrestagung des Komitees für Grundrechte und Demokratie am 9. 5. 1987. Wolf-Dieter Narr zum 50. Geburtstag.

19. Literaturverzeichnis

Ich danke Tobias Häßner für die sorgfältige und langwierige Mitarbeit an der Herstellung des Manuskripts und des Literaturverzeichnisses.

Adams, W.P. (1973), Republikanische Verfassung und bürgerliche Freiheit, Darmstadt und Neuwied

Adorno, Th.W. (1942), Reflexionen zur Klassentheorie, in: Gesammelte Schriften, Frankfurt am Main 1972, Bd. 8, S. 374 - 391

Adorno, Th.W. u.a. (1969), Der Positivismusstreit in der deutschen Soziologie, Neuwied und Berlin

Adorno, Th.W. (1970), Negative Dialektik, Frankfurt am Main

Adorno, Th.W. (1971), Was bedeutet Aufarbeitung der Vergangenheit, in: Ders., Eingriffe, Frankfurt am Main, 7. Aufl. S. 125 - 146

Adorno, Th.W. (1980), Minima Moralia. Reflexionen aus dem beschädigten Leben, Frankfurt am Main

Alemann, U. von (1979), Liberaler Korporatismus? Die Diskussion in der FDP um ein Verbändegesetz, in: von Alemann / Heinze, S. 118 - 138

Alemann, U. von (Hrsg.) (1981), Neokorporatismus, Frankfurt am Main / New York

Alemann, U. von / Heinze, R.G. (Hrsg.) (1979), Verbände und Staat, Opladen

Althusser, L. (1973), Marxismus und Ideologie, Berlin

Althusser,L. / Balibar, E. (1972), Das Kapital lesen, Reinbek bei Hamburg

Anders, G. (1980), Die Antiquiertheit des Menschen, 2 Bde., München

Anderson, P. (1978), Über den westlichen Marxismus, Frankfurt am Main

Apel, K.-O. (1989), Normative Begründung der „Kritischen Theorie" durch Rekurs auf lebensweltliche Sittlichkeit? Ein transzendental-pragmatisch orientierter Versuch, mit Habermas gegen Habermas zu denken, in: Zwischenbetrachtungen. Im Prozeß der Aufklärung. Jürgen Habermas zum 60. Geburtstag, Frankfurt am Main, S. 15 - 65

Arndt, H.-J. (1978), Die Besiegten von 1945, Berlin

Ashcraft, R. (1987), Political Theory and Political Communication, in: Parekh / Pantham, S. 202 - 212

Bader, V. u.a. (1976), Einführung in die Gesellschaftstheorie. Gesellschaft, Wirtschaft und Staat bei Marx und Weber, 2 Bde., Frankfurt am Main

Bendersky, J.W. (1983), Carl Schmitt. Theorist for the Reich, Princeton

Benjamin, W. (1972a), Ein deutsches Institut freier Forschung, in: Gesammelte Schriften, Bd. 3, Frankfurt am Main, S. 518 - 526

Benjamin, W. (1972b), Der destruktive Charakter (zuerst 1931), in: Ders., Gesammelte Schriften, Bd. IV, 1, Frankfurt am Main, S. 396 - 398
Benjamin, W. (1974), Über den Begriff der Geschichte, in: Gesammelte Schriften, Bd. 1, Frankfurt am Main, S. 593 - 704
Benseler, F. (1965), Ein Lokalpatriot der Kultur, in: Ders. (Hrsg.), Festschrift zum achtzigsten Geburtstag von Georg Lukács, Neuwied und Berlin, S. 13 - 26
Benseler, F. (1984), Revolutionäres Denken: Georg Lukács. Eine Einführung in Leben und Werk, Darmstadt und Neuwied
Benseler, F. (1985), Materialismus und Innovation, in: Die Neue Gesellschaft / Frankfurter Hefte, 32, Heft 8, S. 702 - 799
Berger, P.L. / Luckmann, T. (1971), Die gesellschaftliche Konstruktion der Wirklichkeit, Frankfurt am Main, 2. Aufl.
Bergmann, J. u.a. (1974), Gewerkschaften in der Bundesrepublik, Frankfurt am Main / New York
Bloch, E. (1973), Das Prinzip Hoffnung, 3 Bde., Frankfurt am Main
Bolte, G. (Hrsg.) (1989), Unkritische Theorie. Gegen Habermas, Lüneburg
Bonß, W. / Honneth, A. (Hrsg.) (1982), Sozialforschung als Kritik. Zum sozialwissenschaftlichen Potential der Kritischen Theorie, Frankfurt am Main
Bredow, W. von (1978), Carl Schmitt lesen, in: Liberal, Jg. 20, S. 432 - 444
Breuer, S. (1984), Nationalstaat und pouvoir constituant bei Sièyes und Carl Schmitt, in: Archiv für Rechts- und Sozialphilosophie, Heft 4, S. 495 - 517
Breuer, S. (1992), Die Gesellschaft des Verschwindens, Hamburg
Brückner, P. (1976), Ulrike Marie Meinhof und die deutschen Verhältnisse, Berlin
Cerutti, F. (1986), Philosophie und Sozialforschung. Zum ursprünglichen Programm der Kritischen Theorie, in: Honneth / Wellmer, S. 246 - 258
Cohen, J. (1982), Warum noch Politische Theorie? Anmerkungen zu Jürgen Habermas, in: Bonß / Honneth, Frankfurt am Main, S. 327 - 366
Cohen-Solal, A. (1988), Sartre 1905 - 1980, Reinbek bei Hamburg
Dallmayr, F.R. (1987), Life-World and Communicative Action, in: Parekh / Pantham, S. 152 - 178
Demo, P. (1973), Herrschaft und Geschichte. Zur politischen Gesellschaftstheorie Freyers und Marcuses, Meisenheim am Glan
Descombes, V. (1981), Das Selbe und das Andere. 45 Jahre Philosophie in Frankreich, 1933 - 1978, Frankfurt am Main
Dubiel, H. (1978), Wissenschaftsorganisation und politische Erfahrung. Studien zur frühen Kritischen Theorie, Frankfurt am Main
Dutschke, R. (1974), Versuch, Lenin auf die Füße zu stellen. Über den halbasiatischen und den westeuropäischen Weg zum Sozialismus. Lenin, Lukács und die Dritte Internationale, Berlin
Eley, L. (1972), Transzendentale Phänomenologie und Systemtheorie der Gesellschaft, Freiburg
Fetscher, I. (1973), Zum Begriff der „objektiven Möglichkeit" bei Max Weber und Georg Lukács, in: Revue Internationale de Philosophie, S. 501 - 525
Fetscher, I. (1980), Hans Freyer: Von der Soziologie als Kulturwissenschaft zum Angebot an den Faschismus, in: K. Corino (Hrsg.), Intellektuelle im Bann des Nationalsozialismus, Hamburg
Fetscher, I. (1986), Die Ambivalenz des liberalistischen „Erbes" in der Sicht von Max Horkheimer. Eine Skizze zu seinen politischen Reflexionen im Exil, in: A.

Schmidt / N. Altwickler (Hrsg.), Max Horkheimer heute: Werk und Wirkung, Frankfurt am Main, S. 298 - 327
Flach, K.H. (1971), Liberalismus, Kapitalismus, Sozialismus, in: Liberal, 13. Jg., S. 5 - 19 (auch in Flach, 1977, S. 20 ff.)
Flach, K.-H. (1977), Noch eine Chance für die Liberalen, Frankfurt am Main
Fleischer, H. (1970), Marxismus und Geschichte, Frankfurt am Main
Freyer, H. (1933), Herrschaft und Planung, Hamburg
Freyer, H. (1964), Soziologie als Wirklichkeitswissenschaft, Logische Grundlegung des Systems der Soziologie (zuerst 1930), Darmstadt
Freyer, H. (1965), Schwelle der Zeiten. Beiträge zur Soziologie der Kultur, Stuttgart
Fritzsche, K. (1977), Konservatismus, in: F. Neumann (Hrsg.), Handbuch politischer Theorien und Ideologien, Reinbek bei Hamburg, S. 65 - 105
Fuld, W. (1981), Walter Benjamin. Zwischen den Stühlen. Eine Biographie, Frankfurt am Main
Gamm, G. (1987), Eindimensionale Kommunikation. Vernunft und Rhetorik in Jürgen Habermas Deutung der Moderne, Würzburg
Gehlen, A. (1971), Über die Geburt der Freiheit aus der Entfremdung, in: Ders., Studien zur Anthropologie und Soziologie, Neuwied und Berlin, 2. durchgesehene und veränderte Aufl., S. 232 - 246
Giddens, A. (1985), Reason without Revolution? Habermas' Theorie des kommunikativen Handelns, in: R.J. Bernstein (Ed.), Habermas and Modernity, Cambridge, 95 - 121
Giegel, H.-J. (1971), Reflexion und Emanzipation, in: Hermeneutik und Ideologiekritik, Frankfurt am Main, S. 246
Gielke, R. (1981), Hans Freyer — vom präfaschistischen Soziologen zum Theoretiker der „Industriegesellschaft", in: Zeitschrift für Geschichtswissenschaft, 1, S. 597 - 603
Giere, W. (1967), Das politische Denken Hans Freyers in den Jahren der Zwischenkriegszeit (1918 - 1939), Diss. Freiburg
Gladen, A. (1974), Geschichte der Sozialpolitik in Deutschland, Wiesbaden
Goldmann, L. (1966), Dialektische Untersuchungen, Neuwied und Berlin
Gorz, A. (1980), Abschied vom Proletariat, Frankfurt am Main
Greven, M.Th. (1974), Systemtheorie und Gesellschaftsanalyse, Darmstadt und Neuwied
Greven, M.Th. (1975), Studien zur Faschismustheorie der „Frankfurter Schule", in: Paderborner Studien, Heft 4 / 5 (Doppelheft) S. 98 - 107 und Heft 6, S. 66 - 77
Greven, M.Th. (1977), Parteien und politische Herrschaft, Meisenheim am Glan
Greven, M.Th. (1980a), Kontinuität und Diskontinuität des deutschen Konservatismus. Methodisch-theoretische Vorüberlegungen zur Beantwortung einer aktuellen Frage, in: Argument-Sonderband 51, S. 21 - 31
Greven, M.Th. (1980b), Soziale Probleme und politische Antworten — sozialpolitische Konzeptionen und Konflikte der siebziger Jahre, in: Greven / Prätorius / Schiller, Sozialstaat und Sozialpolitik, Neuwied und Darmstadt, S. 91 - 196
Greven, M.Th. (1982), Sozialwissenschaftliche Konsistenz und politischer Kontext der „Neuen Sozialen Frage" — Keine neue Strategie der Konservativen, in: H. Becher (Hrsg.), Die neue Soziale Frage, Opladen, S. 58 - 99
Greven, M.Th. (1983), Gesellschaftliche Probleme als Anstoß und Folge von Politik — institutionelle Aspekte, in: H.-H. Hartwich (Hrsg.), Gesellschaftliche Probleme als Anstoß und Folge von Politik, Opladen, S. 510 - 525

Greven, M.Th. (1984), Sachzwang und demokratische Entscheidung — Überlegungen zu einer überfälligen Verfassungsreform, in: Vorgänge, 71, S. 14-29
Greven, M.Th. (1987), Power and Communication in Habermas and Luhmann, in: Parekh / Pantham, S. 179-193
Greven, M.Th. (1990a), Utopie und Institution, in: G. Göhler u.a. (Hrsg.), Politische Institutionen im gesellschaftlichen Umbruch, Opladen, S. 389-419.
Greven, M.Th. (1990b), Die politische Gesellschaft als Gegenstand der Politikwissenschaft, in: Ethik und Sozialwissenschaften, Jg. 1, 2, S. 223-228 und S. 255-261
Greven, M.Th. (1992), Über demokratischen Dezisionismus, in: D. Emig u.a. (Hrsg.), Sprache und politische Kultur in der Demokratie, Frankfurt am Main usw., S. 193-206
Grunenberg, A. (1976), Bürger und Revolutionär. Georg Lukács 1918-1928, Frankfurt am Main
Guldimann, T. (1978), Die Entwicklung der Sozialpolitik in England, Frankreich und Schweden bis 1930, in: Starnberger Studien 2, Frankfurt am Main, S. 57-112
Gumplowicz, L. (1902), Die soziologische Staatsidee, Innsbruck
Habermas, J. (1968), Technik und Wissenschaft als „Ideologie", Frankfurt am Main, 3. Aufl.
Habermas, J. (1969a), Zur philosophischen Diskussion um Marx und den Marxismus, in: Theorie und Praxis, Neuwied und Berlin, 3. Aufl., S. 261-335
Habermas, J. (1969b), Strukturwandel der Öffentlichkeit, Neuwied und Berlin, 4. Aufl.
Habermas, J. (1971), Theorie der Gesellschaft oder Sozialtechnologie? in: Theoriediskussion: Jürgen Habermas / Niklas Luhmann, Theorie der Gesellschaft oder Sozialtechnologie — was leistet die Systemforschung, Frankfurt am Main, S. 142-290
Habermas, J. (1973), Legitimationsprobleme im Spätkapitalismus, Frankfurt am Main
Habermas, J. (1976, Zur Rekonstruktion des Historischen Materialismus, Frankfurt am Main
Habermas, J. (1981), Theorie des kommunikativen Handelns, 2 Bde., Frankfurt am Main
Habermas, J. (1981a), Hannah Arendts Begriff der Macht, in: Ders., Philosophisch-politische Profile, Frankfurt am Main, 3. erw. Auflage, S. 228-248
Habermas, J. (1985a), Die Neue Unübersichtlichkeit, Frankfurt am Main
Habermas, J. (1985b), Der philosophische Diskurs der Moderne, Frankfurt am Main
Haferkamp, H. (1983), Soziologie der Herrschaft, Opladen
Hansen, K. (1988), Feindberührung mit versöhnlichem Ausgang. Carl Schmitt und der Liberalismus, in: K. Hansen / H. Lietzmann (Hrsg.), Carl Schmitt und die Liberalismuskritik, Opladen, S. 9-14
Hartmann, N. (1926), Ethik, Berlin / Leipzig
Haselbach, D. (1985), Franz Oppenheimer. Soziologie, Geschichtsphilosophie und Politik des „liberalen Sozialismus", Opladen
Hegel, G.W.F. (1955), Grundlinien der Philosophie des Rechts, hrsg. von J. Hoffmeister, Hamburg, 4. Aufl.
Heidegger, M. (1982), Die Technik und die Kehre, Pfullingen
Heinrich, K. (1981), Dahlemer Vorlesungen, Bd. 1, Basel / Frankfurt am Main
Heinrich, K. (1982), Versuch über die Schwierigkeit nein zu sagen, Frankfurt am Main
Heller, A. (1972), Hypothese über eine marxistische Theorie der Werte, Frankfurt am Main
Heller, H. (1971), Staatslehre, in: Ders., Gesammelte Schriften, Bd. 3, Leiden

Hepp, R. (1988), Diskussionsbeitrag in: H. Quaritsch, S. 308 - 314
Hirsch, J. (1980), Der Sicherheitsstaat, Frankfurt am Main
Holz, H.H. (1951), Jean Paul Sartre. Darstellung und Kritik seiner Philosophie, Meisenheim am Glan
Hondrich, K.O.l (1973), Theorie der Herrschaft, Frankfurt am Main
Honneth, A. (1985), Kritik der Macht, Frankfurt am Main
Honneth, A. / Wellmer, A. (Hrsg.) (1986), Die Frankfurter Schule und die Folgen, Berlin / New York
Honolka, H. (1986), Reputation, Desintegration, theoretische Umorientierungen. Zu einigen empirisch vernachlässigten Aspekten der Lage der Politikwissenschaft in der Bundesrepublik Deutschland, in: Politische Vierteljahresschrift, SH 17, S. 41 - 61
Horkheimer, M. (1933a), Materialismus und Moral, in: Zeitschrift für Sozialforschung, Jg. 2, S. 162 - 197
Horkheimer, M. (1933b), Materialismus und Metaphysik, in: Zeitschrift für Soialforschung, Jg. 2, S. 1 - 33
Horkheimer, M. (1935), Bemerkungen zur philosophischen Anthropologie, in: Zeitschrift für Sozialforschung, Jg. 4, S. 1 - 25
Horkheimer, M. (1936), Egoismus und Freiheitsbewegung (Zur Anthropologie des bürgerlichen Zeitalters), in: Zeitschrift für Sozialforschung, Jg. 5, S. 161 - 134
Horkheimer, M. (1937), Traditionelle und Kritische Theorie, in: Zeitschrift für Sozialforschung, Heft 2, S. 245 - 294
Horkheimer, M. (1938), Die Philosophie der absoluten Konzentration, in: Zeitschrift für Sozialforschung, Jg. 7, S. 376 - 387
Horkheimer, M. (1939 - 40), Die Juden und Europa, in: Zeitschrift für Sozialforschung, Jg. 8, S. 115 - 137
Horkheimer, M. (1941), The End of Reason, in: Zeitschrift für Sozialforschung, Jg. 9, S. 366 - 388
Horkheimer, M. (1967), Zur Kritik der instrumentellen Vernunft, Frankfurt am Main
Horkheimer, M. (1970), Vernunft und Selbsterhaltung, Frankfurt am Main
Horkheimer, M. (1972), Invarianz und Dynamik in der Lehre von der Gesellschaft, in: Ders., Gesellschaft im Übergang, Frankfurt, S. 73 - 81
Horkheimer, M. (1974, Notizen 1950 bis 1969 und Dämmerung. Notizen zu Deutschland, hrsg. von W. Brede, Frankfurt am Main
Horkheimer, M. (1987f), Gesammelte Schriften, Bde. 5, 8, 12, 14, Frankfurt am Main
Horkheimer, M. / Adorno, Th.W. (1969), Dialektik der Aufklärung. Philosophische Fragmente (zuerst 1947), Frankfurt am Main
Howard, D. (1986), Hermeneutik und Kritische Theorie: Aufklärung als Politik, in: Honneth / Wellmer, S. 167 - 178
Institut für Sozialforschung (Hrsg.) (1956), Soziologische Exkurse, Frankfurt am Main
Isensee, J. (1988), Diskussionsbeitrag in: H. Quaritsch, S. 602 - 604
Israel, J. (1972), Der Begriff Entfremdung. Makrosoziologische Untersuchung von Marx bis zur Soziologie der Gegenwart, Reinbek bei Hamburg
Jay, M. (1976), Dialektische Phantasie. Die Geschichte der Frankfurter Schule und des Instituts für Sozialforschung 1923 - 1950, Frankfurt am Main
Joas, H. (1988), The Unhappy Marriage of Hermeneutics and Functionalism, in: Praxis International, 1, S. 34 - 51
Kallscheuer, O. (1981), Auf der Suche nach einer politischen Theorie bei Jürgen Habermas, in: Ästhetik und Kommunikation 46 / 46, S. 171 - 182

Kammler, J. (1974), Politische Theorie von Georg Lukács. Struktur und historischer Praxisbezug bis 1929, Darmstadt und Neuwied
Kamper, D. (1981), Zur Geschichte der Einbildungskraft, München
Kapferer, N. (1981, Konstruierte Befriedung?, in: Leviathan, 3/4, S. 596-603
Kapferer, N. (1990), Das Feindbild der marxistisch-leninistischen Philosophie in der DDR 1945-1988, Darmstadt
Kempner, R.M.W. (1969), Hat Professor Carl Schmitt die Jugend vergiftet? „Ich fühlte mich Hitler geistig überlegen", in: Ders.: Das dritte Reich im Kreuzverhör, München, S. 293-300
Kimmerle, G. (1986), Verwerfungen. Vergleichende Studien zu Adorno und Habermas, Tübingen
Kirchheimer, O. (1941), Changes in the Structure of Political Compromise, in: Studies in Philosophy and Social Science, Vol. IX, S. 264-289
Klär, K. (1981), Der Zusammenbruch der Zweiten Internationale, Frankfurt am Main/New York
Koch, C./Senghaas, D. (Hrsg.) (1970), Texte zur Technokratiediskussion, Frankfurt am Main
Konrad, G. (1984), Antipolitik. Mitteleuropäische Meditationen, Frankfurt am Main
Korsch, K. (1972), Marxismus und Philosophie, Frankfurt am Main/Wien
Korsch, K. (1975), Karl Marx, Frankfurt am Main
König, R. (1975), Kritik der historisch-existenzialistischen Soziologie, (zuerst 1938), München
König, T. (Hrsg.) (1988), Sartre. Ein Kongreß, Reinbek bei Hamburg
Krahl, H.-J. (1971), Konstitution und Klassenkampf. Zur historischen Dialektik von bürgerlicher Emanzipation und proletarischer Revolution, Frankfurt am Main
Krahl, H.-J. (1972), Zu Lukács: Geschichte und Klassenbewußtsein, in: ders., Konstitution und Klassenkampf, Frankfurt am Main
Krippendorff, E. (1985), Staat und Krieg. Die historische Logik politischer Unvernunft, Frankfurt am Main
Krosigk, F. von (1969), Philosophie und politische Aktion bei Jean Paul Sartre, München
Krüger, H.-P. (1985), Kommunikatives Handeln oder gesamtgesellschaftliche Kommunikationsweise, in: A. Honneth/H. Joas (Hrsg.), Kommunikatives Handeln, Frankfurt am Main, S. 216-254
Labica, G. (1986), Der Marxismus-Leninismus. Elemente einer Kritik, Berlin
Landmann, M. (1971), Das Ende des Individuums, Stuttgart
Lau, E.E. (1978), Interaktion und Institution, Berlin
Lauermann, M. (1988), Versuch über Carl Schmitt im Nationalsozialismus, in: K. Hansen/H. Lietzmann (Hrsg.), Carl Schmitt und die Liberalismuskritik, Opladen, S. 37-51
Lehmbruch, G. (1979), Wandlungen der Interessenpolitik im liberalen Korporatismus, in: v. Alemann/Heinze, S. 50-71
Lenhardt, G./Offe, C. (1977), Staatstheorie und Sozialpolitik, in: Kölner Zeitschrift für Soziologie und Sozialpsychologie, SH 19, S. 98-127
Lenk, H. (Hrsg.) (1973), Technokratie als Ideologie, Stuttgart
Lepsius, R.M. (1979), Die Entwicklung der Soziologie nach dem Zweiten Weltkrieg. 1945-1967, in: Kölner Zeitschrift für Soziologie und Sozialpsychologie, SH 21, S. 25-69

Lepsius, R.M. (1981), Die Soziologie der Zwischenkriegszeit: Entwicklungstendenzen und Beurteilungskriterien, in: Kölner Zeitschrift für Soziologie und Sozialpsychologie, SH 23, S. 7-23
Lilje, H. (1932), Das technische Zeitalter, Hamburg
Linde, H. (1981), Soziologie in Leipzig 1925-1945, in: Kölner Zeitschrift für Soziologie und Sozialpsychologie, SH 23, S. 102-130
Lübbe, H. (1959), Die resignierte konservative Revolution, in: Zeitschrift für die gesamte Staatswissenschaft, 115, S. 131-138
Luhmann, N. (1975, Legitimation durch Verfahren, Darmstadt und Neuwied, 2. Aufl.
Luhmann, N. (1989), Politische Steuerung: Ein Diskussionsbeitrag, in: H.-H. Hartwich (Hrsg.), Macht und Ohnmacht politischer Institutionen, Opladen, S. 12-16
Luhmann, N. (1990), Die Wissenschaft der Gesellschaft, Frankfurt am Main
Lukács, G. (1951), Existenzialismus oder Marxismus?, Berlin
Lukács, G. (1962), Die Zerstörung der Vernunft, Neuwied und Berlin
Lukács, G. (1968), Geschichte und Klassenbewußtsein (Werke Bd. 2), Neuwied und Berlin
Lukács, G. (1973), Zur Ontologie des gesellschaftlichen Seins. Die Arbeit, Neuwied und Darmstadt
Lukacs, G. (1975), Taktik und Ethik, Politische Aufsätze 1. 1918-1920, Darmstadt und Neuwied
Lukács, G. (1981), Gelebtes Denken, Eine Autobiographie im Dialog, Frankfurt am Main
Lukács, G. (1984, 1986), Zur Ontologie des gesellschaftlichen Seins, 2 Halbbände, Neuwied
Lukács, G. (1987), Sozialismus und Demokratisierung, Frankfurt am Main
Lukes, S. (1982), Of Gods and Demons: Habermas and Practical Reason, in: J.P. Thompson / D. Held (Eds.), Habermas. Critical Debates, London and Basingstoke, S. 134-148
Ludz, P. (1967), Der Begriff der „demokratischen Diktatur" in der politischen Philosophie Georg Lukács, in: G. Lukács, Schriften zur Ideologie und Politik, Neuwied und Berlin
MacPherson, C.B. (1973), Die politische Theorie des Besitzindividualismus, Frankfurt am Main
Manheim, E. (1961), The sociological Theories of Hans Freyer, in: H.E. Barnes (Ed.), An Introduction to the Theory of the History of Sociology, 6. Edition, S. 362-373
Marcuse, H. (1931), Zur Auseinandersetzung mit Hans Freyers „Soziologie als Wirklichkeitswissenschaft", in: Philosophische Hefte, 1/2, S. 83-90
Marcuse, H. (1934), Der Kampf gegen den Liberalismus in der totalitären Staatsauffassung, in: ZfS, Jg. 3, S. 161-195
Marcuse, H. (1961), Sovjet Marxism. A Critical Analysis, New York
Marcuse, H. (1965), Industrialisierung und Kapitalismus im Werk Max Webers, in: ders., Kultur und Gesellschaft 2, Frankfurt am Main, S. 107-129
Marcuse, H. (1967), Der eindimensionale Mensch. Studien zur Ideologie der fortgeschrittenen Industriegesellschaft, Neuwied und Berlin
Marcuse, H. (1969), Versuch über die Befreiung, Frankfurt am Main
Marcuse, H. (1970), Existenzialismus. Bemerkungen zu Jean Paul Sartres L'être et le néant, in: Ders., Kultur und Gesellschaft, 2, Frankfurt am Main, S. 49-84
Marcuse, H. (1972), Vernunft und Revolution. Hegel und die Entstehung der Gesellschaftstheorie, Darmstadt und Neuwied

Maretzky, K.-D. (1970), Geschichte und Klassenbewußtsein. Probleme der Marx-Rezeption in Georg Lukács geschichtsphilosophischem Werk (Diss.), Berlin
Marquard, O. (1981), Abschied vom Prinzipiellen, Stuttgart
Marx, K. (1939), Grundriß der Kritik der politischen Ökonomie, Moskau
Marx, K. (1968), Ökonomisch-philosophische Manuskripte aus dem Jahr 1844 (MEW Ergänzungsband, 1. Teil), Berlin
Marx, K. (1969), Deutsche Ideologie, in: Marx-Engels-Werke, Bd. 3, Berlin
Marx, K. (1972), Randglossen zu A. Wagners „Lehrbuch der politischen Ökonomie", in: Marx-Engels-Werke, Bd. 19, Berlin
Maschke, G. (1987), Der Tod des Carl Schmitt. Apologie und Polemik, Wien
Maschke, G. (1988), Die Zweideutigkeit der „Entscheidung" — Thomas Hobbes und Juan Donoso Cortes im Werk Carl Schmitts, in: H. Quaritsch, S. 193-221
Maus, H. (1981), Materialismus, in: M.Th. Greven / G. van de Moetter (Hrsg.), Die Traumhölle des Justemilieu. Erinnerung an die Aufgaben der Kritischen Theorie, Frankfurt am Main, S. 279-289
Mayer, H. (1970), Nachdenken über Adorno, in: Frankfurter Hefte, S. 268-280
Mayer, H. (1972), Anmerkungen zu Sartre, Pfullingen
McCarthy, T. (1989), Kritik der Verständigungsverhältnisse. Zur Theorie von Jürgen Habermas, Frankfurt am Main
Meier, C. (1988), Zu Carl Schmitts Begriffsbildung — Das Politische und der Nomos, in: H. Quaritsch, S. 537-556
Merleau-Ponty, M. (1974), Die Abenteuer der Dialektik, Frankfurt am Main
Mohler, A. (1988), Carl Schmitt und die „Konservative Revolution", in: H. Quaritsch, S. 129-151
Mommsen, W. (1974a), Max Weber und die deutsche Politik 1890-1920, Tübingen, 2. Aufl.
Mommsen, W. (1974b), Max Weber. Gesellschaft, Politik und Geschichte, Frankfurt am Main
Mörchen, H. (1980), Macht und Herrschaft im Denken von Heidegger und Adorno, Stuttgart
Mörchen, H. (1981), Adorno und Heidegger, Untersuchung einer philosophischen Kommunikationsverweigerung, Stuttgart
Müller, R. (Hrsg.) (1991), Die Säuberung. Moskau 1936: Stenogramm einer geschlossenen Parteiversammlung, Reinbek bei Hamburg
Myrdal, G. (1963), Das politische Element in der nationalökonomischen Doktrinbildung, Hannover
Myrdal, G. (1971), Objektivität in der Sozialforschung, Frankfurt am Main
Negt, O. / Kluge, A. (1972), Öffentlichkeit und Erfahrung, Frankfurt am Main
Negt, O. / Kluge, A. (1992), Maßverhältnisse des Politischen. 15 Vorschläge zum Unterscheidungsvermögen, Frankfurt am Main
Neumann, F. (1980), Die Herrschaft des Gesetzes, Frankfurt am Main
Nyiri, K. (1987), Zur Kulturkritik des frühen Lukács, in: U. Bermbach / G. Trautmann (Hrsg.), Georg Lukács, Kultur — Politik — Ontologie, Opladen, S. 41-49
Offe, C. (1972), Strukturprobleme des kapitalistischen Staates, Frankfurt am Main
Olson, M. (1968), Die Logik kollektiven Handelns, Tübingen
Oppenheimer, F. (1912), Der Staat, Frankfurt am Main
Panitch, L. (1976), Social Democracy and Industrial Militancy — The Labour Party, The Trade Unions and Income Policy 1945-1974, Cambridge

Pankoke, E. (1970), Technischer Fortschritt und kulturelles Erbe. Hans Freyers Gegenwartsdiagnosen in historischer Perspektive, in: Geschichte in Wissenschaft und Unterricht, 21, 3, S. 143-151
Parekh, B. / Pantham, T. (1987) (Eds.), Political Discourse, New Dehli et.al.
Petrovic, G. (1986), Die Bedeutung der Frankfurter Schule heute, in: Honneth / Wellmer, S. 13-24
Pike, D. (1981), Deutsche Schriftsteller im Sowjetischen Exil 1933-1945, Frankfurt am Main
Pivčević, E. (1972), Von Husserl zu Sartre. Auf den Spuren der Phänomenologie, München
Pollock, F. (1932), Die gegenwärtige Lage des Kapitalismus und die Aussichten einer planwirtschaftlichen Neuordnung, in: Zeitschrift für Sozialforschung, Jg. 1, S. 8-27
Pollock, F. (1975), Staatskapitalismus, in: Ders., Stadien des Kapitalismus, München, S. 72-100
Post, W. (1971), Kritische Theorie und metaphysischer Pessimismus. Zum Spätwerk Max Horkheimers, München
Poulantzas, N. (1978), Staatstheorie, Berlin
Preuß, U.K. (1986), Gewaltmonopol, Selbstbestimmung und Demokratie (Gespräch mit O. Schily), in: Freibeuter, 28, S. 47-63
Quaritsch, H. (Hrsg.) (1988), Complexio Oppositorum. Über Carl Schmitt, Berlin
Rödel, U. u.a. (1989), Die demokratische Frage, Frankfurt am Main
Rohrwasser, M. (1991), Der Stalinismus und die Renegaten. Die Literatur der Exkommunisten, Stuttgart
Ropohl, G. (1985), Die unvollkommene Technik, Frankfurt am Main
Rosenbaum, W. (1972), Naturrecht und positives Recht, Neuwied und Darmstadt
Rousseau, J.-J. (1971), Der Gesellschaftsvertrag, Stuttgart
Saretzki, T. (1988), Collective Action vs. Functionalism: Some Remarks on Joas Critique, in: Praxis International, 1, S. 52-72
Sartre, J.P. (1964), Marxismus und Existenzialismus.Versuch einer Methodik, Reinbek bei Hamburg
Sartre, J.P. (1967), Kritik der dialektischen Vernunft, Reinbek bei Hamburg
Sartre, J.P. (1980), Das Sein und das Nichts. Versuch einer phänomenologischen Ontologie, Reinbek bei Hamburg
Schelsky, H. (1965), Der Mensch in der wissenschaftlichen Zivilisation, in: Ders., Auf der Suche nach der Wirklichkeit, Düsseldorf-Köln, S. 465-480
Schelsky, H. (1980), Zur Entstehungsgeschichte der bundesdeutschen Soziologie. Ein Brief an Rainer Lepsius, in: Kölner Zeitschrift für Soziologie und Sozialpsychologie, 3, S. 417-454
Schiller, T. (1977), Wird die F.D.P. eine Partei?, in: W.D. Narr (Hrsg.), Auf dem Weg zum Einparteienstaat, Opladen, S. 122-148
Schmalz-Bruns, R. (1989), Alltag — Subjektivität — Vernunft. Praxistheorie im Widerstreit, Opladen
Schmid-Noerr, G. (1987), Nachwort des Herausgebers, M. Horkheimer, Gesammelte Schriften, Bd. 5, S. 423-452
Schmidt, A. (1986), Die ursprüngliche Konzeption der Kritischen Theorie im frühen und mittleren Werk Max Horkheimers, in: A. Honneth / A. Wellmer (Hrsg.), Die Frankfurter Schule und die Folgen, Berlin und New York, S. 89-112
Schmitt, C. (1925), Römischer Katholizismus und politische Form, München, 2. Aufl.

Schmitt, C. (1933), Der Begriff des Politischen, Hamburg
Schmitt, C. (1950), Ex Captivitate Salus., Köln
Schmitt, C. (1978), Die Diktatur. Von den Anfängen des modernen Souveränitätsgedankens bis zum proletarischen Klassenkampf, 4. Aufl. Berlin
Schmitt, C. (1979), Politische Theologie, Berlin, 3. Aufl.
Schmitt, C. (1983), Verfassungslehre, Berlin, 6. unveränderte Aufl.
Schmitt, C. (1988), Positionen und Begriffe im Kampf mit Weimar — Genf — Versailles, 1923 - 1939 (unveränderter Nachdruck d. Ausg.. 1940), Berlin
Scholz, F. (1983), Die Theologie Carl Schmitts, in: J. Taubes (Hrsg.), Der Fürst dieser Welt. Carl Schmitt und die Folgen, München, S. 153 - 173
Schumacher, J. (1972), Die Angst vor dem Chaos. Über die falsche Apokalypse des Bürgertums, Frankfurt am Main
Sieferle, R.P. (1979), Die Revolution in der Theorie von Karl Marx, Frankfurt am Main / Berlin / Wien
Soboul, A. (1973), Die große Französische Revolution, Frankfurt am Main, 2. Aufl.
Söllner, A. (1979), Geschichte und Herrschaft, Studien zur materialistischen Sozialwissenschaft 1929 - 1942, Frankfurt am Main
Staudinger, H. / Horkheimer, M. (1974), Humanität und Religion. Briefwechsel und Gespräch, Würzburg
Staudinger, H. (1982), Die Frankfurter Schule. Menetekel der Gegenwart und Herausforderung für die christliche Theologie, Würzburg
Suhr, M. (1987), Sartre zur Einführung, Hamburg
Taureck, B.H.F. (1989), Nietzsche und der Faschismus, Hamburg
Theunissen, M. (1981), Kritische Theorie der Gesellschaft, Berlin und New York
Thompson, E.P. (1980), Das Elend der Theorie. Zur Produktion geschichtlicher Erfahrung, Frankfurt am Main
Thürmer-Rohr, C. (1987), Vagabundinnen. Feministische Essays, Berlin
Türcke, C. (1989), Habermas oder Wie die Kritische Theorie gesellschaftsfähig wurde, in: G. Bolte, S. 21 - 38
Ullrich, O. (1977), Technik und Herrschaft, Frankfurt am Main
Üner, E. (1981), Jugendbewegung und Soziologie. Wissenschaftssoziologische Skizzen zu Hans Freyers Werk und Wissenschaftsgemeinschaft bis 1933, in: Kölner Zeitschrift für Soziologie und Sozialpsychologie. SH 23, S. 131 - 159
Vollrath, E. (1987), Grundlegung einer philosophischen Theorie des Politischen, Würzburg
Vollrath, E. (1989), Metapolis und Apolitie. Defizite der Wahrnehmung des Politischen in der Kritischen Theorie und bei Jürgen Habermas, in: Perspektiven der Philosophie. Neues Jahrbuch, Bd. 15, S. 191 - 232
Warnke, C. (1991), Über Parteipolitik in der DDR-Philosophie. In: Leviathan, Heft 3, S. 372 - 385
Weber, M. (1920), Gesammelte Aufsätze zur Religionssoziologie, Tübingen
Weber, M. (1968), Gesammelte Aufsätze zur Wissenschaftslehre, Tübingen
Weber, M. (1972), Wirtschaft und Gesellschaft. Grundriß der verstehenden Soziologie (Studienausgabe), Tübingen
Wellmer, A. (1986), Ethik und Dialog, Frankfurt am Main
Wellmer, A. (1989), Was ist eine pragmatische Bedeutungstheorie? in: Zwischenbetrachtungen. Im Prozeß der Aufklärung. Jürgen Habermas zum 60. Geburtstag, S. 318 - 370

Weyembergh, M. (1973), M. Weber et G. Lukács, in: Revue Internationale de Philosophie, S. 474-500
Wiggershaus, R. (1986), Die Frankfurter Schule, Frankfurt am Main
Willms, B. (1969), Revolution und Protest oder Glanz und Elend des bürgerlichen Subjekts, Stuttgart
Willms, B. (1982), Die Deutsche Nation, Köln-Lövenich
Willms, B. (1988), Carl Schmitt — jüngster Klassiker des politischen Denkens?, in: H.Quaritsch, S. 577-597
Windelband, W.H.H. (1957), Lehrbuch der Philosophie, Tübingen
Zivotič, M. (1972), Proletarischer Humanismus. Studien über Mensch, Wert und Freiheit, München